椿 寿夫
Toshio Tsubaki
［編著］

民法における強行法・任意法

日本評論社

はしがき

　"強行法"と"任意法"の観念は、わが民法典の成立とともに認められ（本書1論文6頁）、本書に先行するわれわれの共著・学習版（椿編著『強行法・任意法でみる民法』（日本評論社、2013年）318頁以下）で述べたように、民法以外の複数他法域においても出てくる。

　われわれが行ってきている共同作業は、法＝一般ではなく主要特別法も含む民法を考究対象とするが、強行法および任意法が何かについては、古くより著述に登場してきており、一般の辞典、例えば『デジタル大辞泉』（小学館）の、強行法規は「当事者の意思にかかわらず、法として画一的に適用される規定」であり、任意法規は「当事者が法令と異なる意思を表示した場合、その効力が優先して法令の規定が排除される規定」であるという説明は、民法教科書において百年ほぼ変わらぬ定義でもある。そして、民法各条の解説がされる箇所では、多くの場合、いきなり「本条は強行法（あるいは任意法）である」と時折出てくる。大型の体系書においても、かなり恣意的に言及されているのではあるまいか。学説が簡素なだけではなく、判例も僅少である（本書3論文以下参照）。昔ある学者は、判例のない規定や制度を実需ないし重要性の判定において軽視していたが、他のテーマは措くとして、本問は、民法に関わりを持つ人にとり、「訴訟沙汰も少ないなら、余り大切ではないな」と簡単に聞き流して後は忘れてよい話ではないと思われる。以下、少しそのことを述べよう。

　現在、民法（総則の一部と債権法）の改正案が国会に提出されているが、その途中の座談会か何かで、ある規定を設けることに反対の企業法務担当者が、問題の規定を置いても自分たちはそれを任意規定とみる方向で処理するから規定してもらって結構だ、と言っていた。東西どの国でも債権法とりわけ契約法は"原則として任意法である"と古来書かれており、この発言は一見よく効くカウンター・パンチのようである。しかし、繰り出すための装備はきちんと整っているか。学説では、強行法か任意法かは個々の条文ごとに諸事情を総合判

断すべしとされていて、それと民法各編ごとの性格論とを併せ考えれば済むのかもしれない。ただ、そういうやり取りだけでは抽象論に過ぎ、当事者の自由を認容するか否かを分かつための論拠として足りないのは明らかであろう。ところが、今日までの進み具合をみると、基礎となる支度がまだ満足できる状態には到達していない、と評価すべきである。もう少しだけ考えてみよう。一国の法律は、重々しい立法手続を経て作られる。それが私人の意向次第で適用されないというのは、国家法の権力作用にとり本来由々しい出来事のはずである。なのに、適用の有無に関する"基準"が法律自身により明示されている場合を除き具体的に明快でなく、議論も捲き起こらないのは、どういうことか。

　そもそも、社会変動や価値観が絡み合う形の混戦状態は"法規の拘束力"の有無・大小にも影響し、強行法・任意法の議論がもっと早くから盛んに行われてよかったのではないかと思うが、ざっと記憶をたどってもそういう形の議論はあまり（あるいはほとんど）出てこなかったのではないか。ただし、個々のテーマについては若干の動きはあった。私個人に限っても、約款や契約自由の問題につき法律時報誌その他で幾つか特集を組んでおり、債権者の担保保存義務などに関しては判例もあったので強行法・任意法を少し論じた。さらに、大戦後とりわけ盛行するにいたった非典型担保につき検討しようとすれば、担保物権を含む物権法の強行法性は当然大きな課題となるわけである。ところが、拙稿のこの点に対する反響はほぼなかった。その後、これらの課題は私の脳裏に存在し続けたけれども、2007〜2008年頃からは"多角"の構想定立が私の念頭を去らず、『基本方針』（Ⅰ65頁）がとり上げた強行法論も従来の状況から変わり映えしなかったし、当時の担当編集者も連載の肥大化をきらったため、改正シンポ傍聴記（椿「『債権法改正の基本方針』についての差し当たっての所感㊤――2009年4月29日シンポジウム傍聴記」NBL906号（2009年）27〜28頁）では強行法問題をとり上げる事項から除外した。

　椿民法研究塾としての取組みは、2011年秋、ドイツ滞在から帰って、翌年早々の法学セミナー誌に特集を組んでもらい、その準備作業へ入ってからいよいよ開始となった（「〈特集〉強行法と任意法――債権法規定と異なる合意・特約の効力」法学セミナー684号（2012年））。滞在中、2本の小稿を書斎の窓誌に送って塾メンバー諸兄姉の参考に供し（本書16頁以下、22頁以下）、やがて勉強会

では対象範囲を債権法から民法全体に拡げるとともに、一方では、学習版（といっても、多少かじった程度の知識で簡単には読みこなせないであろう）約100項目の前掲『強行法・任意法でみる民法』を刊行し、他方、よりレヴェル・アップした研究版を法律時報誌に2012年春より26回にわたって連載した。その第1回の表題において"民法の規定と異なる合意・特約"の許否・効力がこの連載の意図・計画であることを明示し、準備作業段階の勉強会でも、法分類論や法理学的考察は、"はみ出し"の議論として、この特集では排除する旨を何回か要請した。特化された目的に取り組む作業として実施する以上、テーマとアプローチを限定するのは当然であろう。

　もっとも、私の提案する研究方向が共有財産となった暁には、今やほとんど顧みる人もいないにせよ、"分類と整序"が目的となるような視点・視座につき改めて再検討を行うことまで否定しないが、実用法学の基礎的部分を担う者として、まだ解明されていない問題に共同で取り組もうとするならば、まずは、民法の条文や制度の硬さと柔らかさを一定数について個別具体的に検討する作業と、このテーマに対する総合的な判断基準作りとを選ぶべきである。そして本書は、とりあえず状況の探索と整理および課題の発見まで行い、皆さんからいろいろ教示をいただいてから、次のステップ"深化・展開テーマ"の研究へと進みたい。ついでに申せば、本書は実用法学的立場から観察すると称しても、学者・研究者の集団だから、別に実務法曹らの勉強会を立ち上げてもらっている（世話人は近江幸治・早稲田大学教授）。さらに、余力があれば、民法以外の法領域について各専門家による研究集も考慮中である。

　なお、幾分か余談にわたるが、多角関係論は私法学会のシンポジウム・テーマにとり上げてくださったようである。強行法と任意法は、民法典の成立と同時に登場しながら、全体像が何となくシャキッとしていない。研究塾では深化テーマを設定して、塾員諸兄姉に一段も二段も突っ込んだ論究を期待しているので、論考がまとまった際には、同様なシンポの申請を民法学進化のために現役世代の諸君が行ってほしいものである。開発の程度は低いが、周知と関心の度合いは高いと予想でき、活発な討論になるのではあるまいか。

　最後に、本書は、連載回数の都合によって雑誌掲載ができなかった論考も収録している。また、版元からの強い要請により本書の頁数が増大しないように

したので、連載分の書き加え（増量しない書き改めは別）も新論考の追加も自粛し、当初より予定していた拙稿「私的自治・契約自由と強行法」は上記"深化・展開テーマ"へ譲った。いろいろ紆余曲折があった編集作業は、編集部員・鎌谷将司氏を煩わせた。われわれの側での事務局ないし世話人は芦野訓和君（東洋大学教授）、同氏のドイツ留学中は川地宏行君（明治大学教授）が引き受けてくださった。いずれも謝意を表する。

2015年7月

椿　寿夫

〔追記〕

(1)　改正法案によれば、強行法と任意法に関する民法90条から92条までは、現90条の「事項を目的とする」が消えただけで、内容は現行法のままであるから、これからの審議過程で内容に変更がない場合には、個々の条文で強行法・任意法が新たに示された点さえ注意すれば、これまでの作業方向を従前どおりの仕方で続行してよいと考える。

(2)　本書収録にあたっては、かなり大幅な加筆をした稿もあれば、ほとんどそのままの稿もあるが、一々それを表示していない。また、編集作業が内容的に時日を要したため、文献引用の仕方や用語法などで完全な統一化がされていないこともある。読者の寛恕を乞う次第である。

民法における強行法・任意法

目　次

はしがき　i

I　強行法と任意法　総論

1　民法の規定と異なる合意・特約の効力序説 …………椿　寿夫　3
　1　はじめに　3
　2　強行法・任意法の登場と我妻説　6
　3　論点提示に先立つ若干の簡単なまえがき　12

＊1 ［付録］「強行法と任意法」「続・強行法と任意法」
　　　………………………………………………椿　寿夫　16

2　民法規定と異なる合意・特約の問題性および論点
　　　………………………………………………椿　寿夫　30
　1　はじめに　30
　2　法典の編別による強行法性　32
　3　強行法の観念・範囲をめぐって　34
　4　契約自由・私的自治と強行法　38
　5　典型契約・冒頭規定と強行法　40

6　おわりに　42

3　債権法改正論議における法規の強行法性
……………………芦野訓和・椿　寿夫・伊藤　進・島川　勝　44

概　観　　芦野訓和　44
梅博士の意見を参考に少し述べよう　　椿　寿夫　53
強行法規と任意法規の区別の明記化に想う　　伊藤　進　55
債権法改正における法規の性質──契約自由の原則とその制約規定　島川　勝　57

4　強行法の観念をめぐる問題の所在 ……………………椿　寿夫　60

1　はじめに　60
2　前提的な事項　63
3　強行法と任意法の定義　66
4　強行法性判定の諸相　68
5　問題の所在の展開　79

5　強行法規の役割、機能
──「法律行為」以外の私法的生活関係の規律を中心に … 伊藤　進　81

1　序　81
2　強行法規規定（民法91条・92条）の役割、機能
　　──公序良俗規定（民法90条）との関係　82
3　3類型強行法規の役割・機能　85
4　私法規律と強行法規・取締規定・憲法秩序の関係　87
5　結びに代えて　89

6　半強行法概念の生成とその機能 ……………………椿久美子　92

1　はじめに　92
2　半強行法概念の生成とその機能　93
3　ドイツ法における半強行法概念の機能　98
4　おわりに　101

II　判例・学説にみる民法規定の強行法性

7　判例・学説にみる民法総則規定の強行法性 ………三林　宏　107

1　はじめに　107
2　体系書・教科書にみる「民法総則の強行法性」　108
3　民法総則と強行法・任意法をみる視点　112
4　民法総則の諸規定と強行法・任意法　114
5　結びにかえて　118

8　判例・学説にみる物権規定の強行法性 ……………長谷川貞之　119

1　はじめに　119
2　物権規定の強行法規性　120
3　強行法規の内容と物権の個別規定　123
4　結びに代えて──強行法規の内容と判断基準　129

9　判例・学説にみる債権総則の強行法性 ……………椿久美子　130

1　はじめに　130
2　債権法の任意法性から強行法性への動き　131
3　債権総則規定における任意規定から半強行規定または部分的強行規定への変容　134
4　おわりに　139

10 判例・学説にみる契約法の規定と強行法性 ……………芦野訓和 145

1 はじめに　145
2 取引法領域における強行法規をめぐる判例　146
3 契約法学説の総論的考察　147
4 判例・学説に関する各論的考察　149
5 今後の検討課題　153

11 判例・学説にみる法定債権規定の強行法性 …………織田博子 155

1 はじめに　155
2 代表的教科書・判例　155
3 事務管理規定　157
4 不当利得規定　158
5 不法行為規定　160
6 結びにかえて　164

12 判例・学説にみる親族編・相続編規定の強行法性

……………………………………………………………………前田　泰 165

[Ⅰ　親族編]

1 はじめに　165
2 婚姻の要件　166
3 婚姻の効果　167
4 離　婚　168
5 親　子　168
6 親　権　169
7 扶　養　170

[Ⅱ　相続編]
  1　はじめに　171
  2　強行法規性に直接関係する判例・学説　171
  3　法定相続規定と遺留分制度の強行法規性　172

Ⅲ　民法個別規定の強行法性

13　法人法規定の強行法性 ……………………………… 織田博子　179

  1　はじめに　179
  2　会社法における議論　179
  3　非営利法人規定の強行法規性　183
  4　結びにかえて　188

14　抵当権の実行方法の強行法性について ………… 青木則幸　190

  1　はじめに　190
  2　契約自由の原則による流抵当特約の承認　191
  3　抵当不動産の代物弁済予約特約としての制約　192
  4　任意売却における制約　199
  5　最後に　200

15　債権譲渡の対抗要件規定と強行法性 …………… 三林　宏　201

  1　はじめに　201
  2　債務者対抗要件規定の強行法性をめぐる判例・学説の展開　202
  3　判例・学説の整理と若干の検討　209
  4　結　び　211

16　第三者のためにする契約の意義と民法537条2項の強行法性
　　　　　　　　　　　　　　　　　　　　　　　　　　　　　長谷川貞之　212

　1　問題の所在　212
　2　立法の沿革と比較法的視点　214
　3　受益の意思表示の性質をめぐる学説の見解　216
　4　民法537条2項の強行法規性　218
　5　第三者のためにする契約の今日的視点　222

17　典型契約・冒頭規定の強行法性　………………………長坂　純　223

　1　問題の所在　223
　2　強行法規に関する議論状況　224
　3　典型契約の意義　227
　4　典型契約・冒頭規定の強行法性　230
　5　おわりに　232

18　民法550条の強行法性　………………………………有賀恵美子　233

　1　問題の所在　233
　2　民法550条の立法過程　235
　3　民法550条の趣旨についての判例・学説　240
　4　若干のまとめ　240

19　買戻しの機能と民法579条の強行法性　…………上河内千香子　243

　1　本稿の目的　243
　2　立法過程における議論　244
　3　判例の見解　245
　4　学説の見解　247

5　債権法改正の議論　250
　　6　検　討　251
　　7　終わりに　253

20　民法635条ただし書の強行法性………………………芦野訓和　254

　　1　はじめに　254
　　2　民法635条ただし書の性質をめぐる議論　255
　　3　法規の解釈と法規の性質　262
　　4　おわりに　264
　　5　補　遺　264

21　本人の死後事務の委任と民法653条1号の強行法性
　　………………………………………………………………藤原正則　265

　　1　はじめに　265
　　2　わが国の学説・判例　266
　　3　ドイツ法の参照　270
　　4　おわりに　273

22　婚姻・親子関係成立規定の強行法性………………前田　泰　275

　　1　はじめに　275
　　2　婚姻の届出要件　277
　　3　嫡出推定・否認制度　279
　　4　おわりに　284

23　民法768条の強行法性………………………………大杉麻美　287

　　1　問題の所在　287

- 2 民法768条における財産分与請求権　288
- 3 学説・判例　292
- 4 おわりに　295

IV　諸法の強行法性

24　定款自治と強行法性　………………………………稲田和也　299

- 1 はじめに　299
- 2 会社法学説の概要　300
- 3 裁判例の概況　304
- 4 定款自治と強行法規との関係　306
- 5 定款自治の法人法一般への展開　308

25　公法上の取締規定の強行法性　………………………川地宏行　309

- 1 取締規定に違反した契約の私法上の効力　309
- 2 判例法理　309
- 3 末弘説　312
- 4 民法90条91条二元論　313
- 5 統制経済法令違反に関する学説　313
- 6 履行段階論　314
- 7 民法90条一元論　316
- 8 近時の法状況　317
- 9 民法（債権関係）改正の動向　317
- 10 取締規定の強行法性　318

26　信託法の規定の半強行法性　…………………………木村　仁　319

- 1 はじめに　319
- 2 信託の本質的要素　320
- 3 任意規定と異なる信託行為の定め　322
- 4 受益者による受託者の免責　325
- 5 半強行法違反の効果　328
- 6 むすびに代えて　329

V　外国法における強行法と任意法

27　ドイツ法における任意法・強行法の議論について
　　　　　　　　　　　　　　　　　………………中山知己　333

- 1 はじめに　333
- 2 任意法・強行法の一般的理解　334
- 3 任意法の機能に関する近時の議論　340

28　フランス法における強行法と任意法 ……………吉井啓子　342

- 1 はじめに　342
- 2 フランス法における法規の分類　344
- 3 強行法規とフランス民法典6条　347
- 4 フランス民法典6条と1131条・1133条の関係　350
- 5 終わりに代えて──残された課題　351

29　アメリカ法における強行法と任意法 ……………青木則幸　352

- 1 はじめに　352
- 2 契約法　353
- 3 財産法　358

4　おわりに　361

VI　まとめ

30　共同作業の現段階におけるまとめ　………………椿　寿夫　365
　1　はじめに　365
　2　共同研究の課題と進行　369

初出一覧　380

●略語一覧
改正法案＝民法の一部を改正する法律案（2015年3月31日第189回国会提出）
要綱案＝民法（債権関係）の改正に関する要綱案（2015年2月10日）
要綱仮案＝民法（債権関係）の改正に関する要綱仮案（2014年8月26日）
中間試案＝民法（債権関係）の改正に関する中間試案（2013年2月26日）
中間論点整理＝民法（債権関係）の改正に関する中間的な論点整理（2011年4月12日）
基本方針＝民法（債権法）改正検討委員会編『債権法改正の基本方針』（2009年、商事法務）

I

強行法と任意法
総　論

1 民法の規定と異なる合意・特約の効力序説

椿　寿夫

1　はじめに

(1)　課題の出発点

　わが国では成文法がもちろん第1順位の法源すなわち法を知るための素材であり、ある行動の法的側面を考えようとする人は、まず条文をみるであろう。しかし、条文にいきなり100パーセントおんぶしようとしても駄目である。まず、同一の国語ではあるが法律の世界に独特ないし特殊の約束事を知らねばならないし、文章自体はさほど苦労をせずに読めても、すぐ続けて、有権的な地位に立つ判例の見解を法律論として誤解なく判ることが不可欠である。また、判例がないときは、生活上の常識（いわゆる社会通念）や良識とか世間のしきたり（慣習）、さらには当該問題に関する先進諸国での解決の仕方なども参考にして種々検討・吟味もしなければならない。

　ところが、これらの手順にも、それぞれの仕方に関する専門的な注意や知識が必要であり、われわれが取り上げる標記の問題も、従来あまり一般には問われ知られていないようにみえるから、上記の注意が重要なテーマに属する。そして、条文とは異なる内容を当事者が選択したくとも許されない場合と、条文の排斥が難なく通用する場合とでは、"行われる法"に大きい違いを生じるので、強行法と任意法のどちらであるかは、はっきり認識しておかなくてはならない。そこから先にも問題があって、現行法の条文でいえば「法律行為に別段

の定めがある場合」（民138条）、「別段の意思表示がないとき」（民427条）、「特約がなければ」（民648条1項）、「別段の意思を表示したとき」（民1034条）などという文言が入っていると、"解釈"という面倒な作業を経由しなければならないにせよ、法典とは異なる私人の行為が許容されるのが明確である。けれども、例えば商売人でもない人がごく普通に借金をする際、「たとい10年以上かかっても完済します」と約束するのは、民法146条との関係でどうなるか。ここでは、そもそも146条が条文とは異なる約束を許す（任意規定である）かどうかを決めなければならない。しかし、それに関する手掛かりは、同条周辺の条文を含め探しても見つからない。そういう眼で改めて見直すと、民法のいたる所に「どちらだろうか？」と首をかしげる規定が幾つもある。

(2) 作業の経過

私たちは十数年前に、民法を種々の角度からとり上げて勉強するグループを立ち上げ、一方においては、学習参考用の文献をメンバーが中心になって作成し、さらに他方では、皆が報告義務を負う形で最終的には研究書を出版しようと計画してきた。前者の1つとしては『解説 条文にない民法』（2002年、第3版2006年）があり、これは新版『解説 新・条文にない民法』（2010年）として版を重ねてきている。後者は『多角的法律関係の研究』（2012年）と題して、法律時報誌の連載（80巻8号（2008年）～82巻8号（2010年））に幾つかの新論考を加え、かつ、連載分に対しては必要に応じて加筆・修正した上で刊行した。続く共同作業が本書のテーマについてであり、学習参考用としては、法学セミナー684号（2012年）の特集「強行法と任意法」で債権法の中から26題目を採り上げた後、民法全体に及ぶ解説書『強行法・任意法でみる民法』（2013年）を出版した。本書は、法律時報誌の連載に若干の論考を加え、民法改正作業による補充・訂正を行って、今般刊行の運びとなったものである。なお、これらのすべては日本評論社より刊行されている。[1]

---

[1] 解説書は『解説 類推適用からみる民法』（2005年）、『解説 関連でみる民法 I・II』（2007年）が、また、研究書は本文所掲『多角』の他、かなりの執筆メンバーが重なっている『代理の研究』（2011年）も、同社の出版である。

(3) 刊行内容の概要

　この共同作業（民法に限る）は、法学セミナー・法律時報両誌の掲載前に椿がドイツから送った小稿を下敷としながら、①まず、この本書１論文では、いわゆる財産法の全体にわたる本問の基本図を示す我妻栄の『民法講義』を概観するとともに、研究する際の仕方をめぐるごく簡単な前書き——あるいは"つぶやき"の類かもしれない——を一言し、②本書２論文において問題の所在を具体化した形で取り上げる。その解答および新たな提案などは、そこでは割愛し、20編余りの各論項目のそれぞれで行う。法律時報誌の連載当時には、各担当者の本問をめぐる考え方につき総括的論評——メンバーの経験年数を考えると礼を失すると感じる読者もおられるかもしれないが、"研究塾"という自生的ニック・ネームからすれば異常ではない——を行う予定であったが、本稿加筆時に数個の最終稿がまだ入っておらず、かつ、椿が会合ないし原稿で提案し、あるいはそれ以外に共同作業の進捗につれ出てきた諸問題を"深化テーマ"と名付けて今後さらに研究する処理方法へ改めたため、連載 26 の(下)に該当する部分は発表から消えた。③本書３論文より後は、民法全体を５つに分け、強行法と任意法の振り分けに関する先例（私がごく粗くながめたところでは多くなかった）と学説を簡単に整理紹介する作業である。④それ以後のいわゆる各論は、法学セミナー誌の特集と異なり、問題となる個別条文（例えば民法 504条）を記述する原稿だけでなく、強行法の根拠や効果などから始めて、契約自由や典型契約との関係といった一般的な基礎理論にも及ぶという了解の下で出発した。ただ、法律時報誌掲載の段階では、体系化した全体像をまだ示すことはできず、どのような理由付けによって強行法または任意法になるかについても四苦八苦する論考すら稀ではなかった。本書も、増頁ができなかったことに加え、連載との間で十分な日時がなかったことも手伝って、解決は深化テーマまで待っていただきたい。この状況は、担当者の力量ではなく、一歩踏み込めばいかに未開発の領域であったかに起因するであろう。⑤この共同研究の表題

2）椿寿夫「強行法と任意法（民法学余滴②）」書斎の窓 607 号（2011 年）34 頁以下→本書１［付録］論文 16 頁以下)、同「強行法と任意法——債権法規定と異なる合意・特約の効力」法学セミナー 684 号（2012 年）2～4 頁、同「続・強行法と任意法（民法学余滴④）」書斎の窓 612 号（2012 年）21 頁以下→本書１［付録］論文 22 頁以下。

には強行法と並んで任意法が出ており、後者はそれ独自の論点をもつが、この連載における検討対象はもちろん強行・任意"両法規の関係"についてであるから、どちらか一方だけについての論述は対象としない。当初は、論考の1、2本を任意法自体に充てる可能性も考えたが、提案者としては、そこまでの拡大に乗り気でない。⑥われわれの論述範囲は民法全体を想定している。ただ、専攻する塾メンバーが少ないので、親族・相続に関してはかなり手薄とならざるを得ない。深化テーマにおいても、さほど量的な注力はできまい。

2　強行法・任意法の登場と我妻説

(1)　幕開け——梅と富井

　わが民法典が成立したばかりの揺籃期において、2人の巨匠は民法体系書の冒頭部分で公法・私法などと並ぶ〈法律の類別〉ないし〈法律の分類〉として強行法・命令法と任意法・随意法に論及している[3]。現在まで伝わる用語法は富井のほうであったが、内容的には梅の記述が今日も教示するところ大である。

　それによると、強行・任意の区別は「甚だ難事とす。蓋し法律の用語は必ずしも一定の文例をもってその何れに属するかを一目瞭然たらしむるもの極めて少なければなり。故に執法の局に当たるものは一々法律の精神を詮索・吟味して之を決定することを要し、従いて時に彼此見解を異にすること稀なりとせず」「民法の規定のごときは多く随意法たるなり。然れども私法は必ずしも随意法なりと誤解すべからず」とある。この文中において梅は、民法651条1項を例にして、同条項を命令法と解する者もいるが、彼は随意法とみるとし、法律の趣旨に基づき個別に決めるべきことを明らかにしていた。

(2)　我妻民法と強行法・任意法

　わが民法教科書ないし体系書の古典であり代表ともいうべき我妻栄の『民法講義』——周知のとおり債権各論は戦後1954年に刊行が始まり、民法総則・

---

3) 富井政章『民法原論（第1巻総論）』（有斐閣書房、1903年）44〜45頁、梅謙次郎『民法原理・総則編』（和仏法律学校、1903年）30頁以下。

担保物権法・債権総論は戦前の出版が 1960 年台に新訂版となり、物権法だけが没後の 1983 年に有泉亨の新訂として刊行された——の中で、強行法および任意法につきかなりハイレベルで論及しているのは、民法総則と債権総論であり、それらは後の(4)と(5)で述べるが、財産法における他の領域でも本題目あるいは私の視点に関係をもつ記述がある。続けて(3)で簡単に紹介しておこう。我妻がこれら物権法および契約法において述べていることの意味については、関係する個所において順次明らかにしていきたい。なお、家族法に関する我妻・民法講義は公刊されず、親族法が別の全集シリーズとして有斐閣から出版されている。

(3) 物権法定・契約自由・典型契約と『民法講義』

(a) まず物権法に関しては、"物権法定主義"（民 175 条）との絡みがもちろん問題となるけれど、新訂版でも、この主義では経済取引の進展が新種の物権を要求する需要に応じきれないと評する他には、同条違反の法律行為につき規定がない場合は強行法規違反として取り扱われる、と述べるだけである。民法第 2 編の後半（第 7 章以下）、特に約定担保物権は、譲渡担保を承認せざるを得なかったこととの関連で、物権法定主義と"法外担保"（非典型担保も初期にはこう呼ぶことがあった）の衝突を避けられず、それに曳かれて強行法の位置付けが前面に出てきてもよかったはずだが、民法 345 条・349 条と譲渡担保につき「強行法規も民法の全体系中における意義とその社会的作用とによって、その適用の範囲を限定せられねばならない」「右の 2 か条は、その意義を限定して解釈すべきである。すなわち、動産を質権の形式において担保化するに当っては強行規定として遵守しなければならないものであるが、およそ動産を担保化するに当って遵守しなければならないほどの意義をもたないもの」という程度の議論で終わっている[5]。

(b) 強行法と任意法に関わる契約法の原理的問題として誰もが直ちに連想するのは"契約自由の原則"であろう。我妻『債権各論』の上巻が契約総論を取

---

4) 我妻栄（有泉亨補訂）『新訂物権法』（岩波書店、1983 年）25～26 頁、27～28 頁。
5) 我妻栄『新訂担保物権法』（岩波書店、1968 年）597 頁。

り扱っているが、その第2款〈契約の自由とその制限〉では自由よりも制限に対するほうが著者我妻の注目度も認容度も大きく、「社会共同生活の福祉を伸長しようとする立場から……強行規定が次第にその範囲を増し、任意規定が強行規定に改められる場合も生じてくる」とし、〈契約法の性質〉では、契約自由の原則が現在多くの方面から制限を受けていて、その限度で契約法は任意法性を失い、民法の規定を直接修正する事例の多くは民法の任意規定を改めて強行規定とした、と説明する[6]。

(c) "典型契約"の占める重さをめぐり、「先進国の法制に倣った民法の典型契約は、わが国の社会の実際取引の上からみても、主要な契約を網羅していることは疑いない」としつつ、不動産の賃貸借や雇用を代表例に挙げて、「特殊の契約について当事者間の自由を制限する必要に迫られるに及び、典型的契約の内容について普遍性が次第に失われる」と注意し、〈典型契約に関する規定の意義〉として、当事者の合意が不明瞭・不完全な場合に解釈の基準を与える作用をするから、「契約の解釈に当っては……民法の規定に対して不当に強い効果を与えないように慎まなければならない」という[7]。

さらに、混合契約や非典型契約の作用がますます重要になっていくことを述べる際に、序説的に次のような記述もある。やや長くなるが、こういう。

「社会関係は複雑であり、各人の利害関係は異なるから、社会に行われる契約の内容は千差万別である。然し、資本主義社会における取引関係は、おのずから一定の型を作り出す。民法の典型契約は、かようにして作り出された型のうちの主要なものについて、共通の内容を定めたものである。今日でも、社会に行われる契約のうちの主要な部分を占めていることは疑ないであろう。然し、同じく資本主義社会といっても、その経済機構は変遷する。取引の型も、それに応じて変わるに相違ない。契約自由の原則は、従来の型には拘束されないからである」[8]と。——ここでは、典型契約と契約自由の相互関係という論点がわれわれのテーマにつながっていき、きわめて重要な個所となるが、さしあたっ

---

6) 我妻栄『債権各論上巻』(岩波書店、1954年) 17頁以下、22〜23頁、46頁。
7) 我妻栄『債権各論中巻一』(岩波書店、1957年) 219〜221頁。
8) 我妻栄『債権各論中巻二』(岩波書店、1962年) 883〜884頁。

ては否定接続詞の"然し"が続いて二重に出てくるのに注意しておきたい。法制度としての典型化→部分的修正→法外出現→非典型化の流れは1回きりではあるまい。

(4) 我妻『新訂民法総則』

(a) 同書の冒頭部分にも〈民法典の性格〉という小見出しがあり、そこでは、契約自由の名の下で前近代的関係を温存したことなど貴重な指摘も行われているが、われわれのテーマへの言及はない[9]。──記述ないし配列の仕方を後で問いたい。

強行法と任意法に関する民法総則での説明は、500頁ある新訂版のちょうど半ばを過ぎた第3章第4節〈法律行為の目的〉の中に出てくる。──お断りしたように、任意法それ自体に関する我妻説の内容は採り上げない。

(b) 我妻によれば、強行法は公の秩序に関する法規をいい、「個人の意思によって左右することを許さないものであるから、法律行為の内容がこれに違反するときは、その法律行為は無効である。このことは、法律行為制度の理想からいって当然のことであるが、91条は間接にこのことを規定している[10]」とされる。「規定と異なる特約は無効であるものをいう」ふうの定義が普通であるが、強行法違反の"効果"がどの範囲の事項を内包するかは1つの論点である。また、我妻が制度の理想から当然だと述べた上で、"91条が間接に規定"したとする点も、別に述べているとおり、私見からは深化テーマとして問題にしたい。強行法というような強い効果が他の条文の裏側で認められるのは、法規の無けん欠性にこだわる発想法ではなかろうか。

(c) 『民法講義』では〈目的の確定〉の中で〈任意法規と強行法規の区別（任意法規の強行法規化）〉と題して、「両者の区別は、規定の趣旨を考察し、個人の意思によって排斥することを許すものかどうかを判断して決する他はない。ここに一般的原則を掲げることはできない。ただ、両当事者の経済的な力が均衡を失うようになるに従って、任意法規が強行法規化する傾向がある……。

---

9) 我妻栄『新訂民法総則』（岩波書店、1965年）10頁。
10) 我妻・前掲注9）262頁。

……均衡を失うときは……法律は、任意法規として第二次的な立場にあることを棄て、強行法規として第一次的立場に進出し、当事者の意思を排斥して契約内容の合理性を保障する必要に迫られる……が、解釈においても、この理論が現れる」と述べられる。

　この方向指示の当否・是非を検討することが、私にとっては重要な課題であり続けてきている。大正デモクラシーから昭和初期までの時期は、古典的自由主義に対する社会的弱者の保護が、民法とりわけ債権法の規定の修正を呼び起こし、そこでの"任意法から強行法へ"は、我妻にとり重要な新潮流であったと推測される。この方向は現在のわが国でも消えていない。他方、現代の経済と社会は、特に力をもつ企業が利潤追求を求めて自由な活動にとり妨げとなる法規制をできる限り排除しようと努める。ここでは、"硬い法"ではなく"柔らかい法"が好まれる。われわれのテーマでいえば、任意法化やソフトロー花盛りへの指向であろう。さらに進めば、法規制との縁切りすら本音部分に出つつあるのかもしれない。一般取引だけでなく労働契約もとり上げなければなるまい。

　(d)　一定の行為（取引）を禁止しまたは制限する目的の法規が"取締法規"であり、これは強行法規とは観点を異にするから、取締法規違反により処罰されると同時に無効となる場合も、処罰のみで私法上は有効な場合もあるが、処罰だけでは禁圧効果がなくて不十分なこともあれば、無効により取引安全を害し当事者間の信義・公正を損なうこともあるので、それぞれの取締法規につき立法趣旨・倫理的非難度・一般取引への影響・当事者間の信義・公正などを仔細に検討して決定する以外にない。──この問題は後へ送ったが、別稿でも既に若干ふれてある。

(5)　我妻『新訂債権総論』
　(a)　同書の〈債権法の特質〉は「債権法は任意法規であることが原則であ

---

11)　我妻・前掲注9) 255頁。
12)　我妻・前掲注9) 263～264頁。
13)　椿・前掲注2)「窓」612号24～25頁→本書1［付録］論文25頁。
14)　我妻栄『新訂債権総論』（岩波書店、1964年）12頁以下。

る」との文章で始められる。債権は第三者への影響が少ないことを理由とするが、「債権法のこの特質も、仔細にこれを吟味すると、意外に小さい」と続く。なお、次述(b)から(d)までの"債権の発生原因""債権の効力""財産としての債権"という３区分スタイルは債権の財産性を強調するものとみられているが、この我妻の体系分類がわれわれのテーマに何か影響するかは考案中である。深化テーマとして検討する。

　(b)　まず、債権発生原因に関する法規のうちで、契約内容のそれは、任意法の原則性が最もはっきり現れるが、前記(3)(b)にあるとおり、企業経営における契約自由が制限されると、任意法規の範囲も次第に制限される。次に、事務管理・不当利得・不法行為の規定中には「特に任意法規であると強調する必要のあるものはない」。――法定債権をそのように断定できるか一考を要しはしないか。

　(c)　債権総則規定が私見では関心も大きいので、省略せずにみておくと、「債権の効力内容とされる種々の権能を当事者の意思によって変更し、これについて、絶対的効力を生じさせることができるかどうかは慎重に考慮されるべきであって、これを一概に任意法規だということは許されないであろう（第三者の弁済または相殺を禁止する特約については規定（474条・505条）があるが、代位権、取消権、現実的履行の請求権などについての特約はいかなる効力を生ずるであろうか）」。――履行請求権そのものは今回の改正で直接には姿を現さないようだが、債権者代位権・詐害行為取消権とともに、それらの強行法性・任意法性につき私見は関心が強い。深化テーマとして取り扱うことができれば、と思う。

　(d)　「財産としての債権に関する規定は、直接第三者に影響を及ぼすものであるから、その譲渡性の有無なども無条件に当事者の意思に任せることを許さないのみならず、譲渡の方法・効力などに関する規定は、少なくとも第三者に対する関係では、これを強行法規とみるのがむしろ当然であろう」という。

---

15)　於保不二雄『債権総論（新版）』（有斐閣、1972年）13頁参照。

3　論点提示に先立つ若干の簡単なまえがき

(1)　民法各編と強行法・任意法の比重

　法学概論という著作や講義課目が出現・定着したせいか、それとも何か別の理由によるのか、梅・富井のように民法の第１巻ないし民法総則の序論あるいは総論で法の分類を行う仕方は次第に姿を消してきたが、代わりに法律行為の初めのほうで強行法と任意法に関する全般的説明を行う例が増えてきている。その１つによれば、民法の中で強行法規が多いのは、①家族（相続も含む）に関する部分、②物権に関する規定、③社会的・経済的な弱者保護規定、④公益法人や登記・戸籍の規定とされる。[16] その理由付けは直接参照されたい。

　やや詳しく別稿で説明・紹介したが、[17]一般にも、「概して」「原則として」「多くは」などという言葉を付け加えて、「債権法は任意法」であり、「物権法・親族法・相続法は強行法」であるといわれる。編別による分類の例を教科書の１つから例示すると、「①債権法の規定の大部分のごとく、当事者間の関係だけに関する規定は、一般に任意法規であるが、当事者以外の第三者の権利関係にも関連する規定は強行規定である。物権法の多くの規定はこれにあたり、また、法人に関する規定にも、この種のものが多い。②親族編・相続編に定められた諸制度・諸規定は、直接の関係当事者以外の第三者の利害にかかわることも多いが、そうでなくても、社会秩序の基本的なものにかかわりをもつがゆえに、多くは強行規定である」[18]とされる。

　わが国の主な文献すべてに目を通したわけではないため確言は避けるが、民法総則にあっては、編の１つとして強行法・任意法の問題を全体にわたり記述した文献があるだろうか。手近にあるドイツの教科書を開けたところ、さっそくラーレンツ＝ヴォルフの『民法総則』に書いてある。それによれば、民法総則では個々の規範の意義と目的に従って決められなければならないとした上で、錯誤取消し（ド民119条）、承諾不到達と契約成立（同151条）、代理権の授与

---

16)　星野英一『民法概論Ⅰ』（良書普及会、1971年）183頁。
17)　椿・前掲注２)「窓」607号36〜38頁→本書１［付録］論文18〜20頁。
18)　幾代通『民法総則』（青林書院新社、1969年）198頁。

と範囲のような代理規定の一部は任意法性をもち、法定の方式（同125条）、行為能力の諸規定（原則的に）、禁止規定（同134条）、良俗違反（同138条）は強行法性をもつ。[19]——私個人が従前より暖めているプラン"民法における〈総則〉論"の中においてか、あるいは私または他の塾メンバーによる深化テーマとして、採り上げたい。

(2) 契約自由・私的自治と強行法の衝突

"契約自由の原則"は、もちろん契約法の中で生まれ育っており、それを法律行為のレベルまで抽象化してもよいのかについては相当な疑問もあるが、民法と関係する人ならおそらく誰もが契約の自由とその制限につき一再ならず考えたはずである。[20]もっとも、現今のわが国では、それほど詳密に論及されることは従前に比し著しく減少してきているのではなかろうか。私自身の側で文献検索の機会が激減しているため、案外に昔と変わらず力作に満ちているのかもしれないが、もし上記の現状認識に大きな誤りがなければ、ここ10年ほどのドイツにおける雑誌や体系書を通しての感触とは異なる。用語としてドイツでは契約自由よりも"私的自治"を表題などでより多く使っているようだが、この異同もどこかで考えてみたい。[21]

われわれが本問題でもっと突っ込んで検討したいと考えているのは、別稿の末尾において一言した"契約自由ないし私的自治"と"民法規定の強行法性"[22]との相克である。我妻は、消費者や経済的弱者らの保護をしばしば挙げて、"契約自由の制限"したがってまた"任意法の縮小"を語る。この点は、もっぱらあるいは主として強者の立場を支持・主張するのでない限り、強く反対する意見はないかもしれないが、民法という法律全般についての作成（立法）または運用（司法および実務）次元ではどうなるか。また、理論の側では、それらに対してどのような対処となるか。メディクスは、1992年の講演において、特に債務法を中心に"私的自治への介入"が次々に行われることを批判し、[23]

---

19) Larenz/Wolf, Allgemeiner Teil des Bürgerlichen Rechts, 9. Aufl. 2004, S. 68-69.
20) 椿・前掲注2）「窓」612号22頁→本書1［付録］論文23頁。
21) 内田貴『民法Ⅱ（第3版）』（東京大学出版会、2011年）19頁参照。
22) 椿・前掲注2）「窓」612号28頁→本書1［付録］論文28〜29頁。

2006年の「一般的平等処遇法」(AGG) に対しても"私的自治の広範な制限"の立証配分まで問題にしていて、彼に教えを受けたレーゲンスブルク大学教授ロートは、これらをまとめて〈私的自治の強化〉という題目の下で紹介している。――これが前記の相克問題であり、深化テーマにおいて一層の具体化へ向けて検討を進めたい。

(3) 民法改正と強行法・任意法

われわれが検討対象とするのは"民法と付属特別法"であり、そこにおいて当事者意思により規定の適用を排斥できるか否かという問題に取り組もうとする。したがって、民法の全編にわたる視野の中で考究しなければならないが、既述のとおり、各編で強行法と任意法の占める割合は異なっており、もっというなら、規定と異なる特約の許否は登場する個別条文につき検討しなければならないので、素材の範囲はきわめて広汎となる。

現在進行中の民法改正は、全体の一部分であって、大雑把にいえば、第1編総則の「人」「法律行為」「消滅時効」と第3編債権からいわゆる法定債権関係を除いたものが対象であり、私見は今回の改正の範囲を"契約債権法"と仮称している。それら以外の法域は順次研究会方式も含めて準備作業が行われているようだが、全部の民法規定が出そろった段階でこそはじめて"民法における強行法と任意法"は本格的に語ることができる。しかも、従来における強行法・任意法の開発自体が、かなり浅い所でお茶を濁していたと評しても過言ではあるまい。債権法は大本が任意法であり、民法総則は個々に考えるべきだとすれば、それだけの素材で民法全体の共通概念を立法化しようとするのは、いささか性急ではないか。一例を挙げれば、物権法における強行法性の生成過程は、債権法のそれとは同一視し難く、かつ、物権法の中でも担保物権はそれ以外の物権制度と展開過程が異なっているのではないか。これらは相当深い考察

---

23) 視座はもっと広くに及んでいるが、vgl. Medicus, Abschied von der Privat-Autonomie im Schuldrecht? (1994)。

24) Vgl. Medicus, Allgemeiner Teil des BGB, 10. Aufl. 2010, SS. 199/200.

25) Vgl. Roth, Deutschsprachige Zivilrechtslehrer des 20. Jahrhunderts in Berichten ihrer Schüler Bd 2 (2010), S. 348.

を不可避としており、一編の深化テーマや論文などで解き尽くせるものではない（それらでは、せいぜい入り口から少し進んだ場所くらいにある）。実験的にドイツの18、19世紀の地方特別法を若干調べた感想である。

ところで、今回の改正作業においては、中間段階で「強行規定と任意規定の区別の明記」が論点とされ、種々の見解が細かく紹介されていた[26]。それぞれが傾聴に値する議論であるが、民法総則および法律行為の規律作成は債権法だけから抽象化してよいのか。法案90〜92条は、中間的論点整理と異なり、強行法につき現行法の規制構想を変えていない（本書366〜367頁も参照）。今後も検討せよという勧告であろう。現状を踏まえて考えるとき、誠に適切な対処の仕方である。

(4) 連載2（本書2論文）へのつなぎ

以上の前置きに続けて次には、私なりに考えてみたこのテーマの問題性ならびに論点を採り上げる。どのように解決すべきであるかについては、執筆担当者の各人がみずから提示する問題点を含めてそれぞれの論考において展開するであろう。読者各位は、典型契約や冒頭規定なども含め、最初に述べた別稿3編および本問の学習版解説書をその前にみておいてくだされば幸いである。

なお、われわれは"深化テーマ"という言葉を本書で用いた。もともとは、紙幅の制限と共同作業の進度から生まれた予定論考群であり、どこで刊行を引き受けてもらえるかも目下は未定である。

---

26) 商事法務編『民法（債権関係）の改正に関する中間的な論点整理の補足説明』（商事法務、2011年）229頁。

1 ［付録］

強行法と任意法——民法学余滴

「書斎の窓」607号・612号掲載

椿　寿夫

強行法と任意法
―民法学余滴　第2回―

　1　表題の言葉は、〈法〉の代わりに〈法規〉あるいは〈規定〉と付けることが多いが、法の基本にかかわる用語だから、もちろん公法など他の法領域でもよく出てくる。民法でもそれは変わらない。広く強行法を「当事者がそれと異なる特約をしても、特約が無効となるような規定」である（たとえば法律学小辞典〈第4版〉204頁）と定義するときに、中級以上に位置する民法総則（以下では民総と省略）の教科書ならば設けられる民法序論のどこかで、民法の性格などと名付けて、表題の形における解説を行ってもよいであろうが、多くは法律行為の中で説明される。手始めに、何冊かの民法総則などの教科書をみてみよう。なお、当地（ドイツ）へ持参した文献が少ないため、手元のドイツ文献に依拠することがある。

　2　さて、我妻栄・新訂民法総則の〈序論〉にある民法の意義や法源をみよう。すると、〈民法典の性格〉という小見出しもあるが（同書10頁）、その中でさえ表題に関する説明は出てこない。登場するのは、〈法律行為の目的〉における〈目的の確定（法律行為の解釈）〉中の説明（同書251頁・253～255頁）と〈目的の適法〉（同書262～263頁）であり、前者では「意思表示の内容が任意法規——公の秩序に関せざる規定——と異な（ら）ないときは、任意法規は、法律行為解釈の標準となる。法律は、これによって、私法的自治の達成に助力するのである」とし、後者では「強行法規と任意法規との区別は……規定の趣旨を考察し、個人の意思によって排斥するこ

とを許すものかどうかを判断して決する他はない。ここに一般的原則を掲げることはできない。ただ、両当事者の経済的な力が均衡を失うようになるに従って、任意法規が強行法規化する傾向があることを注意すべきである」という。我妻・前掲書では、〈目的の適法〉の中において右に加え、「強行法規、すなわち、公の秩序に関する法規は……」と説明し、さらに強行法規と取締法規および効力法規との関係につき１つの用語法も示している。

　また、我妻・新訂債権総論の〈債権法の特質〉（12頁以下）では「債権法は任意法規であることが原則である。……債権は、物権と異なり、第三者に影響するところが少ないから、法律は安んじて当事者の意思を尊重し、みずからは任意法規として当事者の意思の解釈と補充との作用に甘んじようとするのである。然し、債権法のこの特質も、仔細にこれを吟味すると、意外に小さい」とした上で、これを敷衍して、「契約内容に関する規定については右の特質は最もはっきりと現われる。然し、ここでも、いわゆる契約自由の原則は決して無制限に行われるのではない。」「契約の自由が制限されることは、他面からみれば、任意法規の範囲が次第に制限されることに他ならない」と述べて契約総論へつなぎ、法定債権関係には「特に任意法規であると強調する必要のあるものはない」ともいう。

　効力規定と取締規定と強行規定の意味内容についてはともかくとして、この辺りの我妻説の並べ方は代表的基準書ないし標準書にしては切れがいささか悪く、明快とは申しかねるが、右以外の事項も含めて、他の民総教科書に書かれている問題点を若干補足しておくので、それらも読んでいただきたい。ケース・バイ・ケースとまでいわれている議論では細かなところも省略しがたいから、直接法による引用が若干長くなることは不可避というべきであり、退屈する向きもあろうが、辛抱をお願いしておきたい。

　3　(a)　まず、強行規定と公序規定の関係については、公序を説明に挙げる学説は両者をおおむね同じ意味に解している。また、強行法規違反の法律行為を無効とする根拠は、一般に91条参照としているから同条の反対解釈である。これら、とりわけ後半に関しては後で少し補説や検討をしたかったが、紙幅の都合で難しい。

　(b)　強行法規と任意法規の区別基準につき、我妻説は、規定の趣旨や個人の意思により規定の適用を排斥できるか否かを挙げ、一般原則的な基準は「掲げることができない」という。これは、個別具体的にしか決められないとの趣旨か、検討を進めれば別という含みもあるのか不明である。他の学説をみると、ずっと具体化されている。網羅的な紹介と整理は論文作成時に譲って、続く4ではとりあえず幾つかを摘記するにとどめる。

(c) 民法の各編に即して本問を説明する際には、「概して」とか「原則として」という言葉を付け加える教科書がほぼすべてといってよいが、言及している本の多くは、債権法が任意法であり、物権法・親族法および相続法が強行法である、となっている。そして、債権法につき特別法は強行法化している状況も例示されるが、不思議なことに民法総則がどちらに入るかは多くの場合、何も説明がないのではあるまいか。できるなら少しでも触れておきたい。

4 (a) 「法令中の公の秩序に関する規定、即ち強行法規に反する内容の法律行為は無効である（民91参照）」が、「一般に強行法規というときは、効力規定のみでなく取締規定をも含」み、「各個の強行法規がこのいずれに属するかの判定は、具体的の場合には困難である。」「また、法規の趣旨は、その時々の社会情勢につれて変化しうるものであるから、具体的・歴史的な社会生活における社会の一般通念に従って、個別的に決定しなければならない。」「民法は、私的自治の原則をとるので、任意法規をもって原則とするが、個人の人格を保障し、取引の安全・基本秩序を維持するための法規は強行法規である。一般的にいって、物権法及び親族相続法は主として強行法規である。政策的特別保護立法も多くは強行法規である。」（於保不二雄・民法総則講義〈復刻版〉172～173頁）。

(b) 「(i) 債権法の規定の大部分のごとく、当事者間の関係だけに関する規定は、一般に任意法規であるが、当事者以外の第三者の権利関係にも関連する規定は強行規定である。物権法の多くの規定はこれにあたり、また、法人に、関する規定にも、この種のものが多い。(ii) 親族編・相続編に定められた諸制度・諸規定は、直接の関係当事者以外の第三者の利害にかかわることも多いが、そうでなくても、社会秩序の基本的なものにかかわりをもつがゆえに、多くは強行規定である。(iii) 当事者間の財産関係だけに関するものであっても、法律行為の自由を否定することによって、経済的に弱い特定層の人々の利益をまもることを目的とする規定は、強行法規である（たとえば、349条、恩給法11条、利息制限法）。」（幾代通・民法総則198～199頁）。

(c) 「どのような規定が強行規定であるかについては、当該規定の趣旨に従って判断するしかない。民法の中の規定に関していえば、基本的な社会秩序に関する規定（親族法、相続法、物権法に関する規定の中に多い）、私的自治の前提ないし枠組みに関する規定（法人格、行為能力、意思表示・法律行為に関する規定）、基本的な自由を保障する規定（678条——最判平成11・2・23）、第三者の信頼ないし取引の安全を保護する規定（善意取得、表見代理に関する規定、対抗要件に関する規定など）、経済的弱者の保護のための規定（……349条はその一例………）などが、強行規定である。」（四宮和夫＝能見善久・民法総則〈第8版〉191頁）。——なお、同書には、

"任意法規の半強行法規性"という注もある。「半（halb）強行的な契約方式」といった表現はドイツでもみられ（たとえばヤウエルニック＝フォルコンマー・民法〈10版〉157頁）、おそらく四宮民総の補訂者による追加であろうか。

5　(a)　以上の学説は、恩師である於保先生のほか、私が特別研究生の後半において、家族法学から財産法学へ研究の舵を切り替えて後、その見解を敬意一杯で学んだ先生方の一部であるが、これらを仮に"古典的学説"というならば（「法学名著の補訂」でお弟子さんとして挙げた能見教授はもちろん除外）、後進教授の民総教科書からも"新学説"の動向ないし状況を若干は簡単であれ引用しておかなければなるまい。それらは次のようである。

(b)　強行規定は公序に関する規定であり、私的自治の限界を画定する。また、取締規定は直ちに強行規定ではないと解するよりも、強行規定に該当するとみるほうが妥当であり、ドイツ民法134条も法律の禁止に違反する行為は法律に別段の定めがないかぎり無効であるとする。このほか、強行法規は、内心的効果意思が不明あるいは空白の場合に法律関係を補充する第1順位の基準でもある（石田穰・民法総則282頁・286頁・271頁）。──〔補注〕　同書は2014年の同名別著で全般に内容が詳密になったが、編集部が付録に関しては原則は旧稿のままとしたので、ここも今後の論考で新版に依拠する。

(c)　強行法規と任意法規は、当事者の意思による排除の許否で区別されるが、強行性が法規上明示されていない場合でも、〈契約制度自体を構成するルール（例、申込みと承諾による契約の成立とか、契約の拘束力の当事者への限定）〉や〈契約内容に関するルール（例、重婚禁止など国家の基本秩序の維持とか、弱者保護の要請）〉のように、「その法令の趣旨から強行法規と判断されるものもある。」また、任意法規であることが明示されていない場合には、「私的自治・契約自由の原則によると、とくに強行法規であるべき理由が存在しない限り、任意法規とみることが要請される。一般に、債権法に関する規定が、そうした任意法規の代表例とされる。」（山本敬三・民法講義I総則〈第2版〉228〜231頁）。

(d)　「なるほど、任意規定は……当事者の意思によって排除・改変することが可能な性格のものである。しかしながら、そこには国家によって公平かつ合理的と考えられた権利義務の分配に関する提案が含まれており一定の秩序形成機能（Ordnungsfunktion）も含まれているとみるべきであり、実質的交渉による正当性の保障が疑われる場面（『約款による契約』『消費者契約』など）では、任意規定が簡単に排除できない場合もある。」「任意規定は……当事者の特約がない場合の単なる補充や解釈規定に過ぎないと見るべきではなく、立法者によって、当該法律関係における

合理的当事者意思と推測されるもの、ひいては公正・妥当な権利義務の分配のあり方・モデルが提案されているというべきである（任意法の指導形像機能）。」「通常は……当事者の意思や特約が任意規定に優先する。しかし、一方当事者の認識の及ばないところで契約条件が作成されたり、情報・交渉力に構造的格差が存在するなど、……正当性保障がない状況下では、任意法が半強行法的に作用し、信義則上の正当な理由なく任意法の正義内容を一方的に改変して不当な利益を追求するような契約条項を無効と解すべき場合がある（消費者契約法10条参照）。」（河上正二・民法総則講義256頁・263頁）。——河上説は、これを"任意法の半強行法化"と呼ぶ（同・約款規制の法理383頁以下）。

6　(a)　この問題をめぐる学説の細部は、さしあたりそれに関心ないし必要がない諸兄姉には飛ばし読みで終えてしまいたいプラス・アルファの記事かもしれないが、もう一度だけ読み返していただきたい。読んだ方は、これらの学説からどういうキーワードを引き出すことができるかを考えられたい。かなり多いはずである。表題そのものがすでにキーワード適格性をもつが、民法典における5つの編のそれぞれと強行性・任意性も独立したキーワードになり、そこまででもすでに七題ある。もっと卑近な話をすれば、われわれがある契約を結ぼうとする場合に、自身にとり都合がよくない民法の条文を特約で排斥できるか否かも、ないがしろにできない問題であり、言い出せば際限がないくらい検討を求められる場合は現れる。強行法・任意法という表題に関する知識の獲得は多数の個別事例に対しても不可欠なことが、縷説を要せずして理解されよう。

(b)　わが国の文献で必ずしも明確でない論点については、同様に解決して差支えがない問題ならば、外国法も参考になる。日本法とも対応する問題のうちの若干につき少しだけだが文献を挙げておこう。

まず、民法全体にわたって言及するラーレンツ＝ヴォルフ・民法総則〈第9版〉68～69頁によれば、〈債務法〉の規定は原則として任意法であるが、第三者の利益を保護する規定、法的取引のために秩序付けを行う規定および当事者の処分に委ねられない利益のために著しい不公平を防止すべき規定は、例外的に任意法性がない。〈相続法〉の規定は、遺言自由に基づき被相続人が自身の死亡時における権利承継を定めるべきものだから、かなり任意法性がある。しかし、彼は遺留分法ならびに債権者保護のための遺産債務に対する責任規定に手を出すことはできない。〈物権法〉は、第三者の利益が絶対効（意訳すれば対世効）を持ちつつ係わっているので、原則として任意的ではない。〈親族法〉も、任意に変更できない人的な地位（persönlicher Status）に関するから、物権法と同様である。〈民総〉は、個々の規定の意義と目的に従って

決められなければならない。たとえば、錯誤による取消原因を定めたド民 119 条は、任意法規の例であって、当事者は制限も拡大もできる。代理の規定も部分的には任意法であり、代理権の授与や範囲がそうである。

別稿で紹介したキップ゠コーイング・相続法〈14 補訂版〉7～8 頁の記述（椿・法時 83 巻 1 号 12 頁）を転記すれば「相続法の法律行為は債務法と異なり原則として"要式性"を持つ。相続法の特徴として本質的に"強行性"があり、遺言自由は契約法における私的自治ほどには及ばず、この点で相続法は定型強制を伴う物権法に近い」とされる。相続法の領域では〈"遺言自由"と"家族による相続"の緊張関係〉がシュタウディンガー受験用・民法の支柱〈2011 年版〉1267 頁以下において論及されており、レーゲンスブルク大の元総長ヘンリッヒも、最高裁の判断を想定した〈"遺言自由"対"遺留分法"〉の講演を公にしている（レーゲンスブルク法学研究叢書 23 号）。強行性のテーマを考えるのにふさわしい法領域の 1 つであろう。

〈"私的自治"とは個人がその意思によって法律関係を自ら創造する原則である」との言葉でフルーメはその大著・民法総則第 2 巻〈法律行為〉を説き始めたが、続く〈私的自治と契約自由〉と題する箇所（同書〈第 3 版〉12 頁）では、これら 2 つの用語がしばしば同義に使われるのは、契約が私的自治による形成の主要形態だからだという。また、通例、債務法と物権法・親族法・相続法とを契約自由があるか、法定主義かで対置する考えをめぐり、債務法においても私的自治による形成は方式と可能な内容が法秩序により定められていることを指摘する。

(c) 以上の記述から総合すれば、表題に掲げた問題は、基礎的ないし原理・原則的な論点からも、個別事例ないし条文の面からも、民法の全体にわたって多数のテーマを生み出すことが明らかであろう。椿塾と称する研究グループの昨夏合宿後、同人の一部諸君にまず債権法につき学習参考用の企画案を相談し、秋にはその具体化を進めた。そして、2011 年 3 月 13 日に民法全体の研究計画も議論し合う予定を決めていた。しかし、地震で会合が流れ、その後、メンバーの諸兄姉が種々プランを練っておられた。

(d) そうこうしている間に、法務省の中間案が出て、その中に〈強行規定と任意規定の区別〉をめぐる積極案と消極案が示された。"立法として書かれた規制に対して私人が何処まで自己の意思を貫くことができるか"は、多くの人が学理として関心を抱くであろうし、実際にもはっきりしていることは望ましい。しかし、現在までの開発状況を見ると、簡単に整序できるか。範囲も、契約債権法に限って考えるべきではない。判例・下級審裁判例すら、全体にわたって収集・分析されたことがないのではないか。学説も、かなり大雑把な議論しかないのを、短期間内に、必要な条文すべてにつき基本方針と個別判断をまとめることができるのであろうか。今回は問題の提起

が行われたことに敬意を表し、今後も検討続行を待望する程度では足りないか。

　(e)　キーワード的な項目も二、三は割愛した。わが国の資料さえ調達できるならば、冒頭規定などにつき再度取り上げる機会を考えたい。

　［付録］　北イタリヤの３つの大学と自由につき少しだけ見聞し、日本から井上ひさし・ボローニャ紀行なども取り寄せたが、本題だけで紙数を超過。今後もこういう点は掲載できない可能性が大きい。乞ご了解。
（７・15稿、在ミュンヘン）

続・強行法と任意法
―民法学余滴　第４回―

　1　山田晟《ドイツ法律用語辞典（改訂増補版）》をみると、zwingendes Recht は「強行法。当事者の意思によって適用をまぬかれえない法」で、dispositives R. は「任意法。当事者の意思によって適用を排除しうる法。私法には任意規定が多く、公法には強行規定が多い」とある。本誌〔注：「書斎の窓」。以下も同じ〕607号で表記の題目を採り上げた際、私の意図は民法の"法規と異なる特約の効力"を今後、椿塾その他において研究版および学習版の双方より取り組んでいこうとするものであったから、もちろん"ある条文が強行法規になるか否かの探索"に力点はかかっており、任意法規それ自体については、そういう作業の限りでのみ当面は言及するにとどめている。また、記述のレベルに関しては、連載第１回の民法総則も含め「随想と論文はしがきとの中間的な記事」を「専門ではない読者諸賢」に対して語りかけることをめざしていた（本誌606号７頁・８頁）。

　ところが、本問はその内容の広がりから、本誌607号１回だけの読み切りでは筆者として終わりにできなかったため、このシリーズ内でさらに取り上げることを考えたいと書いた。その思いは消えなかったけれども実現しないまま帰国してしまい、本号で補説させていただくことにした。

　また、どちらかといえばプロないしセミプロの方々に向けた書き方が少々過剰に混入したようにも感じている。たまたま帰国早々、法学セミナー684号に本稿表題と同じテーマの特集を組ませてもらったが、趣旨と論点を説明する特集序説のほうはさて措き、債権者の担保保存義務という個別項目において"民法504条の任意法性と一般条項による制限の組み合わせ"の後に、いきなり"フランス新法による担保保存義務規定の強行法化"という表現をぶつけて並べてしまった。これは、各個別項目が１頁

という制限を設けたことも原因の一半であったにせよ、その問題を理解する目的で勉強しようとする人には不親切な解説の仕方だろう（この点の詳細は、山野目章夫・比較法雑誌29巻2号117頁以下）。本誌608号の代理についてまで補説を書くのは勘弁願うが、せめて本稿2以下の強行法補論は少しでも最初へ立ち帰る方向を含めた作業にしたい。

以上のほか、半年という滞在期間の関係で、持参文献が少なくて、たとえば、強行規定論の中で、効力規定に対し"公益規定"の観念を提案する北川善太郎《民法総則（第2版）》125頁のように、内容の記憶を確認ができなかったものもある。帰国後はもちろん解決したが、本格的な補充は別の雑誌（法律時報4月号など）に譲る。

2　強行法を起点にして関係する観念や制度をみるときには、種々の事項が出てくるが、"契約自由の原則"との関係は改めて言うまでもなく最重要なキーワードの1つである。そして、学習に際しては、教科書の中で"法律行為自由の原則"とか"私的自治""意思自治"などの表現にも出会う。

(a)　まず法律行為の自由について。この言葉は民法総則の教科書において時折使われる。契約は法律行為の一種だから、抽象化すればそうなるというのかもしれないが、同じく法律行為の下位概念である"単独行為"の自由を野放しに許せば、相手方の迷惑・不利益が大きくなりすぎるから、原則自由は唱えられまい。では、同様な位置にある"合同行為"はどうみるべきか。その代表例は社団の設立だが、いわゆる準則主義を自由圏の中に含めるならば格別、そうではない限り、関係者が好きなようにできるとまでは解されていない。結局、契約自由だけが自由の名を用いるに値し、法律行為の自由を原則なぞとは書くべきではない。

(b)　次に、私的自治と契約自由は、ドイツでも同視されたり区別視されたりしているが、わが国の文献をみると、前者は、契約の拘束力の哲学的根拠付けにかかわり、後者は、自由競争による富の獲得をめざす思想の法学的表現だとも説明される（内田貴《民法Ⅱ（第3版）》19頁）。学問という観点からは重要な事項であるが、本稿は"規定の強行性・任意性"に関する場面を問題としているので、契約自由と私的自治ないし意思自治との比較は大きな論点にはならない。

3　強行法と任意法の"区別"をめぐっては、幾つも論題がある。
(a)　本誌607号34頁以下で諸学説をみたとおり微細な基準の列挙がされていて、たとえば幾代説では3個の基準が挙げられ、四宮＝能見説ではそれが数個になっているが、そうしないで、結局はそれぞれの条文について検討する以外には無いとする大先生がいたことは、そこで紹介した。研究する側では、判例や学説を整理・分類して、

できるだけ一般的な形で、かつ、少数に絞った基準を定立する作業をこれからも行わなければなるまいが、学習者諸君としては、教科書に示される基準を理解・記憶する努力が求められる。

　(b)　民法の各"編"に即して強行性の問題を記述している場合も多いが（ドイツについては、前掲本誌39頁参照）、何百条にもわたる条文を「債権」とか「相続」というある1つのグループにくくり、それらが「原則として」強行法あるいは任意法であるという程度の説明の仕方では粗さが目立ち、個別条文の参考として十分役には立たない。これも学習者の立場からは主要例を幾つか覚える他はあるまい。われわれの法セミ特集は、原則として任意法であるとされる債権法について、26個の条文ないし場面を取り上げた。

　(c)　強行法とは何かに関しては、問題にしなければならない項目がさらに残っている。前掲本誌や法セミ特集序説でも若干は言及したが、次掲4および5で基礎論に関する事項を補充しておこう。なお、これもどこかの箇所でふれたが、任意法は、法規ならびに法律行為の"解釈"に関する議論の場面で登場しており、それらも見落とせない重要論点であることは改めて指摘するまでもあるまい。ただ、当面の課題からは除外しておきたい。

4　さて、基礎論の1つは、強行法規に反する合意・特約が無効とされる"根拠"をめぐってである。

　(a)　成文法主義を採用する以上は、立法後に生じた新事象でないかぎり、強行法規の違反による無効のような重要な事項は立法時に条文化するのが建て前のはずであり、明文規定が当然置かれていなければならないと考え、それを探索するのが通常であろう。その場合に、すぐ思いつくのは民法90条に出てくる「公の秩序……に反する……法律行為」である。しかし、公序と良俗は合わさって社会的妥当性という90条の解釈が組成されるとする説明や、708条の「不法な原因」は公序良俗違反なのか強行法規違反なのかという議論との間における不整合が問題となる。そして、たとえば90条の公序と良俗を分離して組み立てる解釈とか、そもそも社会的妥当性という説明がおかしいとする解釈によって片付ける仕方も次第に広がっており、それも解決策の1つではあろう（なお、強行法と公序良俗の関係をめぐる1つの新しい見方として、山本敬三《民法講義Ⅰ（第3版）》254頁）。他方、隣にある91条が任意法規と異なる意思表示を有効と定めており、その反対解釈により強行法規違反は無効と結論付ける仕方もある。これは近時多くなっている見解であろう。しかし、法が強行の形でもって厳しく当事者意思を否定する際に、直接その旨を表明しないで、別の規制──それも内容が当たり前過ぎて迫力に乏しい91条──のいわば裏側から間接に解釈で認

めるというのも、何となく納得しがたいところがある。そこで、あらゆる法現象は条文に包摂・還元されねばならないと頑張る古い考え方をやめて（いわゆる"立法のけん欠"を肯定し）、当然に認められるべき内容だから規定を置かなかったとする説明も現れてこよう。

　これら3種類の解釈は、それぞれが成り立ちうるものであって、どれが説得的かは各自の選択にかかっていると思う。私見は3番目の考え方に与しており、立法論として当面は基本的規定1ヵ条が条文化されることを望む。

　(b)　ところで、この根拠論で最も包括的かつ本格的な研究は、しばらく机の引き出しに置き、1993年に発表したと論考の末尾に書かれている大村敦志「取引と公序」ジュリスト1023号・1025号である。大村は「法令違反行為の有効・無効はいかに決せられるか」（判断基準）と「何に基づいて法令違反行為は無効とされるのか」（根拠付け）の問題につき、「強行規定違反との関連よりも、むしろ、公序違反との関連を重視する」けれども「強行規定違反との関連を問題にしないわけではな」い立場から論じて（ジュリ1023号82頁）、根拠としては90条一元論を採る（ジュリ1025号72頁）。ここで特に注意しておきたいのは、根拠論の中で「純粋な任意規定とも純粋な強行規定ともいえない規定の存在を認め」る"三分論"の見解（ジュリ1025号70頁）である。段階的発想に立つ私見も同様な考えなので、後日詳説したい。

　5　もう1つは、強行法規・効力法規・取締法規の相互関係である。強行法規を後二者の上位概念とする於保説と異なり、通説は、取締法規と強行法規が公法と私法の二分論を前提とし、強行法規は私法上の効力実現に国家が助力しないものであるとしながら、違反行為の効力については無効要因と有効要因の両者を考慮して決する、とされる（山本・前掲Ⅰ 259〜260頁）。――於保説における強行法規は、効力法規に組み込まれたならば無効になるが、組み込み自体が総合判断で決められるから、その微妙さゆえにどうなるかは予測困難であろう。通説でも、およそ強行法規違反行為が有効か無効かは同様に予測困難である。この問題は、具体的にはまだ明確でないから、研究・学習どちらの立場からであってもわれわれ自身が新たに異同対比の詳細を調べなければなるまい。

　なお、我妻説は、これら異なる用語法につき、「便宜上の問題であって、理論には関係のないことだが、混乱を生じないように」（《新訂民法総則》263頁）と注意していた。そもそも、このフレーズ部分はその意味が私にとって理解困難であるが、そのことのほか、私見は、3つの用語そのものを改めて整理しなおす実益も理論的意義もあると感じる。

6　前掲法セミ序説の3(d)(ウ)において"脱判例行為"というある実務法曹の用語を借用した。強行法上の禁止を回避するのが脱法行為であるが（この問題については、たとえば大村敦志「『脱法行為』と強行規定の適用」ジュリスト987号・988号）、規定を欠くわが国と異なりドイツ民法134条では「法律による禁止に反する法律行為は、法律から別段のことが生じない場合には、無効である」とされる。このドイツ法に着眼すれば、強行法と同条の禁止法規をそもそも同一視してよいのかが問題となるほか、解釈により右の「法律」を"判例"と読み替えてもよいか、も1つの論点になろうと私見は推測している。つまり、法規の潜脱に準ずる範疇として先例（判例）からの潜脱を考えてみてはどうか、というのである。

　たとえば最上級審の判例で、不動産の譲渡担保において債権者が清算金を支払わないで契約を結了してはならない、と判示されていたとする。判決文には特約に関する説示が一切無くても、後日、清算金を支払わない特約の効力が争われた際、それは当然の事理あるいは先例の趣旨から許されず無効であるとやれば終わりかもしれないが、そこで視座を動かしてみて、ドイツであれば、判例を条文に準じて取り扱うことが認められるか、また、わが国では、判例法の実在を承認する立場（穂積重遠は民法総則の教科書だったかで「篤信する」と表現していたような記憶もあるが、とにかく今や支配的であろう）から、ド民のような禁止法規が無くても"先例の強行法性"を正面切って肯定する発想ないし構成の採用は考えられるか、を論点に採り上げてよいようにも思う。

7　強行・任意の区別には、規制の仕方＝一般として、ないしは、ある特定の問題につき、当該規定が"より広い妥当性"あるいは"より強い合理性"を持つか否かが影響するかもしれない。近時、合理的とか合理性といった必ずしも内容が具体的に明確でない言葉が判断基準として使われる。抽象的な言葉で大丈夫かと迷いながらも、使ってホッとする場合がある。しかし他方、法律論としては、たとえば半強行法規化の問題に関してではあるが、任意法規を解釈で強行法規とすることには無理があるとの見解もあるし（北川善太郎《債権各論（第2版）》31頁）、ある制度や規定の重要度とか基本性などは強行法性とは無関係だという見解もありうる。私自身が検討を始めつつあり、その結論はまだ出ていないが、とりあえずそういう問題の中から二、三点につき続けて8と9において簡単な準備運動をしておこう。

8　(a)　1950年台から始まる日本経済の発展は、次第に種々様々な取引の仕方を産み出し、民法学の世界でも"新種契約"や"非典型契約"といった新たな用語が現在では定着している。1987、8年に立案・編集した《講座・現代契約と現代債権の展

望》においても、第 5 巻《契約の一般的課題》の冒頭で混合契約と非典型契約を、第 6 巻は《新種および特殊の契約》を採り上げたが、90 年台に入ると、典型契約それ自体を積極的に再評価する力作が輩出するようになっている。本稿はこの問題に取り組むものではなく、また、われわれの共同研究グループ（法律行為研究会）における刊行予定の中で、私が典型契約と非典型契約に関する総論的論考を担当するので、本稿では強行法性の問題に関係してくる限度内でのみ略説しておく。

　(b)　大村は、非常に多方面から分析した研究書《典型契約と性質決定》において、とても簡単には要約できないほど多くの整理や提案・展望を行っているが、ここでは「任意規定・強行規定の双方を含めて、典型契約規定は当該契約類型について合理的な内容を定めたものであ」り、「任意規定からの離脱は原則として可能ではあるものの、その内容の合理性に配慮した取り扱いが必要」で、「全く自由に離脱できる任意規定と合理的な離脱に限って認められる任意規定（半＝強行規定）の区別を行うべきではないか」と提案し（同書 355 頁）、別の教科書（《基本民法Ⅰ（第 3 版）》37 頁）では、たとえば民法 555 条のような"典型契約の冒頭規定"が一般の契約における本質的部分（要素）を定めていると述べる点を挙げておく。

　(c)　"権利義務関係の事前の設計性"を任務とする契約法学の定立をめざす平井宜雄は、前世紀終わりの「契約法学の再構築」ジュリスト 1160 号 99 頁以下の後、2008 年刊の《債権各論Ⅰ上・契約総論》において、典型契約の規定には契約実務がそれを手掛かりに契約書を作成するなどの重要な役割が与えられているから、「任意規定の一つとしての補助的地位だけが与えられるべきでなく、権利義務関係の設計のための重要な道具の一つだと考えられるべきである」（同書 40 頁）という。

　(d)　準拠枠設定機能と内容形成機能という耳慣れない用語に始まる山本敬三の典型契約論は、《民法講義Ⅳ-1 契約》7 頁以下にも要約されているが、別冊 NBL51 号の論文「契約法の改正と典型契約の役割」が詳細である。この論文は、典型契約類型が妥当と考えられた契約内容を盛り込んだ、しかし可変的・開放的なものだとする大村論文を踏まえて、冒頭の 2 機能に言及するが、内容形成に関しては「従来、任意法規と強行法規という道具立てが用いられてきた」（同書 9 頁）という。ただ、これだけでは短いこともあって典型契約の強行法性の程度を知りたいだけの私見には荷が重過ぎる。山本・前掲Ⅰ256 頁以下の契約制度と強行法の箇所からも典型契約の"重み"に関する見当がつかないので、論考を書く将来に譲りたい。さらに、山本も典型契約の冒頭規定に言及するが（前掲Ⅳ-1　20 頁以下）、現在における私の関心と理解力から除外しておきたい。

　(e)　以上が、典型契約論に関する学説の、恐らく最先端であろうし、それの一歩深めた勉強が求められる。ただ、いずれも広汎かつ高度な議論を展開していて、残念な

がら目下の理解状況では、典型契約の"重み"および強行・任意との"つながり"を説明できるレベルに私が到達できていない。

9　わが民法では国家法自身が第3編・債権の最初に"総則"を設けた。どのような経緯があったのかは、まだ調べる時間的な余裕が出てこないが、鈴木禄弥《債権法講義》が債権総則ないし債権総論を解体・放逐したことは、債権法を勉強した人ならば記憶にまだ残っているだろう。私も鈴木追悼論集《民事法学への挑戦と新たな構築》で言及した（同書60～63頁）。鈴木説に従えば出てこなくなる問題だが、この際は考えないでおこう。

ドイツ民法の教科書でも、第2編・債権関係（Schuldverhältnisse）法を2冊に分けて記述する場合には前半の部分を Allgemeines Schuldrecht と称していて、そのためかどうかわが国において、ド民の下でも債権法に"総則"規定があると思われているふしも無いてはないが、日本風に言って債権編は、《債権関係の内容》《約款による法律行為の債権関係の形成》《契約による債権関係》《債権関係の消滅》《債権の移転》《債務引受》《債務者および債権者の多数》《個別の債権関係》という8個の章から成っていて、債権総論は前の7章を組み立てた"解釈的構成物"である。

こうなると、債権総論はその成立過程でどういう"狙い"と"理由付け"によっていたかを調査し論及しなければならないが、ここでは、「債権法は明確な類型のカタログを知らないので、自由な形成に対し基礎準則を定立しなければならない」としたヒュプナーの見解を挙げておく。私見はこの紹介に際し、Grundregeln をどういう意味に解するかが問題であるにせよ、少なくとも枝葉と言うのではないだろうから、"強行性"も問題となるのではないかと書いたことがある（椿「21世紀の民法」円谷峻編《社会の変容と民法典》21頁）。もしそうだとすれば、債権総論は少なくとも全部が当然に純粋の任意法であるという下敷きは使わなくなる可能性もあろう。

10　ミュンヘン大学の法学部図書館で、分厚い文献の間に三十数頁の仮綴じ本が挟まれていた。1994年に出た《債務法における私的自治との別れ》と題するメディクスの講演記録であり、たまたま契約自由や私的自治についても従来見落としていた文献・資料を探していたので、他地域の書店などにも頼んだが入手できず、コピーをして持ち帰った。そして、帰国後これもたまたま出会った明大の林幸司がちょっと変わった本を偶然買ったのでと、《教え子発・20世紀のドイツ語圏の民法教授たち》第2巻（2010年刊）を貸してくれた。"人と業績"には元々あまり関心がないが、右のメディクスの項をパラパラめくっていたところ、講演記録に言及していた。さっそくアマゾンに注文し、現物は他人様の持ち物だから、紙を挟んで他の先生関係も含めて

利用させてもらっている。本稿に関係するキーワードは"私的自治と強行法"であって、私個人としては魅力ある関連問題として"国家意思と強行法・任意法"もテーマにしたい。そこでは、立法という"国家意思"と企業法務その他から契約自由にもとづき出てくる"当事者意思"との相克につき、司法および学説の対処が問題となる。いずれ論述の機会があろう。

＊本稿は、「書斎の窓」（有斐閣）に連載した「民法学余滴」より、「第2回　強行法と任意法」（607号（2011年9月号））、「第4回　続・強行法と任意法」（612号（2012年3月号））を採録したものである。採録にあたり、漢数字を算用数字に改めたほかは原則として原文のままとした。──以上は編集作業における説明であり、その結果、本書4論文の注2)……61頁……の〔A〕〔B〕は合体消滅するが、修正未了がある場合は〔A・B〕とでも読み替えてほしい。

2

民法規定と異なる合意・特約の問題性および論点

椿　寿夫

1　はじめに

(1) 概　略

　本書1論文では、本書表題につき我妻『民法講義』から関係する記述を適宜抽出し、若干の前書きも付加しておいた。本稿では、報告者の各自が共同討議も経た上で展開するであろうと課題設定にあたり私が基本視点として予定したテーマおよびその内容と方向性など――論点全体には及んでいない――につき、若干の見方を問題として示しておきたい。それに対する解答は、各執筆者から直接述べられることを予定しており、私はいわば"言いだしっぺ"の役を担っている。なにがしかの説明や注文が付いた出題とメンバー全員による討議を経た解答の作成との組み合わせから成ることが、われわれのグループ作業において、通常の研究会と違い、"塾"というニックネームを半ば自然発生させたゆえんかもしれない。また、本書1論文の末尾で事前参照を希望した3つの拙稿と重なる部分は、そこを指示引用するだけにとどめることも考えたが、法律時報誌とは別の雑誌なので、そのまま、あるいはそれに近い形で再記載することも少なくはない。さらに、全執筆者について、本書では頁数の制限があるため、量的にそれからはみ出す報告は大学の紀要などに分載することがある。

(2) とりわけ外国法の取扱い

　民法の論文を書く際には、普通、"判例"と"学説"の整理は必須とされ、"外国法"も論文作成者が若いほど掲示を求められ、銀行法務をはじめとする"実務"の位置・地位が高くなるにつれて、その引用価値も増大してきた。それらに加え、登記先例・戸籍先例や官公庁の通達の類も分野によっては無視できないが、ここでは本テーマと外国法のことだけ少々述べておこう。

　本書のもととなった連載ないし共同研究においては、幾編かが、わが国の問題だけでなく、諸外国の法状況も採り上げるプランになっている。これは、装飾的な狙いからではなく、ドイツやフランスに関しては、わが国で今日なお十分な成熟を遂げていない本問のために必要かつ有益だからである。アメリカ法への取り組みは、現今のドイツ取引法学の文献とりわけ若手の研究を、私が取引法を勉強し始めた1950年代から四半世紀ほどの同国の状況と比較するならば段違いに多くなっており、わが国でも好むと否とにかかわらず取引法を中心に今後ますますその進入を実務のみならず法律学でも避けて通れないため、制定法の位置付けに関する差異は一応措き、少なくとも本問題における法的評価の所在を学んでおこうとするものである。

　私自身が本テーマについて参照している外国法はドイツ語圏法、とりわけドイツ法である。ただし、BGBより昔へさらに遡って流れを後付ける作業に着手していながら、目下まだ部分的にしか進捗していないが、民法典の成立後ある時期まで異常なほど大量にわが国へ流入し、利用可能性を肯定しやすい同国の民法理論をもってしても、例えば、債権総則という実定法の表題規定があるか否かは、両方の国の間で議論の入り口から差異を生じる。また、強行法とは強行"規定"を意味すると理解すれば、一部無効が明定されるド民（139条）と、それを見習って解釈により認めてきたわが国とは、強行法違反の次元で考える場合、全く同じ議論の仕方で済まされるか。強行法と禁止法規という2つの概念および両者の関係についても、後者に関する規定をもたないわが民法へ彼の地の議論をそのまま持ち込むべき必然性がない。

　要するに、現在では単純に「外国語の文献を日本語にすれば終わり」とはならないし、そうしようとも思わない。もっとも、法的構成ではなく"法的評価"の点ならば、近代社会の展開過程でみられる等質化[1]の範囲内では、諸外国

の解決も、同調そしてまた導入の可否や適否の判定はできる。"法的構成"にしても、少なくとも強行法に関する限り開発度の低いわが国の現状では、先進法として種々参照に値する。上記のような差異に配慮しつつ外国法ないしドイツ法に学ぶ必要性や意義は今日もなくなっていない。

2 法典の編別による強行法性

(1) 序

そもそも強行法の定義や範囲をまず明確にする必要があるけれども、その点は本書4論文に譲り、強行法規か任意法規かの判別基準をみると、かなり古くより出発点が示されていて、「両者の区別は、規定の趣旨を考察し、個人の意思によって排斥することを許すものかどうかを判断して決する他はない。ここに一般的原則を掲げることはできない」とか、「法規の趣旨は、その時々の社会情勢につれて変化しうるものであるから、具体的・歴史的な社会生活における社会の一般通念に従って、個別的に決定しなければならない」といわれており、"編"レベルに即したような集団的な処理には親しまない、むしろそれは問題外のようにさえみえる。しかし、他方において、(a)債権法は原則として任意法、(b)物権法・親族法・相続法は原則として強行法、(c)民法総則には沈黙、というのがわが国の教科書における"一般的状況"であろう。

(2) 判例の出現度

私は当初、法学セミナー誌の特集を考えた時点においては、強行法か任意法かをめぐる争訟が一定数は蓄積されており、かつ、ある公式先例のように民法

---

1) 本書1論文2(3)(c)後半における我妻説を参照。
2) 余談ながら、フランス法の"コーズ"に対する違和感がどうも消えないが(例えば拙稿「《多角》関係ないし《三角》関係について──取引法での一視点」椿寿夫=中舎寛樹編『多角的法律関係の研究』(日本評論社、2012年)38頁参照)、最近、あるドイツ文献の邦語訳を読んでいて、原著者が自国向けの議論として同様な感じをもっているのではないかと思える記述に出会った。"感"に過ぎないとはいえ難しい問題である。なお、コーズに関しては詳密な紀要論文があり、別の機会に採り上げたい。
3) 我妻栄『新訂民法総則』(岩波書店、1965年)255頁。
4) 於保不二雄『民法総則講義(復刻版)』(新青出版、1996年)173頁。

678条の任意脱退を許した部分が強行法規であるとはっきり説示する例に幾つも出会うのでは、と推測していた。私が採り上げた担保保存義務も、既に大審院の時期より一種の便宜的規定で公益的意義はない（理由付けは不明ながら、要するに非強行法である）と述べられていて、特集に収録した26個の条文・場面の中で任意法（＝原則）と強行法（＝例外）の比率がどのようになるか、と期待していたほどである。教科書においても区別の基準とされている例示は幾つもある。

そこで、「法律時報」誌に連載の第3回だけを割いて、民法典の5編を6人の塾メンバーによる代表的事例のごく簡単な要説程度で済ませてもよいのではないかと予想した。ところが、裁判となった実例は思いのほか少ない。加えて、条文と抵触する当事者の行動合意を裁判所が許容しない場合にも、強行法という理由付け以外に、例えば法規や当事者意思の解釈あるいは信義則その他の一般条項規定などのルートを選ぶ事例があり得るので、そういう場面の検討も必要ではないかという協議結果に基づき、連載6回分へ拡大することに改めた。分け方は①総則、②物権、③債権総則、④契約、⑤法定債権、⑥親族・相続とする。また、判例が乏しいため、当初のプランに変更を加え、学説だけが対象となることもある。

(3) わが民法典の編別と問題の処理

上記(1)(a)の債権法に関しては、本書1論文で紹介した我妻説によれば、任意法性を狭小化しようとする方向がかなり顕著であり、契約自由との衝突という本問の重要論点が出てくる（後述4参照）。同(b)の諸分野をみると、外国では物権法と相続法の対比なども教科書レベルで行われているが、わが国では開発度の低さに基づいて、まずそれぞれの領域から始めなければならないのが現況といわざるを得ない。そもそも物権法自体が、物権＝一般と担保物権とを最初には分けて検討すべきであり、契約自由も論点の1つであるが、最近、こういう総合的な視点がようやく出て来つつある。同(c)の民法総則については、問題と

---

5) 最三小判平成11・2・23民集53巻2号193頁。
6) 平野裕之「物権法及び担保物権法と契約自由」法律論叢84巻2＝3号（2012年）401頁以下。

なる全条文を個々別々に判定するしかないのか、法律行為・行為能力・時効などといった規定群ごとに考えるか、それとも、何かごく少数の分類基準でくくることができるか、各執筆担当者の工夫に俟つが、いずれにしても何らかの難点を逃れ難いのではあるまいか。問題となり得る民法全部の規定につき、上記(1)の学説が求めるような個々の規定に着目する結果として細密にならざるを得ない基準を用いて判断するならば、この強行法・任意法の整理だけでかなりの分量が不可避となろう。余談めくが、現在進行中の民法改正においても、将来の改正分野までこの点に関する予備的検討の手を広げるならば、かなり大変な作業に取り掛かったものだと感じている。

3　強行法の観念・範囲をめぐって

(1)　序

強行法と任意法は表裏の形で出発し、現在、両者の中間地帯が現れて来つつあるが、われわれとしては、条文と異なる当事者の意思を立法すなわち国家が押さえつけることとなる強行法の側から観察するのが適切であろうと考える。2、3の見解を挙げて、後続の諸論考による解答と展開を待とう。なお、この3以後、前記拙稿を引用して細部はそれの参照をお願いする場合も、拙稿をそのまま引用する場合もある。

(2)　学説におけるとらえ方

(a)　さて、昔は大学の授業に使われていた痕跡もある有名なドイツ民法教科書の1つに、「ローマの人々は強行法を私人の合意で追い払えない公法（jus publicum）と呼んでいた」という注記があり、それには強行私法も私法であって公法ではないとの本文が対応している。[7] 続けて挙げる山本敬三の研究書にも公私法と強行法・任意法との関係が示唆されていて、塾同人で関心をもつ人に進化史を概観してもらうのも学問的に有益であろう。

(b)　それはともかくとして、強行法を"公序に関する法"と解する学説は、

---

7) Vgl. Enneccerus/Nipperdey, Lehrbuch des Bürgerlichen Rechts 1, 1959, S. 303.

フランス民法を学ぶ研究者に限られず、今やわが国では定説化している。なぜ"当事者の意思により適用を排除できない法"という説明が好まれなかったのか。理由は立法史にも遡って検討しなければならず、現在までのところ余力を欠くため不明であるが、民法91・92両条が任意法についての規定であって、それを「公の秩序に関しない規定」と表現しており、他方、直前の90条には「公の秩序」という言葉が違反効果を無効とする規定の中に存在する。となれば、強行法という観念は、できる限り規範を制定法に根拠付けるべきだと考える立場（私見はもちろん違う）からいえば、90条へはめ込む素地もある。ド民134条では、"禁止法規"（見出しは"法律上の禁止"）が強行法との異同につき議論はあるにせよ明定されているのに対し、わが国では、この厳しい効果——したがって制定法上はっきりさせるのが望ましい仕方——というべき内容の条文の存在自体に疑義を生じる余地がある。かくして民法91条が間接に定めるとする学説も我妻以来有力であったが、近時異なる方向が増えてきた。別稿でも述べたとおり、条文と異なる意思表示に対して「この法規が不都合ならば好きなように」と認容する規定の"反対解釈"などで当事者意思に対する最強硬の否定を根拠付けるのは、はたして了解しやすいのだろうか。十数年前だが、そういう感想の発端を示したことがある[11]。

　(c)　公序ないし強行法につき最も詳しい学説の１つでは、法令違反取引の効力につき強行規定違反（椿注：どういう意味か？）よりも公序違反との関連を重視して、判断の根拠としては民法90条一元論に立つ[12]。時期的に少し後の力作も、新しい諸「型」——法令型や裁判型など——に立脚したきわめて多面的かつ細密な考察を展開し、(ア)物権法や家族法の諸規定は"不文の強行法規"である、(イ)「強行法規違反の行為は無効である」という命題は、90条がある以上、

---

8) 山本敬三『公序良俗論の再構成』（有斐閣、2000年）111頁以下など。
9) 本書1論文2(4)(b)参照。
10) 例えば後藤巻則「強行規定違反」椿寿夫＝中舎寛樹編著『解説 新・条文にない民法』（日本評論社、2010年）43〜44頁参照。
11) 椿寿夫「公序良俗違反の諸相」椿＝伊藤進編『公序良俗違反の研究』（日本評論社、1995年）17頁以下。
12) 大村敦志「取引と公序」ジュリスト1023号82頁、1025号72頁（いずれも1993年）。なお、椿・本書1論文注2）所掲「窓」612号24頁→本書1［付録］論文25頁も。

特に立てる必要はない、(ウ)強行法規の数には限りがあって、カバーできない場合の受け皿が民法 90 条である、などの興味ある指摘を行っていて、検討価値がある。[13]

(3) 半強行法の観念をめぐって

"半強行法"という言葉が日本・ドイツ双方の文献に出てくる。フランスについては未知だが、上記(1)で中間地帯と呼んだものであって、共同作業でのテーマとなり得る点は間違いない。

(a) ドイツでは、この言葉の代わりに片面的 (einseitig) ともいうようだが、ラーレンツ＝ヴォルフによれば、内容の全部でなく部分的にのみ強行性をもつものであり、一定の劣弱な交渉状況下に置かれた契約当事者の一方を保護する必要と通常は結び付いていて、約款法を吸収した新ド民 305 条 1 項 3 段や 310 条 3 項 2 号がそれである。[14]また、賃借人や消費者などのように、より弱い契約当事者を保護するために切り下げができない〈主体的半強行規範〉もあるし、内容全体ではなく"法律の規制の本質的な根本思想"と異なる切り下げだけができない〈客体的半強行規範〉などもある。メディクスも、片面的強行法が増え続けているとして、住居賃貸借・旅行契約・消費者保護法といった典型的な弱者保護を挙げ、個別的強行規定の例に、債務者の故意をあらかじめ免責することはできないと定めるド民 276 条 3 項も挙げる。[15]

(b) わが国でも、おそらくはドイツ法を参考にして、この問題への言及がされるようになっている。別稿で紹介した河上正二の見解をそのまま——任意法に対する彼の積極評価も含めて——転記しておこう。[16]次のようにいう。

「なるほど、任意規定は……当事者の意思によって排除・改変することが可能な性格のものである。しかしながら、そこには国家によって公平かつ合理的と考えられた権利義務の分配に関する提案が含まれており一定の秩序形成機能 (Ordnungsfunktion) も含まれているとみるべきであり、実質的交渉による正当

---

13) 山本・前掲注 8) 77 頁、105 頁、195 頁。
14) Larenz/Wolf, Allgemeiner Teil des Bürgerlichen Rechts, 9. Aufl. 2004, S. 70.
15) Medicus, aaO.（本書 1 論文注 24)) S. 262.
16) 椿・本書 1 論文注 2) 所掲「窓」607 号 38 頁→本書 1 [付録] 論文 19〜20 頁。

性の保障が疑われる場面（『約款による契約』『消費者契約』など）では、任意規定が簡単に排除できない場合もある」「任意規定は……当事者の特約がない場合の単なる補充や解釈規定に過ぎないと見るべきではなく、立法者によって、当該法律関係における合理的当事者意思と推測されるもの、ひいては公正・妥当な権利義務の分配のあり方・モデルが提案されているというべきである（任意法の指導形像機能）」「通常は……当事者の意思や特約が任意規定に優先する。しかし、一方当事者の認識の及ばないところで契約条件が作成されたり、情報・交渉力に構造的格差が存在するなど、……正当性保障がない状況下では、任意法が半強行法的に作用し、信義則上の正当な理由なく任意法の正義内容を一方的に改変して不当な利益を追求するような契約条項を無効と解すべき場合がある（消費者契約法10条参照）」（河上正二『民法総則講義』256頁、263頁）。——河上は、これを"任意法の半強行法化"と呼ぶ（同『約款規制の法理』383頁以下[17]）。

(c) 半強行法とは意味ないし説明の仕方が他の論者と違うが、強行法論に詳しい大村は、初期の論考において「純粋な任意規定とも純粋な強行規定ともいえない規定の存在」比ゆ的には「白と黒の間に広範なグレーゾーンを認めようという三分論[18]」を唱えたが、さらに、ある規定の一部分だけが強行法規であるものを"部分的強行法規"と呼び、強行法規も合理的な理由があれば内容の変更が許されるという考え方を"強行規定の半任意規定化"と名付けた[19]。——私見も、強行法規と任意法規を単純に切断してしまわず、さりとて個別そのものだけに埋没もしない見解に賛成だが、近頃、同一平面での"類型割り"よりも"段階分け"と表現するほうに惹かれる。

(4) その他の問題

強行法と任意法は、それらおのおのに固有の論点もあり、強行法に関しては

---

17) なお、河上の挙げる Ordnungs- und Leitbildfunktion については、ド民に吸収される前の約款規制法時代、石田喜久夫編『注釈ドイツ約款規制法』（同文舘出版、1998年）130頁に出ており、その次頁に任意法・強行法も翻訳解説がある。
18) 大村・前掲注12) 1025号70頁。
19) 中田裕康他編『民法判例百選Ⅰ（第6版）』（有斐閣、2009年）37頁〔大村敦志〕。

われわれも若干本稿その他で論及しているが、任意法に関する外国の新しい研究は、最近ようやく若干の注目が始まりつつある。[19a]本書でも、紙面の余裕と担当者の余力があれば若干は言及してほしいものである。

4　契約自由・私的自治と強行法

(1)　まえがき

(a)　ある企業法務家は、まず自らを"私的自治の原則が支配する世界の住人"と称した上で、強行法との関係に関するかなり長い労作を書き始めた。[20]ヒュプナーも「強行法は私的自治に制約を加える。それは、放棄できない法の諸原則を貫き、表明された当事者意思に抗して自己を適用しようとする」のに対し「任意法は、私的自治に余地を与え、当事者が別段の定めをしなかった限りで使用されることを求める」[21]と述べており、①契約自由・私的自治、②任意法、③強行法という三者間において、①②の間では②が①に譲るが、①③間には両者が自己の領分を拡大しようとする"拮抗関係"があり、この対抗ないし衝突の"調整"を考案しなければならないことは、改めて説明するまでもない。

(b)　この問題の核心へ入る（この作業は本書から深化テーマへ動かす）前に、契約自由と私的自治の異同が前提課題となっていて、2011 年春に新版が出た教科書にも説明があるが、[22]同書はハイレベルの内容をきわめてコンパクトに表現していて、別稿で位置付けをし難かった。フルーメの大著には、"私的自治と契約自由"と題する節があって、[23]そこに次の記述がある。すなわち、私的自治ならびに契約自由という言葉はしばしば同義語として使われているが、それは契約が私的自治による（関係）作出の主な形態だから起きている。また、債務法には契約自由の原則があるのに対し、物権・親族・相続の三法域では私的自治によって形成できる法律関係につき法律の許可数制限があるというのが通

19a)　松田貴文「任意法規をめぐる自律と秩序(1)(2)」民商法雑誌 148 巻 1 号・2 号（2013 年）。
20)　浅場達也「契約法の中の強行規定(上)」NBL891 号（2008 年）23 頁。
21)　Hübner, Allgemeiner Teil des BGB, 2. Aufl. 1996, S. 52-53.
22)　内田貴『民法Ⅱ（第 3 版）』（東京大学出版会、2011 年）19 頁、13〜14 頁。
23)　Vgl. Flume, Allgemeiner Teil des bürgerlichen Rechts, 2. Aufl. 1975, S. 12-13.

例だが、債務法においても給付の内容指定を除き方式などは法秩序の定めるところによる、と。

(c) 近時において参考文献とされるものの題名をながめていた印象によると、ドイツでは私的自治のほうが用語として目立つようにも感じていて、本書1論文ではそう書いた。ところが、改めて共に2010年刊であるメディクスの民法総則（単独執筆のまま）と債権総論（同僚のローレンツが補訂参加）を開いてみると[24]、題名は両方とも結構な数になっていて、どちらが多いかは一目瞭然とは言い難い。準備時間と許容分量とに余裕があれば各論（深化テーマ）でもう少しは言及したい。

(2) 本題の論点

(a) そこではまず、本書1論文においても紹介したメディクスの講演記録が[25]私の印象に強く残っている。彼の教えを受けたロートによれば[26]、師の法的思考における第1の特質は多くの側から危険にさらされている私的自治をめぐる憂慮の念であり、ドイツならびにヨーロッパの善意の立法者が世にいわゆる弱者のために強行法を常に増やし、それでもって契約をしようとしたり契約内容を作ったりすることへの意図的な介入を行うのは、師の判断では危険である。さらに、連邦憲法裁判所に対しても批判があるらしい。——経済論や社会観を正面に出して論争しようとは思わないし、当方にそのための能力も備わっていないが、明確さに満ちた著者の記述はわれわれがこの議論を始める際に、出発点として教えられるところも多い。賛否はもちろん別だが、ローレンツが補訂参加したメディクスの債権総論の教科書から、とりあえず「債務法における契約自由の内容」という小見出しだけを取り出して簡単に紹介し[27]、さらに、講演記録の中から「私的自治への介入反対論」も要点を挙げておく[28]。

(b) 締結の自由、相手方選択の自由などは問題がない。債務法の契約は方式

---

24) Medicus, aaO.（本書1論文注24））S. 77; Medicus/Lorenz, Schuldrecht 1, 19. Aufl. 2010, S. 31-32.
25) 本書1論文13〜14頁。
26) Roth, aaO.（本書1論文注25））S. 347-348.
27) Medicus/Lorenz, aaO.（前掲注24））S. 32-33.
28) Medicus, aaO.（本書1論文注24））SS. 32 ff.

を必要としないが、これには多くの重要な例外がある。我妻は日本法の法定債権につき任意法性を強調する必要がないとしていた。強調という点で微妙だが、メディクスは、不法行為責任の軽減を例にして法定責任の発生および内容につき合意を許す。続けて彼は「従って、債務法は原則として（債務法の強行法規を例外として）任意的であり（それゆえ関係者の処置に任される）」と述べる。

(c) 彼は私的自治への介入・干渉が主張できないことを4点にまとめる。第1に、強行法規は常に契約の全部または部分を無効にする危険を創出する。第2に、強行法規は個々のケースにおいて合目的的かつ相当である契約の形成を阻止することがあり得る。第3に、強行法は資本を経済的または社会的に誤導することがあり得る。第4に、強行法においてはしばしば望む価値の乏しい副作用が同時にもともと目的とされた保護に結び付いている。

5 典型契約・冒頭規定と強行法

以下の文章は別稿[29]に見出しのほか少しだけ手を加えて転載する。

(1) 序

1950年代から始まる日本経済の発展は、次第に種々様々な取引の仕方を産み出し、民法学の世界でも"新種契約"や"非典型契約"といった新たな用語が現在では定着している。1978～79年に立案・編集した『講座・現代契約と現代債権の展望』においても、第5巻『契約の一般的課題』の冒頭で混合契約と非典型契約を、第6巻は『新種および特殊の契約』を採り上げたが、1990年代に入ると、典型契約それ自体を積極的に再評価する力作が輩出するようになっている。本稿はこの問題自体に取り組むものではなく、また、われわれの共同研究グループである法律行為研究会において2013年に刊行した『非典型契約の総合的検討』（別冊NBL142号）の中で、私が典型契約と非典型契約に関する総論的論考（第1章の論考1）を担当した予定者に割り振られているから、本稿では強行法性の問題に関係してくるであろう限度内においてのみ略説して

---

29) 椿・本書1論文注2）所掲「窓」612号26～27頁→本書1［付録］論文26～27頁。

おく。

(2) 大村敦志の見解

彼は、非常に多方面から分析した研究書『典型契約と性質決定』において、とても簡単には要約できないほど多くの整理や提案・展望を行っているが、ここでは「任意規定・強行規定の双方を含めて、典型契約規定は当該契約類型について合理的な内容を定めたものであ」り、「任意規定からの離脱は原則として可能ではあるものの、その内容の合理性に配慮した取り扱いが必要」で、「全く自由に離脱できる任意規定と合理的な離脱に限って認められる任意規定（半＝強行規定）の区別を行うべきではないか」と提案し[30]、別の教科書では、例えば民法555条のような"典型契約の冒頭規定"が一般の契約における本質的部分（要素）を定めていると述べる点を挙げておこう[31]。

(3) 平井宜雄の見解

"権利義務関係の事前の設計"を任務とする契約法学の定立をめざす平井は、前世紀の終わりに論考を発表した後[32]、2008年刊の著書において[33]、典型契約の規定には契約実務がそれを手掛かりに契約書を作成するなどの重要な役割が与えられているから、「任意規定の1つとしての補助的地位だけが与えられるべきでなく、権利義務関係の設計のための重要な道具の1つだと考えられるべきである」と提言をした。

(4) 山本敬三の見解

準拠枠設定機能と内容形成機能という耳慣れない用語に始まる山本の典型契約論は、教科書でも要約されているが[34]、論文がもちろん詳細である[35]。この論文

---

30) 大村敦志『典型契約と性質決定』（有斐閣、1997年）355頁。
31) 大村敦志『基本民法Ⅰ（第3版）』（有斐閣、2007年）37頁。
32) 平井宜雄「契約法学の再構築（3・完）」ジュリスト1160号（1999年）99頁以下。
33) 平井宜雄『債権各論Ⅰ(上)契約総論』（弘文堂、2008年）40頁。
34) 山本敬三『民法講義Ⅳ-1契約』（有斐閣、2005年）7頁以下。
35) 山本敬三「契約法の改正と典型契約の役割」山本敬三他『債権法改正の課題と方向——民法100周年を契機として』（別冊NBL51号）（商事法務研究会、1998年）4頁以下。

は、典型契約類型が妥当と考えられた契約内容を盛り込んだ、しかし可変的・開放的なものだとする大村論文を踏まえて、冒頭の二機能に言及するが、内容形成に関しては「従来、任意法規と強行法規という道具立てが用いられてきた」という。ただ、これだけでは短いこともあって典型契約の強行法性の程度を知りたいだけの私見には見当を付け難い。山本は他の個所においても契約制度と強行法の問題を書いているが[36]、典型契約の"重み"はどのように想定しているのであろうか。今後における論題である。さらに、山本は典型契約の冒頭規定に関しても言及する[37]。

(5) 一つの感想

以上が、典型契約論に関する学説の、恐らく最先端を走る見解であろう。われわれの側でもこれらから示唆と刺激を得つつ、典型契約の"重み"および強行・任意との"つながり"を説明できるレベルにまで到達しなければならない。

なお、典型契約について少し補足しておくと、ドイツや日本の場合、民法典の成立時に契約の類型として把握・想定されたのは、19世紀までに法律関係者が認識できたものに当然限られざるを得なかった。私見が何となく納得できないのは、そういう背景の下で成立した法制度がいつまでも"典型"として安住し続けることである。問題は典型契約に限られるわけではなく、他の制度でも同様ではないか。時間の長短は別にして、やはりいつの日か「万物は流転する」ことを原則としており、しかも何が不変かは容易に見つからない。典型契約にしても、人ができるだけ強い随順の見地から離れないようにして、その線上ないし枠内からはみ出さないように考えるだけでは足りないのではあるまいか。複数の同人からも見解を聞きたい。

6　おわりに

少し手前の個所で割り当ての字数が尽きた。4の途中くらいより超過を気に

---

36) 山本敬三『民法講義I総則（第3版）』（有斐閣、2011年）256頁以下。

37) 山本・前掲注34) 20頁以下。

して相当自粛した心算だが、項目を羅列してある本稿の下書きでは、順不同に列挙すれば、まだ「特別法と強行法化」「強行法違反の諸効果」「無効効果の変容と強行法違反」「脱判例行為」「総則規定と強行法」が残っている。「法規回避行為」「取締規定」など少しは言及したものも、なお書くべき事項がある。これらを細かに検討してみると、テーマがさらに飛び出すかもしれないが、本書の"冒頭"部分で3編も占めるのは多すぎるので、残されている議論は、同人諸氏がこれから展開するであろう論考ないし深化テーマの場へ送っておこう。

3

債権法改正論議における法規の強行法性

芦野訓和・椿　寿夫・伊藤　進・島川　勝

概　観

芦野訓和

1　はじめに

　問題となる法規がどのような性質を有するのかは、具体的に法を解釈・適用しようとする者だけでなく、立法者にとっても重要な関心事であろう。事実、これまで審議が行われてきた「民法（債権関係）部会」においても、法規の性質についていくつかの意見・議論がみられる。

　本稿は、いわゆる近時の「債権法改正」論議の場で、法規の性質についてどのように議論がなされてきたかを概観するものである。

2　民法（債権法）改正検討委員会

　公表されている資料からうかがい知る限りでは、「民法（債権法）改正検討委員会」においては、後の法制審議会と異なり、当初から法規の性質が意識的

に議論されてきたわけではない。紙面の関係上、網羅的に取り上げるのではなく、おもだった発言・議論を紹介する。

(1) 信義則規定

審議において《強行法規》についてはじめて発言したのは広瀬委員であった。第２回審議において広瀬委員は、信義則の位置づけに関してユニドロワ原則が信義則を《強行法規》にまで高める形で重視していると発言している（第２回議事録40頁）が、発言を受けた大村委員は法規の性質についてはコメントせず、その後、他の委員からも法規の性質について発言されることはなかった。広瀬委員は第４回会議においても、同様の発言をしているが、これも特に議論されてはいない。

(2) 弱者保護

第４回審議において中田委員は、消費者契約に関する私法的規律を民法に取り込むという問題に関連して、「消費者保護を実効的に行うために必要とされる強行規定、手続規定、行政的規定、罰則規定などを、民法典と各種消費者法との間で振り分ける必要が出てまいります」と説明し（第４回議事録４頁）、関連して借地借家法について窪田委員が、生存権的な側面から強行法規としての性質につながっていくと説明している（同10頁）（この点は、配付資料においても、「生存権的な性格を有する部分があり、幅広く（片面的）強行法規としての性格が認められる」とある〔第４回資料17頁〕）。借地借家法規定については鎌田委員長がサブリースの賃料増減額に関して、「借地借家法の強行法規性の問題だから、民法の方でどう規定しても直接にはあまり影響してこないのだろうと思います」と特別法規性の性質について発言しているが、受け継がれた議論はなされていない。

関連してリース契約については、賃貸借とファイナンス・リースが任意規定の下では両方ともあり得ることを前提として、ファイナンス・リースは賃貸借には包摂できないので典型契約として規定するとし、さらに消費者リースについては、消費者が不利益を被る恐れがあるのでそれを強行的に禁止すべきであるとの森田委員の指摘（議事録30頁）などにおいて法規の性質の議論がみられ

る。

(3) 時効期間（権利消滅期間）

委員による説明・配付資料においてもっとも法規の性質が意識されているものは、（消滅）時効期間であろう。第5回会議において山田委員から、「債権時効制度は、社会の安定維持をも重要な目的として」おり、「したがって、それに関する定めはいわゆる強行法規の性質を有し、特段の定めがない限り、合意によって変更することはできないとすべきである」との説明があり（第5回議事録17頁）、同様のことは第7回資料（29頁）、第11回資料（34頁）においても示されているが、この点について、各委員からは特に発言はみられない。関連して、担保責任の存続期間についても、住宅品質確保促進法の責任存続期間が（片面的）強行法規であるとの指摘が資料においてみられるが（第6回準備会資料30頁、第7回第4準備会資料20〜21頁）、議論とはなっていない。

(4) その他

債権法改正検討委員会では、他にもいくつか発言・資料の記述において個別規定の性質を述べるものもみられるが、委員会としてのまとまった議論はみられない（他には、隔地者間の意思表示に関する現行97条2項は強行規定ではないとする第4回第2準備会資料22頁、優等懸賞広告に関する現行532条は強行規定でないとする同27頁、売主に対抗要件を備えさせる義務を強行規定にするかという提案第6回議事録50頁などがあり、さらに、現行法において保証における書面要件が強行規定であるとの確認意見がみられる）。

3　法制審議会「民法（債権関係）部会」第1ステージ

法制審議会においては、現行民法規定の中で債権法に関するもの（総則編の一部および債権編の大部分）について網羅的に検討が行われており、また、現行民法規定に沿った検討が行われているため、現行民法解釈上法規の性質が問題となるものについて、配付資料の記述や審議における意見・議論がいくつかみられるようになる。いわゆる第1ステージについては、中間論点整理および補

足説明が出されており、ここではそれに基づいて概観する。

　第1ステージでは、例えば、多数当事者の債権債務規定の見直しにあたっては、規定の強行法規性の有無を検討すべきであるなどの意見（補足説明91頁）や、保証における債権者の担保保存義務に関連して、合理的な理由がある場合には債権者が担保保存義務を問われない旨の規定を強行法規とすべきか否かという整理（補足説明155頁）などのように個別規定に関するものの他、民法総則および契約各則において抽象的一般的な整理も行われている。

(1) 民法総則

　強行法規に反する意思表示については、91条の反対解釈によるのか、それとも90条を根拠にするのかで学説上争いがあるが、第1ステージでは、強行規定に反する意思表示が無効となることを明記してはどうかとの提案があった（部会資料12-2・11頁）。さらには、どの規定が任意規定であり、どの規定が強行規定であるかを条文上明らかにすることが望ましいとの考え方を示し、区別が困難である、二分されるわけではないという指摘、法律上固定することは望ましくないとの指摘を踏まえ、「強行規定と任意規定の区別を明記するという上記の考え方の当否について、強行規定かどうかを区別することの可否やその程度、区別の基準の在り方、区別をする場合における個々の規定の表現などを含め、検討してはどうか」とされている（補足説明87頁）。

(2) 契約各則——共通論点

　契約各則規定についても、「どの規定が強行規定であり、どの規定が任意規定であるかを条文上明らかにすることが望ましいとの考え方について」、総則規定の議論との整合性に留意しつつ、「強行規定であるかどうかを区別することの可否やその程度、区別の基準の在り方、区別する場合における個々の規定の表現等を含め、検討してはどうか」とされている（補足説明117頁）（なお、審議の際の資料では「更に検討してはどうか」との文言であった〔部会資料12-2・11頁〕）。

(3) 契約自由の制約原理

また、契約自由の原則を明記してはどうかとの提案があり、それについて、契約自由に対する制約原理として公序良俗や強行規定のみを念頭に置くのか、これを超える制約原理があるのかについて認識が一致しているとはいえないなどの指摘があった（補足説明 177 頁）。

(4) その他

他には、委任の報酬支払時期（現行 648 条 2 項）の規定を任意規定であることが明らかになるような表現を用いるべきとの指摘（補足説明 383 頁）、組合員の任意脱退権に関して、法規の性質を明らかにすべきとの指摘がみられる（補足説明 427 頁）。

4 法制審議会「民法（債権関係）部会」第 2 ステージ

いわゆる第 2 ステージでは、前述の中間論点整理およびそれに基づいたパブリックコメントを基礎に、新たな議論が行われている。

(1) 総則規定

第 2 ステージにおいて強行法規の議論がまずみられるのは、実質的な第 1 回審議が行われた第 30 回会議（2011〔平成 23〕年 7 月 26 日）である。そこでは「法律行為に関する通則」について審議がなされた。

まず、「公序良俗違反の具体化」として暴利行為に関する判例法理を明文化するという「甲案」が示され、配付資料の中では、「そもそも強行法規は公序や良俗を具体化したものであるとされており、これについては、一般条項としての性格が不明確になるのではないかとの指摘に対して、強行規定はすでに多数設けられているのである（契約法の分野では、同法第 572 条、第 604 条、第 628 条、第 687 条など）から、公序良俗を具体化した規定を置くことが直ちに同法第 90 条の一般条項としての性格を不明確にするとはいえないのではないか。また、条文の表現方法によっても指摘された懸念を回避することができるのではないかと反論することができる」と説明されている。

ついで、法令の規定と異なる意思表示（現行91条）に関して、「例外的に、その規定が公の秩序又は善良の風俗に関するものであるときはその規定に反する部分は無効とする旨の規定を設けるものとしてはどうか」との提案がある（部会資料27・8頁）。

さらには、強行規定と任意規定の区別の明記として、「強行規定か任意規定かが明確で、解釈の余地を残しておく必要がないか、残すべきでないと考えられる規定については、できる限りその区別を条文上明記することとしてはどうか」という提案があり、本提案は、すべての規定について両者を区別することは困難または不適切であるが、いずれかに属するかが明確であるものについてはそれを明記し、それ以外は解釈に委ねることを提案するものとされている（部会資料27・10頁）。本提案については、「強行規定には善良の風俗を具体化したものもあるとの指摘を踏まえ、公の秩序又は善良の風俗に関するという文言で強行規定性を表現した」との説明がある。また、どの規定について区別を明記するかは、個別規定の箇所で審議するとされている（第30回議事録36頁）。さらに、慣習との関係でも法規の性質についての説明がある。

議論では、取締法規との関係（山本幹事第30回議事録37頁）、わかりやすい民法という観点からは条文上明らかにすべきという意見（大島委員第30回議事録38頁）があった。強行規定がすべて公序良俗に関するかどうかという問題について、内田委員は「全く言葉の問題」であるとした上で、「現行民法の用語法としては、強行規定のことを公の秩序に関する規定と呼んでいますので、現行民法は公序良俗の中の公序に関するものが強行規定であるという理解だと思います。今回の部会資料の中ではその強行規定の表現として、公の秩序又は善良の風俗というふうに両方挙げるということが提案されているのですが、現行法が強行規定を表現するときになぜ善良の風俗を挙げずに公の秩序だけに限っているのかということについては、起草過程を調べてもよく理由が分かりません。ただ、今の90条の起草過程の際に、梅謙次郎が良俗を入れることに強硬に反対をして、おおよそ公序にかかわらない良俗については、私的な領域なのだから、法が介入すべきでないとして良俗を落とせという主張をしたのですが、結局多数決で負けているのですね。その議論の影響があるいはあったのかもしれませんけれども、現行法はおおよそ公序にかかわらず良俗にのみ関わる

強行規定などないという前提で公の秩序に関する規定として強行規定を表現しているように思えます。そこで、善良の風俗を『又は』でつないで加えるということになりますと、その点の変更になりますので、それがいいかどうかということも議論の対象としていただければと思います」と説明している（第30回議事録38頁）。その後、大村委員が山本発言を受けて取締規定との関係について意見を述べたが、議論の中心は「慣習に反する特約」に移った。その後、岡本委員から、強行規定がすべて公序良俗の具体化なのか、区別基準はできるだけ設けるべきであるとの意見があり（第30回議事録44～45頁）、それを受けて、鎌田委員長は以下のとおりまとめている。すなわち、「法令の規定と異なる意思表示に関しましては内田委員からの『又は善良の風俗』という語を付け加えることについての立法沿革的なことも含めた問題提起がありましたけれども、これは追って検討させていただくということで、内容自体については御異論がなかったと思います。……強行規定と任意規定の区別の明記も、これもできるだけその区別を条文上明記しようという方向性自体には異論がない。ただし、実際どこまでそれができるのかというのはなかなか困難ではないかということで、仮にそれが十分できなかったときにどういう形で対処すればいいかというのはその段階で改めて考えさせていただくことになろうかと思います」（第30回議事録45頁）。

(2) 契約自由とその制約原理

さらに、「債権編第2章契約」についての議論が始まる第48回会議（2012〔平成24〕年6月5日）でも、第2章の冒頭に契約に関する基本原則をおき、そこに「契約自由」を明文で定め、さらに、第1ステージでも問題となった《契約自由の制約原理》として内容決定の自由は公序良俗の規定および強行規定によって制約されることを併せて規定するかについて活発な議論がなされた。議論の際には、「当事者は、公序良俗に関する規定に反しない範囲で、契約の内容を自由に決定することができる旨の規定を設けるものとする」とする乙案について肯定的な意見が多く出された。しかしながら、各参加者の「強行規定」に関するイメージは必ずしも一致しておらず、公序良俗との関係やその効力の強弱について議論は一致しなかった（例えば、内田委員は「どのくらいの強行規

定にするかというのは、これから議論することだと思います」と述べているが〔第48回議事録56頁〕、強行規定にも強弱があるようという前提だろうか）。

なお、この時点でも、山本（敬）幹事による説明では、強行法規に当たるものに反すればその法律行為は無効とするということも基本原則として規定されることになっていたようである（第48回議事録28頁）。

(3) その他

その他、意思表示の効力発生時期〔第31回、第32回〕、無効効果〔第32回〕、時効を中心とした期間に関する規定の性質〔第34回〕、不実表示に関する規定の性質〔第35回〕、損害賠償額の予定〔第38回〕、連帯債務者の1人に生じた事由、多数当事者の契約関係〔第43回〕、事前求償権〔第44回〕、債権の準占有者に対する弁済〔第46回〕、相殺の遡及効〔第47回〕など様々な場面で議論がみられるが、とりわけ、契約に関する各規定については、弁護士の委員や企業法務の委員からそれぞれの立場からの意見が提示され、活発な議論がみられる（例えば、不当条項に関する規制〔第51回〕、事業者の消費者に対する融資〔第54回〕、継続的契約の終了〔第60回〕など）。

5　中間試案以降

これまで活発な議論があったにもかかわらず、中間試案以降の提案では一挙にトーンダウンすることになる。

(1) 中間試案

中間試案補足説明で「契約の当事者は、法令の制限内において、自由に契約の内容を決定することができるものとする」とする表記の「法令の制限内において」の「法令」には90条やその他の強行規定が含まれるとの説明、買戻しに関する579条に「別段の合意があるときは」という文言を加え従来「強行的」と解されていたものを変更するとした説明、やむを得ない事由がある場合の組合からの脱退を認める678条に、それに反する「合意は、無効とする」文言を加えて、同条の同部分を強行法規と解していた判例法理を明文化するとの

説明の 3 点しかみられなくなる。

(2) 要綱仮案以降

要綱仮案では、中間試案で提案されたもののうち、組合に関する 678 条の部分が落とされた。これはその後の、要綱案、改正法案においても同様である。

6　まとめにかえて

　法制審議会における審議において、個々の規定についてできる限りその性質を明確化するという認識は各委員の間で共通のようであったが、《強行法規概念》そのものについて各委員の間に共通点を形成することができなかったのではないか。とりわけ基準としての明確化を求める実務家委員と当事者の合意・解釈に委ねる方向を指向する実務家委員との間では、望ましいと考える法規の性質には違いがみられた。さらに、そもそも、前述の第 30 回会議における内田委員の説明が《強行法規》すべてを的確に説明したものであるのか、立法過程のとらえ方が適切なものであるのかについては疑問が残るところである（本研究会の席上では、立法過程のとらえ方について疑問が呈された）。このような状況からか、結局は強行法規が明文化されることはなく、むしろ強行規定と解されていた買戻し規定の任意法規化が行われたのみであった（契約自由とその制限を定めた改正法案 521 条 3 項の「法令の制限内」の「法令」に強行法規が含まれるとする部分は、個々の規定の性質そのものについては何ら影響を及ぼさない）。

　結局これまでと同様に、個々の規定の性質については、その区別の要否も含め不明確なままである。これらについては、本共同研究において浮き彫りになるであろう《強行法規概念》を踏まえた上で、個々の条文について法規の内容およびその性質、さらには区別すべきとの判断の適否も含めて検討する必要があろう。

梅博士の意見を参考に少し述べよう

椿　寿夫

　テーマ自体をめぐる経緯は、主原稿（芦野）に譲り、たまたま私蔵する梅謙次郎の1904（明治37）年度講義録・民法総則202頁以下で10頁余にわたる中から適宜ピック・アップして、既に言及した立法作業への感想（「強行法と任意法（民法学余滴②）」書斎の窓607号（2011年）40頁→本書1［付録］論文21頁）を若干敷衍しておきたい。

　梅は、強行法を"命令法"ないし"禁止法"、任意法を"随意法"と呼び、規定に反する意思表示が無効か有効かという点で「実際ニ最モ必要ナル区別デアル」ところ、「実際ニ於テムヅカシイ問題ハ如何ナルモノガ命令法デアッテ、如何ナルモノガ随意法デアルカト云フコトデアル。是ハ各国ニ於テムヅカシイ問題ト為ッテ居ル。何トナレバ第一ニ立法者ガ命令的規定ト随意的規定トヲ区別シテ書カウト思ッテモ先ヅ今日マデ実際ニ行ハレタル所ニ依ッテ見レバ到底言葉ヲ以テ此二者ノ区別ヲ明カニスルコトハ出来ヌ。例ヘバ『要ス』或ハ『得ズ』ト云ヘバ何カ命令的規定ノヤウデアルケレドモ是ノミニ依ッテ命令的規定デアルヤ否ヤヲ判断スルコトハ到底出来ヌ。ソレハ我邦ニ於テ出来ナイノミナラズ欧米諸国ニ於テ皆出来ナイ。何トナレバ法律ノ規定スル場合ハ千差万別デアッテナカナカ此ノ如キ単純ナル標準ニ拠ッテ規定ヲ設クルト云フコトハ実際デキヌ」からだと述べる。

　梅は結局、遺言や委任の解除を例に「規定ノ性質ニ依ッテ区別スルノ外ハナイ」とし、強行法違反の効果は、制裁が無効、損害賠償、取消しの他ある不利益を受けるだけのものもあり、「各規定ニ付テ論ズルノ外ハナイ」と結論する。

　われわれは法律時報誌での概観連載（84巻6号（2012年）以下の各号参照）を通じて、民法全編につき判例・学説がごくわずかしか強行法・任意法の問題に応接していない事実を知った。私見も梅説同様にこの問題が"実際上重要である"と認識している。したがって、法制審議会が問題点として採り上げ、芦

野の紹介にあるとおり継続して議論を積み重ねていることに敬意を表してきた。ただ、議論を進めるための素材は余りにも少なく、学説の結論はしばしば理由付けを欠いている。われわれは 2013 年早々、とりあえず解説書の形で刊行するべく、民法の中から約百個の条文を取り出して、当面の問題がどのように取り扱われているかを分担検討した。さらには、本書に収録した法律時報誌連載の論考でも幾つかの各論を公表した。ところが、最重要だとする梅の認識があった割りには驚くほど諸文献での言及が乏しい。そのためか、われわれの検討会に提出された報告レジュメなどに、強行法・任意法という言葉が出ていないことすら絶無ではなかった。審議会の席ではいろいろなテーマの折に触れ本問が顔を出していたようだが、探索は容易であったのだろうか。条文と異なる結論を認容あるいは拒否する際に、理由付けのほうは強行法・任意法を用いていない見解に遭遇すると、この観念自体が活力を失っているのではと思い悩むことすらある。

　検討すべき範囲の広さとの関係も気になる。今回の改正は、"契約債権法"を対象としているが、それはよいとして、強行法と任意法の判別にあっては1つ1つ規定に即して検討すべきだというのが、梅だけでなく支配的な見解でもあろう。とすれば、強行法か否かに関する従来の情報蓄積がきわめて不十分な中で、今回改正の審議対象に入っていない領域（総則と債権の残りに物権・親族・相続）へも踏み込んで、どちらかを決しなければならないはずである。しかも、本問は、契約債権法を今回はまず片付けておき、未審議の領域の件は「将来改めて考えよう」と留保する仕方に適していない。となれば、いかに有能かつ精力的な委員諸氏でも、限られた時間内に他の重要問題に加えて、関係する条文のすべてを審議し終えるのは相当無理であったと推測される。個別条文を加えたことで十分としなければなるまい。

　ついでにいえば、ド民の草案は、強行法と任意法の区別が望ましいとしながらも立法化を控えて、正解を解釈に譲り、重要あるいは疑問のある場合にのみ「法律行為により別段の定めがない限り」等の文言ではっきりさせたと述べていた（Motive 1 S. 17）。それから 120 年余、少なくともわが国での本問は、企業実務の蓄積を公にした資料をみかけず、下級審まで含めても判例は乏しく、学説も強行法と任意法の関係につき徹底した研究をしていない。

今回は、これまで中途半端な薄暗闇の中に置かれてきた本問に立法の側より明るい光が当てられた。貴重な記録が次の改正作業へ伝えられることで、大きな貢献と功績だと称賛したいが、進んで具体的な規定までただちに作らなければ足りないであろうか。私見では、"当事者意思と立法面での国家意思との相克"という形で予告した問題だけでも残された一大課題である（本書4論文参照）。

強行法規と任意法規の区別の明記化に想う

伊藤　進

　現行民法の起草にあたって、梅博士の「強行規定と任意規定を明示するのが望ましい」との持論に基づいて立法化が進行する中で、法制審議会の民法整理会の終盤で「強行規定を列挙する条文」が削除された経緯がある。今回の改正でも、中田委員が、強行法規であることが明確なもの、任意法規であることが明確なもの、それぞれについてのガイドラインとなり、表現を工夫しながら、ある程度、実務に役立つような具体的な基準を示すことも、考えてほしいと主張され、これに賛成する意見が多数みられる（第10回会議）。第2ステージでも、その方向での議論が行われている。しかし、鎌田部会長により、区別を条文上明記する方向性には異論はないようだが実際どこまでできるか困難ではないかとまとめられている（第30回会議）。

　「区別の明記化」は立法手法の問題である。それ以前に、強行法規を今回の民法改正の中で、どのように位置づけるかを確定させることが必要ではないか。仮に、大阪弁護士会などの中間論点整理に対する意見にみられるような「公法と私法の峻別の排除」のためであるとするならば、市場原理に基づいた自由な合意（私人意思の尊重）を理念とする新自由主義的な改正の方向と背理することにならないだろうか。そこでは、私法秩序は私人意思ないし私人間合意によって規律されるとの規範原理を確認した上で、強者弱者の格差から生ずる市場

原理の歪みを強行法規（国家意思）によって修正する程度のものと位置づけることを前提とすべきではないかと思われる。

　そして「立法手法」の問題としてみると、これまで強行法規とされてきた法規のすべてについて「区別の明記化」は可能か。強行法規とされている法規を類別化してみると、私法の基本的秩序に係わる法規、私法の基本的ルールに係わる法規および法律行為（契約）の内容の規制に係わる法規がある。前二者を包含して「明記化」することを念頭に置いているのであろうか。梅博士の持論も、今回の改正議論も法律行為（契約）の内容を制限する強行法規の「明記化」に限られていることを認識しておくべきであろう。そこで、このような範囲での「明記化」であるとすると、多くの委員の意見にもみられるように、その「強行性」は一義的ではない。松本委員は、当事者がどういう関係かによって強行法規にも任意法規にもなるとの理論を採るのであれば無理かもしれないと指摘され、沖野幹事も強行法規も合理的な代替措置をとるならば、排除することは許されるといった幅もどうしても出てくるのではないかとして画一的に二分化することにつき疑問が出されている（第10回会議）。学説でも、強行法規の「強行性」につき、完全強行法規とされるものから、半強行法規（準強行法規）や、片面的強行法規や、相対的強行法規や、さらには100パーセント強行法規から100パーセント任意法規の間を〝段階分け〟し「段階的強行法規」を観念すべきではないか（椿民法学者）として、「様々な態様の強行性」化が主張されている。このことからすると一義的に強行法規と定めることは「無理」というより、強行法規として画一的に定めてしまうことは、これらの学説の出てくる背景にある強行法規の柔軟適用の考え方に逆行するものであり、現代および将来の社会に対応した私法秩序のあり方としては、適切な方向性とはいえないものと思われる。このため、強行法規のような「国家意思」による私法秩序の他律規制を目的とする法規については、確定化しないで、その時々の時代や社会など諸々の事情を考慮して判断できるものとする必要がある。「区別の明記化」は、そのための立法手法としては適切ではないのではなかろうか。

債権法改正における法規の性質
―― 契約自由の原則とその制約規定

島川　勝

　契約自由の原則は、民法の基本であるが、現民法には該当する条文がないので新たに条文を設けてはとの議論がなされている。条文上、契約は自由であるとする規定だけを新たに設けるのか、法律は社会生活を規律するものであるので、契約自由といえども何の制約もなく認められるのではなく、併せて自由を制限する規定も設けるべきだとの議論がなされている。有名なシェイクスピアの小説「ヴェニスの商人」は、金銭を借りる条件として、「返済が履行できなければ自分の身体の肉1ポンドを渡す」、との契約をしたがその条項は履行されなければならないか、がテーマであった。自分の身体を傷つけるという契約は、契約の自由の限度を超えたものであろう。契約自由の原則には、①契約を締結するかしないかの自由、②契約の相手方を選択する自由、③契約内容の自由、④契約の方式の自由が含まれている。民法90条の公序良俗に反する契約や強行法に反する契約も契約の自由に対する制限規定とされている。公序良俗については、人倫に反するということから次第に暴利行為を含む経済的価値の等価性までを含んで理解されつつある。

　ところで、経済取引は利潤を求めて多様な取引形態を生み出す。民法で規定している取引は、基本的には2当事者間取引であるが、現実の取引形態は3当事者や4当事者間取引がなされている。売買等に与信機関が関与する立替払契約（クレジット契約）やリース取引という契約形態は民法では規定していない取引形態である。

　クレジット取引においては、1984（昭和59）年の割賦販売法改正以前は、購入者が販売業者との間で主張できる抗弁については「抗弁切断」条項が設けられ、その規定は有効と解されていた。契約内容を自由に決められると購入者（消費者）が不利益を受けてしまう。割賦販売法では、購入者は販売業者との間での抗弁を与信業者に主張することができるとの「抗弁の接続」条項が設け

られた。この規定は、割賦販売法における消費者保護規定として強行法の性格をもっている。しかし、抗弁接続は消費者保護としての場面にのみ機能するのであろうか。消費者と同じように情報格差のある中小企業事業者についても同じような場面があって、購入者の不利益を回復するというバランス感覚が働く場面がある。最近、リース取引についてこのようなバランス感覚を働かした注目すべき判決がある（大阪地判平成24・5・16金判1401号52頁）。

　リースについては、現在のところ規制法がないので、割賦販売法の「抗弁接続」規定の趣旨をリースについても強行法として扱うのか、または民法の理論としての信義則によって同様の解決を求めるかである。

　クレジット取引では、「抗弁接続」規定が制定されるまでは、裁判例は信義則を用いて同様の結論を導いてきた。信義則を用いることにより、当事者間の契約の自由を制限していたのである。信義則は一般規定であるが、契約の効力を否定する場合は、任意条項の否定となりその場合は強行法としての意味を有することになる。

　ただしかし、契約についての一般的規制原理として、公序良俗、信義則だけで足りるのであろうか。これまで、裁判例において両概念に事例を何とか押し込めていたケースもあった。

　上記のクレジット、リース契約においても、3当事者構造から生じる不利益を購入者側に押し付けること、つまり取引における公正さが問題となる。取引における公正さは独占禁止法においても不公正取引として規定されているので馴染みのある概念である。

　公序良俗、信義則とは別に「取引の公正」という一般規定を新設してはいかがであろうか。契約自由の原則に対する規制として、民法改正では約款における不当条項規制として議論される。第51回法制審議会民法部会では不当条項規制について検討されているが、条項ごとにリスト化（ブラック、グレイまたは形式的要件型、評価抗弁型、評価要件型など——同審議会資料「大阪弁護士会有志提案」）その効力が論じられている。約款規制も契約自由に対する強行法としての性質を有することになる。

　民法改正要綱では、強行法と任意法との定義規定は設けず、契約自由については法令の制限内で認めた。クレジットやリースは条文化せず、約款は「定型

約款」として規定した。

4

強行法の観念をめぐる問題の所在

椿　寿夫

1　はじめに

(1)　序

　ニックネームを椿塾と呼ぶグループの作業は、『公序良俗違反の研究』（1995年）、『法律行為無効の研究』（2001年）、『代理の研究』（2011年）（いずれも日本評論社刊）などにおける実施方法が、常設的勉強会の範囲を超えて広く執筆をお願いしたのとも、また、各自が自己の考えるところを全く自由に開陳する一般の研究会とも異なり、椿から後輩諸君に対して継続的参加を誘い課題を提案することから始まる方式の共同研究である。したがって、椿の発議をまずは仮定的な基本方向として歩み始め、進捗の過程でそれとメンバー諸氏の問題提起ないし考え方とを擦り合わせしてきている。『多角的法律関係の研究』（日本評論社、2012年）が研究版としての第1号作品であるが、"強行法と任意法"という題目については、まず椿の側で以下のような作業方向を構想として考えてみた。

　すなわち、この観念ないしテーマは、わが国でも古くから著作の中で書かれてきているが、突き詰めて検討すると何となくはっきりしない内容であり、椿も論文作成や著述の際その言葉と遭遇するたびに隔靴掻痒の感を昔から抱いてきた[1]。特に"実用法学"の視点から観察する場合には、民法などの条文と異なる合意・特約が法的な許容と否定のいずれになるか、という問いの前に多くの

人が一再ならず立ち止まって思案しなければならなかったのではないか。――このような推測に立脚して、本研究を始めたが、この見方は外れておらず、企業法務では本問（＝"規定"と"合意"の関係）に関心があるやの話も複数の接触先から得ている。

　われわれは、こういう"法規と異なる合意・特約が強行法および任意法というフィルターを通してどのように処理されるか"とする問いかけから出発して、順次それ以外の問題の捉え方にも検討の目を及ぼし、最終的にはこの観念がもつ存在理由の大小や有無まで考究しようと思う。そして、まずは法学セミナー684号（2012年1月号）で債権法――周知のとおり最も任意法性が強くかつ広いとされてきている――につき、次いで、解説書『強行法・任意法でみる民法』（日本評論社、2013年）において民法全体の中から約100個の項目（1項目に数個の条文を含むものが相当数あるから条文の数は項目の数よりもかなり増える）を採り上げて、状況の客観的な整理および解説を行った。

(2) アプローチの経過

　上記と並んで、椿の随想[2]に続く「民法の規定と異なる合意・特約の効力序説[3]」ならびに「民法規定と異なる合意・特約の問題性および論点[4]」から、われわれの共同研究は作業を始めた。過去の整理を行う作業は新しさという研究の帯有すべき特徴がないので、直ちに問題の解明へ向けて進むべきだとする提案もあったが、強行法と任意法は、その表現がもつ知名度の大きさに反比例して内容の深さが乏しく、現状の整理と塾メンバーによる共通認識の形成とがまず必要ではないかと考えたため、判例と学説を民法総則・物権・債権総則・契

---

1) 例えば、1955年の「夫婦財産契約論」（法学論叢61巻1号71頁）およびそれを受けた1959年の「婚姻費用の分担と夫婦の扶助義務」（中川善之助教授還暦記念『家族法大系Ⅱ』（有斐閣）228頁、234頁注24)、1967年の『注釈民法(4)』（於保不二雄編（有斐閣）170～171頁)、1968年初出（金融法務事情512号）の「債権者の担保保存義務」（椿『民法研究Ⅱ』（第一法規、1983年）151頁）など参照。
2) 椿「強行法と任意法（民法学余滴②）」書斎の窓607号（2011年）34頁以下、同「続・強行法と任意法（民法学余滴④）」書斎の窓612号（2012年）21頁以下。なお、前者は椿[A]、後者は椿[B]と引用。[A]は本書1［付録］論文16頁以下、[B]は同22頁以下に転載。
3) 本書1論文（3頁以下）。椿[C]と引用。
4) 本書2論文（30頁以下）。椿[D]と引用。

約・法定債権・親族相続の6部に分けてまとめた。すべての原稿の題名を"強行法規性"で統一してあるが、問題の強行法規をどのように理解するかに関しては、担当者ら6名との第1回準備会において、民法総則の担当者から強行法・任意法の用語は椿提案のような一義的なものではないという意見が出た。私見も、当事者意思と関わりなく強行的に適用される規定があり得るのを否定しないが、規範の性格や分類に関心があったために本問を塾のテーマに選んだわけではなく、"規定と異なる特約の許否が当面の課題"として共同作業に値すると考えたからこそ立案するにいたったのであり、それ以外の"はみ出し"は後日次第に出てきた時に採り上げることを提案した。ところが、担当者はやはり概念分析説とでも名付けるべき見解を大切な論点として述べている。拙稿の次に掲載する論考もこの系列に属するので、これらは、個別の論考掲載を経た後で改めて採り上げるか否かを決めたい。ただし、このアプローチに対して私見が実用法学の立場から大きい検討価値を肯定していないことは別の問題である。

(3) 本書のねらい

本書の表題は《民法における強行法・任意法》であるが、"規定と異なる特約の許否"を検討しようとする提案者の意図からは、任意法の問題として必ず論じられる法ないし法律行為の解釈にまつわる議論は、さしあたり関心がない。

---

5) 三林宏・本書7論文、長谷川貞之・本書8論文、椿久美子・本書9論文、芦野訓和・本書10論文、織田博子・本書11論文、前田泰・本書12論文。
6) 三林・本書7論文の他、椿編『強行法・任意法でみる民法』(日本評論社、2013年)(椿[E]と引用)第Ⅰ編〔1〕10頁以下〔三林宏〕参照。
7) 椿[E]の「序」6頁では、「当事者がそれと異なる特約をしても、特約が無効となるような規定」が強行法規であるとの一般に行われている定義(例えば金子宏他編『法律学小辞典(第4版)』(有斐閣、2004年)204頁)に依拠するアプローチと、その外側ないし横に「規定自体の性格から特約の許否が問題にならないもの」という形で対比してみた。
8) 任意法については、例えば河上正二『民法総則講義』(日本評論社、2007年)256頁、263頁を参照(椿[D]159頁→本書2論文36～37頁)。ドイツでは最近、Cziupka, Dispositives Vertragsrechtという大著が2010年に出版されており、その第1部には"自立的な形成力と法秩序の拘束力との間の緊張領域における任意法"という魅力的な表題がある。しかし、第2部は"任意契約法の経済的分析"となっていて、法の経済理論についての私の素養がゼロであり、執筆用に学ぶ時間的余裕もないから、AcPに出た同氏の連名論考も未読のままで終えざるを得ない。

こういう視角の下では、任意法は強行法の対概念として採り上げることに主たる意義がある。そして一般に、両者の差異として認められているのは、規定と異なる合意が無効か有効かである。

以下では、これまで"強行法と任意法に関する問題点"として椿［A］～［D］において掲げたものから再度ピック・アップして、内容にも触れておくが、言及の程度と範囲は様々である。それぞれの詳細は、椿を含む執筆担当者が本書ないし後日の研究書（"深化テーマ"と呼ぶ）において論及する中で検討されるであろう。

2　前提的な事項

(1)　民法における本問の位置付け

民法教科書の組み立て方に関わるが、民法総則の冒頭に"総論"をさらに設け、その中で"法律の分類"ないし"法律の類別"の一場面として強行法と任意法の区別を挙げることもあるが、民法"序論"としてそれらに触れないこともある。梅・富井が前者、我妻が後者であって、その点を紹介した個所が若干舌足らずであった。梅らが"法律行為の適法要件"においてこの観念に触れていなければ、我妻は強行法・任意法を法律行為に限って問題としたのに対し、梅らは限定しないで民法全体に網を広げるとか、強行法・任意法の問題を生じない民法領域があるといった理解も生じ得るけれども、実は前者の2人ともが法分類だけでなく法律行為の個所でもそれらにつき説明を行っている。そうなると、我妻がなぜ"序論"で説明しなかったかを明らかにできなければ、強行法が問題となる領域の確定も困難ではないか。

ここでは、法律の分類につき私の注意を惹いた見解の1つを紹介しておこう。エールリッヒは、『ドイツ民法典における強行法と任意法』の第1章「私法における強行法と任意法の対比」の末尾で、ウンガーを引いて、この問題を「法規一般ではなく、意思表示法の関係にのみ関連づけること」が学問上価値を有し、そのように把握すれば「強行法と任意法の対比の記述は、"総則"や、曖

9）椿［C］100頁→本書1論文6頁参照。

昧な見出しである"法における対立"にではなく、法律行為論に属せしめられる」と結んでいる。ウンガーの見解もエールリッヒの細部全体も未読だが、稀代の勉強家といわれ、かつ、書物だけでなく対話からもあらゆることを恩師・鳩山から学んだと自ら記す我妻が、民法の分類および法律行為の目的の双方で本問を採り上げた師[11]とは異なる立場になっている。引用こそないが、我妻はエールリッヒの本書を読んだのではないか、といいたくなる。――なお、わき道へ入るけれども、現在の教科書には民法総則の頭の部分で総論・序論として強行法・任意法などへ言及する見解がないように思うが、こういう法律行為の中だけに限る書き方は、我妻を最初とするか。

(2) エールリッヒとエネクチェルス

エールリッヒは、上掲書の序言の中で「私法が一般に任意法だという見解とは原則として縁を切らなければならない」と述べた[12]。ドイツ普通法期における公法→強行法、私法→任意法という結び付きが、どのようにして切断されていくかは、学説史・制度史として強く惹かれる点である。半世紀前のエネクチェルス補訂版における"法規の種類"をみると、「公法は、そこの場では一般の利益が重きをなすため、全く著しく強行性をもつ。他方、私法は、著しく授権規定と補充規定によって規律されている。しかし、ここでも、一般の福祉とりわけ倫理観、取引安全への考慮、家族および経済的弱者に対する配慮、または自身の軽率・未経験もしくは弱さに対する保護が要求する場面では、強行法が介入する」とあり、続けて、「しかし、強行私法も私法であって公法ではない」という文章が入れられている[13]。

上記のエネクチェルスは、「ローマの人々は、強行法のことを jus publicum（公法）と呼んでいる」と注記しているが、わが文献でも公法・私法と強行法・任意法のつながりに論及されることがあって、読む側で頭をひねらされる[14]

---

10) Ehrlich, Das zwingende und nichtzwingende Recht im Bürgerlichen Gesetzbuch, 1899, S. 10.
11) 鳩山秀夫『日本民法総論』（岩波書店、1927 年）19 頁および 311 頁参照。
12) Ehrlich, aaO., Vorwort S. VI.
13) Enneccerus/Nipperdey, Allgemeiner Teil des Bürgerlichen Rechts, 1959, S. 303. なお、以下ではE/N と略称。

から、ある塾メンバーに現代へ結び付いた経過がわかる論考を依頼してある。ただし、残念ながら本書の時点では収録できなかった。さらに深化テーマの段階まで待ちたい。

(3) **予定題目**

本書およびその後に刊行したい研究書で予定している題目は、椿［A］～［D］における本文の記述の中や見出しにも出ている。特に、［D］では、頁の順を追いつつ拾い上げれば、外国法、強行法と制定法、禁止法規、半強行法、契約自由・私的自治との関係、典型契約・冒頭規定との関係などがあり、末尾には、「特別法と強行法化」「強行法違反の諸効果」「無効効果の変容と強行法違反」「脱判例行為」「総則規定と強行法」「法規回避行為」「取締法規」もテーマ候補となっている。もちろん椿［E］に登場する個別の規定ないし規定群の中からも相当数は、この研究版における論考となるはずである。

これらの中には、われわれがかつて実施した共同作業へさかのぼるテーマも含まれている。例えば、『公序良俗違反の研究』の滝沢雅彦「公序良俗と強行法規」や、『法律行為無効の研究』の滝沢「強行法規違反無効」は、捉え方で立案者・椿の発想と異なる点も少なくないにせよ、本書の企画にも流入した貴重な源流の1つである。また、われわれがシリーズとして刊行した解説書『解説 新・条文にない民法』(日本評論社、2010年)などにもルーツの枝はある。

(4) **立法化の動き**

強行法・任意法については"制定法化"の問題もあり、法制審議会でも2013年2月を目標に議論を煮詰めていた。われわれのほうでは、この問題も法律時報誌連載の一環として本書に掲載していたが[15]、結局、強行法の要件・効果は規定されなかったし、詳細に関しては本稿では割愛しておきたい。慎重審議説[16]の立場から1点だけ補足すると、企業実務の側には制定法化を望む声もあるそうだが、常に業界の願望どおりの内容になるとは限らず、また、「法規の

---

14) 椿［B］25頁→本書1［付録］論文25頁、椿［D］158頁→本書2論文35頁の山本敬三文献を参照。

15) 芦野訓和＝椿寿夫＝伊藤進＝島川勝・本書3論文44頁以下参照。

趣旨は、その時々の社会情勢につれて変化しうる」とすれば、立法による固定化は希望する人々にとり両刃の剣となりかねない。

3　強行法と任意法の定義

(1)　まえがき

これ自体に別段難しい問題があるわけではないが、"特約の許否"が通用する範囲を知るために、若干の見解をみておく次第である。なお、"公の秩序に関する規定"が強行法規であるとする説明については、考えていくと論ずる余地が残っているが、ほぼすべての見解がすんなり通してきているので、少なくともこの3では取り上げない。

なお、2014年末に石田穣『民法総則』（信山社）が刊行された。本文1156頁の大著であり、強行法の説明も個別条文への言及も多いが、本問の連載は同年夏に終わっており、全体的対応は後日の深化テーマを期待する以外にない。

(2)　民法総則での取扱い

索引で探していくと、民法総則の冒頭部分（緒論・序論などの名称で呼ばれる）において強行法・任意法に言及する教科書は、我妻から後次第に減ってきたようであるが、明治民法の起草者や鳩山らは、そこ（以下、"冒頭"と略称する）と法律行為の目的（以下、"目的"と略称する）の両方で説明する。すなわち、梅は、冒頭において、強行法とは「其必行ヲ期シテ定メタルモノ」であり、「絶対的ニ服従スルコトヲ要シ、慣習又ハ契約ノ如何ニ因リテ其適用ヲ免ルルコトヲ得ズ」、任意法は「当事者ノ意思ヲ以テ変更スルコトヲ許ス」とし、目

---

16)　本書3論文の53頁以下〔椿〕、椿［B］24頁→本書1［付録］論文25頁、椿［C］103頁→本書1論文14頁など参照。梅は、『民法原理・総則編』（和仏法律学校、1903年）317～319頁の中でも「二種ニ区別スルハ古来学者ノ一般ニ唱フル所ナリト雖モ法文上之ヲ一目瞭然タラシムルハ到底望ムベカラザル所」と詳説した。共通欧州売買法草案の例（椿［E］第Ⅶ編［1］319頁参照）もあり、実現可能性をそこまで消極視しなくてもよいが、梅の所説を再読する価値はあろう。

17)　於保不二雄『民法総則講義（復刻版）』（新青出版、1996年）172頁。

18)　梅・前掲注16) 30頁、315頁。

的については、公序違反行為を無効とする規定は「当事者ノ意思ヲ以テ之ヲ有効ナラシムルコトヲ得ズ」、任意法は「随意ニ変更スルコトヲ得ベシ」という。２カ所で定義を説明する他の学説も内容は大同小異である[19]。

民法総則の新しい教科書では、冒頭において強行法・任意法の問題を説明するものは、汗牛充棟の表現が大袈裟でないほど多く出ている本を網羅してながめてはいないので確言資格を欠くが、まず見当たらないようである。代表的な１冊[20]を開くと、"総論"はもちろんあり、そこでは取引活動における民法の具体的機能論や私的自治の原則も掲げられるが、より法技術的になる強行法・任意法の問題までは入っていない。目的では、私的自治の支配領域における民法の補充的役割がその任意法性を生み出し、「私的自治に限界を画し、違反する行為の効力を否定するのが強行規定である」とされる。構成の独自性がより強い見解[21]も、索引から探すと、法律行為の内容規制総論の中でこの観念を定義するが、それによれば、「当事者の意思によって排除できない法令」が強行法であり、「それに反する法律行為がおこなわれても有効とされる」法令を任意法という。

(3) 問題のとらえ方

詳細に探索すれば別異の見解も出てくるかもしれないが、上述のいわゆる目的の中で出会う定義は"当事者の意思"したがって特約や単独行為で当該条文の適用を排斥できるか否かが基準とされている。ここでは意思と無関係の——ということは法規範だけが議論の源泉となる——強行法や任意法は考えられていないのではないか。はっきりした意見が現れた際に留保しておくが、前述(2)前半における記述をみると、当事者意思による変更・排斥の不許可と許容が少なくとも含まれており、法規範だけが問題になってはいない。とすれば、われ

---

[19] 富井政章『民法原論Ⅰ総論 1922年』（有斐閣書房、復刻1985年、有斐閣）44頁、404頁、鳩山・前掲注11）所掲個所。なお、末川博編『民事法学辞典』（有斐閣、1960年）357頁において津曲蔵之丞は「任意法規と対立して用いる場合」と断った上で、当事者意思を基準とする。これが、当事者意思と関わらない範域を認めるのかどうかが問題となるが、この記述だけからは判断できない。

[20] 四宮和夫＝能見善久『民法総則（第8版）』（弘文堂、2010年）3頁、10頁、261頁。

[21] 山本敬三『民法講義Ⅰ総則（第3版）』（有斐閣、2012年）255頁、258頁。

われの『強行法・任意法でみる民法』において、事例で特約が可能か否かを検討するだけで、ほぼ無作為に条文から選び出したことも、不適切な手法ではないのではないか。当事者意思ことに特約が"可能である"というレベルから出発するか、そういうことは"あり得ない"というレベルでみるか、の違いに過ぎず、さほど大事な議論にならないとは評せないか。

4 強行法性判定の諸相

(1) まえがき

本稿1(2)で述べたように、われわれは、民法規定の強行法性について、債権編だけ3群に分割し、親族編と相続編は合体して、この問題に関する判例・学説の概況を整理してみた。我妻の見解は、本書の初めにも、財産法の多くにつき編別の形で述べている個所を簡単に紹介してある[22]。編別に関しては他の学説も引用したが[23]、読んだ範囲内における印象ではさほど大きな違いはなさそうである。

われわれに共通する究極の目的は、規定どおりに対応しなければアウトになる強行法規と、規定からの離隔を許容される任意法規の境界線を引くことにあり、共同作業において重要な点は、どこに、どういう基準で、どのような理由づけと中身に基づいて、両者の区別を行うべきかを、参加者各自が案出することにある。

以下では、編別から出発して、若干の教科書を素材に、まずわが民法総則編の規定と強行法・任意法の関係をながめ、次いで、ドイツ民法――周知のとおり法典の組み立て方は日本民法と近似する――の状況のうち日本法からみて問題解決に有用であろう諸点を紹介しておく。記述は、編別を超えて強行法一般にもわたる個所があり、かつ、事例を理解する一助として、引用の頻度と量がかなり増えている。なお、私的自治ないし契約自由の原則との関係も、本問にとって重要な論題であり、本稿で問題の所在につき若干でも触れておくべきだ

---

22) 椿［C］100頁以下→本書1論文6頁以下。
23) 椿［A］36～38頁→本書1［付録］論文18～21頁参照。

が、そのほぼすべては深化テーマでの別稿（仮題「私的自治・契約自由と強行法」）に譲る。

(2) 民法総則の強行法性

〈民法総則〉において総則自体の強行法性はどのように記述されているかを調べると、〈民法各則〉につき説明しているが総則自体に関しては何とも書いていない教科書も少なくない。[24]「個々の条文に即して判断する以外にはない」と説くのがそもそも圧倒的大多数の学説であるから、「ある編の強行法性がどう判定されてきたか」などは中途半端で問題にする必要がないと片付けてもよいが、前掲三林論考は微細に検討を加えているから、基本的にはそれを参照されたい。[25] 1つだけ気づいたところを挙げておくと、三林は、権利能力および行為能力の両者を"私的自治の基本枠組みという意味での強行法規"と解し、"法律行為に関する規定"と"法律行為以外の規定"を区別して、これを「自覚した検討が必要」と主張するが、前述の冒頭か目的かの位置如何（前記3(2)参照）の点以外に、特約による排除が冒頭では全く問題とならないという形でも区別するのか否か不明である。

他方、我妻は、権利能力および行為能力という両種の能力の規定が「悉く強行規定であって、個人の意思をもって左右することはできない。権利能力のない奴隷となる契約、行為能力を制限する契約、法人の代表機関を法律と異なるように定める定款……などは、いずれも無効である」と述べており、かつ、問題の強行法規の意味については、目的の個所を参照させる。[26] この説明の仕方から推測できる限りでは、強行法の意義を2つに分けていない。

三林の見解が特約レベルの問題には全くならない（直截に「強行法である」とだけいえば足りる）という趣旨であるならば、我妻説と異なるが、どちらを採るべきか。

---

24) ただし、薬師寺志光『新訂日本民法総論新講』（明玄書房、1970年）409頁は、民法総則も強行法が多いとする。
25) 三林・本書7論文107頁以下。
26) 我妻栄『新訂民法総則』（岩波書店、1965年）49頁。

(3) 2冊の文献からみたドイツ法

(a) ドイツ民法については本書の最初の2稿でも少しは触れてあるが、上記(2)に該当する事項も含めて著名な〈民法総則〉の教科書2冊をまず紹介し、その後(4)で、他の教科書若干によりつつ民法各編のうち最も明白に対比が含まれる論点を語り得る〈債務法〉と〈物権法〉に注目して瞥見する。とりわけ(4)は、気づいた所だけ挙示してあり、精読したわけではないことをお断りしておく。

(b) 本稿2(2)で挙げたエネクチェルス『民法総則』の末尾索引〈強行規定〉に従ってみていくと、「〈債務契約法〉は、ほぼすべてが強行的ではないが（契約の自由）、ここでも個別の強行規定がある。例えば、重利の禁止（ド民248条）、自己の故意に対する責任は予め排斥できないとする条文（同276条2項──現3項）、労働契約に基づく義務者のための保護規定（同617〜629条・624条1段）、および、とりわけ一定の債権行為についての要式規定〔公証行為が必要な同旧311条や、1年以上の不動産賃貸借契約につき書面を要求する同旧566条など多数の条文を挙げるが省略〕。〈物権法〉では強行法が強化されている。これは特に不動産法にあてはまるが、動産物権でも例えば所有権および質権の取得方式について妥当する。〈婚姻身分法〉〈親子法〉〈後見法〉は同じく広汎に強行法である」[27]と。

編別に関わる記述として、"法律行為の内容"の冒頭に、〈親族法〉では、当事者意思に対し特に狭い余地が設けられていて、当事者は原則としてある特定の法律行為をすることを欲するか否かについてだけ決めることができるが、〈物権法〉と〈相続法〉では、当事者意思はもっと自由であり、〈債務法〉ではほぼ完全に自由であると書かれている[28]。──この〈債権法〉全体を包摂する表現の仕方は教科書などでよく用いられるが、読む側には誤解を招きやすいのではないか。

個別条文では、"法人"について以下のような指摘がある。すなわち、(i)特に社団の目的・名称・構成員・理事などその組織に関する規制の権化である"根本規則"（Verfassung）が無条件かつ第一次的に適用されるところの、多数

---

27) E/N, S. 303-304.
28) E/N, S. 1150.

に及ぶ強行諸規定（同26条1項以下、若干の除外を伴い同37条まで）がある[29]。
(ⅱ)機関の行為について社団が負う責任を定めた同31条の原則規定は、原則として定款で排斥できない（任意規定を定めた同40条参照）。この責任はむしろ強行法である[30]。(ⅲ)その他強行規定としては、定款で定めた場合ならびに社団の利益のために社員総会を招集しなければならないとする同36条、社員と社団間の法律行為または法律上の争いにおいて当該社員には表決権がないとする同34条、少数社員の総会招集請求権を定めた同37条もある[31]。――〈法人法〉の強行法性については、会社法とも絡んで私たちが少なからぬ関心を抱いている。

"消滅時効"については、こうである。すなわち、期間の短縮もしくはその他時効の軽減は公益ないし一般の利益に関係しないので許される[32]、と。

さらに、編別を超える問題だが、"取引慣行"のランク付けを行っていて、それは、慣習法したがって法規範ではなく、強行法規には負けるが、補充法規なかんづく解釈規定には同157条・242条（ともに信義則）の範囲内で原則として優先する、また、不可避の期待が付け加わることによって慣習法へと成長したり、その内容が制定法に採用されたりする法規範の先駆者である、とも述べられる[33]。――動きの加速された現今では特に、取引慣行の位置付けは重要であろう。

(c-1)　もう1冊、ラーレンツ＝ヴォルフの『民法総則』からも、紹介しておこう。この体系書は、強行法と任意法を序論の§3〈私法の法規範〉末尾Ⅶと、第4章〈法律行為〉の第3節〈瑕疵ある法律行為と無効な法律行為〉§34の両方で書いている。前者つまり序論については、本問への取組みを始めた当初に紹介したが[34]、本稿の中に取り込む。後者すなわち法律行為では私的自治ないし契約自由の限界という視角から捉えられており、その限りでは深化テーマ[35]

---

29) E/N, S. 651. 柚木馨＝高木多喜男『独逸民法Ⅰ』（有斐閣、1955年）84頁も、ド民34～37条は強行規定であるという。
30) E/N, S. 661.
31) E/N, S. 669.
32) E/N, S. 1400.
33) E/N, S. 272-273.
34) Larenz/Wolf, Allgemeiner Teil des Bürgerlichen Rechts, 9. Aufl. 2004, S. 68-69.
35) 椿［A］39頁→本書1［付録］論文20～21頁。

など後日の別稿でも改めて紹介する予定にしているけれども、本稿のテーマに関わる部分は今回採り上げておく。――編別の説明も 2 カ所において行われているのは、かつてのわが国における記述スタイルと同様である。むしろ、初期のわが文献が外国を見習ったというべきであろうが、経緯までは調べられなかった。

（c-2）　まず、〈債務法〉は関与者のみに利害関係があり、彼ら自らが原則的には定め得べきものだから、原則として任意法である。例外的に、①第三者の利益を保護しようと欲する諸規定、②法律取引のための秩序づけをする諸規定、ならびに、③著しい不公平と結び付く利益が当事者の自由処分に委ねられていないためその不公平の前に立って守るべき諸規定は、非任意である。④社会的保護規定は、住居賃貸借法（ド民 549 条以下）、雇用契約法（同 619 条）、消費者保護法（同 312 条以下・475 条・487 条・506 条）にある。

〈相続法〉の規定も大幅に任意的である。けだし、被相続人は、遺言自由に基づき彼の死亡時における権利承継を自ら定めることができるからである。しかし、とりわけ遺留分法と債権者を保護するための遺産債務に対する責任が被相続人による規制を奪っている。

〈民法総則〉においては、個々の規定の意味と目的に従って決められなければならない。例えば縮小も拡大もできるド民 119 条の錯誤による取消しは任意的であり、代理権の授与や範囲といった代理規定も部分的にはそうである。方式規定は、法律により方式の自由な行為につき方式が合意され得る限りでは任意的であるが、法律が規定している方式は、合意によって変更できない。行為能力に関する諸規定も原則として任意法でなく、禁止法規違反の行為を無効とするド民 134 条や、良俗違反を無効とする同 138 条も同様である。また、少し離れて強行・任意の判別基準を説明する個所で、理由に言及することなく社団に関する諸規定は強行的だとされる。

〈物権法〉の規範は、その絶対効によって第三者の利益に影響を与えるので、原則として任意的ではない。ただし、このことは、例えば地役権規定で「この限りではない」と留保をするド民 1020 条・1021 条のような個別的例外を排斥しない。

〈親族法〉の規定も、原則として任意的ではない。けだし、それは人の身分

に関するものであり、随意の変更ができないからである。もっとも、ここでもド民 1408 条（夫婦財産契約とその自由）、1585 条 c（離婚後の扶養に関する夫婦間の合意）、1587 条（扶助補償法への付託）の例外がある。

　以上の他、上記編別分類に続く"任意法の機能"をはさんで、強行法とりわけその基準の説明がある。それによれば、強行法とは「当事者の自由処分が奪われていて、それゆえに合意で排除・変更できない規定」をいい、ドイツ語では unabdingbar とも表現するが、「とりわけ、私的自治の前提、妥当性をもつ意思表示への要請および物権法におけるような定型強制がある限りでは許容される取引形態を定める諸規範は強行的である。さらに、法的取引の安全を担保し、第三者の信頼を保護しようとする諸規定、そして最後には、著しい不公正を防止し、あるいは社会的要請を満たすために私的自治を制限する諸規定も強行的である」とされる。判定規準として、法律が法律行為によって合意することができないと表現している場合には、私的自治の制限、したがって強行法を示唆している。法律が規定と異なる合意は無効であると付加している場合（例えば前記 134 条・138 条）には強行法性が最も明確である。

　（c-3）　さらにラーレンツ＝ヴォルフは、法律行為を解説する第 4 章でも〈内容に関する形成自由としての契約自由〉につき民法総則以外の 4 編と会社法を採り上げている。契約自由と強行法の関係は既述のとおり別稿に譲っているが、関係する部分をピック・アップして少しだけ述べておく。

　〈債務法〉　"例外としての強行法"という小見出しがあり、以下の記述がある。大要をいえば、内容形成の自由に限界を画する強行法は、かつては例外であって、ド民 134 条の禁止法規違反による無効と同 138 条の良俗違反による無効がまずは考慮されたが、信頼に満ちた法的取引の根本条件を無力化しようとする合意も法秩序の認容するところとならず、信義則（同 242 条・307 条）および期待可能性がない法律関係を終了させる特別告知（同 314 条）が排斥できなくなった。債務者の故意を予め免除する合意（同 276 条 3 項）、詐欺的に沈黙し、あるいは性質を保証した売主の瑕疵担保責任を減免する合意（同 444 条）、

---

36) Larenz/Wolf, a.a.O., S. 69-70.
37) Larenz/Wolf, a.a.O., S. 637-641.

賃借物の瑕疵に対する借主の権利を排斥・制限する合意（同536条 d）、注文者・請負人の間における同様な場面での合意（同639条）などが許容されないことも挙げられている。——小見出しの下での記述であることに注目しておこう。つまり、これらの諸条文と強行法との間の"距離"が縮小・消滅していく過程として把握できるのではないか。

　〈物権法〉　　直接の関係者の利益を超えて"第三者の利益"および"一般の利益"にも配慮すべき法律関係では、彼らの利益を侵害したり処分するのは許されないから、契約当事者の内容形成の自由は原則として一般に制限される。"第三者の利益"は、なかんづく物権法においては、絶対権——あらゆる第三者から配慮されなければならず、かつ、あらゆる第三者に対して主張され得る——という点で関係をもっている。その上、絶対権の内容は、第三者がこれを配慮できるように、認知と見通しが可能でなければならず、これは、外に立つ第三者にはわからない当事者内部の合意によるよりも、一般的に通用している法律の規制によるほうがより良く保障される。だから、物権の内容は法律で強行的に固定され、当事者による変更はできないか、せいぜい狭い限度内で可能である。法定された物権は変更できないのみならず、当事者が新しい物権を創設することもできないので、物権の限定（numerus clausus）によって補われる"定型強制"と称する。——物権の強行法性を理解するのに、平明かつ説得力のある記述であろう。

　〈親族法〉　　"一般の利益"と部分的には"第三者の利益"が内容形成の自由を強行法により制限する。婚姻の法律関係は一部の領域例えば家事遂行（ド民1356条1項）を除き、原則として強行的に法定される。最小の内容としての扶養請求権も原則として同様である（同1614条・1360条 a 3項）。他方、ある程度の形成自由が夫婦財産制における夫婦財産契約（特に同1408条）[38]や、離婚後の扶養法（同1585条 c）などでは認められる。

　〈相続法〉　　ここでは"遺言自由の原則"が基本法14条に基づくと述べた後、遺留分請求権（ド民2303条）が強行的に法定されることなどを解説してい

38）本稿注1）所掲の昔の拙稿に基づき、椿［E］第Ⅵ編〔5〕268頁以下、〔6〕271頁以下では問題の入り口を少し考えてみた。

る。

〈会社法〉　本稿ではこの法域を採り上げないので、紹介は省略するが、近時の会社法における"定款自治と強行法のせめぎあい"には、われわれも非営利法人法との関係で少なからぬ関心を抱いており、別の企画として考えている。

(4)　その他のドイツ文献

(a)　上記両著の他にも本問に論及する文献は、もちろん少なくはない。以下で挙げるのは、準備した文献すべてではないとともに、内容も椿の関心に沿い任意ピック・アップした事項の例示だけにとどまる。前記(3)における両学説の簡単な補足と理解されたい。(b)では、編別を超えて、強行法・任意法の定義や区別基準、さらには、より一般的な問題への言及など、(c)では、〈債務法〉と〈物権法〉の2編に関する説明を、それぞれ紹介しておく。〈親族法〉は、本稿で既に紹介した程度の内容でもとりあえずは足りるのではないかと思う。〈相続法〉は、ここでも項目を作りたいところだが、椿［A］においてキップ＝コーイングの簡明な要説を紹介しておいたし、別に計画している相続法の共同研究で採り上げる機会もある。何よりも所与の紙数との関係で割愛したい。——もちろん5編それぞれにつき独立の研究が塾同人の中から現れるのは大歓迎である。

(b)　本書2論文で、私的自治を擁護するメディクスに触れたが、彼は独りで全部を補訂した『民法総則（第10版）』において、私的自治に関する"態度表明"と題した記述——こういう見出しは教科書では珍しい？——を行っている[39]。これらについては後日の別稿で言及したい[40]。また、少なくとも椿は執筆を引き受ける予定になっていないが、任意法に関連して、次のように述べる。すなわち、「約款を用いる者は、任意法規からの離隔に際し多数の制約に服せしめられている」し、また、一定の場合には「多くの制限が個別の契約へ拡大されている[41]」と。——任意法の側における1つの展開形態として注意しておこう。

小型の学習書として版を重ねているブロックスの『民法総則』の定義は、関

---

39)　椿［D］160頁→本書2論文39〜40頁。
40)　Medicus, Allgemeiner Teil des BGB, 10. Aufl. 2010, S. 80.
41)　Medicus, a.a.O., S. 81.

与者の意思により排斥・変更ができるか、できないかとするごく普通の表現だが、法律が自ら規制の任務を引き受ける理由の1つに"一定の制度を守る"ことを挙げている。[42]

ヒュプナーの『民法総則』は、"民法規範の種類"[43]の中で、強行法と任意法の区別を"私的自治の形成自由"に関するものであり、「強行法は法の放棄できない諸原則を貫徹させ、表明された当事者意思に反してさえも適用されようと欲する」と説いていて格別目新しくもないが、任意法については、「合意によって排除・変更できるにもかかわらず過小評価はできない。今日、当事者の合意が適合させるべき"公正性の濃さ"を具現する点において任意法の意義は増大している。例えば、売主の担保責任の全面排除は、私的自治の原則に従えば本来許容されるが、ド民（旧）459条以下〔瑕疵担保責任の規定〕の公正性濃度に反していて、そのゆえに制限に服する」として、連邦最高裁判例や約款法11条10号 b〔なおド民現309条8項〕を引く。──この辺りの考え方は"秩序づけと模範の機能"という若干意味不定と評すべき用語（訳し方は人によって異なる）を含めてわが国へも輸入されている[44]が、われわれの当面する主課題ではないから、本稿では割愛しておく。

ボルクの『民法総則』[45]は、強行法につき、当事者が合意で排除・変更できず、原理的な私的自治にもかかわらず当事者の意のままにならないすべての規範がそれであるとし、「ある規範が強行法規か否かは一見して決めることができるとは限らない。離隔を明示的に排斥する諸規定〔譲渡可能な権利の処分権能は法律行為により排斥・制限できないとするド民137条第1段など〕、重要な法益を保護する諸規定〔行為能力に関する同104条以下〕、法的取引の安全および信頼性のために明確な限界を設ける諸規定〔同2条の年齢区分の確定、合意と登記による不動産所有権の取得を定める同873条第1段、物権法における定型強制の確定など〕、あらゆる無効規定、第三者の保護を目的とする規範は、強行法である」と説く。──椿は、同書において幾つかの場面が出てくる中でも、alle

---

42) Brox, Allgemeiner Teil des BGB, 21. Aufl. 1997, S. 23-24.
43) Hübner, Allgemeiner Teil des BGB, 2. Aufl. 1996, S. 52-53.
44) 椿［A］38頁→本書1［付録］論文19～20頁参照。
45) Bork, Allgemeiner Teil des BGB, 3. Aufl. 2011, S. 39-40.

Nichtigkeitsvorschriften と明示する点にとりわけ注目した。ド民134条や138条はどの文献にも強行法の例として顔を出すが、いやしくも"絶対無効"はどういう原因に基づく場合でも特別の説明を媒介せずに強行法と結び付く、と読解したからである。もちろん、条文の表現だけで決めてはならないとする専門家の注意[46]も見落としてはいないが。

　(c)〈債務法〉　信義則——わが国では民法の冒頭に規定があるが、ドイツでは債務法の現在3番目の242条に出てくる——を強行法へ適用してよいかどうかは、見解の推移とでもいうべき状況がみられる。ここではシュミットの注釈[47]を簡単に挙げるにとどめるが、それによると、ドイツ大審院と異なり連邦最高裁は、既に1951年の時点で、私法の強行法規に対しても、その適用が242条に反しないかを吟味すべきだという立場に立っており、強行法規は"特別の法律的規制が利益衝突を考慮に入れている場合には、一般的公平原則を援用して変更することができない"とする判例も1985年には出ている。そして、大審院の古い立ち位置への逆戻りは、もはや主張されるべきではないとされるようである。——わが国においても、一般条項規定と強行法との競合関係は、取り組まれるべき課題に属する。

　ところで、強行法と任意法の対比は、もともと公法と私法の区別とつながっていたらしく、物権と債権の分別にも対応していた。任意法の故郷は債務法とりわけ契約法であり、弱者保護・消費者保護・半強行法など本問題の重要な足場も債務法にある。したがって、この領域の文献には種々の指摘を発見できる。例えば、「強行法性が法律の中に明示されていない場合において、ある法規が強行的か否かは解釈問題である」[48]とか、任意法の場合と異なり「強行法規が適用されるべきかは、ある契約が規定されている契約類型に全体として近似しているからではなく、むしろそのときどきの強行規定の目的論的な解釈から生ずる」[49]とされる。また、正確な内容をまだ理解していないが、"個別の合意に対する強行法"と"約款のみに対する強行法"という2種類のもの[50]も今回初めて

---

46) 山田晟『ドイツ法律用語辞典〔改訂増補版〕』(大学書林、1993年) 445頁の nichtig および Nichtigkeit を参照。
47) Schmidt, Staudingers Komm. II, 13. Bearb. 1995, S. 311-312.
48) Fikentscher/Heinemann, Schuldrecht, 10. Aufl. 2006, S. 91.

知った。いずれも、研究続行の過程で有用な教示となり得るであろう。

〈物権法〉　ヘックの『物権法綱要』[51]によれば、ドイツ民法は物権法の作成に関しては私的自治を制限し、そこでは"制限（numerus clausus）"と"定型強制"が通用している、とされる。この２つは教科書を開けると必ず出てくる[52]が、もちろんそういう規制の内容は大きく強行法性へと傾斜するわけであって、パーラント『注釈民法』は、物権法序論での物権の説明において、"契約自由の排除"と題し「法律は可能な物権をそれに尽きるものとして定め（定型強制）、権利の内容を強行的に規定する（型の固定）。この限りでは契約自由はない（大審院判例）。これは、なかでも不動産取引における法的安全への需要により是認される[53]」という。

問題は、その先であって、ドイツ法上、"数の制限"と"定型強制"[54]とにいつまでもごくわずかの例外しか許容しない立場の全面的存続を是認できる理由・根拠があるのか、である。今より八十余年前、ヘックは数頁にわたって状況を分析・検討した後、BGBの制度を役に立たない戦車になぞらえ、〈私見〉としてTypenfreiheit（型の自由）に優位を宣した[55]。われわれが日常接するこの国における物権法の中級教科書の類では制限と強制を祖述するだけの学説も少なくないが、実務向けの色彩がより濃くなってきたように感じるパーラント注民の上掲部分執筆者（裁判官）は上記の叙述に続けて「しかし、法の内容は生活関係および関係者の考え方とともに変わり得る」と展望する。また、ヴィルヘルム『物権法』[56]も、"認容数の制限と定型強制とに従い認められた諸権利の

---

49) Schmoeckel/Zimmermann/Rückert, Historisch-kritischer Komm. zum BGB II 1, 2007,（執筆者の記述個所は冒頭部分の100頁の中にあるが、都合で確認できない）.
50) Medicus/Lorenz, Schuldrecht I, 19. Aufl. 2010, S. 43 f.
51) Heck, Grundriß des Sachenrechts, 1930, S. 87.
52) ZB. Jauernig, BGB, 2007, S. 1183, Wieling, Sachenrecht I, 2006, S. 25.
53) Palandt, Komm., 70. Aufl. 2011, S. 1416.
54) ついでにいえば、これら２つの言葉の用法は、はっきり確認したわけでもないが、人によってズレているのではなかろうか。私は、物権の数を限定するのがnumerus claususであり、法律が規定した内容以外には認めない立場をTypenzwangとする見解に従ったけれども、例えば鳥谷部茂『非典型担保の法理』（信山社、2009年）は、異なる分類方法ではなかったか。
55) Heck, a.a.O., S. 91.
56) Wilhelm, Sachenrecht, 3. Aufl. 2007, S. 18-19.

形成自由"という見出しの下で、地役権を例に「生活および経済の需要が、物権法上の配分に大きな影響を生じない限り、形成の活動余地ならびに一層の発展を通して考慮されねばならない」と述べる他、物的負担（ド民1105条）および仮登記（同883条）も「判例に従えば、非常に広範な形成可能性がある」と指摘し、用益物権や公示原則にも話を広げる。さらに、プリュッティングらの『民法注釈』をみると、具体的に例を示しては書かれていないために見当がつきにくいが、"現代の形態における譲渡担保""完全な物権に近づく期待権""物権的地位の受託者的な利用"を物権限定が押さえつけない状況も生まれているのかもしれない（日本法からの連想ゆえ、全くの当て外れにならないとは断言できないが）。

たしかに、19世紀の地方分立とか不動産の複雑な所有と利用、法律論における債権に対する物権の強すぎる峻別など、強固な物権の構築を適切あるいは必要とする状況もあったであろうが、今日なお、それが不動であり、"規範の理論的構造"上も当事者意思の介入が"あり得ない"なぞと考えることは受け容れられるべきものか。

5　問題の所在の展開

(1)　本稿2(3)において、それまでの椿・前掲［A］～［D］の時点で出てきた問題点を並べてみた。我妻以後現在までの教科書における導入部的説明は、本問に関して書き始めた際既に紹介した。本稿を書いてみると、さらに幾つか論文にしてみたい事項が現れてきている。なかんづく強行法の要件・効果の検討と定立が不可欠である。それに加え、たまたま椿［E］における各テーマの表題確認という編者としての作業が同時にまわってきて、これも本問での共同研究の題目になるのではと思うものに相当出会った。さらに、プラン作成の段階で本稿（いわば強行法総論）の中で書こうと予定していた論点もある。

---

57) Prütting/Wegen/Weinreich, BGB Komm., 2. Aufl. 2007, S. 1659.
58) 椿［A］36～38頁→本書1［付録］論文18～20頁参照。
59) 取引法研究会レポートまたは法律時報誌連載を中心にまとめる研究書で今後書きたいと考えていたが、都合でこのプランは消えた。

これらをひっくるめて、この5で書くならば、もう1本か2本分の紙数を割いてもらわなければならず、塾メンバー諸氏の本誌における活躍回数を奪い取ってしまうことになる。そこで、項目名をすべて挙示することとし、一部だけは簡単なコメントを加える作業をしてみたが、最初にトランプの手の内を見せてしまうような味気無さもあり、結局、どこかでふたを開けるときのお楽しみにさせていただいた。ただ、無いのに有る顔をしたと疑われるのも心外だから、今回、断定を避けた部分の連想を多少敷衍しておきたい。

(2) 前記4本文の末尾に近い所で、ドイツ物権法について、BGBの"厳しい強行法性の貫徹"と近時における"物権の数的制限および定型強制の緩みの灯り"を垣間見た。後者には譲渡担保・物権的期待権・仮登記・担保的信託が強行法の話と絡んで出ていた。若年時に、BGBまでの地方特別法とスイス・オーストリーの物権制度の流れをみていたおぼろげな記憶だが、著しく多様であり、その上、地域のそれぞれが古い沿革の衣をまとっていた。その状態を克服して法の統一化を達成しようとすれば、選ばれた特定の型からの逃避も改変も厳重に禁止し許さないルールないし根拠づけが求められる。物権法が親族法と並んで民法の中で強行法という法技術の最右翼と解されるようになった理由の1つとして、その点は考えられないか。また、法規の厳格適用緩和とみられそうな後者（譲渡担保ほか）に関しては、日本でも時期はいろいろだが同様な動きが同様な法手段につき出現している。わが国で「物権法は強行法に属する」とか、「非典型担保は担保権であっても担保物権ないし物権ではない」という説明に接した際、「担保物権とりわけ約定担保物権もほんとうにそういえるのか？」「非典型担保とは何者と理解すればよいのか？」と迷う。塾同人には両国の流れを対比してもらいたいが、自身もどこかで論文を発表したい。

5

強行法規の役割、機能
―― 「法律行為」以外の私法的生活関係の規律を中心に

伊藤　進

1　序

　椿は、強行法規に係わる諸課題を指摘し、その総合的検討の必要性を提言された[1]。その検討にあたり、まず、想い浮かんだことは、市民と市民の生活関係を規律する私法において、強行法規は、何のためにあるのか。どのような役割・機能を担うものなのかとの想いである。民法では、強行法規に係わる規定として、90条と91条、92条がある。改正法案では90条につき「公の秩序又は善良の風俗に反する事項を目的とする法律行為」を「公の秩序又は善良の風俗に反する法律行為」と文言修正しているだけで強行法規の役割、機能については現行法と異なるものではないとして維持しているものといえる。ただ、これらの規定は「法律行為」に関する規定である。また、この90条、91条に係わる議論をみると、ここでの「法律行為」は私権の変動原因としての法律行為（契約）を前提としているように推察される。そこで、本稿では、まず、私権の変動原因としての「法律行為」に係わっての強行法規の役割、機能について

[1) 椿寿夫「強行法と任意法（民法学余滴②）」書斎の窓607号（2011年）34頁以下→本書1〔付録〕論文16頁以下、同「続・強行法と任意法（民法学余滴④）」書斎の窓612号（2012年）21頁以下→本書1〔付録〕論文22頁以下、同「民法の規定と異なる合意・特約の効力序説」法律時報84巻4号（2012年）99頁以下→本書1論文3頁以下、同「民法規定と異なる合意・特約の問題性および論点」法律時報84巻5号（2012年）156頁以下→本書2論文30頁以下。

の議論を検討した上で、そこでの議論が、私権の変動原因としての「法律行為」以外の私法的生活関係規律における強行法規の機能、役割を検討するにあたっても、通用するものであるのかどうかに視点を置きながら検討することにする。

2 強行法規規定（民法91条・92条）の役割、機能
——公序良俗規定（民法90条）との関係

　私法の秩序づけにあたって、民法91条、92条は「法令中の公の秩序に関しない規定」と異なる私人意思ないし慣習があるときは、その私人意思ないし、その慣習に「従う」旨を規定する。この反対解釈としては、法令中に「公の秩序に関する規定」が存在するときは、それと異なる「私人意思」ないし「慣習」には「従わない」とするものである。この「公の秩序に関する規定」を、講学上、強行法規と称していることから、民法91条、92条から、私法規律にあたって、強行法規の存在する場合は、「私人意思」や慣習に「従う」のではなく、強行法規に「従う」との命題を導き出すことができよう。

　他方、民法90条は「公の秩序……に反する事項を目的とする法律行為」、改正法案90条では「公の秩序……に反する法律行為」は「無効」として、その法律行為に基づく私法上の効果の発生を否定している。このことから、民法91条も90条も、いずれもが「公の秩序」によって、私法秩序を規制するもののようである。このような重複的ともみえるような規定の仕方に意味があるのか。

　フランス民法6条では、「公の秩序または善良な風俗に関する法律を当事者の特別の合意によって排除することはできない」と規定する。この規定は、法律の適用方法や効力について定めた部分、日本法のかつての「法例」に該当する規定である。これに対して、フランス民法1131条および1133条は「契約又は合意的債務関係」が有効となるための要件としての「原因（cause）」が公序良俗に反するときは不法となり、無効とする。これは契約の内容についての

2）滝沢昌彦「公序良俗と強行法規」椿寿夫＝伊藤進編『公序良俗違反の研究』（日本評論社、1995年）255頁。

「特約の効力の制限」に係わるものである。両者は、その規律次元を異にする。

旧民法は、フランス民法6条に相当するのは旧法例15条で「公ノ秩序又ハ善良ノ風俗ニ関スル法律ニ抵触シ又ハ其適用ヲ免カレントスル合意又ハ行為ハ不成立トス」と規定する。そして旧民法財産編328条では義務の原因となる合意に関して「当事者ハ合意ヲ以テ普通法ノ規定ニ依ラサルコトヲ得又其効力ヲ増減スルコトヲ得但公ノ秩序及ヒ善良ノ風俗ニ触ルルコトヲ得ス」とし、義務の原因となる合意の内容や効力が制限されると定めている。旧法例15条は、強行法規は私法規律にあたり私法上の「私人意思」に優先する「規範」であることを定めたものであり、旧民法財産編328条は「当事者の合意（特約）」は「公の秩序」による制限を受ける旨を定めたものといえる。

現行民法の起草過程を民法90条と91条との関係に注目してみると[3]、現行民法91条は主査会・総会の段階では存在せず、整理会の段階で、富井が債権法中の「但別段ノ定アルトキハ此限ニ在ラス」との定めでは慣習が任意法規に優先して適用されることになり妥当ではないとして反対したことから、現行民法92条が起草され、それとの関連で91条が挿入されたもので、91条は92条につながるが、90条と91条を対にして考えるのは妥当でないと指摘されている[4]。この点に注目すると、91条、92条は「法規」、「私人意思」、「慣習」の私法規律にあたっての「規範適用」順位についての規定とみていたものと推測される。しかし、民法91条、92条が90条と合わせて「第5章 法律行為 第1節 総則」に置かれたことや、民法91条では「法律行為の当事者の意思」と任意法規の関係に限定され、必ずしも「規範適用」順位について定めた規定とも言い切れない面がみられる。このため、民法91条は、「法源」に係わる定めであるべきであったのに、法律行為の目的、内容の規制に係わる定めに歪曲された規定となり、民法90条との関係が曖昧になったわけである。

その後の解釈においても、この曖昧さを繕うための努力に終始してきた感を[5]

---

3) 滝沢昌彦「日本の学説における公序良俗」椿＝伊藤編・前掲注2) 181頁以下。拙稿「私法規律の構造(2)——強行法規の効力・その効力構造(上)」法律論叢86巻1号 (2013年) 8頁以下。

4) 滝沢・前掲注3) 183頁。

5) 詳細については、滝沢・前掲注3) 183頁以下、同・前掲注2) 260頁以下、拙稿・前掲注3) 15頁以下検討。

拭えない。今日、法律行為の「目的の適法」で強行法規を論じ、法律行為の「目的の社会的妥当」で公序良俗を論ずる通説の二元論と、強行法規を公序良俗規範に吸収しようとする有力説の一元論の対立は、これを物語るものである。

しかし、民法90条は「公の秩序」に反する法律行為の内容は「無効」と定めているのに対して、91条、92条は「公の秩序に関しない規定」との関係では「私人意思」に「従う」が、その反対解釈として「公の秩序に関する規定」との関係では「私人意思」ではなく「公の秩序に関する規定」に「従う」として、その書き振りが異なることに注目するとき、民法91条は、私法規律にあたっては、「私人意思」を基本的な「規範」とすることを前提とする一方で、国家が「公の秩序」として定めた強行法規によって、「私人意思」の「規範」性を否定し、強行法規を「規範」として規律するものであることを定めたものと解するのが妥当ということになる。これに対して、民法90条「公序」は、「私人意思」が「規範」となる次元の規律において、私人間の「意思的行動」を限界づけるものであることは明らかである。民法90条は、民法1条3項の権利濫用規定が私権の行使にあたって、その私権に内在する社会性に反することは許されないとして、私権行使を内在的に限界づけているのと同様に、私人間の「意思的行動の自由」を前提としながら、「市民社会に内在する基本的社会的秩序（市民社会基本秩序）」に限界づけられていることを明らかにしたものと解するのが妥当ということになろう。

6）我妻栄『新訂民法総則』（岩波書店、1965年）262頁以下。幾代通『民法総則』（青林書院新社、1969年）206頁。鈴木禄弥『民法総則講義（二訂版）』（創文社、2003年）140頁。川島武宜『民法総則』（有斐閣、1965年）223頁。星野英一『民法概論Ｉ』（良書普及会、1981年）188頁など。
7）大村敦志「取引と公序——法令違反行為効力論の再検討(下)」ジュリスト1025号（1993年）72頁。山本敬三『民法講義Ｉ総則（第2版）』（有斐閣、2005年）226頁以下など。
8）拙稿「私法規律の構造(2)——強行法規の効力・その効力構造(中)」法律論叢86巻2＝3号（2013年）6頁。同旨、滝沢昌彦「強行法規違反無効」椿寿夫＝伊藤進編著『法律行為の無効』（別冊NBL66号）（商事法務研究会、2001年）111頁。
9）拙稿・前掲注8）11頁以下。末川が「90条に依って無効なりとせらるる法律行為は、其行為自体の内に無効とせらるべき理由を包有して居なければならぬ」とみている（末川博「民法第90條に就て」法学論叢7巻5号（1922年）39頁）のも、同旨と思われる。

3　3類型強行法規の役割・機能

　強行法規とされてきた法規についてみると、四宮＝能見は、従来の見解を整理して、①基本的な社会秩序に関する規定（親族法、相続法、物権法に関する規定の中に多い）、②私的自治の原則ないし枠組みに関する規定（法人格、行為能力、意思表示・法律行為に関する規定）、③基本的な自由を保証する規定（民法678条）、④第三者の信頼ないし取引の安全を保障する規定（善意取得〔192条〕）、⑤表見代理に関する規定、対抗要件に関する規定など（177条・467条）、⑥経済的弱者の保護のための規定（利息制限法などの特別法）などが、その例であるとする。[10]森田もほぼ同旨であり、[11]一般的な見解である。[12]星野は、⑦一定の制度と手続を決めた規定（法人・登記・戸籍）を加え、[13]内田は、⑧市民社会のゲームの基本的ルールを定める規定（民法総則の行為能力と意思表示など）と、⑨国家の身分秩序・家族秩序の基礎となる規定（一夫一婦制、重婚禁止など）[14]とし、山本は、⑩契約制度自体を構成する成立要件に関するルールと拘束力の範囲に関するルール、契約の内容に関するルール、⑪国家の基本秩序の維持（重婚禁止規定など）、⑫弱者保護の要請規定を挙げている。[15]これを私法規律にあたっての強行法規の役割、機能の観点から整理すると、(a)類型①⑦⑨⑪のような市民社会の基本制度を定めた、いわゆる「基本制度強行法規」、(b)類型②⑧⑩のような「私法上の行為」の基本ルールおよび④⑤のような「私法上の行為」と第三者との関係ルールを定めた、いわゆる「効果意思」規範のための「基本ルール強行法規」、(c)類型③⑥⑫および強行法規であることを明示する法規の多くにみられる私権の変動原因としての法律行為（契約）の内容を規制する「行為（契約）内容規制強行法規」に大別できる。

---

10) 四宮和夫＝能見善久『民法総則（第6版）』（弘文堂、2010年）267頁。
11) 川島武宜＝平井宜雄編『新版注釈民法(3)』（有斐閣、2003年）223頁以下〔森田修〕参照。
12) 鈴木・前掲注6）140頁。川島・前掲注6）223頁、幾代・前掲注6）198頁、佐久間毅『民法の基礎1総則（第3版補訂）』（有斐閣、2009年）118頁。
13) 星野・前掲注6）182頁。
14) 内田貴『民法Ⅰ総則・物権総論』（東京大学出版会、1997年）270頁。
15) 山本・前掲注7）228頁以下。

一方、通説は、民法91条から強行法規に反する法律行為（契約）は「無効」とのルールを導き出し、近時の有力学説は、法規に反する法律行為（契約）は90条の「公序良俗」に反するときは「無効」とするが、この3類型強行法規に適応するものかどうか問題である。内田が、例として挙げているように、「重婚を禁ずる732条に反して、Aと婚姻関係にあるBがCと重ねて結婚することをABC三者で合意した」場合のような(a)類型「基本制度強行法規」に反する「合意（特約）」についてみるとき、これら通説や近時の有力学説のように「その合意（特約）は無効」として効力を否定するだけで規律できるか問題である。「合意（特約）が無効」であるから結婚も無効として規律されるものでもない。このような合意（特約）は、効力は生じないし、このような合意（特約）に基づいてなされた結婚であっても、民法732条に反するとして744条で取消しを家庭裁判所に請求できるものとして規律されることが予定されているとみるべきである。また、「当事者間で、未成年者の契約も取り消せないと決める」など(b)類型「基本ルール強行法規」に反する「特約」についてみても同様である。そのような「特約」に従うのではなく、民法5条、6条の効果内容に従って規律されるということになろう。これは、強行法規の役割、機能としては、強行法規に反する「合意（特約）」からは何らの効力も生じないとするだけではなく、強行法規自体が定める効果内容に従って規律されるということを包含していることを意味する。薬師寺が私法の生活関係を「私法的自治の支配する法律行為」の領域と「法律行為に関せざる領域又は法律行為に関するも、単に一般法律行為の基礎的組織又はその手段に関するのみにして一定の内容に関しない」領域のあることを指摘し、「強行法規に反する法律行為は無効」というルールは前者の領域に限られるものであるとしているのは、このような、(a)類型「基本制度強行法規」や(b)類型「基本ルール強行法規」には適用されないルールとみているものと思われる。しかし、このような強行法規の役割、機能は、薬師寺のいう私法的自治の支配する法律行為の領域、あるいはこれまでの議論の前提としてきたと思われる(c)類型「行為（契約）内容規制

---

16) 内田・前掲注14) 271頁。

17) 内田・前掲注14) 271頁。

18) 薬師寺志光『日本民法総論新講第二冊』（明玄書房、1953年）350頁。

強行法規」についても同様である。例えば、最高裁は、「組合の任意脱退禁止特約」につき民法678条がやむを得ない事由があれば脱退できるとしている部分は強行法規であるとし、「特約」は効力を有しないとする。その上で、「原判決中、上告人らの組合持分払戻金及びこれに対する遅延損害金の支払請求を棄却した部分は、その余の論旨について判断するまでもなく、破棄を免れず、やむを得ない事由の存否等につき更に審理を尽くさせる必要があるから、右部分を原審に差し戻すこととする」と判示する[19]。これは、強行法規に反する「特約」の効力を否定しているだけではなく、当該事案について強行法規（民法678条）を適用して規律するために原審に差し戻したものである。強行法規の効力として、このように法律行為（契約）・合意（特約）の効力を否定するとともに、強行法規自体が定める効果内容に従って規律する効力が包含されているとすると、強行法規に反する行為を公序良俗規範によって無効とする近時の有力学説とは齟齬することになる。公序良俗規範では、公序良俗に反する法律行為（契約）を無効とするだけで、その場合は「公序良俗」に従って規律するという帰結には至らないのではないかと思われるからである。

4 私法規律と強行法規・取締規定・憲法秩序の関係

ところで、私法規律にあたっては、「私人意思」を規範原理とするのも、強行法規はそれに優先する規範とするとするのも、いずれも「国家意思」の発露である。しかし、その関係は、あくまでも、「私人意思」を規範原理として規律されるものとする「国家意思」の発露の範疇において、「公序国家意思」の発露としての強行法規を優先させるとする関係にあるものと解される。このため、強行法規は、公法規範ではなく、あくまでも私法規範ではあるが、私法規律の原理とされている「私人意思」に優先して規範となるにすぎない。強行法規は「公序国家意思」の強行的発露ではあるが、公法法規のような「生の」国家意思の強行的発露ではない。それは「私法規範化された」国家意思の強行的発露である[20]。

---

19) 最三小判平成11・2・23民集53巻2号193頁。

取締法規も、公法秩序において「国家意思」を直接、強制的に発露させるための法規である。取締法規は、「私人意思」では排除することはできない。このことから、強行法規は「私人意思」では排除できない法規をいうと意義づけるときは、取締法規はすべて強行法規ということになる。しかし、今日の支配的見解では、取締法規には効力規定と単なる取締法規とがあり、効力規定とされる取締法規のみが私法規律にあたって、「私人意思」で排除できない法規とみるべきであるとされ[21]、異論はない。それでは、取締法規のうち効力規定とされる法規のみが、私法規律に排除できない法規となるということをどのようにして説明するのか問題となる。これは、公法上の「規範」の中には、「私法規範化する」ことによって、「私人意思」に優先する法規となるものがあることを承認するものでもあることを意味する。では、そのように「私法規範化」された取締法規に「私人意思」が違反する場合、民法90条「公序」に反するために無効になるのか、強行法規に反する違反の結果として効力が認められないことになるのかについては議論のあるところである[22]。公法と私法の分離を前提とするとき、公法規律次元の法規をそのまま私法規律次元の規範とすることは許されるものではない。それは「強行法規成り」することによって、「私人意思」に優先して私法規律における「規範」となる関係にあるものとみるのが妥当と思われる。「効力規定とされる取締法規」は、90条「公序」のように、「私人間行為の自由の内在的限界」として規制するというよりか、「私人意思」を「公序国家意思」により規制するものとみるべきである[23]。

憲法秩序は、「国家の基本的意思」を規定するものである。この憲法秩序における「国家意思」は、私法規律にあたって、どのような役割、機能を担うものなのか。このことは憲法の私人間適用についての直接適用説によるのか間接適用説によるのかと密接に関係する[24]。通説的見解および判例は間接適用説を支持する。この間接適用説では「民法90条のような私法の一般条項を、憲法の

---

20) 拙稿「私法規律の構造(1)――私法規律と強行法規の役割、機能」法律論叢85巻2＝3号（2012年）43頁。
21) 我妻・前掲注6）263頁、幾代・前掲注6）198頁等多数。川島＝平井編・前掲注11）237頁以下〔森田〕参照。
22) 大村・前掲注7）68頁以下参照。
23) 拙稿・前掲注20）46頁。

趣旨をとりこんで解釈・適用し、間接的に私人間の行為を規律していこうとする見解」とされている。しかし、かかる間接適用説に立つとして、山本のように民法90条の解釈、適用という手法によることは妥当ではない。民法90条は法律行為の目的、内容を「内在する市民社会基本秩序（90条「公序」）」により限界づける定めであるにすぎないことから、憲法上の基本権保護規範により規律するための手法としては妥当ではない。国家意思を「私人意思」より優先する規範とするための強行法規に転嫁させるほうが論理的に優れているということになる[26]。

5 結びに代えて

　以上、強行法規は、私法規律では、私人意思を規範とするのが原則であるのに対して、この私人意思規範を排除し「公序国家意思」により規律するという役割、機能をもつものであること、「90条公序」は私人意思規範に「内在する市民社会基本秩序」により私人意思規範の効力を否定するだけのものとみるのが妥当であることを確認した。

　そして、このような強行法規の役割、機能を根拠づけているのが91条の定めに内包されている「書かれざる原理規定[27]」によるものと解するのが妥当と思われる。立法過程においては、まず92条で任意法規と慣習との関係につき、当事者が慣習による意思を有するときは慣習に「従う」と定めたことと相まって、91条が定められたものとされている。これは、92条も91条も、法律行為の当事者の意思、法規、慣習の規範力関係につき定めたものであると解されることは前述したところである。このことからすると、91条では、法律行為の

---

24) 直接適用説と間接適用説については山本敬三「現代社会におけるリベラリズムと私的自治——私法関係における憲法原理の衝突(1)」法学論叢133巻4号（1993年）8頁以下。
25) 山本敬三『公序良俗論の再構成』（有斐閣、2000年）198頁。
26) 拙稿・前掲注20) 47頁。
27) 椿は、強行法規に反する法律行為は無効だとする命題は、非常に基本的かつ重要な問題であるだけに、明文規定をどこかに求めたくなるが、端的に「書かれざる原理規定」だという説明を用いるので十分ではないだろうかとしておられるが、これを借用するものである（椿寿夫「公序良俗違反の諸相」加藤一郎先生古稀記念『現代社会と民法学の動向(下)』（有斐閣、1992年）164頁）。

当事者の意思と法規の規範力関係について、その法規が任意法規である場合は当事者の意思が規範となることを定めることによって、その法規が強行法規である場合は強行法規を規範とする旨を包含していたものと解される。すなわち、91条には、二元論のような「強行法規に反する法律行為の当事者の意思（特約）は無効」とのテーゼは解釈からは導き出すことはできないとする批判は受け入れざるを得ないとしても、「強行法規に反する法律行為の当事者の意思（特約）には『従わない』こと、強行法規に『従う』こと」とのテーゼは「書かれざる原理規定」として包含されているものと解することはできると思われるからである。これは、「私的自治（私人意思を原則として規範とするとのテーゼ）」も「書かれざる原理規定」であるのに対して、91条には、この「私的自治」を「公序国家意思」の顕現としての強行法規により排除し、強行法規自体の定める効果内容に従って規律するとのテーゼも「書かれざる原理規定」として包含されていると解するものである。

　このようなテーゼは、90条によって根拠づけることは困難である。立法過程では、「公の秩序に関する法規」は「公の秩序」に包含されるものとして90条で定めるとしていた。これによると強行法規に反する法律行為は無効とするテーゼを90条から導き出すことは可能ということになる。たしかに「公の秩序に関する法規」は「公の秩序」に包含されるが、国家意思によって強行法規とはされない「公の秩序」もある。そこで、その「公の秩序」を国家意思によって強行法規とする場合は私人意思規範を排除し、「強行法規自体の効果内容」によって規律することになるのに対して、単なる「公の秩序」にとどまる場合は「善良の風俗」と同様に、私人意思が規範となる次元において、この私人意思の効力を否定するにとどまるものと解するのが妥当と思われるからである。また、強行法規の役割、機能が「法律行為（契約）を無効」とするにとどまるものであるとする限りでは、公序良俗も「法律行為（契約）を無効」とする規範であることから、この「公序」良俗には「公の秩序に関する法規」も含

---

28) 森田寛二「反対解釈の力学——民法91条をめぐる論議に接して」自治研究61巻8号（1985年）28頁、同「通説的民法91条論のなかの判例」広中俊雄教授還暦記念『法と法過程』（創文社、1986年）527頁以下。
29) 滝沢・前掲注3）182頁。

まれるとして、強行法規に反する法律行為（契約）の無効を根拠づけることも論理的には成り立つ。しかし、強行法規は法律行為（契約）の効力を否定するだけではなく、「公序国家意思」の顕現である強行法規自体が定める効果内容に従って規律するとの役割、機能を担うものであるとすると、90条によっては根拠づけられないということになろう。さらには、公序良俗規範については「法律の根本理念」[30]、「全法律の全体系を支配する理念」[31]、あるいは「契約自由・私的自治の外の問題」[32]などと理解され、一人歩きすることによって「基本制度に係わる規律」あるいは「基本ルールに係わる規律」をも支配する規範であるかのように理解される余地が生じてきた。このことからすると「公序国家意思」の顕現である強行法規でさえ公序良俗規範の支配に服するとみることは可能になる。しかし、それはフランス民法1133条および1131条が「契約又は合意的債務関係が有効となるための要件としての『原因（cause）』の内容を規制する」ものとして定められているように私権の変動原因としての法律行為（契約）の内容を規制する規範であったものである。そこで、公序良俗規範をその原点に立ち返ってみると、(a)類型「基本制度強行法規」や(b)類型「基本ルール強行法規」について根拠づけることは論理的には許容されない。そして、(c)類型「行為（契約）内容規制強行法規」に限らず、(a)類型「基本制度強行法規」や(b)類型「基本ルール強行法規」をも視野に入れ、これらの強行法規を統一してみるときは、91条を根拠として「強行法規に反する私人意思（法律行為・契約・合意・特約）は効力は生ぜず、強行法規を規範として規律する」役割、機能をもつものと帰結するのが妥当と思われる。以上は、フランス民法6条を私法的生活関係の規律に純化させて理解した帰結であり、公序良俗規範との関係についてもフランス民法6条と1133条および1131条との関係、これに倣ったとされる旧法例15条と旧民法財産編328条ただし書との関係に回帰してみるのが妥当と提言しておきたい。[33]

---

30) 末川・前掲注9）23頁。
31) 我妻・前掲注6）271頁。
32) 四宮＝能見・前掲注10）271頁。
33) フランス民法6条につき、フランスでは今日、どのように理解されているのかについては、私の能力の及ぶところではない。ご教示頂ければ幸甚である。

6

半強行法概念の生成とその機能

椿久美子

1 はじめに

　「半強行法」という概念は、近似の概念である半面的・片面的強行法のように古くから教科書等で説明されてきた概念とは異なり、比較的、新しい概念であって、教科書レベルでの言及はあまりみかけず、一部の学説が主張している概念である。この概念は、後述するように、ドイツ法においては片面的強行法と同じ意味で、また、約款の内容規制の基準としての任意法の強行法化という意味でも使われている。それがわが国に紹介され、最近ではとりわけ消費者契約法 10 条との関連で注目度が増しているのだが、その意味・機能は明らかとはいえない。我々の共同研究の成果の一部である『強行法・任意法でみる民法』においても、執筆者によりその概念の捉え方が微妙に異なっているようである。「半強行法」はその字義からくるイメージとして強行法と任意法の中間の概念のように捉えられるが、果たしてそうであろうか。そこで、本稿では、

1）我妻栄『債権各論中巻一』（岩波書店、1957 年）509 頁、523 頁は半面的強行性という。
2）椿寿夫編著『強行法・任意法でみる民法』（日本評論社、2013 年）では、三林は民法 119 条を無効原因との関係で半強行法的に捉えることも可能であるとし（同書 12 頁）、吉田（光碩）は無催告で保険契約が失効するという約款について、東京高判平成 21・9・30 判タ 1317 号 72 頁は民法 541 条を消費者契約法 10 条により、半強行法規化の考え方に立って無効としたと指摘する（同書 204 頁）。また、椿（寿夫）は民法 762 条は部分的強行法の観念も有用であるという（同書 274 頁）。

「半強行法」の概念がどのような理由から生み出され、いかなる機能を有しているか、その有用性も含めた検討を試みたい。

2 半強行法概念の生成とその機能

(1) 任意法規の強行法規化の傾向

　任意法の半強行法化を考える前提として重要なのは、任意法規について強行法規化の傾向が生じていると指摘した我妻説である。それによると、両当事者の経済的な力が均衡を失うに従って、経済的強者は合理的理由なしに任意法規を排斥する約款を強いることから、「法律は、任意法規として第二次的な立場にあることを棄て、強行法規として第一次的立場に進出し、当事者の意思を排斥して契約内容の合理性を保障する必要に迫られる」と述べ、民法（612条）では任意規定であるが、旧借家法（3条・6条）では強行規定とされたのが、その適例であるという。

　こうした強行法規化の傾向は、身元保証法（6条）や借地借家法（9条・30条他）等特別法における弱者保護のための片面的強行規定にみられるように、民法外の領域において作り出されることが多かったが、2004（平成16）年に新設された保証規定（民446条2項・3項、465条の2第2項・第3項、465条の3第1項、465条の5）では、民法そのものに強行規定が追加されるという形となった。また、解釈を介して任意法規が、公益の必要性・法的安定性・取引安全・弱者保護等の理由により強行法規化していることについては、別稿で述べた。以下では、半強行法概念の導入に繋がる、任意法規が強行法規化して約款の内容規制の基準になるとする諸学説をみていこう。

　3）　我妻栄『新訂民法総則』（岩波書店、1965年）255頁。
　4）　これらの条文に関しては「効力を生じない」という文言から強行規定と解することができよう。
　　　詳細は、椿久美子「根保証規定と包括特約」椿編著・前掲注2）162頁以下参照。
　5）　詳細は、椿久美子・本書9論文130頁以下参照。
　6）　約款論のわが国での展開と任意規定との関係については、河上正二「約款（附合契約論）――わが国の約款法学の展開」星野英一他編『民法講座5 契約』（有斐閣、1985年）1頁以下参照。

(2) 約款の内容規制の基準としての任意法規

　昭和40年代のドイツ法においては、約款の内容的限界を画する基準として良俗違反説や信義誠実説と並んで任意法規説が提唱された。その影響を受けた大村（須賀男）は、約款による任意法規の改変は任意法規の秩序機能を破壊するとし、「私的自治の違法な逸脱の有無を決する規準は、……任意法規の逸脱の有無によるべきであ」ると主張した[7]。昭和50年代に入ると、石田（穣）[8]は、当事者の力関係が著しく異なる場合には、私的自治の前提条件が満たされていないので、「任意規定的法秩序は、普通契約約款をコントロールする規準になる」[9]と述べ、約款においては、「任意規定は強行規定的性格を有し、合理的根拠がない限りこれから逸脱する合意をすることは許されない」[10]とする。加藤（一郎）は、合理性のある任意規定より不当に消費者に不利となる契約条項を公序良俗違反により無効とすることで、任意法規の強行法規化をもたらすと述べる[11]。

　高橋（弘）は、ドイツ法においては任意法規範を正義内容とする立場から約款についての司法的コントロールがなされているとする[12]。石原（全）は、ドイツ法においては、任意法は立法者が対立する当事者利益の正当かつ合理的な均衡とみなしたものの具体化であるとされており、秩序機能を有する任意法を判断基準とした信義則による約款の内容コントロールを説く[13]。山本（豊）は、任意法が秩序づけ機能ないし導きの像としての機能を有するとするドイツにおける任意規定観を詳細に論じ、さらに任意規定は特定の歴史的状況における妥協

---

7) 大村須賀男「普通取引約款における内容的限界について(1)(2)」神戸法学雑誌14巻4号（1965年）761頁以下、15巻1号（1965年）103頁以下。
8) 石田穣「法律行為の解釈方法（3・完）」法学協会雑誌93巻2号（1976年）224頁以下では、約款の強行規定・任意規定・判例などからの逸脱に相当の理由があるならば裁判官による修正は認められないとする。
9) 石田穣『民法Ⅴ（契約法）』（青林書院新社、1982年）20～21頁。
10) 石田・前掲注9) 11頁。
11) 加藤一郎「免責条項について」加藤一郎編『民法学の歴史と課題』（東京大学出版会、1982年）261頁。
12) 高橋弘「普通契約約款と消費者保護」法律時報47巻10号（1975年）114頁。
13) 石原全「普通取引約款の司法的規整」私法40号（1978年）178頁以下、同『約款による契約論』（信山社、2006年）323頁、326頁注6。

の産物であり、現代においても契約正義の指針たり得るのか疑問であるとの少数説も紹介する。[14]

　なお、任意法規を約款の内容規制の基準とするのに疑問を呈する見解もある。[15]

(3) 半強行法概念の生成とその機能

(a) 以上において、約款の内容規制の基準とするために任意法規を秩序機能的ないし強行法規的に捉えている見解をみたが、そこでは「半強行法」という用語はなかった。この概念を生成し広めた河上は、ドイツ法における約款に対する任意法の「秩序づけ機能」(Ordnungsfunktion) ないし「指導形象機能」(Leitbildfunktion)[16] を説く学説について論じ、約款規制法において「列挙された無効条項群（同法10条・11条〔現ド民308条・309条〕）は程度の差こそあれ従来の任意法規を半ば強行的なものへと変えているのである」とし、[17]「約款規制法が約款法領域における任意法規の（事実上の）半強行法化を志向している」[18]とか、約款では合意自体が不完全であるから「事実上、任意規定が半強行法的な役割を演ずることが期待され」[19]ると述べる。そして、ドイツの判例は、任意法を正義命令から成るものとそうでないものに分け、この正義内容にも様々な強弱があるとした上で、任意法を約款内容の規制の判断基準に用いていると分析する。[20][21]

---

14) 山本豊『不当条項規制と自己責任・契約正義』（有斐閣、1997年）59頁以下参照。谷口知平他編『新版注釈民法(13)』（有斐閣、2006年）209頁〔潮見佳男〕もドイツの少数説と同様の見解を述べている。

15) 例えば、石田喜久夫「わが国における約款論の一斑」磯村哲先生還暦記念論文集『市民法学の形成と展開〔下〕』（有斐閣、1980年）116頁以下は、約款の拘束力の有無は合理性の有無により判断されるべきだとし、任意法は当事者の意思を補完する規範だという。

16) ドイツ法において任意法規が指導形象として約款の内容コントロールに果たした役割については、石田喜久夫編『注釈ドイツ約款規制法』（同文舘、1998年）104頁〔鹿野菜穂子〕参照。

17) ド民308条1号から8号、および309条1号から13号は約款において無効とされる条項等を列挙する。例えば、309条7号は生命、身体および健康の侵害ならびに重大な過失がある場合の免責約款を無効とする。

18) 河上正二『約款規制の法理』（有斐閣、1988年）384頁以下によれば、任意法規の指導形象という考え方は、法律上の規範が存在しないところにまで及ぶとする。

19) 河上・前掲注18) 302頁注48。

20) 河上正二「契約の法的性質決定と典型契約」星野英一他編『現代社会と民法学の動向〔下〕』（有斐閣、1992年）299頁。

こうして河上は、ドイツ法における約款規制に関する検討を通じて「半強行法」概念をわが国に取り入れ、任意規定の役割を積極的に評価した[22]。つまり任意規定は、単なる補充規定や解釈規定だけではなく、立法者によって「公正・妥当な権利義務の分配のあり方・モデルが提案されている」もの（任意法の指導形象機能）でもあるとみるべきだとする。そして、任意規定やその判例準則は、正義内容を含み、合理性を判断する際の有力な手がかりになると述べた上で、「情報・交渉力に構造的格差が存在するなど……正当性保障がない状況下では、任意法が半強行法的に作用し、信義則上の正当な理由なく任意法の正義内容を一方的に改変して不当な利益を追求するような契約条項を無効と解すべき場合がある（消費者契約法10条参照）。これを任意法の半強行法化などという」と説く[23]。河上の見解では、任意法が半強行法的に作用するのは約款や消費者契約の場合であり、「個別的合意により任意法規範を離れる場合は問題がない」と述べていることに注意を払うべきであろう[24]。

　(b)　半強行法概念を支持する大村（敦志）は、約款規制の1つとして、任意規定を強行化（半強行化）することが考えられるとし、これは任意規定を合理性の表象として捉えることを意味するという[25]。そして、自由に離脱できる任意規定と合理的な離脱に限って認められる任意規定とを区別して、後者の任意規定を半強行規定とみる[26]。例えば、民法760条・761条を半強行規定だと主張する[27]。

　山本（敬三）は、「自発的で明確な合意もなしに」任意法規と「異なる効果を認めるわけにはいかないと判断される場合にはじめて」、任意法規は半強行

---

21)　河上・前掲注18) 386頁。
22)　磯村も、任意規定は合理性を備えており、これによって規律したとしても、不当に不利益を課するものではないという（磯村保「法律行為論の課題(上)——当事者意思の観点から」民法研究2号（2000年）19～20頁）。任意規定の秩序づけ機能という考え方に消極的な見解もある（山本顕治「契約交渉関係の法的構造についての一考察(2)」民商法雑誌100巻3号（1989年）403頁）。
23)　河上正二『民法総則講義』（日本評論社、2007年）263頁。約款における半強行法化の説明については、同書292頁以下も参照。
24)　河上・前掲注18) 387頁、390頁注25。
25)　大村敦志『典型契約と性質決定』（有斐閣、2003年）9頁。
26)　大村・前掲注25) 355頁。
27)　大村敦志『家族法（第2版）』（有斐閣、2002年）61頁。

法として認められ、一方当事者の権利を保護するための規定や担保責任に関する規定が半強行法化の例であるという。[28] 椿（寿夫）は、半強行法に関する河上・大村説を紹介し、強行法規と任意法規を単純に切断しない見解には賛成だが、同一平面での"類型割り"よりも"段階分け"に惹かれるという。[29]

(c)「半強行法」について教科書等で触れているのは少ない。『民法総則』において四宮の単独執筆（1986年出版）の時期までは半強行法の問題についての言及がなく、能見との共著になって、任意規定の中には、「瑕疵担保責任の規定のように内容的に強い合理性に支えられた規定があり、契約当事者が実質的な交渉に基づいて明確にその適用を排除しない限り、適用されると考えられるものがある。このような規定は、強行規定と任意規定の中間的性格を有するので、『半強行法規』などと呼んでいる」と述べる。[30] 潮見は、約款の個別条項の上に典型契約規範に基づく内容コントロールが行われ、これが任意規定の半強行法化といわれるものであると説明する。[31] また、潮見は、消費者契約や事業者間契約において、交渉力の対等性が欠け、かつ個別交渉を経ていない条項は、自己決定権の行使機会の保障という点で問題があるとし、任意規定が強行規定のように作用すると説く。[32]

(d)「半強行法」という用語を使わず、「任意規定の強行規定化」と呼ぶ学説も、その内容はほぼ同じである。磯村は、約款取引では合意による合理性保障は通常存しないとする。[33] 平野は、消費者契約においては、任意規定が準強行規定としての機能を果たすといい、[34] 半田は、当事者間の合意を絶対視しない考え方が提唱されており、それを任意規定の標準化機能である、と述べる。[35]

---

28) 山本敬三「契約法の改正と典型契約の役割」山本敬三他『債権法改正の課題と方向——民法100周年を契機として』（別冊NBL51号）（商事法務研究会、1998年）28〜29頁。
29) 椿寿夫・本書2論文37頁。
30) 四宮和夫＝能見善久『民法総則（第8版）』（弘文堂、2010年）191頁。
31) 潮見佳男『契約各論I』（信山社、2002年）13頁。個別条項につき合意がある場合には、任意規定の半強行法化によりその合意を排除することができず、公序良俗則によるしかないという（同書13頁）。
32) 潮見佳男『民法総則講義』（有斐閣、2005年）202頁。
33) 藤岡康宏他『民法IV債権各論（第3版）』（有斐閣、2005年）11頁〔磯村執〕。
34) 平野裕之『民法総則（第3版）』（日本評論社、2011年）116頁以下。
35) 半田吉信『契約法講義（第2版）』（信山社、2005年）6頁。

(4) 半強行法説への批判

　北川は、任意規定を「消費者のためにいわば半面的に強行法規と解する立場」であるとして半強行法を位置づけるものの、「任意法規を解釈で強行法規とすることには無理がある。信義則に違反するような条項であればそれに依拠して契約条項を修正することは可能である」[36]と批判する。同様に批判的見解として伊藤は、任意規定を「『半』だけ『公序・国家意思』規範性を持つとするもので、……収まりのよいものといえるか疑問である」として、合理性の理由のない場合には、「任意規定違背となり、民法90条『公序』により無効化するのが妥当である」と主張する[37]。

　なお、任意規定の強行規定化という観点ではなく約款規制の根拠を合意論に求める見解がある[38]。

3　ドイツ法における半強行法概念の機能

　代表的な教科書を簡潔にみてみよう。

(1) ラーレンツ＝ヴォルフの見解

　(a)　ラーレンツの総則の教科書では、半強行法に関する記述の比重が移り変っているのが興味深い。第1版（1967年）と第7版（1987年）では半強行法について触れられておらず（途中の版も同様の状況であると推測される）、マンフレート・ヴォルフが補訂した第8版（1997年）ではじめて、劣弱な当事者を保護するのに必要な場合に契約自由の制限は全体的強行でなく、片面的強行（einseitig zwingend）または半強行（halbzwingend）でもってなされるとの記述がみられ、片面的強行と半強行を同じものと位置づけているようである[39]。

　第9版（2004年）では、半強行規範（halbzwingende Normen）という見出し

---

36) 北川善太郎『債権各論（第3版）』（有斐閣、2003年）31頁。
37) 伊藤進「私法規律の構造(1)——私法規律と強行法規の役割、機能」法律論叢85巻2＝3号（2012年）76頁。
38) 加藤雅信『債権総論（新民法大系Ⅲ）』（有斐閣、2005年）288頁、同『契約法（新民法大系Ⅳ）』（有斐閣、2007年）120頁以下。
39) Larenz/Wolf, Allgemeiner Teil des bürgerlichen Rechts, 8. Aufl., 1997, S. 651.

がつけられ、その記述が詳細になる。それによると、任意規範と強行規範との対比は、全体的ではなく部分的にのみ強行性（teilweise zwingend）を有するいわゆる半強行規範によって、いくらか相対化されている。半強行規範は、通常は、ある一定の劣弱な交渉状況にいる契約当事者を保護する必要性と結びつくものである。ド民305条1項3文および310条3項2号[40]は、契約交渉の場合に、劣弱な交渉状況にある当事者の影響可能性が欠落していることを直接に考慮するものである。その他の規範は、市場（取引）における消費者、家屋賃借人および労働者の一定の役割、または典型的に交渉の弱さを推測できる一定の時期と結びつく。その場合において、(i)主体的（subjektiv）半強行規範、(ii)客体的（objektiv）半強行規範および(iii)時期的（zeitlich）半強行規範とに区別することができる[41]、という。

(b) (i) 主体的半強行規範とは、より弱い契約相手方の保護のために、合意によっては変更できないが、保護の必要でない契約相手方の負担においては変更できる規範のことをいう。例えば、賃借人保護の諸規定（ド民536条4項・547条2項・551条2項・553条3項・554条5項）、消費者保護の諸規定（ド民312条f・475条・487条・506条）および顧客保護の諸規定（ド民676条c3項・676条g5項）、さらに製造物責任法の諸規定（同法14条）、約款使用者の契約相手方のみを保護するド民305条以下の諸規定、さらに労働者保護のための諸規定（ド民619条・622条6項）などが、主体的半強行規範である。

(ii) 客体的半強行規範とは、完全でなくある一定の核心部分についてのみ合意によって変更できない規範のことをいう。例えば、ド民307条2項1号によれば、"法律の規定における本質的基本思想"だけは合意によって変更できない、とされる。444条も、物の性状につき損害担保が引き受けられている場合には、この損害担保だけは排除できないが、その他のことは排除が許される、とされる。

---

40) ド民305条1項3文「契約条件は、契約当事者間で個別に交渉して決められた限り、普通取引約款ではない」。（本稿で引用したドイツ民法の各規定の邦訳は、岡孝他訳「ドイツ債務法現代化法（民法改正部分）試訳」岡孝編『契約法における現代化の課題』（法政大学現代法研究所、2002年）182頁以下を参照されたい）。

41) Larenz/Wolf, a.a.O., 9. Aufl., 2004, S. 70. 同書のS. 639にも半強行法の説明がある。

(iii) 時期的半強行規範とは、ある一定の期間内においてのみ異なる合意ができない規範のことをいう。保護を必要とする契約当事者においては、一定の事実発生前にはその合意の意義および範囲への理解がまだ存しないということを立法者が前提としているために、単に"あらかじめ"異なる合意ができないのであるが、一定の事実の後、とりわけ責任事例の発生後（ド民202条1項・276条3項）、弁済期到来後（ド民248条1項・1149条・1229条）、ある瑕疵の通知後または争訟の発生後は合意できる旨の規定が、時期的半強行規範である、と。

第10版（2012年）では、ヴォルフは亡くなり、ノイナーが補訂したためか、半強行法の見出しは消え、その記述もぐっと少なくなっている。[42]

(2) ボルクの見解

ボルクによれば、いくつかの規定は半強行法（halbzwingendes Recht）として形づくられており、それらの規定では制限的にしか合意をすることができない。例として、一方当事者にのみ不利となる合意ができる規定がある（例えば、ド民574条4項の使用賃借人保護の規定は賃貸人にのみ不利となる合意をすることができる）。その他の規定は、それらの規定からの離隔（逸脱）（Abweichung）を一定の限度までのみ許すか（例えば、ド民444条）、あるいは一定の時期まで許すか（例えば、ド民248条1項・276条2項・1149条）というものである。[43]

(3) メディクスの見解

メディクスは、半強行性といわずに、片面的強行性と呼んで次のように述べる。債務法では2種類の強行法が存在し、個別の合意に対しても強行性をもつものと約款に対してのみ強行性をもつものに分かれる。後者については、約款規制法に代わってド民307条にどの任意規定が約款に対して貫徹され得べきかが定められている。

前者は例外なので、強行性を明示した規定を置き、債務法では、個々の規定

---

42) 推測でしかないが、マンフレート・ヴォルフが半強行法について詳細な記述をしたのは、彼が自己決定の可能性と特約の拘束力について論じる（詳細は山本・前掲注14）8頁以下参照）など、この問題に関心が強かったからではないかと思われる。

43) Bork, Allgemeiner Teil des bürgerlichen Gesetzbuchs, 3. Aufl., 2011, Rn. 97.

（例えば、ド民248条1項・276条3項・536条4項・574条4項）と規定の全体（例えば、ド民312条f、475条1項・2項、511条、651条m）について定め、それらの規定は、片面的強行性のみを有するものとされる。それらについては、一方当事者にのみ不利となる異なる合意をすべきでない。なぜならば、この当事者のみが保護を必要とするからである。それは、例えば、建物使用賃貸借、旅行契約および消費者信用の場合であり、使用賃借人（ド民536条4項・574条4項）、旅行者（ド民651条m）または信用受信者（＝消費者）を不利にする離隔（逸脱）のみができない、と。[44]

4　おわりに

(1)　以上のように、「半強行法」概念は、ドイツ法において、旧約款規制法9条2項（現ド民307条2項1号）[45]により、約款のある条項が任意規定の本質的基本思想から離隔（逸脱）すれば無効となるとされるなど、約款の内容を規制する基準を任意規定に求めたことで、任意規定が事実上強行規定として機能していることから生まれた概念である。わが国においても、合理性保障ないし正当性保障のない状況下での約款や消費者契約における任意規定と異なる契約条項について、当該任意規定が半強行法的あるいは強行法的に機能し、合理的理由ないし信義則上の正当な理由がなければ当該契約条項は無効となるとの見解が受け入れられ、任意規定についての半強行法概念が導入されたことは前述したとおりである。

消費者契約については、既に消費者契約法10条の存在により任意規定が契約の無効の判断基準となることが明示され、それは明文で任意規定の半強行法化を認めたものと評価できよう。事業者間契約についても、交渉力に優位のある当事者により、個別交渉を経ることなく一方的に作成された契約条項については、自己決定権の行使機会の保障がない状況下での契約締結であるとみて、任意規定が強行規定のように作用して無効となると解されている。[46]

---

44) Medicus, Schuldrecht I Allgemeiner Teil, 20. Aufl., 2012, Rn. 86 f.
45) 約款規制法中の実体的規定は2002年にドイツ民法305～310条に移された。ド民307条1項は、約款の条項が信義則に反して契約相手方を不相当に不利益に取り扱うときは無効とすると定める。

問題は、交渉力に格差のある対等性のない事業者間契約において、個別交渉を経た任意規定と異なる個別の合意についても、約款の場合と同様に、任意規定の半強行法化の考え方を拡大することができるかである。消費者契約では個別交渉を経た合意についても、消費者契約法10条を介し任意規定を基準にその効力が判断されるが、事業者間契約では個別交渉を経た合意は、公序良俗則や信義則に反しない限り有効とされる。事業者間契約の例として、最近、契約条項の不当性が裁判例で問題になっているフランチャイズ契約がある。フランチャイズ契約の例えば約定解除条項の妥当性の判断基準として、任意規定としての解除規定を半強行法ないし強行法として機能させることで、その効力が判断できるように解すべきであると考えている。

　ドイツにおける約款の内容規制基準として、良俗違反説や信義誠実説と並んで任意法規説が主張され、それが半強行法概念の承認に繋がったことは、わが国においても参考となり得るものであろう。公序良俗則、信義則ないし合理性という抽象的基準により契約条項の効力を判断することは妥当な方法であるが、さらに任意規定を基準に劣弱な状況にある当事者の権利制限や義務加重を定める条項の効力を判断することは、法的安定性の観点から説得力のある適切な判断基準となるのではないか。こうした処理が認められれば、半強行法の役割・機能が拡大・発展させられたものとして位置づけられよう。任意規定を半強行法的に作用させることを否定する見解がみられるが、任意規定の有する合理性と正義には強いものから弱いものまで段階があるとみて、強い任意規定は、合理的な理由なく排除できないと考えることも、メディクスの見解を参考にしつつ検討すべき課題としたい。

　(2)　ドイツ法における半強行法の意味は、上記で紹介したように、約款の内容規制のために任意規定が強行法的に機能するという意味だけでなく、部分的強行規定とほぼ同じ意味であり、さらには劣弱な交渉状況にいる一方当事者の保護のための片面的強行規定のことでもあるとされる。半強行法の意味について、わが国では片面的強行規定を含めないものと理解されていることから、ド

46）潮見・前掲注32) 202頁。

イツ法と同じ意味で位置づけるのは難しいかもしれないが、いずれにしても半強行法概念について片面的強行法や部分的強行法との関係、強い任意法や弱い任意法などとの関係を整理する必要があると考えている。

　ドイツ民法は、旧約款規制法を民法に導入したこともあって、前述したように片面的強行規定が数多く民法に存在しており、わが民法のように主に特別法に片面的強行規定を置くのとは違っている。ドイツ法における片面的強行規定の位置づけについて、半強行法の深化テーマの1つとして考察をする予定であり、さらには強行規定の半任意規定化の問題[47]についても今後の課題としたい。

47）中田裕康他編『民法判例百選Ⅰ（第6版）』（有斐閣、2009年）37頁〔大村敦志〕。

Ⅱ

判例・学説にみる民法規定の強行法性

7 判例・学説にみる民法総則規定の強行法性

三林　宏

1　はじめに

　本稿では、「法典の編別による強行法性」の視点から、民法の全5編のうち、「第1編　総則（以下、民法総則と呼ぶ）」の範囲に焦点をあて、強行法・任意法の問題を検討したい。その際、強行法・任意法という用語の使い方には、「法律行為の目的・有効要件」の箇所の中の適法性（強行法規違反無効ではないこと）の場面における強行法・任意法という用い方と、強行法・任意法の区別基準の箇所で、それぞれの規定の趣旨を考察し、個人の意思（特約）による排斥を許すか否かを判断して決すべきとされる場面で用いられる強行法・任意法という用い方の2つがある。後者の用い方においては、物権規定・債権総則規定・契約規定のように法律行為が問題となる場面で用いられる強行法性に加え、

---

1) 椿寿夫「民法規定と異なる合意・特約の問題性および論点」法律時報84巻5号（2012年）157頁→本書2論文32、33頁を参照。
2) 例えば、我妻榮『新訂民法総則』（岩波書店、1965年）248頁以下。ここでは、法律行為の内容（契約の種類の問題も含む）の観点からの強行法違反無効が主に問題となる。
3) 我妻・前掲注2）255頁。
4) 長谷川貞之「判例・学説における物権規定の強行法規性」法律時報84巻10号（2012年）117頁以下→本書8論文119頁以下、椿久美子「判例・学説における債権総則の強行法規性」法律時報84巻8号（2012年）100頁以下→本書9論文130頁以下、芦野訓和「判例・学説における契約法の規定の強行法規性」法律時報84巻6号（2012年）94頁以下→本書10論文145頁以下を参照。

法定債権規定の強行法性[5]や親族編・相続編規定の強行法性[6]の他、制限行為能力規定や時効規定の強行法性など、法律行為とは直接は関係しない、民法総則における各種規定の強行法性も問題になり得る。

　以下では、まず、体系書・教科書において、後者の意味の強行法・任意法という用い方を含め、民法総則の強行法性についていかに論じられているかを概観し（後述2）、ついで、民法総則において強行法・任意法をみる視点としては、いかなる視点が必要かを論じ（後述3）、その後、民法総則の主要規定の強行法性を検討し（後述4）、これらを踏まえて結びにかえたい（後述5）。

2　体系書・教科書にみる「民法総則の強行法性」

(1)　強行性・任意性を論ずる箇所

　既に椿博士が、梅博士・富井博士の論述箇所と、我妻説の論述箇所を対比する視点を示しておられる[7]ように、強行性・任意性を論ずる箇所が、民法体系書の冒頭部分か、それとも、法律行為の箇所か、という問題である（この問題は後述3(2)で検討するが、「法律行為に関する諸規定」の適用を特約で排除できるか、「法律行為以外の諸規定」の適用を特約で排除できるのかという問題と関係し、強行法となる根拠づけの分類と関係する）。

　梅博士・富井博士などの体系書[8]は、民法体系書の冒頭部分の、公法・私法、普通法・特別法と並ぶ「法律の類別」・「法律の分類」の箇所で、強行法・命令法と任意法・随意法の問題に論及していた。

　5）織田博子「判例・学説にみる法定債権規定の強行法規性」法律時報84巻9号（2012年）106頁以下→本書11論文155頁以下を参照。

　6）前田泰「判例・学説にみる親族編・相続編規定の強行法規性」法律時報84巻11号（2012年）106頁以下→本書12論文165頁以下を参照。なお、民法総則と親族編・相続編との関係については、親族編・相続編の独自性を強調する、中川善之助『身分法の基礎理論』（河出書房、1939年）、同『身分法の総則的課題』（岩波書店、1941年）、および、中川説を批判的に検討する、水野紀子「中川理論──身分法学の体系と身分行為論に関する一考察」山畠正男＝五十嵐清＝藪重夫古稀記念論集『民法学と比較法学Ⅲ』（信山社、1998年）10頁以下の他、これらを含む全体の学説を位置づける、潮見佳男「家族法と財産法」法学セミナー689号（2012年）22頁以下参照。

　7）椿寿夫「民法規定と異なる合意・特約の効力序説」法律時報84巻4号（2012年）3頁以下→本書1論文3頁以下。

我妻博士および於保博士の体系書・教科書以降の体系書・教科書においては、法律行為の箇所（「法律行為の目的」・「法律行為の解釈」の箇所と、「法律行為の適法性」の箇所）で論じられている。我妻博士は、「法律行為の目的」の箇所において、まず、その目的を確定し（法律行為の解釈）、ついで、その目的が可能なのか（不能無効ではないのか）、その後、可能だとしても、その目的が、適法なのか（強行法違反無効ではないのか）、また、妥当なのか（公序良俗違反無効ではないのか）を論じ、強行法・任意法の問題を、法律行為における強行法違反無効との関連で論じていた。

(2)　「民法総則」における強行性・任意性

　後述のように、どの学説も、強行法・任意法の区別基準の箇所で、強行法・任意法と関係する各規定を論じているが、民法総則の一部の言及しかない。

　我妻説は、任意法規と強行法規の区別につき、以下のように述べるだけで、民法総則における強行性・任意性に関する論述は基本的にみられない。すなわち、一方で、「強行法規と任意法規との区別は、……規定の趣旨を考察し、個人の意思によって排斥することを許すかどうかを判断して決する他はない」とし、他方で、その例示として、判例にあらわれたものを参考に、①親権・相続順位・夫婦などのように身分関係に関する法規は、直ちに社会の秩序に関する事項であるから一般に強行法規であるし、相続順位変更契約、重婚契約は無効であり、②物権の種類・内容などに関する規定のように直接第三者の利害に関

8）富井政章『民法原論第1巻総論[上]』（有斐閣書房、1903年）44～45頁、梅謙次郎『民法原理・総則編』（和仏法律学校、1904年）30頁以下の他、例えば、川名兼四郎『改訂増補民法総論全』（金刺芳流堂、1904年）30頁以下では、冒頭で民法法規の区別の箇所で、補充法・強行法の問題を論じており、鳩山秀夫『増補改訂日本民法総論』（岩波書店、1930年）19頁以下でも、民法法規の分類の箇所で、強行法規および非強行法規の問題を論じている。

9）例えば、我妻榮『新訂民法総則』（岩波書店、1965年）248頁以下、262頁、於保不二雄『民法総則講義』（有信堂、1951年）170～173頁など。確認できた範囲では、体系書・教科書のレベルでは、我妻榮『民法総則』（岩波書店、1905年）から、法律行為の箇所で論じる方法に変わったようである。

10）例えば、四宮和夫＝能見善久『民法総則（第8版）』（弘文堂、2010年）189頁、261頁、川井健『民法総則（第4版）』（有斐閣、2010年）146頁など。

11）我妻・前掲注2）255頁。

係する法規も一般に強行法規であり、物権では、その旨が明文化されているとされ、③利息制限法、流質契約禁止（民349条）、恩給・扶助料の取引禁止（恩給法11条）などのように法律が特に一定の者を保護しようとする趣旨に基づいて定めた法規も、一般に強行法規であり、民法総則中の規定であっても、「直接第三者の利害に関係する規定」および「法律が特に一定の者を保護しようとする趣旨の規定」であれば、強行規定となり得る可能性を示唆する。

川島説[13]も、基本的には我妻説と同様であるが、我妻説の前者の部分を補足し、①当事者間の関係のみに関する規定は任意規定である（債権法の大部分）が、当事者以外の第三者の権利関係にも関係する規定（物権法中の多くの規定）は強行規定であるとされ、これとの関連で、②公益法人や会社に関する規定には、その構成員の利益あるいは法人と取引をする一般第三者の利益を確保することを目的とする規定があり、それらの多くは強行規定である、とされる。

幾代説[14]は、基本的に川島説と同様であり、「法人」の規定は、当事者以外の第三者の権利関係にも関連する規定であるため、強行規定であるとされる。

星野説[15]は、「民法総則」における強行性・任意性に関する論述は基本的にみられないが、①「公益法人」とか「登記・戸籍」といった、一定の「制度」や「手続」を定めた規定は、強行規定ないしこれに近い（これらの手続は法律行為そのものでないからこれに関する規定は厳密な意味では強行法規とは異なる）として、「制度」という用語も用いて、法人の強行法規性を根拠づけるとともに、②社会的・経済的な弱者を保護する規定には強行規定が多いとして、民法146条（時効の利益の法規）を例示される。

四宮＝能見説[16]は、①基本的な社会秩序に関する規定（親族法、相続法、物権

---

12) 我妻・前掲注2) 267頁。
13) 川島武宜『民法総則』（有斐閣、1965年）223～224頁。
14) 幾代通『民法総則（第2版）』（青林書院、1989年）198～199頁以下。
15) 星野英一『民法概論Ｉ（序論・総則）』（良書普及会、1971年）183頁以下。なお、大村敦志『民法読解 総則編』（有斐閣、2009年）278～279頁では、星野説の①に加え、②基本的な価値・秩序に関する領域（総則のうちの人、親族・相続など）、③特定の者の保護が必要とされる領域（総則のうちの人、借地借家法、消費者契約など）を挙げている。
16) 四宮＝能見・前掲注10) 261頁。なお、川島武宜＝平井宜雄編『新版注釈民法(9)総則(3)』（有斐閣、2003年）205頁以下〔森田修〕も、この分類・根拠づけを支持しているが、上記③は挙げられていない。

法に関する規定の中に多い)、②私的自治の前提ないし枠組みに関する規定(法人格、行為能力、意思表示・法律行為に関する規定)、③基本的な自由を保障する規定(678条)、④第三者の信頼ないし取引の安全を保護する規定(善意取得〔192条〕、表見代理〔109条・110条など〕)に関する規定、対抗要件に関する規定など(177条・467条)、⑤経済的弱者の保護のための規定などが、強行規定であるとし、「法人」の規定に加えて、「行為能力」・「意思表示」・「法律行為」に関する規定を、これらが「私的自治の前提ないし枠組みであること」を根拠に、その強行法規性を根拠づけるとともに、「表見代理」の規定は、「第三者の信頼・取引の安全」から強行法規性を根拠づけている点に注目すべきである。

佐久間説[17]は、上記の四宮=能見説をさらに補説するとともに、強行規定となる場面を拡大して認め、①私的自治の前提ないし枠組みに関する規定(例、法律行為の成立要件や効力否定要件に関する規定〔権利能力の付与や行為能力の制限の有無に関する規定、意思表示の瑕疵に関する規定〕:前提をやぶる法律行為は、その法律効果発生の根拠をもたないことになることがその根拠)、②第三者の権利義務にかかわる事項を規律する規定(例、物権法の規定の大部分、各種の第三者保護規定〔94条2項、96条3項、表見代理に関する規定など〕:私的自治の原則から、法律行為によって定め得る法律関係は、原則として、当事者間の法律関係にとどまるというべきことがその根拠)は強行規定であるとする。

加藤(雅)説[18]は、強行規定と任意規定に関する一般的な記述、債権法と任意規定性、物権法と任意規定性はかなり詳細な注目すべき指摘も多いが、民法総則編と関連する記述はほとんどなされていない。

山本(敬)説[19]も、強行法の問題を契約制度の観点から捉える注目すべき指摘をし、民法総則のうち「表見代理の規定」が強行規定とされるのは、「契約は当事者のみを拘束する」というルールの例外として、契約当事者を超えて第三者をも拘束する点にあるとし、物権法の規定などについても、第三者を拘束する観点からその強行法性を根拠づけている。

---

17) 佐久間毅『民法の基礎1総則(第3版・補訂)』(有斐閣、2009年)188頁。
18) 加藤雅信『新民法体系Ⅰ民法総則(第2版)』(有斐閣、2007年)216〜218頁。
19) 山本敬三『民法講義1総則(第3版)』(有斐閣、2011年)256頁以下。

3　民法総則と強行法・任意法をみる視点

(1)　民法総則の「総則」の視点と強行法・任意法

　山本（敬）説が指摘するように[20]、民法典は、物権・債権に共通する制度枠組みとして、民法総則の名称で、①「権利主体」として、「自然人」と「法人」のルールを、②「権利内容」としては、(a)「権利客体」としては物を中心とするルールを定め、(b)「権利の効力」については、法律行為に関係するルールとして、無効原因・取消原因がある場合とその効果に関するルール、代理に関するルール、条件・期限のルールをそれぞれ定め、③「権利変動」のルールとて、(a)「意思表示に基づく権利変動（法律行為）」のルールと、(b)「時の経過に基づく権利変動（時効）」のルールを定めている。

　そして、上記②(b)の「権利の効力」のルールのうち、「物権編」の箇所では、「物権の種類」と「各物権の内容、具体的には、その成立・物権変動・効力・消滅など」の定めが、「債権編」の箇所では、債権各論の箇所において、「債権の発生原因（契約・事務管理・不当利得・不法行為）」と各発生原因に固有の債権の内容の定めが、債権総則の箇所では、これら4つの「債権に共通する内容（成立・債権移転・効力・消滅）など」の定めがそれぞれ規定されている。その結果、「民法総則」では、以下の3つの意味の「総則」が問題となる。

　第1に、民法総則は、一方では、物権法・債権法の「共通する部分のルール」であるという側面が、他方では、これにとどまらず、権利の主体に関わるルール、権利の客体に関わるルール、無効・取消し・代理・条件・期限など法律行為の意思自治の枠組みに関するルール、時効のルールなど、「物権・債権の前提となる制度枠組み」に関する「原則的ルール」という側面の2つの側面があるが、これらとの関連で、民法総則に関連する規定を強行法と解するべき

---

[20]　山本・前掲注19）19〜23頁。なお、親族編・相続編の強行規定性について、前田・前掲注6）では、親族編と相続編を同一には論じられないとし、親族編（婚姻の要件・効果、離婚、親子、親権、扶養）についての強行法規性が認められるが、相続編については、相続法の教科書では、相続法一般の強行法規性の説明はみられず、被相続人による遺贈等については、法定相続規定は任意規定であり、遺留分制度に強行法規性があるとしてもその程度は弱いとされる。以下、原則として財産法に限定して検討する。

かが問題となる（後者の制度枠組み関連の方がより重要である）。

　第2に、同じく「総則」といっても、「基本原則となるルール」という意味と、「共通する部分のルール」の2つの意味を含み得るが、椿博士が指摘される[21]ように、民法「総則」における「総則」（「物権のルール」との共通部分が問題となる）と、債権「総則」における「総則」（「物権のルール」との共通部分の問題は生じない）とを同じレベルの問題として捉えてよいかも問題となる。

　第3は、「民法総則」における「総則」（「物権のルール」との共通部分が問題となる）と、契約法における契約「総則」における「総則」（「物権のルール」との共通部分の問題も、不当利得・不法行為などの法定債権との共通部分の問題も生じない、契約のレベルの共通の問題しか生じない）とを同じレベルの問題として捉えてよいかが問題となる。

(2) 特約よる「法律行為規定」・「法律行為以外の規定」の適用排除の可否

　民法総則に関する諸規定は、大別すると、「法律行為（第5章）」に関する定めと、それ以外の定め、具体的には、権利主体としての人（自然人・法人）に関する定め（第2章・第3章）、権利客体としての物に関する定め（第4章）、期間の計算に関する定め（第6章）、時効に関する定め（第7章）とに分かれる。

　まず、後者の規定群は、特約・合意により、私的自治の制度枠組みである、権利主体および権利客体に関する諸規定、期間の計算に関する諸規定、時効に関する諸規定など、「法律行為の種類・内容とは直接の関連を持たない規定の適用排除」の肯否が問題になる。さらには、前者の「法律行為」に関する定めについても、物権編・債権編の場合には、特約・合意により、単純に「法律行為の種類・内容などを定める規定の適用排除」の肯否が問題になるのに対し、民法総則の法律行為の規定の箇所では、「意思表示規定・法律行為規定の制度枠組み」である、意思表示の無効・取消のルール、代理に関するルール、無効・取消しのルール、法律行為の付款である条件・期限のルールの各ルールが定められており、これら意思表示規定・法律行為規定に関する制度枠組みであ

---

[21]　椿寿夫「続・強行法と任意法」書斎の窓612号（2012年）27〜28頁→本書1［付録］論文28頁。

る各ルールが、特約・合意により、「その適用排除が可能か」が問題になる。

　前者の「法律行為」に関する定めについては、物権編・債権編における「法律行為の種類・内容などを定める規定」に関する強行法・任意法とはレベルが違うとはいえ、法律行為に関する規定という意味では共通性があるから、強行規定の問題は、法律行為の箇所で問題とするのに適しているが、後者の特約よる「法律行為以外の規定」の適用排除の肯否も問題とする場合には、民法の冒頭で扱うのに適しているといえよう。

4　民法総則の諸規定と強行法・任意法

　前述の2(2)でみたように、学説上は、各制度ごとに一括して論じる見解が多いが、原則として個別条文ごとにその制度趣旨を踏まえて検討すべきである。

(1)　「(自然)人」の権利能力規定・行為能力規定と強行法・任意法
　我妻説[22]は、権利能力または行為能力の存否は、社会の取引関係に直接の影響を及ぼすものであるから、これらの能力の有無・広狭・始終などに関する規定は、悉く強行規定であって、個人の意思で変更できないとし、例示的に、権利能力のない奴隷となる合意や、行為能力を制限する合意は、いずれも無効であるとする。

　四宮＝能見説[23]は、「権利能力（3条）」に関する規定は、権利能力平等の原則を、所有権絶対の原則、私的自治の原則と並ぶ市民法の基本原理として挙げるが、佐久間説が指摘するように、私的自治の前提・枠組みという意味で強行規定と解されよう。

　「行為能力（4～21条）」に関する規定は、前記2(2)でみたように、その強行法規性を明示的に言及する学説は少ないが[24]、これに言及する学説は、私的自治の原則・枠組みを定める規定、あるいは、市民社会のゲームの基本的ルールを

---

22) 我妻・前掲注2) 37頁。
23) 四宮＝能見・前掲注10) 9頁も参照。
24) 伊藤進「制限行為能力制度の強行法規性」椿寿夫編著『強行法・任意法でみる民法』（日本評論社、2013年）23頁以下が、比較的詳しくこの問題を論じている。

定める規定と解してその強行法規性を肯定する。もっとも、電車に乗る契約、自販機で物品を購入する契約など、取引の安全が特に必要な「社会類型的取引行為・事実的契約関係」と呼ばれる取引類型については、電車に乗る、物品を受け取るなどの行為をしただけで、法的拘束力のある契約となる類型が認められており、この限度で、実質的には、その強行法規性は修正を受けているということができようか。なお、通説は、制限行為能力の規定につき、親族編・相続編では、本人の意思が重視される結果、例えば、無能力者も、認知（民法780条）や遺言（民法961条・962条・973条）については、単独でこれをすることができるとされているなど、個別の制度ごとに規定が置かれているため、民法総則の行為能力規定は適用されないと解している。

民法改正案では、意思能力のない者が行った法律行為は無効とする旨の明文規定が置かれた（第三の二）が、同条は、法律行為制度の基本的制度枠組と関係するので、強行法と解すべきことになろう。

(2) 法人規定と強行法・任意法

「法人（33〜37条）」および「一般社団法人・財団法人法」に関する諸規定については、前記2(2)でみたように、物権・債権の権利主体となり得るかという意味における共通ルールであって、私的自治の前提・枠組みとなるルールであり、構成員の利益、および、法人と取引をする第三者の利益の確保を目的することを根拠に、一方で、無限定にその強行規定性を肯定する学説があり、他方で、法人規定の多くは強行規定であると解する見解もある。法人の個別の規定が強行規定か・任意規定かは、この観点からの分析がすすんでいない現時点では、まずは個別条文ごとに、その制度趣旨を踏まえて検討すべきである。

---

25) 四宮＝能見・前掲注10) 267頁。その他、森田説（川島＝平井編・前掲注16) 223頁）、内田貴『民法Ⅰ（第3版）』（東京大学出版会、2005年）270頁。
26) 四宮＝能見・前掲注10) 34頁、56頁参照。
27) 我妻・前掲注2) 65頁、川島・前掲注13) 167頁など参照。
28) 幾代・前掲注14) 198頁、星野・前掲注11) 278頁、四宮＝能見・前掲注10) 261頁。
29) 川島・前掲注13) 167頁。
30) 織田博子「非営利法人の設立規律に反する合意」椿編著・前掲注24) 26頁、同「招集手続規立に反する社員総会の効力」椿編著・前掲注24) 29頁が、個々の規定ごとに検討すべきことを示唆している。

(3) 意思表示規定と強行法・任意法

「意思表示（93〜96条）」については、意思表示が不存在な場合・瑕疵がある場合については、前記2(2)でみたように、意思表示ルールの前提・枠組みと捉える見解にたち[31]、民法起草当時の立法者意思を重視すると、いずれの規定もその強行法規性が肯定されることになろう。しかし、他方で、いずれの規定も、相手方との関係、第三者の保護の関係を考慮した規定ぶりとなっており、典型的には、錯誤をめぐる判例の展開にみられるように、無効の主張権者を表意者に限定する判例（最二小判昭和40・9・10民集19巻6号1512頁）、一部無効の解決を認めた判例（最一小判昭和54・9・6民集33巻5号630頁）なども登場したのに伴い、学説の中には、錯誤を無効ではなく、取消しと再構成する見解[32]もあったが、民法改正案では、錯誤の効果は取消しとされるに至っている。これらの点をも考慮すると、いずれの規定についても、各条文ごとに、その制度趣旨を踏まえて検討すべきことになろう[33]。

(4) 代理規定と強行法・任意法

前記2(2)でみたように、学説上は、第三者の信頼ないし取引の安全を保護する規定と関連づけて、表見代理規定の強行法規性は論じられている[34]が、有権代理規定、および、無権代理規定の強行法・任意法の問題は論じられていない。

代理のうち、「有権代理（99条）」の部分は、意思表示をした者（代理人・相手方）の他、本人が登場し、本人にその効力が及ぶことを定めたもので、物権・債権の共通ルールであるとともに、私的自治の前提となる、代理制度自体の基本的枠組みであるから、基本的には、強行規定と解すべきではないか。また、無権代理人の責任に関する117条の規定についても、無権代理人と取引した相手方保護のために法定の責任を定めた規定であり、代理制度自体の信頼を保護するための規定であるから、強行規定と解すべきであろう[35]。

---

31) 四宮＝能見・前掲注10）261頁、佐久間・前掲注17）188頁。
32) 平野裕之『民法総則（第2版）』（信山社、2006年）194頁。
33) 有賀恵美子「意思表示の効力に関する諸規定の強行法規性」椿編著・前掲注24）41頁、川地宏行「取消と第三者」椿編著・前掲注24）64頁が、この観点から検討している。
34) 四宮＝能見・前掲注10）261頁、川島＝平井編・前掲注16）205頁〔森田〕、佐久間・前掲注17）188頁。

判例（最一小判昭和28・4・23民集7巻4号396頁、最二小判昭和31・6・1民集10巻6号612頁）は、民法111条1項1号所定の、代理権の消滅原因である「本人の死亡」について、本人が出征に際して父に代理権を授与し、本人の死亡によっても代理権が消滅しない旨の合意がある場合には、同条項を任意規定と解して、この合意の効果を肯定する。学説も、任意代理おける同条項の任意規定を肯定する[36]。

(5) 時効規定と強行法・任意法

前記2(2)でみたように、近時の学説上は、強行法・任意法の箇所で、時効規定との関連について言及したものはみられないが、昭和初期の近藤説が説くように[37]、時効制度とは、当事者の意思とは関係なく、一定の事実状態（権利不行使状態、占有状態）が時効期間にわたり継続した場合に、「時の経過」に付与された「法律効果」を定めた制度であって、公益制度であると捉えると、時効規定のすべてが強行規定となりそうである。学説には、時効の一部の規定につき個別に検討する立場もあり、例えば、星野説は、民法146条の強行規定性を弱者保護と関連づけて主張し[38]、これと同様な見解が多いが[39]、事前放棄の一般的禁止については、過剰な規制であり、債権者が優越的地位を不当に行使して事前放棄を債務者に強制するような場合だけ、公序良俗違反で事前放棄を無効とすればよいとして、民法146条の強行規定性と捉えることを批判する見解もある[40]。他方で、時効制度には、時効の効果を主張するためには当事者の援用が必要であり、また、時効完成の利益の放棄を認めるなど、「時効制度の公益性」とは抵触しない、当事者の意思に委ねてもよい場面もあり、いかなる場面・範囲で

---

35) 佐々木典子「代理規定の強行法規性」椿編著・前掲注24) 50頁、同「代理規定と任意法規」椿編著・前掲注24) 54頁が、個々の規定ごとに検討すべきことを示唆している。
36) 我妻・前掲注2) 358頁、川井・前掲注10) 234頁など。
37) 近藤英吉『民法大綱（総則）』（巌松堂書店、1939年) 490頁。
38) 星野・前掲注11) 183頁。
39) 近江幸治『民法講義Ⅰ（第6版補訂)』（成文堂、2012年) 352頁は、時効の利益の事前放棄を認めると、債権者が債務者の窮状に乗じて放棄を押しつけることが可能になりこの点で、時効制度を認めた意味がなくなる旨を述べる。その他、近江説と同様な見解をとるものとして、山本・前掲注19) 510頁、内田・前掲注25) 334頁などがある。
40) 佐久間・前掲注17) 427頁。

その任意法規性が認められ得るかが問題となる。それゆえ、当面は、時効に関する各規定ごとに、その制度趣旨を踏まえて検討すべきことになろうか。[41]

もっとも、民法改正案では、第1に、時効障害事由が、時効中断・時効停止から、その効果の観点から再構成され、経過した期間が御破算となる「更新」と、その完成が猶予される「完成猶予」に再構成され、その上で、「仮差押え・仮処分」は「完成猶予」事由に改正されるとともに、協議による「完成猶予」も認められるなどの変更がみられ、第2に、消滅時効規制につき、職業別の短期消滅時効が廃止された上で、消滅時効の基本的な制度枠組みに変更が加えられ、権利者が、「権利行使することができることを知った時」という「主観的起算点」から「5年」、「権利行使することができる時」という「客観的起算点」から「10年」か、いずれかの早い時点で消滅するという「二重期間規制」が採用されるなど、根本的な改正がなされている。これらの変更に関係する諸規定については、時効制度の基本的な制度枠組と関係するので、強行法と解すことになろう。

5 結びにかえて

民法総則において問題となる強行法・任意法は、第1に、前記1で述べたように、法律行為の強行法規違反無効が問題となる強行法・任意法ではなく、いずれの規定も、私的自治・意思表示の前提・制度枠組との関連で問題となる強行法・任意法であり、第2に、民法総則において問題となる強行法・任意法には、行為能力制度や、法定代理が問題となる代理制度などのように、物権編・債権編という財産法の通則としてのみならず、親族編・相続編をも含む民法全体と関係する規定もあり、この場合、当該規定が、親族編・相続編にも適用されるのか、適用されると解する場合には、いかする範囲で適用されるのか、が問題となる。その意味で、総則における各規定の強行法・任意法を検討する際には、強行法の根拠づけの観点を自覚して検討することが必要であろう。

---

41) 吉井啓子「時効制度の強行法規性」椿編著・前掲注24) 70頁、同「時効の中断事由を排斥・追加する合意」椿編著・前掲注24) 73頁、同「時効期間に関する合意」椿編著・前掲注24) 76頁、が、個々の規定ごとに検討すべきことを示唆している。

8

判例・学説にみる物権規定の強行法性

長谷川貞之

1 はじめに

　当事者がそれと異なる合意・特約をしても、その合意・特約が無効となるような規定を「強行法規」というとするならば、本稿で取り上げる物権規定（民法175〜398条の22）の多くは一般的に強行法規であるといわれる[1]。これは、物権が物支配の直接性を本質的要素とし排他性を有することから、当事者以外の第三者の権利関係に重大な影響を及ぼすことに理由があったと思われるが、このような整理も、「概して」、あるいは、「多くは」などの言葉を付け加えて説明されていることに留意しなければならない[2]。現代では、債権と物権は接近し、債権的な合意にも第三者に対する効力が認められることがあり（民法605条）、他方、物権といえども、対抗要件主義（民法177条・178条）の下では、対抗要件を具備しない限り、当事者間だけの相対効しか認められない状況となっている。したがって、物権規定の多くが強行法規であることを一般的に承認するとしても、どのような規定が強行法規であり、どの程度の強行法規性が認められるのか。また、その根拠は何処に求められるのかである。このような問題は、これまでの民法の概説書や体系書の中で正面から議論されたことはなく、必ず

1）椿寿夫「強行法と任意法」書斎の窓607号（2011年）34頁→本書1［付録］論文16頁。
2）椿寿夫「民法の規定と異なる合意・特約の効力序説」法律時報84巻4号（2012年）99頁以下→本書1論文3頁以下、同号102頁→本書12頁。

しも明らかではない。多くの場合、「規定の趣旨」などの解釈に委ねられてきた感があったといえる。[3]

本稿では、当事者間の合意・特約によっても排除できない規定とはどのようなものかについて[4]、物権法領域の規定を取り上げ、強行法規の意義と当事者間の合意・特約による規定の排除の可否について検討を行うことにしたい。[5]

2 物権規定の強行法規性

(1) 民法典制定以後～我妻以前の学説

現在の強行法・任意法という区別は、民法典の起草者として知られる梅謙次郎と富井政章の2人の巨匠の用語法（とりわけ富井）に従う部分が大きい。[6]物権規定の強行法規性についてみると、梅『民法要義巻之二物権篇』には物権の意義や種類ないし限定について触れても、物権規定の強行法規性に直接言及するところは見当たらない。[7]僅かに富井『民法原論第二巻物権』が、物権は強大な効力を生じ、財産の流通改良に密接な関係を有することから、その種類・内容を制限しなければ権利の紛乱を来し、取引の安全を害すること甚少なくないと論じるにすぎない。[8]

その後の学説においては、川名『物権法要論』[9]、三潴『全訂物権法提要』[10]、山下『物権法概要』[11]では、物権規定の強行法規性にほとんど言及するところはな

---

3) 浅場達也「契約法の中の強行規定(上)」NBL891号（2008年）23頁以下。
4) 椿寿夫「民法規定と異なる合意・特約の問題性および論点」法律時報84巻5号（2012年）156頁以下→本書2論文30頁以下。併せて、同「強行法と任意法──債権法規定と異なる合意・特約の効力」法学セミナー684号（2011年）2頁以下参照。
5) 本稿は、前稿・法律時報84巻10号（2012年）117頁以下を本書に掲載するにあたり、若干の加除・訂正を行った。本稿の概要は、既に椿寿夫編『強行法・任意法でみる民法』（日本評論社、2014年）80頁以下で示しているので、併せて参照されたい。
6) 椿・前掲注2）99頁→本書1論文3頁。
7) 梅謙次郎『訂正増補民法要義巻之二物権編』（有斐閣書房、1911年31版／1984年復刻版）3頁以下。
8) 富井政章『民法原論巻之二物権』（有斐閣書房、1917年訂正10版）32頁以下。
9) 川名兼四郎『物権法要論』（金刺芳流堂、1915年）参照。
10) 三潴信三『全訂物権法提要』（有斐閣、1927年）参照。
11) 山下博章『物権法概要』（有斐閣、1931年）参照。

く、正面から物権規定の強行法規性を説く者は限られている。例えば、中島『民法釈義』は、物権に関する法規は債権法と比較して著しき相違があることを理由に大部分が強行法であり、契約自由の原則が行われる範囲は極めて狭隘と説くが、その根拠は明確ではない。横田『改版増補物権法』は、物権に関する制度は常に一国の経済に重大な影響を及ぼすものであるから、当事者間の権利関係に物権的効力を生じさせるには常に必ず法律の規定に基づくことを要するとし、物権規定の強行法規性を示唆する。田島『物権法』は、物権者の権能の態様に応じて特約による制限を法律自体が許すことは何等差支えないというが（民法 256 条・272 条・370 条参照）、それ以外では、物権の絶対性を理由とする取引安全の保障、特に不動産に対する国民経済的要求の徹底を挙げ、近世法は概ね物権法的秩序を強行法規として規律していると説明する。また、石田（文）『物権法』と小池『日本物権法論』は、漠然と物権が排他性を有する結果として、物権規定は社会生活に影響を及ぼすこと頗る大なるものがあるゆえに強行法規とされていると説くにすぎない。

(2) 我妻説と物権規定の強行法規性

わが民法の教科書の古典であり代表ともいうべき我妻栄の民法講義は、その著書『物権法』において、民法「175 条違反の法律行為の効力は、(a)これについては法律が特に規定する場合（278 条、360 条等）には、これに従うべきことはいうまでもないが、(b)規定のない場合には、強行法規違反の法律行為として取扱われる」と述べる。ただ、これに続いて、「注意すべきことは、物権を創設するとか、物権の内容を変更する、というのは、第三者に対する関係でも効力を生ずるものとすることであって、当事者の間だけで債権的な効力を生じ

---

12) 中島玉吉『民法釈義巻之二上物権篇上』（金刺芳流堂、1921 年）22 ～ 23 頁。
13) 横田秀雄『改版増補物権法』（清水書店、1925 年）20 頁。
14) 田島順『物権法』（弘文堂書房、1935 年）27 頁。
15) 石田文次郎『物権法』（有斐閣、1942 年）29 頁。
16) 小池隆一『改訂増補日本物権法論』（清水書店、1942 年）4 頁。
17) 我妻栄（有泉亨補訂）『物権法（新訂版）』（岩波書店、1983 年）27 ～ 28 頁。本文の記述は、初版 1932 年および改版 1952 年を通じてほぼ同じ論調であり、有泉の補訂による修正の痕跡は見当たらない。

させることは妨げないことである（地上権について、譲渡しても譲受人が地上権を取得しないものとすることはできない。しかし、譲渡人には契約違反の責任を負わせることはできる）」と説明する[18]。一方、我妻『担保物権法』では、民法345条・349条と譲渡担保に言及し、「強行法規も民法の全体系中における意義とその社会的作用とによって、その適用の範囲を限定せられねばならない」とし[19]、「右の2か条は、その意義を限定して解釈すべきであるという。すなわち、動産を質権の形式において担保化するに当っては強行規定として遵守しなければならないものであるが、およそ動産を担保化するに当って遵守しなければならないほどの意義をもたないもの」と述べ、物権規定における任意法規化を許容している[20]。

(3) 我妻以後の学説

我妻に続くその後の学説には、物権規定の強行法規性に言及しない概説書も少なくない[21]。しかし、その一方で、物権規定の強行法規性を承認し、その根拠を物権の排他性から導き出すものが幾つか存在する。例えば、末川『物権法』は、物権法規の多くは物権が排他性を有するがゆえに強行法規となっており、これは物権法において法律効果として与えられるべき権利の内容に関する規定が多いことからも明らかであると説明する[22]。末弘『物権法(上)』もまた、物権が排他性をもって本質とし、その内容は常に一般第三者の利害に直接影響するのであるがゆえに、物権法規は多くが強行法規であり、当事者の任意で動かすこ

---

18) 我妻・前掲注17) 28頁。
19) 我妻栄（有泉亨補訂）『新訂担保物権法』（岩波書店、1983年）597頁。本文の記述は、初版1936年、改版1951年、および新訂1968年を通じてほぼ同じ論調であり、有泉の補訂による修正の痕跡は見当たらない。
20) 我妻・前掲注19) 597頁。
21) 例えば、柚木馨『判例物権法概論』（有斐閣、1957年）、舟橋諄一『物権法』（有斐閣、1960年）、星野英一『民法概論Ⅱ（物権・担保物権）』（良書普及会、1976年）、松坂佐一『民法提要物権法』（有斐閣、1980年）、広中俊雄『物権法（第2版増補）』（青林書院、1987年）、北川善太郎『物権（第3版）』（有斐閣、2004年）、近江幸治『民法講義物権法（第3版）』（成文堂、2006年）、鈴木禄弥『物権法講義（五訂版）』（創文社、2007年）、安永正昭『講義物権・担保物権法』（有斐閣、2009年）などにおいては、物権規定の強行法規性にほとんど言及するところがない。
22) 末川博『物権法』（日本評論社、1956年）23〜24頁。

とを許されないのが原則であるという[23]。同様に、於保『物権法(上)』は、物権法規の多くは物権の排他性・公示性に基づく物権法定主義のために強行法規であるとし、この強行性は倫理性に基づく親族法規のそれに比べれば必ずしも絶対的なものではなく、物権秩序を維持し取引の安全を図るものであると説く[24]。

今日の民法学説で、物権規定の強行法規性に言及する者は、ごく僅かである。川井『民法概論2（物権）』は、物権法の強行法規性を一般的に承認するが、その理由を、物権法は取引の基礎となる財貨そのものについての権利関係を定めるため、物権の内容の画一性が要求され、そのため私人の恣意によりその内容を自由に定めることが許されないからであると説く[25]。一方、加藤（雅）『物権法』は、物権法の強行法規性を物権の対世効に求め、当事者間の自由な合意によって物権を設定することは合意者以外の第三者が不測の損害を被るおそれがあると説明している[26]。

3 強行法規の内容と物権の個別規定

(1) 強行法規の内容の多様性

物権規定が強行法規とされる根拠は、前述の諸学説が説くところをみると、初期の民法学説では、財産の流通改良に密接な関係を有し、一国の経済に重大な影響を及ぼすものであること、取引の安全を保障する必要があることに求められた。これに対し、戦後の学説においては、物権の排他性が殊更に強調され、第三者の権利関係に直接の影響を及ぼすことが挙げられている[27]。これは、物権が財貨帰属秩序に関わり、社会経済の進展と無関係でないことを如実に示すものといえるが、物権規定の内容は多様であるから、物権規定の強行法規性やその強行法規性の程度、および、その法的効果については、個々の物権ごとに具体的に検討する必要があるといえよう[28]。

---

23) 末弘厳太郎『物権法(上)』（一粒社、1960年）7〜8頁。
24) 於保不二雄『物権法(上)』（有斐閣、1966年）19頁。
25) 川井健『民法概論2物権』（有斐閣、1997年）2頁。
26) 加藤雅信『新民法体系Ⅱ物権法（第2版）』（有斐閣、2005年）22頁。
27) 物権の排他性に重きを置くことは、比較法的にみても、特異な考え方であるとの指摘がある。
　石田穣『物権法』（信山社、2008年）2頁注1）。

(2) 物権「制度」ないし物権法「秩序」と強行法規性

(a) 物権法定主義を定める民法175条は、比較法的にみても、近代私法の根幹をなす重要な規定の1つである[29]。物権法定主義は、物権の種類および内容を法定したものに限定するという趣旨であるが[30]、単に種類や内容に関わるのみならず、物権「制度」や物権法「秩序」にも深く関わっており、国家意思の実現や公序の基盤をなすものである。その意味では、厳格な強行法規性が要求される。この点、最近の学説には、民法175条を制限解釈して所有権にのみ適用されるとし、それ以外については公序良俗（民法90条）違反による規制に任せ、自由な物権的合意を認めるが、対抗要件が規定されていない以上、対抗関係に立つ第三者にその合意を対抗することができないとする見解がある[31]。

(b) 物権法総則の規定の中には、物権変動の時期（民法176条）のように当事者間の合意や特約で自由に定め得る場合もある。これに対し、物権「制度」に関わる規定、例えば、対抗要件に関する民法177条・178条は、第三者の権利にも深く関わり影響を及ぼすものであるから、当事者間の合意・特約で排除することはできず、強行規定であるといえる。

(3) 所有権の内容・制限と強行法規性

(a) 所有権（民法206条以下）は、物権法「秩序」の根幹に関わる権利として、他物権の設定および法律による制限のみが認められるべきもので、物権法定主義（民法175条）が支配する領域である。したがって、例えば、贈与した

---

28) ドイツ物権法との比較検討につき、椿寿夫「強行法の観念をめぐる問題の所在(下)」法律時報85巻3号（2013年）113頁以下、117～118頁。ドイツ法でも、数の制限と定型強制の伝統の下で、諸権利の形成の自由が議論されている。

29) B. Akkermans, The Principle of Numerus Clausus in European Property Law (2008), pp. 397 et seq., 七戸克彦「物権法定主義——比較法・沿革的考察」慶應義塾大学法学部法律学科開設百年記念論文集（慶應義塾大学出版会、1991年）586頁、587頁以下、鳥谷部茂「現代取引と物権法定主義」同・非典型担保の法理（信山社、2009年）47頁以下など。

30) 前田達明他「〈史料〉物権法(1)」判例タイムズ598号（1986年）166頁以下。判例・学説の整理として、中島義直「民法第百七十五条論」鹿児島大学教育学部紀要9号（1959年）40頁以下。温泉権の今日的意義につき、長谷川貞之「温泉権と最近の裁判例」温泉76巻6号（2008年）12頁以下。

31) 平野裕之「物権法及び担保物権法と契約自由——物権法定主義をめぐって」法律論叢84巻2＝3号（2012年）401頁以下、403頁。

物を他へ永久に処分しない旨の特約は、物の流通改良を阻害し公益に反するものとして、無効である（大判明治30・3・15民録5巻3号20頁。ただし、一定の範囲の親族間では有効である）。

(b) 所有権の限界については、相隣関係を中心に民法第2編第3章第1節（民法206〜238条）がこれを定めるが、公の秩序に関するものを多く含み（民法280条参照）、一般に強行規定と解されている。したがって、例えば、相隣接する土地の所有者間で接境建築の合意をしても、それは民法245条の規定に反し、無効である。火災の延焼防止、隣地上の築造・修繕の便宜、日照、通風、採光などの確保といった相隣関係上の諸利益は、建築基準法で接境建築が許される特別の場合（同法65条）を除いて、[32]公益上の理由から保護されるべきものである（最三小判平成元・9・19民集43巻8号955頁）。

(c) 添付に関する規定（民法242条以下）は、物権法「秩序」と物の経済的価値を維持するため設けられたもので、一般に強行規定と解されている。ただ、添付によって生じた物を何人に帰属させるかは、当事者間の合意で自由に定め得るという見解が有力である[33]。判例にも、他人から製粉の依頼を受けて小麦を受け取り製粉した場合（大判大正6・6・13刑録23輯637頁）や他人から洋服の仕立ての依頼を受けて生地を受け取り仕立てをした場合（最二小判昭和45・4・8判時590号91頁）に、同様の趣旨を説くものがある。したがって、このような場合、加工による所有権の帰属を定める民法246条の適用はない。また、学説には、不動産に付属した物の所有権が付合により消滅した場合、不動産所有者と消滅する権利者との合意により権利が存続するとしても差支えがないとして、民法247条1項を任意規定と解する見解も有力である[34]。

(d) 民法上の共有に関する規定（民法249条以下）は、各共有者が何時でも分割を請求して共有関係を終了させることを本質とするものである（民法256条1項本文）。しかし、当事者の不分割契約によって分割を禁止することも可能である[35]。民法もまた、そのような見地から、この不分割契約は持分権の承継

---

32) 長谷川貞之「建築基準法65条所定の建築物の建築と民法234条1項適用の有無」ジュリスト961号（1990年）221頁以下。
33) 我妻・前掲注17）305頁、石田（穣）・前掲注27）356頁など。
34) 石田（穣）・前掲注27）356頁、365頁。

人をも拘束し（民法254条）、不動産の共有にあっては登記を必要とするが（不登59条6号）、5年を超えない期間内においてだけ有効としている（民法256条1項ただし書。なお、遺産の分割につき民法908条参照）。

(4) 用益物権と強行法規性

(a) 地上権（民法265条以下）については、その存続期間につき最長期・最短期ともに制限はなく（民法268条参照）、当事者間の合意によって自由に定めることができる（民法265条。登記事項でもある。不登78条）。判例は、永久の地上権も認めている（大判明治36・11・16民録9輯1244頁、大判大正14・4・14新聞2413号17頁）。また、地上権の消滅事由を当事者間で約定することも自由であり、妨げられない。

(b) 地代滞納を理由とする地上権の消滅請求については、永小作権の消滅請求に関する民法276条（引続き2年以上の小作料の滞納）が準用されている（民法266条1項）。したがって、地上権者にとって地上権の消滅を一層不利なものとすること、例えば、1回の地代滞納によっても解除し得る旨の特約は、無効である。この点、古い判例には、永代小作料に関する事案で、かかる特約を有効としたものがあった（大判明治37・3・11民録10輯264頁）。しかし、最近の学説は、民法266条1項を強行規定と解し、これが今日の通説的見解となっている[36]。

(5) 担保物権と強行法規性

(a) 留置権（民法295条以下）や先取特権（民法303条以下）といった法定担保物権に関する規定は、当事者の意思に関わりなく、法律の要件を充たせば発生するものであり、国家意思の実現や公序の基盤に深く関わっていることから、一般に強行法規の性質を有するものと解されている。ただ、物上代位（民法304条）に関しては、抵当権との関連で、その強行法規性については議論がある[37]。

---

35) 我妻・前掲注17）331頁。
36) 我妻・前掲注17）381頁、末川・前掲注22）347頁、末弘・前掲注23）607頁など。
37) 松岡久和「抵当権に基づく賃料債権への物上代位」法学教室382号（2012年）15頁以下。

(b) 質権（民法432条以下）については、その被担保債権に制限はなく、金銭債権に限られない。また、増減変動する不特定の債権を担保する質権、すなわち、根質についても、抵当権（民法298条の2以下、根抵当権）や保証（465条の2以下、貸金等根保証）に明文の規定がある場合と同様に、判例はこれを認めている（最三小決昭和41・9・6刑集20巻7号759頁、最二小決昭和45・3・27刑集24巻3号76頁）。したがって、有価証券の信用取引や商品市場における売買取引の委託において、顧客から業者に補償金や委託証拠金の代用として有価証券が委託された場合、これを根質と認めることに問題はない。

(c) 質権は、目的物を債権者へ引き渡すことによって効力を生じ（民法344条）、質権設定者に代理占有させることはできない（民法345条）。ここから、質権設定契約を要物契約と解し、質権者が目的物の占有を継続することを存続要件とするのが通説である[38]。通説の立場では、目的物を設定者に返還すると、これにより質権は消滅する。これに対し、判例は、目的物を返還しても対抗要件が消滅するだけで、質権それ自体は消滅しないとし（大判大正5・12・25民録22輯2509頁）、民法344条・345条を厳格に強行規定とは解していない。最近の学説には、判例の立場に賛成する学説も有力である[39]。

流質契約は、法律で許容されている場合（商法511条、質屋営業法19条1項本文）の他、禁止されている（民法349条）。流質契約の禁止は、ローマ法以来の伝統に基づくものであるが[40]、窮迫な状態にある債務者が僅少な金額の融通を受けるために高価な質物を提供し、暴利行為の犠牲となるのを防止するのが目的である[41]。この点、判例は、そのような禁止の理由がなければ、設定行為または債務の弁済期前の契約において質権者に弁済として目的物の所有権を取得さ

---

38) 最近の学説では、合意のみで質権設定契約は成立し、質権者は質権設定者に対して目的物引渡請求権を有するとの見解も有力である。道垣内弘人『担保物権法（第3版）』（有斐閣、2008年）82頁など。
39) 林良平編『注釈民法(8)物権(3)』（有斐閣、1965年）259頁〔石田喜久夫〕など。
40) 質権の起源と沿革は、谷口貴隆「古ローマ法における物的担保——信託と質の法的構造をめぐって」早稲田法学74巻3号（1999年）475頁以下、春木一郎「質権ノ発達史ニ於ケルfuduciaニ付テ(1)」法学協会雑誌43巻10号（1925年）1頁以下などに詳しい。
41) 法典調査会に提出された民法原案には流質契約の禁止に関する規定はなく、衆議院における議論の末、民法349条に挿入されたものである。この間の経緯につき、林編・前掲注39) 282頁〔林良平〕。

せる特約も有効と解している（大判明治 37・4・5 新聞 206 号 9 頁）。近時のフランスでは、2006 年の担保権に関する民法改正で、鑑定人による目的物の評価と清算を条件に流質契約を認めるに至っている（フ民 2348 条）。[42]

（d）抵当権（民法 369 条以下）は、土地抵当の場合であれば、抵当地上の建物を除く他、抵当不動産の付加物に対してもその効力が及ぶが（民法 370 条本文）、設定行為をもって別段の定めをすることが可能である（同条ただし書）。したがって、例えば、当事者が山林について立木を除外して抵当権を設定したような場合、立木には抵当権の効力が及ばない。別段の定めは、付加物が抵当権の目的物にならない旨の合意であり、厳密には物権変動についての合意とはいえないが、[43] 抵当権の効力が付加物に及ぶと信じて取引に関与する者を保護するため、別段の定めは登記事項とされ（不登 88 条 1 項 4 号）、また、競売手続では、その信用性が担保されている（民事執行法 184 条）。

（e）法定地上権（民法 388 条）について、判例は、これを公益的な制度であるとし、法定地上権の成立を排除する当事者の特約を無効としている（大判明治 41・5・11 民録 14 輯 677 頁、最三小判平成 9・2・14 民集 51 巻 2 号 375 頁）。この点、学説には、利害関係を有する第三者がいない場合で、[44] 当事者間で特に債務者の窮迫に乗じて債権者が合意させたという事情がないときは、かかる当事者の特約も有効として認められるとするものがある。[45]

（f）根抵当権の設定契約においては、被担保債権の範囲と極度額が合意されなければならない（民法 398 条の 2 第 1 項）。合意される被担保債権の範囲は、原則として債務者との一定種類の取引あるいは継続的信用取引によって生ずるものに限られるが（民法 398 条の 2 第 2 項。包括根抵当の禁止）、判例は、被担保債権の範囲が「信用金庫取引による債権」とされた場合、信用金庫の根抵当債務者に対する保証債務も被担保債権に含まれるとしている（最三小判平成 5・1・19 民集 47 巻 1 号 41 頁）。これに反して、被担保債権の範囲が定められた場

---

42) 詳細は、山野目章夫他「2006 年フランス担保法改正の概要」ジュリスト 1335 号（2007 年）32 頁、40 頁以下〔平野裕之〕など。
43) 石田穣『担保物権法』（信山社、2010 年）313 頁。
44) 石田（穣）・前掲注 43）391 頁。
45) 高木多喜男『担保物権法（第 4 版）』（有斐閣、2005 年）191 頁、平野裕之『担保物権法』（信山社、2007 年）126 頁、道垣内・前掲 38）220 頁など。

合、包括根抵当禁止の見地から、かかる特約は一般に無効と解されている[46]。

(g) 譲渡担保については、民法に明文の規定はなく、判例は慣習法上の物権として、民法175条との関係をあまり問題とすることなく承認する。しかし、動産抵当との関係では、債務者による目的物の占有禁止（民法345条）や流質契約禁止（民法349条）に抵触するおそれがあり、脱法行為の疑念は依然として残る[47]。また、所有権留保や代理受領により優先回収を可能とする合意は、物権的合意に準じて考えられるものであるが、民法175条との議論はほとんど顧みられず、もっぱら債権法の世界に追いやられ、債権的合意と特約の効力として議論されている。しかし、このような議論の仕方は、強行法規の観点から問題なしとはいえない。

4　結びに代えて——強行法規の内容と判断基準

物権規定は一般に強行法規であるといわれてきた。この点、本稿の検討からも明らかなように、公序や国家意思が反映される物権「制度」や物権法「秩序」は、当事者間の合意・特約による介入を許さず、強行法規といえる。これ以外の物権規定については、強行法規性が常に貫徹されるわけではなく、当事者間の合意・特約による規定の排除を許すのか否かを、強行法規とされる趣旨や内容を考慮に入れながら、個々の物権ごとに判断することが必要といえよう。また、これに関連して、強行法規違反とされた場合の効果も問題となるが、一律に無効とするのではなく、その判断にあたっては強行法規の内容の多様性に即して結論を導くことが求められる[48]。その意味では、物権規定の強行法規性は、効果の点も含めて多様であり、民法典の"編"レベルに即したような集団的処理には親しまない性質を有するものということができる。

---

46) 石田（穣）・前掲注43) 522〜523頁。
47) 我妻・前掲注19) 597頁参照。判例の整理として、田高寛貴『担保法体系の新たな展開』（日本評論社、1996年）120頁以下、近江幸治『担保制度の研究』（成文堂、1989年）1頁以下、41頁以下。なお、動産譲渡担保の立法化につき、伊藤進「動産譲渡担保」法律時報73巻11号（2001年）14頁以下。
48) 川島武宜編『注釈民法(3)総則(3)』（有斐閣、1967年）86〜87頁。

9

判例・学説にみる債権総則の強行法性

椿 久美子

1 はじめに

　物権法や家族法と異なり、債権法は原則として任意法規（規定）[1]と解するのが判例・学説の一致した立場である。では、どのような規定が例外としての強行法規（規定）なのか、その判断基準はいかなるものかは必ずしも明らかではない。債権譲渡の対抗要件を定める民法467条1項を判例が強行規定と解するなど、同規定については古くから判例・学説により論じられてきた（後述3(4)）が、その他の諸規定については正面から検討されたものはほとんどない。我々のグループが発表した2012年の法学セミナーでの特集「強行法と任意法」[2]および2013年の『強行法・任意法でみる民法』[3]が、債権法規定と異なる特約の効力という視点から強行法を考察した文献としては、現時点では詳しいものであろう。

　このように研究が進展していない強行法・任意法の問題は、民法典のみなら

---

1) 本稿での「強行法」とは、判例が強行法的に作用する場合も含めた広義の概念として使い、強行法規と強行規定はほぼ同じ概念として、個別規定の強行性に着眼した場合に使うことにする。なお、文献引用の場合には、その文献で使用された用語に従う。
2) 椿寿夫他「強行法と任意法——債権法規定と異なる合意・特約の効力」法学セミナー684号（2012年）2頁以下参照。
3) 椿寿夫編『強行法・任意法でみる民法』（日本評論社、2013年）（以下、『強行法』として引用）。

ず、消費者契約法・借地借家法等の特別法、商法・労働法その他の法領域にも広げて、多様な観点から検討を要するものである。そこで、まずは民法典の編別に従って、強行法・任意法に関する判例・学説の概論的・客観的整理を行うことから出発し、後続の個別的テーマに繋げていくのが有益な作業であるとの研究会の方針のもとで、私は債権総則の強行法性についての検討を担当することとなった。

以下では、第1に債権法全体、第2に債権総則の個別の諸規定について、判例・学説が、強行法をどのように捉え、いかなる基準でもって強行規定か任意規定かの判断をしているかを、主として債権総則の規定と異なる特約の効力が問題となった判例を採り上げて、その大まかな傾向を明らかにしていこうと思う。これにより、債権総則においても、完全な強行規定が存在することや任意規定の半強行規定または部分的強行規定への変容がみられることを示したい。

なお、改正法案における債権総則の強行法性については4で触れている。

2　債権法の任意法性から強行法性への動き

(1)　戦前の学説をみよう。鳩山博士は、債権法が主として非強行法であるのは、それが財産法であり特定人間の相対的関係を定める法則であること、つまり直接に公益と相関しないからであって、公益と相関する場合には例外として強行法であり、公益上の必要があるときは契約自由の制限がなされる、という。

田島博士は、契約関係が次第に定型化集団化すると、債権法に対する公益の干渉が必然的になり、債権法においても、善良の風俗、信義則の適用により私的自治の制限がその重要性を増し、財産としての債権関係が一般の利害に関する範囲で強行法的に取り扱われることは当然である（民466条以下参照）と説

4）　考察すべき方向性については、椿寿夫「民法規定と異なる合意・特約の問題性および論点」法律時報84巻5号（2012年）156頁以下→本書2論文30頁以下参照。

5）　半強行法規の意味については、四宮和夫＝能見善久『民法総則（第8版）』（弘文堂、2010年）191頁参照。半強行規定・部分的強行規定・片面的強行規定については、椿久美子「半強行法概念の生成とその機能」法律時報85巻9号（2013年）96頁以下→本書6論文92頁以下参照。

6）　鳩山秀夫『日本債権法総論』（岩波書店、1925年）2頁。

7）　田島順『債権法』（弘文堂、1940年）2頁以下。

く。
　津曲博士[8]によれば、債権法は、価格決定の自由が基本原則であり、社会の調和を著しく乱さない限り任意法規の性格をもっているが、事務管理、不当利得、不法行為の規定は、価格決定の自由というより、公の秩序維持の点に重点が置かれているから強行法規となっている、と。

　(2)　戦後の学説はどうか。我妻博士[9]は、契約自由の制限は任意法規の制限であり、また、債権の効力に関する規定は一概に任意法規ということは許されない、と述べ、「第三者の弁済または相殺を禁止する特約については規定（474条・505条）があるが、代位権、取消権、現実的履行の請求権などについての特約はいかなる効力を生ずるのであろうか」と疑問を提示するものの、該当の箇所の説明にはその解答はない。
　於保博士[10]は、債権法の特質として任意性、普遍性、信義則の3つを挙げ、また債権法の強行法性について、「事務管理・不当利得・不法行為においては、債権関係は当事者の意思に基づかないで法律上当然に発生するから、私法自治の行われる範囲は少ない。だから、これらの法規の任意性をいうことは適当ではない」「契約自由を制限して……任意法である債権法の適用範囲は次第に縮小しつつある。また、公共の福祉・取引の安全という原理的要請から、善意者保護・第三者保護の例外法は原則化されて、この方面からも債権法の任意性は変容をうけてきている」と示唆に富む記述をする。
　奥田教授の著作[11]も比較的詳しい。それによると「契約自由に委ねられる債権といえども、これを財産権という角度からみるときは、その存立・内容・効力の点でこれを全くの当事者の自由に委ねきってよいかが問題となる」と述べ、「実質的平等・公平の確保のために、労働関係や財の利用関係の面で特別法の規律が顕著となり、そこでは、契約の自由、したがって債権法の任意法的性格

　8）津曲蔵之丞『債権総論(上)』（青林書院、1959年）26頁以下。
　9）我妻栄『新訂債権総論』（岩波書店、1964年）12頁以下。
　10）於保不二雄『債権総論（新版）』（有斐閣、1972年）14〜15頁。
　11）奥田昌道『債権総論（増補版）』（悠々社、1992年）27頁。同旨として中井美雄『債権総論講義』（有斐閣、1996年）4頁以下。

は大きく制約されてきている[12]」と指摘する。

　前田教授[13]は、債権法の3つの特質を挙げ、弱者保護、取引保護の見地から強行法規であるものも存在するという。林良平＝安永正昭教授[14]も、債権法の3つの特質に言及し、債権法では、「例外的に第三者や価値支配、財貨帰属秩序（したがって物権法的秩序）に照らしやむをえぬときのみに、強行法規と解せられる」と説く。田山教授[15]も「形式的な自由と平等に対する実質的破壊が進行し、特別法による強行法規化が必要となった」とし、川井教授[16]は「債権譲渡や不法行為の規定などで強行法規があり、また経済的弱者保護のため強行法規の特別法が増えている」と述べる。

(3)　以上から導き出される学説の傾向として、鳩山・田島・津曲・我妻・於保・奥田・前田・林・田山・川井の時代までは、債権の特質を物権との対比で説明し、さらに法定債権も含めた債権法の3つの特質を指摘し、その中で強行法性にも触れているものが多かった。ところが、最近の教科書では、池田教授[17]のそれは別として、任意法性の説明だけか、債権と物権の違いには触れるものの債権法の3つの特質には言及せず、したがって強行法性への関心を示していないものが多い[18]。特に法定債権については、契約上の債権と対比して、その強行法性が債権総則で論じられるべきであるのに、それも少ないようである[19]。

　以下では、債権総則の個別規定に関する強行法性を検討しよう。

---

12)　奥田昌道編『注釈民法(10)』（有斐閣、1987年）7頁〔奥田昌道〕。潮見教授の執筆による奥田昌道編『新版注釈民法(10)1』（有斐閣、2003年）では、前注部分において、債権法の強行法性に関する記述はみられない。

13)　前田達明『口述債権総論（第3版）』（成文堂、1993年）533頁。

14)　林良平（安永正昭補訂）＝石田喜久夫＝高木多喜男『債権総論（第3版）』（青林書院、1996年）23頁。

15)　田山輝明『債権総論』（成文堂、2001年）13頁。

16)　川井健『債権総論（第2版）』（有斐閣、2005年）4頁。

17)　池田真朗『新標準講義民法債権総論』（慶應義塾大学出版会、2009年）4頁以下。

18)　大村敦志『基本民法Ⅲ』（有斐閣、2004年）10頁、平井宜雄『債権総論（第2版）』（弘文堂、1994年）9頁。

19)　古くは岡松、梅、横田、最近では北川、鈴木（禄）、星野、淡路、中田、内田、加藤、潮見、平野、近江、円谷、野澤、清水元等の代表的な債権総論の教科書等がそうであるが、個別規定のところではこの問題に触れているのもある。

3 債権総則規定における任意規定から半強行規定または部分的強行規定への変容

(1) 債権の目的に関する規定

民法 404 条は、文言上、任意規定であるのが明確だけれども、別段の意思表示がないときには、必ず同条を適用しなければならないかが問題となった。すなわち、逸失利益を換算するために控除すべき中間利息の割合について、最三小判平成 17・6・14 民集 59 巻 5 号 983 頁は、法的安定および統一的処理を理由に 404 条の民事法定利率によらなければならない、と判示した。

(2) 債権の効力に関する規定

(a) 民法 414 条 1 項が強行規定か任意規定かについては、明確ではないものの、諸説がある。[20] 414 条の制度は、「公の秩序を維持するための制度の面が強」く、「当事者の自由意思を排除する色彩をもっている」として、明確に強行規定と解する見解もある。[21]

不訴求特約（大判昭和 10・4・25 新聞 3835 号 5 頁）ないし不執行特約（大判大正 15・2・24 民集 5 巻 235 頁）について、[22] 効力の弱化した債務（自然債務等）を創設することも当事者の自由であり有効であるとの見解[23]に対して、第三者に対する関係で無制限に特約の効力が認められるかを慎重に考慮しなければならないとの見解[24]や、一方当事者に著しく不利な場合や訴権一般の放棄の場合には公序良俗違反とすべきであるとの見解[25]がある。これら特約の効力の問題は必ずしも 414 条と関連させて論じられてはいないものの、判例・通説が同特約の有効性を認めたことは、414 条 1 項を任意規定と解していると理解できる。他方、

---

20) 平井・前掲注 18) 240 頁以下、淡路剛久『債権総論』（有斐閣、2002 年）75 頁、中田裕康『債権総論（新版）』（岩波書店、2011 年）79 頁以下他多数。
21) 津曲・前掲注 8) 27 頁。
22) 長坂純『強行法』第Ⅲ編〔3〕146 頁以下参照。
23) 奥田・前掲注 11) 90 頁。
24) 奥田・前掲注 11) 27 頁。
25) 近江幸治『債権総論（第 3 版補訂）』（成文堂、2009 年）20 頁。

否定的な見解によれば、同項を強行規定、半強行規定または部分的強行規定として捉えているのではないかと思われる。

　(b)　民法415条の要件と異なる特約については、契約自由の原則により基本的には有効とされている。債務者に帰責事由があっても損害賠償義務を負わないとする特約（免責約款）のうち、故意免責特約は、判例・通説により公序良俗に反し無効と解されている（大判大正5・1・29民録22輯200頁）。[26]

　重過失免責特約については、有効説[27]と無効説[28]に分かれる。故意の立証に代替されるのが重過失の立証であるとの理由で、重過失免責特約は無効と解し、ただし無償契約における特約は有効とする説がある。[29]判例（最二小判平成15・2・28判時1829号151頁）は、故意または重大な過失がある場合に損害賠償義務の範囲を制限する宿泊約款の定めは、著しく衡平を害するもので、当事者の通常の意思に合致しないとして、無効とした。以上の検討から415条は故意・重過失免責特約に限っては半強行規定または部分的強行規定として機能していると解せるのではないだろうか。

　(c)　債権者代位権（民423条）や詐害行為取消権（民424条）は、公の秩序を維持するための制度の面が強いから、任意法規とみるべきでないとの見解がある。[30]他方、「強制執行しない特約も有効であるから、執行の準備手続である責任財産保全のための詐害行為取消権・債権者代位権を債務者の財産管理権制限前にあらかじめ消滅させる特約は有効」であるとの見解[31]によれば、任意規定と解せることになろう。

(3) 多数当事者の債権および債務に関する規定

　(a)　連帯債務の絶対的効力事由（民434～439条[32]）の1つである民法435条の

---

26) 藤田寿夫『強行法』第Ⅲ編〔4〕149頁以下参照。なお、ドイツ民法276条は同条を強行規定として故意による免責特約を無効と定める。
27) 我妻・前掲注9) 101頁。
28) 星野英一『民法概論Ⅲ』（良書普及会、1978年）61頁。
29) 加藤雅信『債権総論』（有斐閣、2005年）168頁。
30) 津曲・前掲注8) 27頁。
31) 藤田寿夫『強行法』第Ⅲ編〔6〕157頁。同156頁以下において、最一小判昭和50・7・17民集29巻6号1119頁をめぐる議論の中で、詐害行為取消権を任意法規的に捉える説と破産法上の否認権と同じく強行法規的に捉える説を紹介する。

更改は、当事者の意思を推測して置かれたものなので相対効とする特約は有効とされる[33]。民法437条の免除は、相対的免除が認められることから、同条は強行規定とは解されていない[34]。民法439条による時効の完成は、債権者を害するので、相対効とする特約を認めることも立法的選択だとする見解がある[35]。民法434条（履行の請求）は債権者に有利な規定であり、436条（相殺）や438条（混同）は債権者が満足を受ける規定であるためなのか、特約に関する議論がなく、強行規定と解されているかどうかは明らかではない。

(b) 保証規定は、人的担保として第三者に対する影響が大きいことと保証人保護の要請から、強行規定ないし片面的強行規定と解すべき規定が多くみられる領域である。その一部をみよう。

民法446条2項・3項は、「効力を生じない」との文言を有することにより強行規定と解される。大阪高判平成20・12・10金法1870号53頁は、446条2項が強行規定であることを前提として、その書面性の要件を争点とした[36]。

民法465条の2から465条の5までの貸金等根保証規定のうち、「効力を生じない」という文言がある規定は強行規定である[37]。465条の4の元本確定事由と別の事由を定めることは保証人の利益になるから許され、また保証人に不利な特約は認められないことから、同条は片面的強行規定と解される[38]。

(c) 保証人の求償特約について、判例（最三小判昭和59・5・29民集38巻7号885頁）・学説は、求償権規定（民459条2項・442条2項）は任意規定であって、法定利率と異なる約定利率の特約を禁ずるものではないとする。その詳細な理由は拙稿を参照されたい[39]。

---

32) 長谷川貞之『強行法』第Ⅲ編〔7〕159頁以下参照。
33) 我妻・前掲注9）416頁、潮見佳男『債権総論Ⅱ（第3版）』（信山社、2005年）556頁、中田・前掲注20）439頁。
34) 我妻・前掲注9）418頁、潮見・前掲注33）559頁、中田・前掲注20）441頁。
35) 中田・前掲注20）444頁。
36) 詳細は、椿久美子「判批」私法判例リマークス40号（2010年）38頁以下参照。
37) 拙稿「包括根保証の特約」法学セミナー684号（2012年）11頁。
38) 中田・前掲注20）498頁。
39) 詳細は、椿久美子『強行法』第Ⅲ編〔9〕165頁以下参照。

(4) 債権の譲渡に関する規定

(a) 債権譲渡の規定については、物権法的秩序に属せられるべきであり、第三者との関係を生ずるから、秩序維持のために強行法規化している[40]、と説く見解がある。我妻博士や奥田教授も[41]、譲渡性の有無などを無条件に当事者の意思に任せることが許されないのみならず、債権譲渡の方法・効力などに関する規定は、第三者に影響を及ぼすので、強行法規とみるのが当然である、という。

(b) 民法467条1項の通知または承諾を不要とする特約について[42]、判例（大判大正10・2・9民録27輯244頁、大判大正10・3・12民録27輯532頁）は、対抗要件に関することは強行規定であり、債務者が二重弁済の不利益を負い、取引の安全が害されるとの理由により無効とし、同条1項を強行規定と解する。

これに対して、通説は、債務者が危険を負担しようとすることは、暴利行為とでもならない限り、無効とする必要はなく、債務者に対する対抗要件は、債務者に新債権者を知らせる以上の意義をもつものではないとして、1項を任意規定と解する[43]。ただし、通説は、同条2項について[44]、対抗要件の規定として一般取引の安全を図ろうとする制度であり、公の秩序に関するものであるから強行規定と解する。

池田教授は、通知・承諾は公示の機能を営むものであるから通知・承諾不要の特約は許すことができず、1項と2項を強行規定と解すべきだと主張する[45]。

(5) 債権の消滅に関する規定

(a) 民法478条について、潮見教授は、判例（最一小判昭和46・6・10民集25巻4号492頁他）は、銀行預金に関する「免責約款により478条で要求される注意義務の程度が軽減されるわけではない」との立場を示しており、「ここでは、任意規定である478条が強行法規的に捉えられ、約款の内容コントロー

---

40) 田島・前掲注7）2頁以下、津曲・前掲注8）27頁。
41) 我妻・前掲注9）14頁、奥田・前掲注11）27頁。
42) 長谷川貞之『強行法』第Ⅲ編〔11〕171頁以下参照。
43) 我妻・前掲注9）541頁、於保・前掲注10）308頁。
44) 我妻・前掲注9）541頁、549頁。
45) 池田真朗『債権譲渡の研究（増補2版）』（弘文堂、1993年）98頁以下、平井・前掲注18）139頁、潮見・前掲注33）621頁。

ルのために利用されていた」とする[46]。中舎教授も 478 条の解釈と免責約款とが結合することにより、478 条が預金取引における強行規定として機能することを確保したという[47]。

(b) 弁済充当の指定特約について、最二小判昭和 62・12・18 民集 41 巻 8 号 1592 頁は、配当金は民法 489 条ないし 491 条の規定に従って充当されるべきであり、配当による弁済は意思表示を予定しないものであって、画一的に公平、妥当な充当方法である法定充当によることが競売制度の趣旨に合致するとして、同特約の効力を否定した。最三小判平成 22・3・16 判時 2078 号 18 頁は、民法 488 条 1 項および 2 項ただし書の規律を排除する旨の合意の効力は認めるものの、充当の指定時期ができる旨の合意の効力については、弁済受領後 1 年以上が経過した時期に充当指定権を行使することは、法的安定性を著しく害するものとして許されないとする。

(c) 民法 501 条 5 号の代位割合変更特約について、判例（最三小判昭和 59・5・29 民集 38 巻 7 号 885 頁）は、同号の趣旨は代位者相互間の利害を公平かつ合理的に調整することにあるから、自ら利害を具体的に調整している場合にまで、同号の割合によらなければならない理由はなく、同号は補充規定であるとして、特約の第三者に対する効力を認めた。学説も特約に合理性が認められるとして賛成する[48]。

(d) 民法 504 条と異なる担保保存義務免除特約[49]について、判例（最一小判昭和 48・3・1 金判 358 号 3 頁、最一小判平成 2・4・12 金判 1883 号 14 頁、最二小判平成 7・6・23 民集 49 巻 6 号 1737 頁）・通説は一般条項に反しない限り有効とするので、504 条は任意規定と解されている。だが、フランス民法の担保保存義務の規定（2037 条 2 文）が強行規定化されたことの影響もあって、最近では、同条の半強行法化に言及する学説がみられる[50]。

(e) 法定相殺規定と異なる相殺契約は、通説によれば、相殺禁止特約が可能

---

46) 潮見・前掲注 33) 249 頁。
47) 中舎寛樹「債権の準占有者への弁済と免責約款」法学セミナー 684 号（2012 年）13 頁。
48) 潮見・前掲注 33) 322 頁。詳細は拙稿・前掲注 39)『強行法』165 頁以下参照。
49) 椿寿夫『強行法』第Ⅲ編〔13〕177 頁以下参照。
50) 森田修『債権回収法講義』（有斐閣、2006 年）317 頁以下参照。

である（民505条2項）以上、有効とされ、したがって、民法505条1項・506条・509条・510条などは任意規定と解されている。もっとも、相殺契約については、債権の財貨としての機能から取引安全のためにその効力の検討が必要であるとの見解もあり、特約に否定的であれば前記諸規定の部分的強行規定または半強行規定への変容が認められるのではなかろうか。

民法511条について、同条を超えてまで相殺予約の効力を認めることは私人間の特約により差押えの効力を排除するものであり（最大判昭和39・12・23民集18巻10号2217頁）、また同条は第三者の権利・利益の保護を目的としているとして、強行規定と解されている。

なお、第三者でなく当事者の一方の債権の現実的実現が要請されているとして509条および510条は、任意規定と解されているが、債権は必ず実現されるべきであること、差押え禁止により債権者を保護するというのが立法趣旨であることから判断すると、半強行規定または部分的強行規定と捉えられるとするのが私見の立場である。

4 おわりに

以上、紙面の都合から債権総則全部の規定を検討できず、強行法に関する判例・学説の言及も少ないという状況ゆえに十分な分析はできなかったものの、基本的には任意法と解されている債権総則についても、個別の規定を検討すれば、完全な強行規定、半強行規定、部分的強行規定または片面的強行規定の存在を認めることができるという方向性を導き出せたのではなかろうか。以下では、その点についてまとめておこう。

(1) 完全な強行規定は、債権総則についても存在する。これは「効力を生じない」という文言を有する規定である（民446条2項・3項、465条の2第2項・

---

51) 田山輝明他『我妻・有泉コンメンタール民法（第2版）』（日本評論社、2010年）897頁。
52) 潮見・前掲注33) 404頁。
53) 椿久美子『強行法』第Ⅲ編 [14] 180頁以下、椿久美子「法定相殺と異なる相殺契約」法学セミナー684号（2012年）15頁参照。

第 3 項、465 条の 3 第 1 項、465 条の 5）。また、片面的強行規定については、保証人のみを保護する規定と解される 465 条の 4 がそれに該当する（前述 3(3)(b)）。

　改正法案では、保証規定の新設（情報提供義務、事業債務の個人保証等）や修正が多くなされており、その中で個人根保証人を保護する規定は、強行規定あるいは片面的強行規定と解されよう。

　(2)　半強行規定または部分的強行規定と解することのできる規定とはどのような規定か、それは最初から存在する規定なのか、それとも特約や約款の効力を否定ないし制限するための合理的な根拠づけの概念として任意規定を強行法的に機能するように変容させられた規定なのか、結論を出すには難しい問題であるが、債権総則の強行法性を検討するにあたって中心的問題である。

　そこで、まず強行法性を判断する基準を考えることで、この問題への接近を試みる。債権総則の教科書では、強行法性の判断基準に言及しているものは少ないが、前述で検討したことを踏まえ、その基準をキーワードとして抽出しカテゴリーに分けてみると、①公益、公共の福祉、公の秩序維持、一般の利害、社会の調和、②法的安定性、統一的処理、③善意者保護、第三者の利害、取引安全、④財貨帰属秩序（物権法的秩序）、⑤信義則、当事者間の衡平、⑥実質的平等、公平の確保、経済的弱者保護などが挙げられる。

　このような基準で債権総則の規定をみていけば、完全・半強行・部分的・片面的強行規定と解せる規定をピックアップできるのではなかろうか。前記 3 で検討した諸規定および改正法案について、この基準から位置づけてみよう。

　(3)　(a)　404 条（前述 3(1)）は、前記最三小判平成 17・6・14 の立場が、任意規定である 404 条をいわば強制的に適用させるものであると解すれば、この規定は半強行規定または部分的強行規定へと変容させられたと解せよう。だが、改正法案 404 条は変動制度による法定利率を定め、同 417 条の 2 は中間利息の控除は変動利率によるとされたことで、中間利息の問題はある程度解決したといえよう。

　(b)　債権の効力に関する規定の任意法性に否定的なのは我妻説（前述 2(2)参照）であるが、414 条、415 条は、前述（3(2)(a)(b)）したように、前記強行法性

判断基準の多くに該当し、また、不訴求ないし不執行特約の効力は制限的にしか承認されていないこと、故意・重過失免責特約は無効と解すべきであることからも、半強行規定または部分的強行規定であると解せるのではないか。

423条・424条を制限する特約について、不執行特約の有効を理由に肯定する見解があるが、無効と解する見解も有力である。この特約が第三者に予期しない不利益を与え、何よりも423条・424条は当事者の自由意思を排除し、公序維持、法的安定性を守るための制度であり、前述の強行法性判断基準にほぼ該当することから、半強行規定ではなく強行規定であると解せよう。

改正法案では、414条、415条、423条、424条は修正・削除・新設されているが、前記に述べた強行法性判断基準は改正法案にも妥当し、私見を維持できるのではなかろうか。

(c) 多数当事者の債権および債務に関する諸規定の強行法性と任意法性については前述（3⑶）したとおりである。求償権の範囲を制限するのが合理的な場合、代位者相互間の利害を公平かつ合理的に調整する必要がある場合は、442条2項や501条5号の規定によるべきであると解し、その場合、これらの規定は半強行規定または部分的強行規定として機能すると解してよいのではないか。

改正法案では、連帯債務の絶対効規定の一部削除と求償権規定の修正・新設がみられ、前記判断基準に照らして、これらの新規定案と異なる特約が合理性を有しない場合は無効とされ、その限りで、これらの諸規定案が半強行規定または部分的強行規定として機能するのではなかろうか。

(d) 債権譲渡に関する規定としての467条1項につき、判例は強行規定であると明確に述べる。改正法案では、467条は維持されている。

改正法案では債権譲渡に関しては多くの新設規定が置かれ、これらは判例法理を明文化したものが多く、立法関与者の意図を推測すると強行規定と解すべき方向性を考えているのではないかと思われる。

(e) 債権消滅に関する規定として、478条は、約款の内容コントロールのために任意規定が強行法化したものと捉えられるので、半強行規定と解せる典型的な例である。488条については、充当の指定時期の特約について「法的安定性」を理由に一定の歯止めをかけ、同条につき部分的強行法性を与えたと評価

できるのではなかろうか。489〜491条は、配当による弁済では意思表示を予定していないとして、配当の場面に限っては強行規定と解されている。改正法案ではこれらの諸規定は基本的に維持されている。

504条については、合理的でない特約の効力を制限・否定するために、同条が強行法的に機能するので、半強行規定または部分的強行規定と解することができる。もっとも私見は、504条を保証規定に移設し、債権者が担保保存義務を負う対象者を限定することで、504条を強行法化するのが妥当であると解し、そうした見解を以前に発表した[54]。

改正法案504条は、「取引上の社会通念に照らして合理的な理由がある」ときは同条1項を適用しないとして、判例法理を明文化し、合理的な理由のある特約の有効性を認めた。したがって、合理的な理由のない特約は無効とされるが、その際の根拠規定として504条は、半強行規定または部分的強行規定として機能すると考える。

511(改正法案511条1項)条については、前述した理由により(3(5)(e)参照)、強行規定と解するが、改正法案511条2項も強行規定と解せるかは検討の余地がある。

(4) (a) 他方、債権総則の任意法性が明文で明確化されている諸規定がある。「別段の意思表示がないとき」(民404条・417条・427条・484条・485条等)や「反対の意思を表示したとき」(民466条2項・474条1項ただし書・505条2項)などがそうである。これらの諸規定と異なる特約は認められるが、不合理・不当な内容の特約の場合にはその効力が制限・否定される。その場合には当該任意規定は強行法的に機能し、その規定は半強行規定または部分的強行規定と解することができよう。

466条2項の債権譲渡禁止特約や505条2項の相殺禁止特約の場合、「善意の第三者に対抗することができない」旨の規定と異なる「対抗することができる」旨の特約は、合理的理由がないとして制限・否定される。このようなただ

---

54) 椿久美子「保証規定改正と債権者義務の多様化・拡大化」淡路剛久先生古稀祝賀『社会の発展と権利の創造』(有斐閣、2012年)145頁以下参照。

し書は、第三者の権利・利益を保護するためのものであるから、強行規定と解されよう。

　(b)　債権総則の任意法性が特別法により強行法性を有するものに変容するということも検討すべき課題である。例えば、利息制限法が民法 404 条の「任意法規性の実質的否定を成し遂げた」とする見解があり[55]、また、消費者契約法 10 条を介して消費者を不当に不利に扱う任意規定と異なる特約を無効にする場合、当該任意規定は半強行規定または部分的強行規定として機能したと考えられよう[56]。

　(5)　以上のように、債権総則の諸規定のうち任意規定であるとされても、その任意法性に強弱・段階・部分性があり、任意規定と異なる特約に不当性や不合理性が認められる場合、特約の効力を制限・否定するために、その任意規定は強行法的に機能し、半強行規定または部分的強行規定に変容することになろう。どの規定が半強行規定であり、部分的強行規定であるか、両規定の違いも含めて今後の検討課題としたい。

　判例をみていくと、特約の効力を判断するに際して、強行法違反といわずに、意思表示を予定していないとか、法的安定性・統一的処理・公の秩序が害されるとか、公序良俗、信義則あるいは取引安全など他の用語を使って否定的効力を導いていることに注意する必要がある。これは債権総則の任意法性を前提とする限り、当該規定が強行法かどうかの判断を軽々しく行うことは難しいということであろうが、強行法性の研究が進展すれば違った方向性が生まれてくるかもしれないと思われる。

　(6)　最後に、債権総則と強行法違反の効果について少し触れておこう。強行法違反の効果は、従来は 91 条により無効とされたが、最近では 90 条のみを根拠規定とすべきだとの見解やどちらでもよいとの見解が有力になっている。

　強行法性の内容の多様化に従って、全部無効とせず、一部無効や無効行為の

---

55)　中舎寛樹「利息制限法違反の特約」法学セミナー 684 号（2012 年）5 頁。
56)　平野裕之『債権総論』（信山社、2005 年）99 頁。

転換という解決方法を考慮することもできるのではないか。また、改正法案465条の10は、主たる債務者による情報不提供、不実情報提供の事実について、債権者が悪意・有過失の場合には、保証人は保証契約を取り消すことができるとし、強行規定違反の効果は取消しである。また、半強行法とされる規定の多くは、無効とするよりも損害賠償責任として処理されるほうが柔軟な解決となるのではないか。いずれにしても、効果論は今後の検討課題である。

10
判例・学説にみる契約法の規定と強行法性

芦野訓和

1　はじめに

　本稿は、椿論稿の問題提起を受け、契約法の分野において判例・学説上法規の性質がどのように意識されてきたかについて検討するものである。債権法とりわけ契約法の規定は、《契約自由の原則》の存在から、その多くは任意法規であるといわれ、法規の性質を論ずるにあたってもっとも適当な分野であろう。
　《契約自由の原則》の存在にもかかわらず、判例・学説ともに一定の場合にその制限を認めており、法制審議会における近時の債権法改正の議論でも、「契約自由の原則に一定の制約があることについては異論がなかった」とされている。そこでは、その制約原理の1つとして《強行法規》があげられており（他にも議論の中では《公序良俗》が出てくる）、契約各則規定について、強行規定かどうかを区別することの可否などについて検討してはどうかとの提案がなされている。この提案からもわかるとおり、従来契約法分野における法規につ

1）椿寿夫「民法の規定と異なる合意・特約の効力序説」法律時報84巻4号（2012年）99頁以下→本書1論文3頁以下、同「民法規定と異なる合意・特約の問題性および論点」法律時報84巻5号（2012年）156頁以下→本書2論文30頁以下。
2）例えば、椿・前掲注1）「序説」101頁以下→本書1論文7頁以下で引用される我妻説などを参照。
3）商事法務編『民法（債権関係）の改正に関する中間的な論点整理の補足説明』（商事法務、2011年）188頁（WEB資料では176頁、以下同）。

いては、それが強行規定かどうかについて必ずしも明確ではなく、また、規定と異なる特約の効力についても、一部規定については述べられているものの、契約法全体としては必ずしも明らかではない。

《契約自由の原則》を法規の性質との関係でどのように考えるかについては、本共同研究において今後明らかにされるが、本稿においては、仮定的に、「当事者が法規の内容を修正できるか」、「当事者が法規の適用を排除できるか」という点に着目する。さらには、契約自由の原則から離れて、「判決において法規の内容を修正することは可能か」という点も着目することにする。[5]

以下、いわゆる契約法の分野において、どのような場合に契約自由の原則が制限（修正・補充）されるのか（あるいはそれが可能であるのか）を中心に、法規の性質および当事者の意思（合意・特約）と関連させながら、判例および近時の代表的な体系書・教科書などを中心に概観する。[6]

2　取引法領域における強行法規をめぐる判例

民法典第3編第2章の諸規定に限定せず取引に関する判例に視野を広げたとしても、ある規定の性質そのものについて、判決本文中で明確に述べるものはそれほど多くはない。それらの多くは労働基準法[7]や借地借家法[8]（含む旧法）、

---

4) 商事法務編・前掲注3）308頁（289〜290頁）。ここでは、公序良俗に関するものが《強行法規》とされている。債権法改正については、本書3論文・芦野訓和「債権法改正論議における法規の強行法規性」を参照。

5) 他にも、例えば権利消滅期間規定につき、「当事者の意思とは関係なく裁判所が適用しなければならないか」という問題も想定し得るが、現時点では留保しておく。

6) 他の財産法分野における契約法との関連についての記述については、もっぱら該当分野の各論稿に委ねる。また、紙面の関係上、学説については近時のものに限定せざるを得なかった。さらに、本来であれば立法者の見解についても検討が必要であり、梅謙次郎の見解を紹介・検討するものとして既に浅場達也「契約法の中の強行規定(上)(中)(下)」NBL891号23頁、892号40頁、893号47頁（いずれも2008年）もあるが、そこでの指摘も含めて本格的な分析については、本共同研究の各論的な考察に委ねる。

7) 「労働条件の基準を定める労働基準法の規定が強行法規であることは、同法13条の規定によって明らかである。……規定が公の秩序であって、これに反する慣習は効力を有しない……」と述べる最一小判昭和47・4・6民集26巻3号397頁（同旨最三小判昭和47・12・26民集26巻10号2096頁）や同法24条の強行法規性について述べる最二小判昭和48・1・19民集27巻1号27頁。

利息制限法[9]や独占禁止法[10]などのいわゆる社会法的・経済法的な性格を有する特別法についてであり、形式的意義における契約法規定については、①手付倍返しによる解除について規定する557条を任意規定とするもの（最三小判昭和24・10・4民集3巻10号437頁）、②売主の担保責任につき、「当事者の意思に基づかずに民法の定めたものであるが、強行規定と解すべきではなく、信義則に反しないかぎり、特約によって加重することもできると解すべきである」とするもの（最二小判昭和45・4・10判時588号71頁）、③678条につき、やむを得ない事由があるときの任意脱退について定めた部分は、「強行法規であり、これに反する組合契約における約定は効力を有しないものと解するのが相当である」とするもの（最三小判平成11・2・23民集53巻2号193頁）の3件のみがデータベースによる検索結果として表示されるに過ぎない。

しかし、法規と異なる内容の契約（合意）や特約の効力について判断したり、法規とは異なる効果を認めることにより、実質的にその法規の性質を決定づけているものもみられ、これについては後述する。

3　契約法学説の総論的考察

教科書・体系書において、典型契約や契約自由の原則の説明に際し、法規の性質について述べるものがいくつかみられる。

我妻『民法講義』は、民法の規定は解釈の標準を示したに過ぎず、「契約自由の原則が次第にその絶対性を失い、契約法の任意法規性が次第に縮減するに従って、民法の規定は、その独自性を失っていく」と説明し[11]、また、内容決定の自由についても、強行法規や公序良俗に反する事項を目的とするものは認め

---

8) 近時のものとして、同法11条1項を強行法規とする最一小判平成15・6・12民集57巻6号595頁、最三小判平成16・6・29集民214号595頁、同法32条1項を強行法規とする最一小判平成15・10・23判時1844号54頁、最二小判平成16・11・8判時1883号52頁、最一小判平成17・3・10判時1894号14頁、最二小判平成20・2・29判時2003号51頁がある。

9) 同法1条1項、4条1項を強行法規とする最大判昭和39・11・18民集18巻9号1868頁、最三小判昭和43・10・29民集22巻10号2257頁。

10) 独占禁止法19条を強行法規とし、それに反する契約の私法上の効力について争われた最二小判昭和52・6・20民集31巻4号449頁。

11) 我妻栄『民法講義V_1』（岩波書店、1954年）3頁。

られないが、これらの制限も、個人の自治に対する最小限の制限と考えられた場合には、その制限はできるだけ狭く解釈されるのに反し、法律の全体系を支配する原理によって契約も当然その規整を受けるべきであるとの理由から、「強行規定が次第にその範囲を増し、任意規定が強行規定に改められる場合も生じてくる」と述べ[12]、現在では、契約自由の原則は多くの方面から制限を受け、その限度において任意法規としての性質を失い、特別法によって修正される事例の多くは民法の任意規定を改めて強行規定としたものであるとする[13]。

来栖『契約法』は、「典型契約に関する民法典の規定の意義」と題する章の中で、典型契約に関する民法典の規定の性質はおおむね任意規定であるとし、民法典が任意規定をおいた理由として、第一次的には契約自由の原則を採って当事者の意思によるものとしつつ、一定の基本的な契約について、当事者の意思が欠けていたり、曖昧だったりして争いが生じたときに、裁判官が依るべき規定を定めたとするドイツの学説を引用する[14]。

山本『民法講義』は、『総則』において、そもそも契約とは何かを決める基本的ルールは、契約制度の枠組みそのものを個々の契約によって変えることはできないから強行法規であり、例として、成立要件に関するルール、拘束力の範囲に関するルールをあげ、さらに、契約内容に関するルールにも、国家の基本秩序の維持（ここであげられているのは重婚禁止規定〔732条〕であるが）、弱者保護の要請にかかわるものは強行法規であるとする[15]。

また、同『契約』では、契約自由の原則から典型契約に関する規定は原則として任意法規に当たるが、消費者契約では、事業者と消費者の情報・交渉力の格差があり、契約自由の原則を貫くと消費者に不当に不利な条件が押しつけられやすいという理由から、任意法規の半強行法規化が行われているとする[16]。

加藤『新民法大系』は、契約法は基本的に任意規定なので、当事者が規定の

---

12) 我妻・前掲注11) 22頁。
13) 我妻・前掲注11) 46頁。これらの指摘については、椿・前掲注1)「序説」100～101頁→本書1論文6頁以下も参照。
14) 来栖三郎『契約法』(有斐閣、1974年) 737～738頁。
15) 山本敬三『民法講義Ⅰ (第3版)』(有斐閣、2011年) 256頁以下。なお、「冒頭規定説」とも関連させ、椿・前掲注1)「論点」161頁本書2論文42頁の指摘も参照。
16) 山本敬三『民法講義Ⅳ-1』(有斐閣、2005年) 9～10頁。

内容を自由に変えることができると述べつつも、①買戻しについての諸規定（579条以下）、②短期賃貸借の期間制限（602条・603条）、③賃貸借契約の長期存続期間（604条）、④期間の定めがある雇用契約の解除（626条）、⑤やむを得ない事由による雇用契約の解除（628条）、⑥建物・土地の工作物に瑕疵がある場合の解除権の不発生（635条）、⑦請負契約における瑕疵を原因とする工作物の滅失・損傷の場合の瑕疵修補等の権利行使期間の制限（638条2項・639条）、⑧やむを得ない事由がある場合の組合からの脱退（678条）、⑨やむを得ない事由による組合の解散請求の規定（683条）が例外的に強行規定であるとする[17]。

　池田『法学講義民法』は、契約法規の多くの規定は補充的性格を有する任意規定であり、民法91条により当事者の合意が優先される[18]が、そのような発想が適用されるのは、当事者双方の自由対等な関係があってのことであり、「もし双方の当事者の力関係に差異がある場合や、社会秩序・経済秩序を維持しなければならない場合は、法も当事者の自治に任せてはおけないことになり、一定の介入をする必要が出てくる」として、消費者保護に関する法律、借地借家法などにみられる一部の強行規定（あるいは強者の恣意だけを制限する片面的強行規定）がその考え方の表れであり、労働基準法や私的独占禁止法などの社会経済法規に反する私人間の合意は認められないことがほとんどであるとする[19]。

4　判例・学説に関する各論的考察

　これまでも述べたように、契約法規定は任意法規であるとの前提からか、各論的考察においても法規の性質について述べるものは決して多くはない[20]。以下、前述の加藤『新民法大系』の指摘に沿い（丸数字は前記のものによる）、さらに

---

17) 加藤雅信『新民法大系Ⅳ契約法』（有斐閣、2007年）165頁。
18) 奥田昌道＝池田真朗編『法学講義民法5契約』（悠々社、2008年）2～3頁〔池田真朗〕（以下、池田という）。
19) 池田・前掲注18) 8～9頁。ただし著者自身の見解としては、民法の原則的な態度としては第一義的には市民の自由意思によるルール形成を優先すべきであり、民法の介入は謙抑的であるべきとする。
20) むしろ確認的に任意法規であることを述べるものもある。例えば、大村敦志『基本民法Ⅱ（第2版）』（有斐閣、2005年）では、事項索引において、「任意規定」は6カ所あげられているが、「強行規定」は存在しない。

条文の順番は前後するが、⑩委任における任意解除（651条）を加え検討する[21]。なお、借地借家法などの特別法については比較的説明がみられるが、《特別法の強行法規性》については別途検討が必要な問題も含まれるため、本書の他の研究に委ね、本稿では除外する。

①買戻しは、「担保的機能を営むものであるが、……きわめて厳格な要件のもとにのみ認められている。すなわち、買戻しに関する規定の多くは、……、契約自由の例外として強行法規となっている」と述べるものもみられるが[22]、他の近時の教科書では担保的機能について強調するものはあるが、法規の性質について明確に述べるものはみられない。

②短期賃貸借の期間制限を定める諸規定につき、その性質について明言するものはみられない。しかし、制限を超える期間の契約の効力につき、判例には、民法602条の期間を超える土地の賃貸借契約は旧宗教法人令11条1項にいう処分行為に当たり無効であるとするものがあり[23]、これを全部否定説として説明するものがある[24]。ただし、一般的には制限を超える部分が無効になると説明されている。

③賃貸借の長期存続期間を定める本規定については、所有権の重要な機能について契約的拘束を長期間認めることは債務者の自由を過度に拘束する側面をもつためこの制限が設けられたとして、強行規定であるとする説明もみられるが[25]、他の教科書などではこのような説明はみられない[26]。

④期間の定めがある雇用契約の解除について定める本規定も、賃貸借契約と同様に継続的契約によって長期拘束が生じるという問題を避けるために、期間

---

21) 他にも問題となり得る条文は想起し得るが、本書各論稿およびこれからの各研究に委ねたい。さしあたり、本稿で扱う諸規定も含め、法学セミナー684号（2011年）「特集　強行法と任意法――債権法規定と異なる合意・特約の効力」の各論稿を参照願いたい。
22) 加藤・前掲注17）207頁。上河内千香子「買戻しの機能と民法579条の強行法規性」法律時報86巻4号（2014年）109頁以下→本書19論文243頁以下も参照。
23) 最二小判昭和37・7・20民集16巻8号1632頁。ただし、下級審では超える部分のみを無効とするものがいくつかみられる。
24) 山本・前掲注16）446頁。ただし、著者の見解がいずれであるかは不明。
25) 加藤・前掲注17）321頁。
26) 山本・前掲注16）445頁は、あまりに長く所有者以外の者に委ねると、賃借物の改良を妨げて経済上不利益であるという梅の説明をあげる。

制限や解除権を規定している例の1つであり、したがって強行規定であるとの説明もあるが[27]、これについても他ではみられない。

⑤やむを得ない事由による雇用契約の解除については、各論的な箇所での説明は特にみられない。ただし総論的な考察において、強行法規であるとしながらも、「『直ちに』ではなく、一定期間後に契約の解除ができるという修正は可能であろう」という説明がある[28]。

⑥通説的な見解では、建物建築請負において解除を認めその結果として建物収去を認めることは、請負人に損失を与えるだけでなく、社会経済的損失も大きいという理由からただし書の部分は強行規定であるとされる。一方判例では、法規の性質について直接論ずるものはないが、近時のものとして、前記の説明をしつつも、建物に重大な瑕疵があり建て替えざるを得ない場合には、そのような建物を収去することは社会的に大きな損失ではなく、建替費用を契約責任として請負人に負担させることは過酷ではないとして、建替費用相当額の損害賠償を認めても、635条ただし書の趣旨に反しないとしたものがある[29]。この判決については、建替えの前提として収去に関する費用も含むから、解除して損害賠償請求するのと変わりがないという指摘があり[30]、本判決は実質的に635条ただし書を修正する判断を示したものと評価するものもある[31]。

⑦請負人の担保責任の存続期間につき、639条は「契約で伸張できる」と定めているが、一般に契約自由の原則から短縮することも可能であるとされている。その点で本規定は任意規定であるとされる[32]。ただし、638条1項の1年間の期間制限は、特約で伸ばすことができず、加藤『新民法大系』が強行法規とするのはこの部分であろうか[33]。

---

27) 加藤・前掲注17）383頁。
28) 加藤・前掲注17）165頁。この趣旨からすると、ある程度柔軟な（？）ものということか。
29) 最三小判平成14・9・24判時1801号77頁。
30) 内田貴『民法Ⅱ（第3版）』（東京大学出版会、2011年）284頁。
31) 山本・前掲注16）695頁。芦野訓和「民法635条ただし書の強行法規性」法律時報85巻11号（2013年）92頁以下→本書20論文254頁以下も参照。
32) 例えば、山本・前掲注16）699頁は、民法の期間制限の性格につき「任意法規」との見出しをつけている。
33) 加藤・前掲注17）399頁は、カッコ内において639条が638条2項の期間を除外していることを示しているが、「強行規定」という文言は用いていない。

⑧組合員の任意脱退権につき、戦前の判例において、存続期間の定めがない民法上組合について、正当な理由がない場合の組合員の脱退を否認し、脱退については組合の承認が必要である旨の規約を、組合員の拘束が重すぎ678条の法意に照らし無効であるとしたものがあり、さらに、近時の判例は、678条は組合員はやむを得ない事由がある場合には常に組合から任意に脱退することができる旨を定めた規定であり、その旨を規定する部分は「強行法規であり、これに反する組合契約における約定は効力を有」せず、その理由として、「やむを得ない事由があっても任意の脱退を許さない旨の組合契約は、組合員の自由を著しく制限するものであり、公の秩序に反する」からであるとしたものがある。近時の教科書も、本判例をあげ、本規定は強行法規であるとするものが多いが、本判決以前にも既に通説的見解であったといってよい。その理由として、組合員の脱退権を保障している規定であるからとか、これに反する特約は組合員の自由を著しく制限するものであり「公の秩序に反する」からと説明されている。

⑨やむを得ない事由による組合の解散請求については、特に意識的に論ずるものはみられない。

⑩ 651条は、委任は各当事者がいつでも解除できると定めているが、この任意解除権を特約によって排除できるかが問題とされる場合が多い。この点につき判例・学説ともに必ずしも法規の性質を明記せずに、特約の有効性という観点から論じている。判例は、無償委任と有償委任とで区別し、無償委任では委任者の解除権を放棄する特約の効力を否定し、一方、有償委任については特約による解除権の放棄・制限を認めるが、その特約は公の秩序に反するものであ

---

34) 大判昭和18・7・6民集22巻607頁。ただし、どの程度の拘束が無効になるかは明らかではない。
35) 本文において前出の組合に関する最三小判平成11・2・23。
36) 例えば、山本・前掲注16) 794〜795頁、加藤・前掲注17) 480〜481頁。
37) 例えば、我妻栄『民法講義V₃』(岩波書店、1962年) 892頁。
38) 近江幸治『民法講義V (第3版)』(成文堂、2006年) 283頁。
39) 山本・前掲注16) 794頁。
40) 強行法規性を指摘する加藤・前掲注17) 165頁も「あまり論じられていないが……強行規定と解する余地はあるであろう」とするのみである。
41) 大判大正4・5・12民録21輯687頁。

ってはならないとしており、また、解除権放棄特約が存在したとしても、やむを得ない事由がある場合には特約の効力を否定し解除を認めている。

　学説も、無償委任については解除権放棄特約の効力を認めないとの説が有力であり、有償委任については、委任契約が受任者の利益をも目的とする場合には解除権の放棄があったと推定すべきであるとするものもあるが、通説は、契約自由の原則を理由として特約の効力を認めている。

5　今後の検討課題

　以上から明らかになったことも含め、今後の検討課題を仮定的に指摘し、まとめに代えたい。

　①まず、どのような場合に法規の性質が問題となりその性質を決定づける要素にはどのようなものがあるかということが問題となろう。例えば、「法規が公序に関するものである」、「当事者以外の者に影響を及ぼすものである（契約の拘束力の範囲に関するルールもここに含まれよう）」、「契約正義の観点」、「意思規制の観点」、「社会経済性」、「公共性」、さらには「機能面（例えば、担保的）」などが考えられる。

　②上記にも関連するが、契約自由の原則を前提としながらも、当事者の契約・合意・特約が排除される（認められない）のは、どのような場合であろうか。「契約・特約が公序良俗に反するから（すなわち90条違反を理由として）」否定されるのか、それとも「91条の解釈の結果」から否定されるのか。さらに、「法で認められる権利が当事者の自由を保障するものだから」なのか、さらに、「継続的（当事者の長期拘束性）」、「有償・無償」などの契約の性質によ

---

42) 前掲注41) 大判大正4・5・12。
43) 大判昭和14・4・12民集18巻397頁。
44) 平野裕之『民法総合5（第3版）』（信山社、2007年）644頁など。
45) 我妻栄『民法講義V₃』（岩波書店、1962年）693頁。
46) 特約に反して解除が行われた場合については、委任は継続的契約関係であり契約からの離脱を認める必要性が高いので、解除を無効とするのではなく、解除を有効とした上で、解除をした者は特約違反による損害賠償責任を負うという考えが主張されている（平野・前掲注44）645頁）。
47) 旧借地法11条を強行法規とし、同条の法意に反する特約について民法91条を根拠に認めないとした判例がある（最一小判昭和38・11・28民集17巻11号1446頁）。

って差異を設けるのかも問題となる。

　③効果も問題であろう。すなわち、法規と異なる特約部分の効力が否定されるのか、それとも、契約そのものが否定されるのか。契約の効力が否定されるとして、一部だけが否定されるのか（例えば、期間を超える場合にその部分だけが効力が否定されるのか）、契約そのものが否定されるのか。あるいは、損害賠償の問題となるのか。

　④当事者の特約とは別に、法規と異なる判断を裁判所が下すことができるか（635条ただし書をめぐる議論を参照）も問題となろう。

　これらについては、本書の各論稿における個別規定・規定群の検討、さらには、総論的な考察により、果たしてこのような仮定的課題が適切か否かも含めて明らかにされよう。

11
判例・学説にみる法定債権規定の強行法性

織田博子

1 はじめに

　法定債権（事務管理・不当利得・不法行為）は、当事者の意思によらずして債権債務関係が発生するものである。通常、当事者の意思が介在していないのであるから、任意法・強行法という概念にはなじまないと考えられる。ただ、法定債権規定が問題となる場面においても、当事者意思が問題となる場面が全くないわけではなく、当事者意思が問題となる場面では、当事者意思によって法律の規定を変更することができるか否かという問題が生じてくると考えられる。

　本稿では、まず、この分野における任意規定・強行規定に関する学説と判例の状況を概観した後に、当事者意思が問題となる場面における学説・判例を取り上げて検討することにする。

2 代表的教科書・判例

　代表的教科書においては、法定債権（事務管理・不当利得・不法行為）規定が、任意法規なのか、強行法規なのかについて直接述べるものはほとんどない。この点に触れるものとしては、我妻『債権総論』が、「事務管理、不当利得、不法行為の規定の中には、特に任意規定であると強調する必要のあるものはない」とし[1]、川井『債権総論』でも、不法行為の規定は強行法規であるとしてい

る。於保『債権総論』では、「事務管理・不当利得・不法行為においては、債権関係は当事者の意思に基づかないで法律上当然に発生するから、私法自治の行われる範囲は少ない。だから、これらの法規の任意性をいうことは適当ではない」としつつ、「事務管理の成立や過失責任については、当事者の意思によって排除する余地もある」と述べている。また、加藤『民法総則』では、「不法行為による損害賠償責任を負った場合に、示談等の和解契約によって損害賠償の内容を変更することも認められる」として、不法行為規定が任意規定であることを示す記述がみられる。これに対して、奥田『債権総論』では、「債権の任意法的性質」というタイトルの下に、債権発生原因には、当事者の意思を根拠とするもの(契約)と法律の規定を根拠とするもの(事務管理・不当利得・不法行為)があると述べながら、前者の任意法規性・強行法規性について論述するだけで、後者についての論述はみられない。また、その他の代表的教科書でも、法定債権規定の任意法規性・強行法規性について論述するものはみられない。

判例については、大審院・最高裁を通じて、任意法規か強行法規かを基準として当事者間の合意の効力を判断する判例はみられない。ただ、不法原因給付の返還特約の効力を論じるにあたって、民法708条は「公益規定」であるから、これに反する法律行為は無効であるとする判例がある。

以上のように、学説において法定債権規定の任意法規性・強行法規性についての記述が少ないのは、そもそも法定債権規定が、法律の規定によって債権が発生する領域に係るものであり、当事者の合意による規定内容の変更という問題が生じる場面が少ないため、関心が薄いせいであろうか。また、判例でも当

---

1) 我妻栄『新訂債権総論』(岩波書店、1972年)13頁。
2) 川井健『民法概論3債権総論(第2版)』(有斐閣、2005年)4頁。
3) 於保不二雄『債権総論(新版)』(有斐閣、1987年)14頁以下。
4) 加藤雅信『民法総則(第2版)』(有斐閣、2005年)217頁。
5) 奥田昌道『債権総論(増補版)』(悠々社、2004年)27頁。
6) 幾代通『民法総則(第2版)』(青林書院、1989年)、川島武宜=平井宜雄編『新版注釈民法(3)総則(3)』〔森田修〕(有斐閣、2003年)、内田貴『民法Ⅰ総則物権総論(第4版)』(東京大学出版会、2008年)、潮見佳男『債権総論Ⅰ債権関係・契約規範・履行障害(第2版)』(信山社、2007年)等。
7) 大判明治36・5・12民録9輯589頁。

事者の合意の効力が問題となるものはいくつかみられるにもかかわらず、任意法規・強行法規という文言が現れてこない。これは、合意の効力を判定するにあたって、任意法規・強行法規という基準を用いないで、合意の合理性とか当事者意思への適合性といった別の基準で判断しているためであると考えられる。

3　事務管理規定

　事務管理規定が強行規定か任意規定かについて直接論じるものは少ない（前掲2参照）。少し別の角度から、事務管理規定と私的自治の関係について述べるものをみてみると、四宮『事務管理・不当利得』では、事務管理・不当利得・不法行為は、反動的請求権「（調整請求権）によって、権利の救済をはかり、私的自治の原則を裏から保障する、という機能を営む制度である」とした上で、本人の管理者に対する移転・引渡請求権、管理者の本人に対する有益費用償還請求権・損害転嫁請求権（「結果の移転」に向けられた請求権）について、「財貨・負担の配分の法則に反した財産的利益ないし権利義務の混交を復元するものとして、私的自治の保障に仕え、また、権利保護の機能も果たすのであ」って、「この調整は、法が当事者間に設定する、委任類似の『事務処理関係』の一環をなすものであり、また、この調整の前提としては、本人の意思への適合性が前提とされている」という「意味で、事務管理は、反動的請求権として私的自治の原則を裏から保障するという機能のほかに、私的自治の実現手段たる契約に準ずる機能をも営むのである」としている。澤井『事務管理・不当利得・不法行為』でも、事務管理は不在者の財産管理制度と同様に、「もし、本人がいたならば当然したであろうと考えられることを他人が代わってするのであり、本人の自由活動（私的自治の原則）を補充する機能を持っている」としている。また、加藤『事務管理・不当利得』では、聖書の「よきサマリア人」の話を例にとって、サマリア人が追剝にあった被害者に依頼されて介抱を行った場合には、準委任契約が成立することになり、「サマリア人が自発的に介抱

8）四宮和夫『事務管理・不当利得（事務管理・不当利得・不法行為(上)）』（青林書院、1991年）3頁以下。
9）澤井裕『テキストブック事務管理・不当利得・不法行為』（有斐閣、1993年）2頁以下。

を行い、意識を失ってはいなかった被害者が黙ってその介抱を受け入れた場合には、黙示の意思表示による契約の成立を認める余地もある。しかし、被害者が意識を失っていたときにサマリア人が介抱を行った場合には、事務管理しか問題とならない。最初の事例では契約が問題となり、最後の事例では事務管理が問題となり、中間の事例では契約として構成する余地も事務管理として構成する余地もあることになるが、このように考えると3つの事例が社会的には連続的なものであることは明らかであろう。そうであるならば、この三種の事案の法的取扱いを考えるにさいしては、成立要件にしても法律効果にしても、連続性をもたせるのが自然であると思われる」としている。[10]

事務管理規定に関しては、私的自治の補充機能・契約責任との連続性が指摘されており、そうだとすれば、当事者意思による法律規定の変更を認めてもよいのではないかと考えられる。

4　不当利得規定

不当利得規定についても、強行法規か任意法規かについて述べるものは少ない（前掲2参照）。不当利得と私的自治の関係に関する記述をみると、四宮『事務管理・不当利得』では、「不当利得（703条以下）は、法律上の原因なくして財産的利益が移動するという不当な状態が生じた場合は、それが侵害に基づくか出捐によるかを問わず、損失者に利得者に生じた利得の返還を請求する権利を与えて、そのような（すなわち財貨・負担の配分の法則に反した）財産的利益の調整をはかる制度であり」、侵害利得では「権利保護の機能が」、給付利得では「私的自治の原則の裏からの保障という機能が、それぞれ前面に出ている」としている。[11]また、澤井『事務管理・不当利得・不法行為』では、「当事者の意思（契約）に基づかない利得・損失の移動を原状回復させる点で、私的自治を裏面から支えている法原理といえる」としている。[12]不当利得規定の制度趣旨を当事者の利益調整、私的自治の原則の裏からの保障ととらえるならば、当事

---

10) 加藤雅信『事務管理・不当利得』（三省堂、1999年）7頁以下。
11) 四宮・前掲注8）4頁。
12) 澤井・前掲注9）2頁。

者が合意によって利益調整の仕方を変えてもよいのではないかと考えられる。

判例では、不当利得返還義務の範囲（703条）に関する合意が問題となったものがある。すなわち、火災保険契約において、保険会社が保険金を支払う際に差し入れられた「後日貴社に保険金支払の義務のないことが判明したとき……はいっさいの責任を負い、貴社に御迷惑をおかけしない」旨記載された特約の効力が問題となったものである。最高裁は、この特約を保険会社に保険金支払義務がないことが判明したときは受領した金員と同額の金員を返還することを約束したものであると認定し、このような特約も有効であり、保険契約者はこれに拘束されるとしている。[13] 当事者の合意によって法律規定の内容を変更することができる規定が任意規定だとすれば、民法703条の返還義務の範囲に関する部分は、任意規定だということになろうか。

次に、不法原因給付の返還特約に関する判例についてみると、住職の地位の売買契約が公序良俗違反により無効とされた事案について、708条は「公益規定」であるから、「此規定ニ違反シ不法ノ原因ノ為メニ給付シタルモノヽ返還ヲ約スル如キハ公益規定ニ反スル法律行為ニシテ其無効タルヘキコト疑ヲ容レス」としつつ、給付したものの返還を約するのではなく、売買贈与等の法律行為に基づき給付した者にさらに給付をするのは不法ではないとする判例［判例1］[14]、食糧管理法違反の売買契約により支払われた金銭の返還特約が問題となった事案で、708条が不法原因給付の返還請求を認めないとしたのは、「かかる給付者の返還請求に法律上の保護を与えないというだけであって、受領者をしてその給付を受けたものを法律上正当の原因があったものとして保留せしめる趣旨ではない。従って、受領者においてその給付を受けたものをその給付を為した者に対し任意返還することは勿論、嚢に給付を受けた不法原因契約を合意の上解除してその給付を返還する特約をすることは、同条の禁ずるところでない」として、返還特約の有効性を認める判例［判例2］[15]、［判例2］を引用して、統制法規違反の売買契約の前渡金の返還特約およびその代物弁済としての不動産所有権移転契約も有効であるとする判例［判例3］[16]がある。その後、最

---

13) 最二小判昭和46・4・9民集25巻3号241頁。
14) 大判明治36・5・12民録9輯589頁。
15) 最一小判昭和28・1・22民集7巻1号56頁。

高裁は、不法原因給付の成立要件について、「強行法規に違反した不適法なものであるのみならず、更にそれが、その社会において要求せられる倫理、道徳を無視した醜悪なものであることを必要と」するとして[17]、単なる強行法規違反の給付は、不法原因給付とはならないとした。この判例以後、新基準に基づき不法原因給付に当たるとされた事案で、返還請求が問題となった最高裁判例はみあたらないが、下級審において、裏口入学資金の返還合意が問題となったものがある。これらの事案では、事前の返還合意［判例4］[18]についても、事後の返還合意［判例5］[19]についても、合意に基づく返還請求は認められないとしている。不法原因給付規定については、合意を一切認めないとするもの（［判例4］［判例5］）、返還合意は認めないが別の形での給付は認めるとするもの（［判例1］）、事後的な合意は有効とするもの（［判例2］［判例3］）と様々なニュアンスのものがある。返還合意を一切認めないとすると、708条は、絶対的強行規定ということになるが、条件付きで認めるということになると強行規定でも弱い強行規定ということになろう。なお、事後の返還合意を認める［判例4］［判例5］は、いずれも強行法規違反の事例に関するものであり、単なる強行法規違反は不法原因給付にはならないという今日の最高裁判例の考え方に従えば、そもそも不法原因給付とはされない可能性が高い。今日の最高裁の基準で不法原因給付とされるような不法性の強い契約についても最高裁は返還合意の有効性を認めるのであろうか[20]。

5 不法行為規定

不法行為規定についても、それが強行規定か任意規定かについて直接論じるものは少ない（前掲2参照）。不法行為と私的自治の関係について論じた学説を

---

16) 最二小判昭和28・5・8民集7巻5号561頁。
17) 最一小判昭和37・3・8民集16巻3号500頁。最二小判昭和35・9・16民集14巻11号2209頁も同旨。
18) 東京地判昭和56・12・10判時1028号67頁。
19) 東京高判平成6・3・15判タ876号204頁。
20) 学説については、牛尾洋也「不法原因給付の返還特約」法学セミナー684号（2012年）29頁参照。

みると、四宮『事務管理・不当利得・不法行為』では、不法行為制度は、調整請求権によって、権利の救済を図り、私的自治の原則を裏から保障する機能を営む制度であることを前提に、「他人の『権利』を侵害して損害を与えた者に一定の要件（帰責事由の存在）のもとに損害賠償義務を負わせることによって、被害者に生じた侵害の結果を調整しようとする制度であ」り、「権利保護の機能は明白であ」るとしている[21]。また、澤井『事務管理・不当利得・不法行為』では、「不法行為も違法行為の抑止・原状回復を目的とするが、刑法・行政法のように公権力を通じてではなく、平等な私人相互の私的自治によって実現しようとしているところに特徴がある」と述べている[22]。四宮説のように、利害調整というところに重点を置くと、当事者による利害調整（合意による法律規定の変更）も認められてよさそうだと思われる。また、澤井説のように、私的自治を通じて違法行為の抑制・原状回復を図る制度という観点からは、これが任意法・強行法の問題といえるかはともかく、被害者あるいはその遺族は、損害賠償を求めない自由、損害賠償額を減免する自由があり、その点で刑事法のような公法とは異なるということになろうか。

それでは、当事者の意思によって不法行為規定の内容を変更することは可能か。これには、①「無断駐車禁止・駐車した場合は〇〇円を申し受けます」「無断で当家の敷地内に入った場合には、転倒して負傷・死亡した場合にも一切の責任を負いません」という看板等によって、一方的に損害賠償額を定めたり、責任免除を宣言したりした場合に、その宣言は効力を有するかという問題と、②当事者の合意によって不法行為規定の適用を排除できるかという問題がある。

まず、①当事者の一方的宣言によって不法行為規定の内容を変更できるかという問題であるが、一方的に損害賠償額を定める被害者の一方的宣言は、「当事者間に事前の法律関係がない不法行為法上意味を有さない」[23]とされる。このことは、一方的な免責の宣言についても同じであろう。ただ、権利放棄（例えば、被害者の側からの不法行為責任の免除）のような場合には、相手方の利益を

---

21) 四宮・前掲注8) 4頁。
22) 澤井・前掲注9) 3頁。
23) 窪田充見『不法行為法』（有斐閣、2007年）152頁。

害するものではないから、効力を認めてもよいのではないかと考えられる。

②当事者の合意によって不法行為規定の適用を排除することができるかという問題については、窪田『不法行為法』において論じられている。そこでは、まず、被害者の承諾・同意によって不法行為責任が免責されるかという問題について、刑法の議論を借用しつつ、「被害者が承諾した以上、原則として、当該行為は不法行為とはならない（不法行為責任は成立しない）」と考えられるとし、従来、「生命や身体に関するような承諾は、不法行為責任の排除をもたらさない」とされていることについては、「不法行為責任の中心にあるのは、まさしく被害者と加害者との関係であ」り、身体侵害への同意が、「社会的に許容されるべきことではないという評価と、被害者から加害者への損害賠償請求権の行使を認めるか否かということは、質を異にする問題である」から、「同意や承諾の完全性や任意性ということが慎重に検討されるべきこと」を前提として、「生命身体への侵害の場合も含めて、被害者の承諾は不法行為責任の免除をもたらすものと」考えてよい、とされている[24]。また、免責約款による不法行為責任の減免については、「当事者間で、責任についての合意をなす場合、その合意は、契約責任に限定されるとすると不都合であるし、合意の実質的な意味も失われる」から、このような免責条項は、「不法行為責任についても原則として有効である」が、「約款という形式で提供される免責条項が、当事者間において許容できないような不公平な結論をもたらす」場合には、その有効性は否定されるとして、「ひとつは、故意または重過失についてまで免責するというような条項の有効性は認められない」、もうひとつは、「生命身体の侵害にかかわるような免責条項の効力は認められない」。なぜなら、生命身体に対する事前合意が有効であるためには、同意や承諾の「完全性、真摯性」が要求されるが、「免責約款をもって、こうした同意と同視することはできない」からだとされている[25]。

次に、免責約款による不法行為責任の減免に関する判例をみてみる。判例は、まず、運送取扱人の責任が問題となった事案について、大審院も最高裁も債務

---

24) 窪田・前掲注23) 250頁以下。
25) 窪田・前掲注23) 250頁以下。

不履行責任と不法行為責任の競合を認めている。判例では、宅配便にダイヤモンド等の加工品の運送を委託したところ、運送中に紛失事故が生じたので、荷受人が宅配業者に不法行為に基づき損害賠償を請求した事案について、故意・重過失がない限り、損害賠償額を責任限度額に限定する宅配便約款は、運賃を可能な限り低い額にとどめて宅配便を運営していく上で合理的なものであるとした上で、「責任限度額の定めは、運送人の荷送人に対する債務不履行に基づく責任についてだけでなく、荷受人に対する不法行為に基づく責任についても適用されるものと解するのが当事者の合理的意思に合致する」「荷受人も、少なくとも宅配便によって荷物が運送されることを容認していたなどの事情が存するときは、信義則上、責任限度額を超えて運送人に対して損害の賠償を求めることは許されない」としている。また、ホテルの宿泊客が宝飾品の入った荷物の客室への運搬をベルボーイに託したところ、荷物が盗まれたので、宿泊客が不法行為に基づき損害賠償を請求した事案について、貴重品の明告がなかった場合には、15万円を限度として損害賠償をするという責任制限約款は、「ホテル側に故意又は重大な過失がある場合には適用されない」とし、その理由として、「ホテル側に故意又は重大な過失がある場合に、本件特則により、Ｙの損害賠償債務の範囲が制限されるとすることは、著しく衡平を害するものであって、当事者の通常の意思に合致しないというべきである」としている。不法行為責任の期間制限については、船荷証券所持人がいわゆる保証渡しによって運送品引渡請求権を侵害されたとして、海上運送人に債務不履行ないし不法行為に基づき損害賠償を求めた事案について、「いかなる場合においても、運送人は、運送品引渡しの後、あるいは引き渡されるべき日の後1年以内に訴訟が提起されないときには、運送品の不着、誤渡、遅延、滅失又は損傷についての一切の責任を免除される」旨の規定は、「『いかなる場合においても、運送人は、……一切の責任を免除される』と規定しているので、不法行為責任を除外する趣旨ではない」として、約款の期間制限に関する規定が不法行為にも適用され

---

26) 大判大正15・2・23民集5巻108頁、最三小判昭和38・11・5民集17巻11号1510頁。
27) 最一小判平成10・4・30判時1646号162頁。
28) 最二小判平成15・2・28判時1829号151頁。
29) 東京高判平成7・10・16金法1449号52頁。

るとしている。免責約款・責任制限約款については、故意・重過失に関する約款の効力を否定する他は、不法行為責任についても約款による責任の減免を認めているようである。[30]

6　結びにかえて

　法定債権については、当事者意思が問題となる場面は多くないが、当事者意思が問題となる場面においては、法定債権規定を強行法規であるとして、当事者意思を排除しなければならない場面は、必ずしも多くないのではないかと考えられる。

　まず、事務管理規定については、その機能は当事者の利益調整にあることや契約責任との連続性が論じられており、そうだとすれば、当事者の合意によって（事前合意は考えにくいから事後的合意ということになろうか）、法律規定を排除することができると考えてもよいのではないかと考えられる。不当利得規定については、侵害利得（この場合は事前の合意は考えにくいから、事後的合意が問題となる）についても、給付利得についても、当事者の合意による法律規定の排除の有効性を肯定してもよいのではないか。ただ、不法原因給付規定については、その制度趣旨といかなる給付が不法原因給付となるかに関する考え方の違いによって、どこまで合意の有効性を認めるかが変わってくると考えられる。不法行為規定については、基本的に、当事者の合意による法律規定の排除を肯定してもよいのではないか。ただし、当事者意思による不法行為責任の減免を肯定するためには、特に被害者の生命・身体に対する侵害が問題となる場面では、当事者意思の完全性・真摯性が必要とされる。

　以上のような検討結果を前提とすれば、法定債権規定は、強行規定であるという従来のイメージと異なり、任意規定であると考える余地が大きくなるのではないかと考えられる。ただ、本研究会でも強行法規とは何かについて必ずしもコンセンサスがあるわけではなく、今後さらに議論を積み重ねていく必要があるという段階なので、現在のところでは、結論は留保しておく。

　30）牛尾洋也「不法行為責任の免責条項」法学セミナー684号（2012年）30頁参照。

12
判例・学説にみる
親族編・相続編規定の強行法性

前田　泰

［Ⅰ　親族編］

1　はじめに

　親族編規定の強行法規性を直接に論じる判例・学説は、あまり見当たらない。最上級審判例としては、最二小判昭和25・12・28民集4巻13号701頁が、いわゆる「藁の上からの養子」に関して、縁組の届出を要件とする規定（民法799条・739条）は強行法規であるから、虚偽の嫡出子出生届を養子縁組届とみなすことはできないと判決したが、この他には見当たらない。学説においても、例えばこの昭和25年最判に関して、その結論への賛否や「無効な身分行為の転換」理論との関係等は大いに議論されたが、届出要件規定の強行法規性の有無が議論されることはなかった。他の問題に関しても特定の規定の強行法規性に関する議論はあまり見当たらない。
　そこで本稿では、強行法規性が語られる若干の場面に加えて、親族編の規定とは異なる当事者の合意または行為の効力が問題とされる場面をも取り上げて、問題となる原因と親族編規定の強行法規性との関係を併せて検討し整理することにしたい。[1]

2 婚姻の要件

(1) 実質的要件

　婚姻適齢、重婚禁止、再婚禁止期間、近親婚禁止および未成年者に対する父母の同意要件の規定（731〜737 条）に反した届出は受理されず（740 条）、誤って受理されても、父母の同意要件を除いては取消原因となる（743 条）。これに関して、例えば「一夫多妻婚の契約をしてもその契約は無効である」ことを指摘して 732 条を参照する学説や[2]、重婚禁止規定を強行規定の例として掲げる教科書があるが[3]、しかし重婚の届出は受理されず婚姻が成立しないのだから、強行規定違反による無効というよりも、要件が充足されないための不成立である[4]。届出の不受理という点では父母の同意要件等と変わらないから、強行規定とはいえないように思われる。ただし、近親婚の禁止を公序良俗からの要請とみる学説があり[5]、さらに重婚禁止も同様とみれば、取消しの問題は残るが、これらの禁止規定を強行法規とみるべきことになるだろうか。

---

1) 親族編規定の強行法規性に関する一般的な理解の内容については、拙稿「婚姻・親子関係成立規定の強行法性」（本書 22 論文）を参照されたい。なお、鈴木禄弥「親族法・相続法における『協議』について」東海法学 3 号（1989 年）1 頁は、親族法・相続法の規定の多くが強行法規だと普通に説明されていることを前提として、しかし当事者の協議に委ねる規定が多数あるから（763 条、766 条、768 条、769 条、811 条、819 条、878 条、879 条、904 条の 2、907 条）、「この説明は訂正されなければならない」と主張する。しかし、法規定が協議を認めているということ自体は、私的自治の領域の存在を示してはいても、規定の強行法規性に対する直接的な反証にはならないように思われる。
2) 泉久雄「身分法上の契約」芦部信喜他編『基本法学 4 契約』（岩波書店、1983 年）231 頁。
3) 山本敬三『民法講義Ⅰ総則（第 2 版）』（有斐閣、2005 年）230 頁。中川高男『親族・相続法講義（改訂版）』（ミネルヴァ書房、1990 年）38 頁も、婚姻の内容が定型的である例として一夫一婦婚と夫婦同氏を掲げる。
4) 小野幸二『親族法・相続法（第 2 版）』（八千代出版、2001 年）7 頁は、成立要件に違背して婚姻を締結できないことを強行法規性の例として掲げ、泉・前掲注 2）230 頁はこれを契約自由の制限として理解する。
5) 床谷文雄「契約によって親族関係を規律できる限界は、どのあたりに置くべきか」椿寿夫編『講座・現代契約と現代債権の展望(6)』（日本評論社、1991 年）201 頁。

(2) 形式的要件（届出）

　届出を要件とする規定（739条・742条2号）は強行規定であると思われる。なぜなら、明治民法の起草者は、届出を要件とすることが当時の慣行と異なることを承知した上で、法律婚と「私通」を峻別する強い政策的意図に基づいて届出を要件とし、届出のない事実上の婚姻を保護しない明確な意図をもっていたからであり[6]、少なくとも立法当時には強行規定としての性格を有していたといえる。ただし、後の内縁保護の要請および準婚理論により強行法規性が緩和されたとみる余地はある（本書27拙稿「婚姻・親子関係成立規定の強行法規性」参照）。

　なお、冒頭に紹介した昭和25年最判は縁組届の事案であるが、届出要件の強行法規性という表現の背景には婚姻届に対する立法者の強い政策的意図があったと思われる。

3　婚姻の効果

(1) 身上に関する効果

　①夫婦同氏（750条）は、婚姻の効果の定型性の例として示されることがあるが[7]、別姓を主張する届出は受理されないから、効果というよりも実質的要件の規定と同様に解すべきであるともいえる。②同居・協力・扶助義務を定めた752条は強行規定であり、これに反する夫婦間の合意は無効であるとみる学説が多い[8]。強行規定とみる理由は、これらの義務が「婚姻の本質」からの要請であることにある[9]。

(2) 財産的効果

　法定財産制（760〜762条）は、夫婦財産契約により変更可能であるから（755条）任意規定であるが、ただし日常家事債務の連帯責任の761条は第三者に対[10]

---

6) 二宮周平「内縁」星野英一他編『民法講座(7)』（有斐閣、1984年）56頁。
7) 中川高男・前掲注3) 38頁。
8) 中川善之助編『註釈親族法(上)』（有斐閣、1950年）178頁〔於保不二雄〕、青山道夫他編『新版注釈民法(21)』（有斐閣、1989年）358頁〔黒木三郎〕。

する責任を定めた規定であるから強行法規であり、これに反する合意は無効だと解されている[11]。

4　離　婚

期限付きの婚姻の約束は離婚の問題でもあるが、婚姻に付せられた条件や期限は無効であると解されている[12]。相手方の意思に反する離婚は裁判離婚の手続でのみ可能だという意味で770条の強行法規性につながり得る。770条の離婚原因があっても離婚しない旨の特約は、離婚により救済されるべき者の保護を理由に無効であると解され、この意味での強行法規性も指摘されている[13]。

5　親　子

(1) 実親子

婚内実父子関係は772条の嫡出推定に基づいて成立し、この推定を受ける父子関係を争う手段は嫡出否認の訴え（774〜778条）に限定される。これらの規

---

9) 我妻栄『親族法』（有斐閣、1961年）80頁は、「強行法規」の語は用いないが、同居義務は夫婦共同生活の本質的な要素であるから、別居の合意自体は無効であると説明する。同居義務の内容の問題であるが、「子を生まない」という夫婦間の合意につき、泉・前掲注2）231頁は婚姻の本質に反するから無効だと解する。これに対して床谷・前掲注5）は、男女関係の多様化を強調し（202頁）、「生殖は……現在では必ずしも婚姻の目的となっているものではない」とみてこの合意を有効視した上で、さらに、性関係をもたない合意も一定の条件で有効性を認める（204頁）。

10) 夫婦財産契約の要件規定（755条ないし759条）の強行法規性は問題である。さらに、夫婦財産契約は実際にはほとんど利用されておらず、そして他に修正の方法はないのだから、法定財産制の規定は、事実上は強行法規に近いともいえる。

11) 三島宗彦「日常家事債務の連帯責任」中川善之助教授還暦記念『家族法大系Ⅱ』（有斐閣、1959年）239頁。我妻・前掲注9）109頁、中川善之助『新訂親族法』（青林書院新社、1965年）245頁および前掲注8）『新版注釈民法(21)』444頁〔伊藤昌司〕は、強行規定の語は用いないが、761条の責任を夫婦財産契約で排除することはできないと解する。なお、大村敦志『家族法』（有斐閣、1999年）55頁、58頁は、760条と761条は任意規定であるが「半強行法規化」しているとみる。

12) 我妻・前掲注9）15頁。

13) 床谷・前掲注5）206頁。

定によらずに、例えば当事者の合意によって婚内実父子関係の成否を決めることは認められないから、その意味で強行規定であるが、この観点からの議論はない（拙稿・本書22論文「婚姻・親子関係成立規定の強行法性」参照）。

　婚外父子関係は認知により、裁判認知に関しては「認知請求権の放棄」の議論がある。相当な対価を得て子の側が認知請求権の放棄を約束しても、通説・判例はこの約束は無効であると解する。その理由としては、身分権は放棄できない等が主張されてきたが[15]、本稿の観点からは、通説・判例の結論は787条の強行法規性を示しているといえる。

(2) 養親子

　普通養子縁組の要件や離縁に関する規定は、婚姻の要件や離婚と規定の仕方がほぼ同様であり、冒頭に紹介した昭和25年最判を除けば議論はないが、婚姻の要件等に関する上記の記述があてはまることになるだろう。

　ただし、未成年養子の場合には対象となる「当事者間の合意」自体の効力に問題があることが多いだろう。さらに、特別養子縁組の場合には養子は原則として6歳未満であるから、養親子間の合意ではなく、養子の実親と養親との合意の効力が問題になるにすぎない[16]。

6　親　権

　親権の放棄が許されないことの指摘は少なくないが、その理由としては義務

---

14) 鈴木禄弥「23条制度と身分権の処分」ジュリスト271号（1964年）16頁は、実親子関係でも生物学的親子関係と法的親子関係は完全に一致せず、この食い違いを消滅させるか否かは特定の当事者の意思に依存しているから、実親子関係でも意思の支配が認められると解する。

15) 議論の整理として中川善之助他編『新版注釈民法(23)』（有斐閣、2004年）323頁〔前田泰〕参照。

16) 特別養子の要件は適法な審判をするための要件であり、届出の受理要件である婚姻や普通養子縁組の要件規定より強行法規性は強いというべきだろう。なお、要件違反の特別養子を認めた不適法な審判が即時抗告の期間経過により確定した場合には、要件違反の婚姻や普通養子縁組のように取消しを求めることはできないが、準再審が認められるべきであると解されている（大森俊輔「817条の2の注釈」中川善之助他編『新版注釈民法(24)』（有斐閣、1994年）598頁）。両者の要件規定の強行法規性には強弱の差はあるが、類似性もあるといえるだろう。

170　Ⅱ　判例・学説にみる民法規定の強行法性

を伴う身分権の放棄が許されないことが掲げられる[17]。しかし本稿の観点からは、親権の辞任にやむを得ない事由と家裁の許可を求める 837 条の強行法規性がここに示されており、さらにこの規定を通じて親権者（または親権行使者）に関する規定（818 条・819 条・823 条等）の強行法規性が生じているとみることができる。

7　扶　養

　扶養義務の放棄を伴う特約は扶養請求権の処分を禁止する 881 条により禁止されると解されており[18]、ここに 881 条の強行法規性が示されている。さらに本稿の観点からは、この規定を通じて扶養義務者に関する 877 条に強行法規性が生じているとみることができる。ただし審判例には、離婚後に子の養育費を父に請求しないという父母の合意につき変更を認める例が多数存在するが、そこでは扶養規定違反のため合意が無効だという理由は示されておらず、むしろ、一定程度以上の事情変更を要件としている[19]。その理由は、子自身の扶養請求権の放棄が許されないことを前提として、扶養義務者である父母間の費用分担の問題と解されていることにあると考える。

---

17) 久貴忠彦『親族法』（日本評論社、1984 年）15 頁、川井健（川井＝久貴編）『親族法・相続法』（青林書院、1988 年）7 頁および川井健他編『民法(8)親族（第 4 版増補補訂版）』（有斐閣、2000 年）9 頁〔石川恒夫〕は、親権を例として身分権の放棄が許されない旨を記述する。身分権一般につき、深谷松男『現代家族法』（青林書院新社、1983 年）27 頁は弱者保護的性質と義務的性質を指摘して放棄が許されない旨を記述し、小野・前掲注 4）12 頁も放棄できない旨を記述する。なお、認知請求権の放棄に関する議論につき前記 5(1)参照。

18) 有地亨「扶養契約」『契約法大系Ⅴ』（有斐閣、1963 年）271 頁、上野雅和「扶養契約」遠藤浩他編『現代契約法大系(7)』（有斐閣、1984 年）275 頁。

19) 大阪高決昭和 56・2・16 家月 33 巻 8 号 44 頁等。さらに、養育費を負担しないことが離婚合意の重要な要素であった場合などには、特別な事情がない限り変更を認めないとする審判もある（福岡家小倉支審昭和 55・6・3 家月 33 巻 8 号 62 頁等）。

[Ⅱ 相続編]

1 はじめに

　一般的に強行法規性の内容や基準は、民法91条の反対解釈を根拠に説明されることが多いため、民法総則の教科書で通常は説明されることになる。そしてそこでは、相続法の強行法規性については、親族法とほぼ同一に扱われ、「親族法・相続法は一般に強行法規である」と説明されることが多い[20]。ところが、相続法のどの規定が強行法規であるのかに関する具体的説明はそこにはほとんど見当たらない。そして、相続法の教科書の方では「相続法は一般に強行法規である」旨の説明自体が見当たらない。「相続法の強行法規性」は、具体的にはどの規定に由来するのだろうか。

2 強行法規性に直接関係する判例・学説

　最上級審で相続編の規定の強行法規性に関して直接の言及があった例は、次の2件しか見つけることができなかった。
　①最二小判昭和59・4・27民集38巻6号698頁の反対意見。この判決の法廷意見は、熟慮期間の起算点を「相続人が相続財産の全部もしくは一部の存在を認識した時又は通常これを認識しうべき時」と解することにより、相続開始を知ってから1年以上経過していたが、相続財産が全く存在しないと信じていた相続人の相続放棄を認めた。これに対して反対意見は、熟慮期間の経過による単純承認を定めた規定（915条1項・921条2号）は「強行法規」であると主張したが、そこでは強行法規性の根拠や内容は説明されていない。
　②最大決平成7・7・5民集49巻7号1789頁。この決定の法廷意見は、婚

[20) 筆者が参照した標準的な民法総則の教科書18冊中13冊がこの旨を記述していた。拙稿・本書22論文「婚姻・親子関係成立規定の強行法性」参照。

外子の法定相続分を婚内子の2分の1とする900条4号ただし書前段の合憲性を認めたが、その理由の1つに「法定相続分の定めは、遺言による相続分の指定等がない場合などにおいて、補充的に機能する規定である」ことを掲げた。さらに補足意見は、900条は遺言がない場合の補充規定であり強行規定ではないことを法廷意見の理由に加え、反対意見は、900条は強行法規ではないがそれでも違憲であると主張した。

上記①・②の判決・決定はいずれも、その結論への賛否を含めて大きな議論を生じさせ、特に②判決は、最大決平成25・9・4民集67巻6号1320頁により判例変更され、900条4項ただし書前段は違憲と判断されて、さらに削除されるに至った（平成25年法律第94号）。しかし、上記の各規定の強行法規性に関しては特に議論されることはなかった。なお、下級審には遺留分減殺の順序を定めた1033条の強行法規性を認めるものがあり[21]、これを紹介する教科書等がある[22]。

3　法定相続規定と遺留分制度の強行法規性

(1)　はじめに

上記2の他には相続編の規定の強行法規性に直接に関係する素材を見つけることができなかった。そこで本稿では、相続法の強行法規性に関係する可能性のある素材として、(a)法定相続規定と(b)遺留分制度を検討することにしたい。この両制度が相続法の強行規定性のイメージを形成する基礎であると思われるからである（遺留分につき964条参照）。両制度につき、まず、以下の(2)で法規定を変更する契約の効力に関する議論を整理し、次に(3)において遺言自由を制約する枠としての強行法規性を検討する[23]。

---

21) 高松高決昭和53・9・6家月31巻4号83頁。
22) 中川善之助＝泉久雄『相続法（第4版）』（有斐閣、2000年）673頁等。
23) 伊藤昌司『相続法』（有斐閣、2002年）3頁以下は、戦後のわが国の学説が遺言自由主義を強く主張し、遺言が家督相続に代わって家族主義的な遺産承継の機能を果たしてきた結果、民法規定に基づく相続人間の平等が瀕死の状態にあるとみる。

(2) 変更契約の効力

(a) 法定相続規定

(i) はじめに

　法定相続の内容を変更する契約については、法定相続の内容と異なるすべての相続契約が問題になるが、かような契約には少なくとも一部の相続放棄が含まれ、従来の議論は主に相続開始前の相続放棄の可否について行われてきたから、ここでの整理もこれが中心になる。さらに1947（昭和22）年改正により、相続開始前の遺留分の放棄には家庭裁判所の許可を要する旨が規定され（1043条）、相続開始前の相続放棄に関してもこれとの関係が論点の1つになるため、学説は戦後のものを主な対象とする。

(ii) 無効説

　通説・判例は、相続開始前の相続放棄も、これを含む相続契約（相続分譲渡）も、無効であると解する。その理由は、①ドイツ法と異なりわが民法はこれを認めていない[24]、②遺留分と異なり相続開始前の相続放棄を認める規定がない[25]、③相続開始前の推定相続人は処分できる権利を有していない[26]、④相続は義務を含むから明文規定なしで放棄はできない[27]等と並んで、⑤相続人が誰かは、他の親族、被相続人・相続人の債権者・債務者、世人一般、国家等に対しても影響するから、相続人の資格・順位等の規定は公の秩序に関する強行規定であ

---

24) 家督相続に関する大審院判例には有効・無効の両者があったが、下級審の多数は戦前から無効説である。判例の状況につき、床谷文雄「将来の相続財産に関する契約」神戸女学院大学論集32巻3号（1986年）41頁参照。
　無効学説には、近藤英吉『相続法論』（弘文堂書房、1938年）655頁、穂積重遠『相続法　第二分冊』（岩波書店、1947年）249頁、於保不二雄『相続法』（ナショナルブック、1949年）93頁、永田菊四郎「相続放棄契約について」日大法学16巻6号（1951年）360頁、谷口知平「第4章　相続の承認及び放棄　総説」中川善之助編『註釈相続法(上)』（有斐閣、1954年）223頁、槙悌次「相続分および遺留分の事前放棄」『家族法大系Ⅶ』（有斐閣、1960年）290頁、高野竹三郎『相続法要論』（成文堂、1979年）185頁、青山道夫『改訂家族法論Ⅱ』（法律文化社、1971年）319頁、村崎満「相続開始前における相続人間の相続契約の効力」東京家裁身分法研究会編『家事事件の研究(2)』（有斐閣、1973年）184頁、谷口知平他編『新版注釈民法(27)』（有斐閣、1989年）587頁〔山木戸克己＝宮井忠夫〕等がある。
25) 穂積・前掲注24) 249頁。
26) 於保・前掲注24) 93頁。
27) 於保・前掲注24) 93頁。
28) 永田・前掲注24) 360頁。

り、当事者の契約で除外することはできないことが掲げられている[29]。最後の⑤によれば、法定相続人・相続分に関する多くの規定が強行法規になる。

(iii) 有効説

生前の相続放棄契約も有効と解する学説は少数であり、その根拠は、意思主義を強調して相続の根拠を被相続人の意思に求める学説[30]を除けば、必ずしも明瞭ではない[31]。有効と解する帰結は、放棄者に、相続開始後の家庭裁判所への放棄の申述を義務づけ、その義務違反の場合に遺産分割の考慮事項とすることにとどまるようである[32]。ここでは、相続放棄規定の任意法規性は主張されていない。

(iv) 小　括

前記(ii)⑤の学説によらなくても、相続開始前の相続放棄を含む相続契約を無効と解する通説・判例の帰結を強行法規との関係でみれば、まず、熟慮期間内に家裁に申述する方法以外には相続放棄は許されないという面から915条・938条の強行法規性がここに示されている（前記2①の昭和59年最判の反対意見参照）。次に、この強行法規によって、少なくとも一部の相続放棄を含む相続契約は無効であり、その結果、相続人や相続分に関する多くの規定の強行法規性が二次的に生じてくると思われる[33]。

(b) 遺留分制度

1043条の手続によらない遺留分の放棄契約が無効であると解されることは、前記(a)と同様であると思われる。そしてここには、1043条の強行法規性とこ

---

29) 永田・前掲注24) 361頁。
30) 高梨公之「相続と被相続人の意思」小池隆一博士還暦記念『比較法と私法の諸問題』（慶應通信、1959年）203頁。
31) 床谷・前掲注24) 52頁は、相当な対価が支払われて遺産分割の名に値する場合には有効と解する。
32) 右近健男「相続ないし持分の放棄契約は、どのように考えるべきか」椿寿夫編『講座・現代契約と現代債権の展望(6)』（日本評論社、1991年）223頁は、家業に関する財産がある場合に限定して、相続分全部についての放棄を認める。
33) 相続開始後の遺産分割協議等において事実上の放棄が可能であるが、判例を前提にすれば少なくとも第三者への対抗力や債権・債務の承継について相続放棄としての効力（939条）は生じないから、ここでは区別して考える。対抗力につき、最三小判昭和46・1・26判時620号45頁および最二小判昭和42・1・20民集21巻1号16頁参照。なお、相続放棄に基づく他の共同相続人の相続分の変動につき、拙稿「相続と第三者保護」法律時報83巻1号（2011年）47頁参照。

れを通じての遺留分制度の強行法規性が示されている。

(3) 遺言自由との関係
(a) 法定相続規定
前記(2)(a)の帰結は相続放棄の可否という相続人側の事情による。これとは関係なく、遺贈等により被相続人の意思による法定相続分の変更が可能であるから、この意味で、遺留分に重ならない部分の法定相続規定は任意規定である[34]。

(b) 遺留分制度
関連する議論が見つからないままの試論になるが、遺言自由を制約する枠としての遺留分制度の強行法規性には、次のような疑問がある。

（ⅰ）遺留分を侵害する遺贈・贈与は当然に無効となるわけではなく、減殺請求権を行使するか否かは遺留分権利者の意思に委ねられている。この点から、遺留分制度それ自体が遺言自由を制約しているのではないといえるだろう。

（ⅱ）減殺請求と同じように単独行為あるいは形成権と解されている法律行為の取消（権）や契約の解除（権）[35]も、それぞれの原因となる行為が当然に取消し・解除の効果を生じさせるのではなく、取消権者や契約当事者によるそれぞれの手続が必要である。

しかし、強行法規性の観点から、判例を前提としてこれらと比較すれば、類似する点もいくつかあるが、対象となる行為を否定する力が、以下の点で遺留分制度の方が取消し・解除より弱いと思われる。①事前の権利放棄が制度として認められている（1043条）。②権利の行使・不行使の選択につき、取消権の場合は有利な取引の有効化、解除権の場合には履行請求と塡補賠償の選択等について、いずれも合理的判断を前提とする選択権と解し得る。しかし、遺留分侵害行為は遺留分権者に一方的に不利益を生じさせ、減殺請求権の不行使はこの不利益を甘受することを意味するにすぎず、選択権の合理性に質的な差があ

---

[34] 大村敦志『基本民法Ⅰ』（有斐閣、2001年）66頁は、法定相続人以外の者へ遺贈が可能であるから886条ないし890条は任意規定だと説明するが、そこでは遺留分の制度には触れられていない。前記2②の平成7年最大決も同様である。

[35] 形成権＝物権説（判例）によれば減殺請求権が行使された遺留分侵害行為は減殺の対象となる部分が無効になるから、その効果において取消し・解除とは同一ではないが、無効主張権の問題を含めて、ここでは検討を留保する。

るといえる。③消滅時効の期間が短い（126 条・167 条 1 項に対する 1042 条）。④遺留分減殺請求権行使の効果は、形成権＝物権説（判例）に立ち、かつ、遡及効を肯定したとしても、受遺者等は価額弁償が可能であり（1040 条・1041条）現物返還の可否は受遺者等の意思・対応に依拠せざるを得ない。家産の承継・維持を否定することを理由として価額弁償への傾斜を指摘する有力説もある[36]。

(iii) 小　括

取消し・解除の制度の強行法規性の検討は留保せざるを得ないが、ここでのわずかな検討からは、類似すると思われるこれらの制度よりも、遺留分制度は対象となる行為を否定する力が弱いといえるだろう。そして、侵害行為の効力を否定する力の弱さは、この面における遺留分制度の強行法規性の弱さを表していると思われる。そうであるとすれば、902 条 1 項ただし書および 964 条ただし書の強行法規性には、少なくともこの点を留保しなければならないだろう。

(4) **おわりに**

相続放棄を含む法定相続規定や遺留分制度は、相続人を含めた当事者による変更契約を無効にするという面では強行規定である。しかし、被相続人による遺贈等に対しては、(a)法定相続規定は任意規定であり、(b)遺留分制度に強行法規性があるとしてもその程度は弱いといわざるを得ない。強行法規性に最も関連すると思われる領域におけるこの状況からみて、「相続法の強行法規性」を語る際にはその根拠と内容を具体的に示す必要性が常にあるように思われる。

相続人と被相続人とのいずれに対するかで強行法規性の程度に差が生じるとすればこれも興味深いが、相続放棄契約や相続契約は被相続人と相続人との合意が一般に想定されているのだから、むしろ問題は被相続人の意思を実現する手段が遺言に限定されていることにあるように思われる。そうであれば、「遺言という方法」ないし「遺言制度」の強行法規性が次に検討されなければならない。

---

36) 中川善之助他編『新版注釈民法(28)（補訂版）』（有斐閣、2002 年）514 頁、520 頁〔高木多喜男〕。

III

民法個別規定の強行法性

13
法人法規定の強行法性

織田博子

1　はじめに

　従来、非営利法人に関する法規定が強行規定なのか任意規定なのかに関する議論は、ほとんど行われてこなかった。これに対して、近年、会社法の分野では、定款自治（会社法規定の任意法規化）に関する議論が盛んになってきている。2005（平成17）年新会社法では、立法により大幅な定款自治の拡大が図られたとされている。[1] 法人法規定の強行法規性に関する議論は会社法分野の研究が先行しているといえる。そこで、本稿では、会社法分野における定款自治（会社法規定の任意法規化）および強行規定と任意規定の区別の基準に関する議論を概観し、それが非営利法人にどの程度当てはまるのか、非営利法人規定の強行法規性・任意法規性をどのように考えるべきかを検討することとしたい。

2　会社法における議論

　かつて、株式会社法の規定は外部関係に関するものも内部関係に関するものも原則として強行規定であるとされてきた。[2] 商法規定には、営利活動自体を規整する行為法とそのための組織ないし設備を規制する組織法（会社法）があり、

1）稲葉威雄「定款自治とその限界」法学セミナー633号（2007年）21頁。

行為法は原則として任意法規であるが、組織法は原則として強行法規であるというのである[3]。そして、この論拠が説得的であったためか、その後、この問題に関する議論は行われず、会社法規定は強行法規であるという定式は、永年、当然のごとく受け入れられてきた[4]。

一方、わが国の中小企業の多くが株式会社として設立されながら、会社の内部関係が人的会社のそれとして運営されている実態を前にして、学説は、会社法の規定を遵守していない小規模閉鎖会社の法規整はどうあるべきかという課題に取り組み、その取り組みにおいて、所有と経営が分離しておらず、少数の固定株主間に信頼関係が成り立っているという一定の条件に当てはまる株式会社について、会社法の規定と異なる合意の効力をどのように考えるべきかが検討されてきた[5]。

1980年代後半に、アメリカにおいて「法と経済学」アプローチによる会社法は「契約の束」と捉える思想が議論されるようになった。この思想は、「契約自由が関係者の富の最大化をもたらす」との考えを基礎に、会社法は原則として任意法規（株主間契約の自由、定款自由）であるべきだと主張した[6]。わが国でも、定款自治が広く認められているアメリカ会社法の下で、ベンチャー企業等が成功を収めているという現実を前にして、会社法の任意法規化（定款自

---

2) 田中耕太郎『改訂会社法概論（上）』（岩波書店、1955年）226頁、鈴木竹雄『新版会社法（全訂5版）』（弘文堂、1994年）30頁、鈴木竹雄＝竹内昭夫『会社法（第3版）』（有斐閣、1994年）34頁等。

3) 田中耕太郎「組織法としての商法と行為法としての商法」法学協会雑誌43巻7号（1925年）1頁以下。鈴木竹雄「商法における組織と行為」田中耕太郎先生還暦記念『商法の基本問題』（有斐閣、1952年）91頁以下。ただし、田中説は、組織法の強行法規性の基礎を営利活動の確保（取引安全）に求めたのに対し、鈴木説は、田中説は「対外関係に関する法規については当てはまるが、対内関係に関する法規については必ずしも妥当しない」として、対内関係法規に関する法規の強行法規性の基礎を、取締役の背任行為ないし多数者の少数者圧迫防止（弱者保護）に求めた。

4) 田邉真敏『株主間契約と定款自治の法理』（九州大学出版会、2010年）224頁。

5) 田邉・前掲注4) 225頁。

6) 江頭憲治郎『株式会社法』（有斐閣、2006年）52頁。ただ、アメリカにおいても、この考え方が全面的に受け入れられているわけではなく、会社法のかなりの重要部分は強行法でなければならないという伝統的立場からの反論も展開されている（前田雅弘「会社の管理運営と株主の自治——会社法の強行法規性に関する一考察」川又良也先生還暦記念『商法・経済法の諸問題』（商事法務研究会、1994年）151頁）。

治）に関する議論がされるようになってきた。そうすると、会社法の規定のうち、どの規定が定款自治になじむ規定で、どの規定がそうでないかを判定する必要が生じ、その判断基準が議論されることになる。

　会社法分野では、定款自治の範囲の判断基準として、様々なものが提唱されている。①内部関係と外部関係を区別し、定款自治は主に内部関係について考えるべきで、債権者など会社の外部者に影響を及ぼすものについては強行規定と解すべきであるとする見解[7]、②閉鎖会社と公開会社[8]、少数の出資者の集まりで構成された集団が会社組織化する中小零細企業（大会社の100％子会社や合弁会社も同様）と多数の投資者の投資対象である株式会社（上場企業）に区別し、前者では、対内関係については構成員の自由な選択に委ねてよいが、後者では、標準ルールに従った存在であるべきとする見解[9]、③原始定款と定款変更とを区別し、株主の全員一致を要する原始定款によれば会社法と異なる規定を置いてもよいとする見解[10]、④規定内容を類型化して、類型ごとに強行法規か任意法規かを決めてゆくとする見解[11]等がある。④見解では、類型化の例として、(a)会社統治の権限分配に関する規定、(b)株主の財産的権利に関する規定、(c)株主の議決権に関する規定、(d)株主の参入・離脱に関する規定、(e)取締役の忠実義務に関する規定（取締役の責任規定、利益相反取引規制、株主の帳簿閲覧請求権）等を挙げ、(a)(b)は定款自治になじみやすいが、(c)はいったん変更すると、それ以後の株主の判断が歪められる危険性を内包している。(d)については、株主の参入の局面（株式公開や新株発行）では、情報の偏在が甚だしいので、特に情報開示は強行法的に確保すべきであるとも考えられるが、逆に、それは市場に委ねておけばよいとの考えもあるだろう。株主の離脱権（株式買取請求権）はこれを奪われると定款の不利益変更による損害を株主が避け得なくなる。(e)については、経営者・株主間に情報の偏在があり、契約が長期にわたり、会社経営に

---

7) 稲葉・前掲注1) 23頁、黒沼悦郎「会社法の強行法規性」法学教室194号（1996年）12頁。
8) この区分は、本稿で参照した論文に従ったものであるので、今日の定義とは必ずしも一致しない。
9) 黒沼・前掲注7) 12頁、川村正幸「会社法の強行法規性と定款自治」会社法の争点（2009年）17頁。
10) 黒沼悦郎「会社法ルールの任意法規化と競争」商事法務1603号（2001年）48頁。
11) 黒沼・前掲注7) 12頁以下。

は不測の事態も生じがちであるから、取締役の忠実義務を任意法規として義務の免除を認めると取返しのつかない不利益が株主に生じる。ただ、忠実義務に関する規定には様々なものがあるから、規定の性質に応じてさらに細かい検討が必要であるとする。

以上のように、定款自治が認められる範囲、任意規定と強行規定の区別の基準およびどの範囲で定款自治が認められるかに関して様々な判断基準が提唱されている。ただ、これらの基準は定款自治の範囲について一定の方向性を示すものだとはいえても、この基準によればそれだけで個々の規定の任意規定性・強行規定性が判定できるという段階には至っておらず、多くのコンセンサスを得ているともいえない。そもそも単一の判断基準によってどの規定が強行規定でどの規定が任意規定か、強行規定性・任意規定性の範囲はどこまでかが判定され得るかは疑問であり、複数の判断基準を組み合わせて考察し、各規定毎に検討の結果を積み重ねて決定していかなければならないのではないかと考えられる。この問題については、先行の会社法分野においても、今後議論を積み重ねていかなければならない段階にあるといえよう。

ところで、2005年新会社法は、定款の相対的記載事項に関する規定を多く設けることによって、定款自治の範囲を拡大したとされている。立法担当者は、新会社法におけるすべての規定を強行規定とした上で、「定款自治が認められるべき規律については、その旨が明らかになるような手当を講じ」たとしている。そうだとすると、新会社法では、どの規定が強行規定でどの規定が任意規定か、定款自治が認められるのはどの範囲においてかということが立法により明らかとなり、もはや強行規定と任意規定の区別をどのように決するかという問題は論じる必要がなくなったということになるのであろうか。この立法担当者の見解に対しては、①会社法の各規定が立法担当者の主張するほど厳密に作られているか否かは疑わしい、②会社法が特に定款自治を認めていない限り他

---

12) 黒沼・前掲注7) 12頁以下。
13) 稲葉・前掲注1) 21頁。
14) 相澤哲＝郡谷大輔「新会社法の解説(1)会社法制の現代化に伴う実質的改正の概要と基本的な考え方」商事法務1737号（2005年）16頁、相澤哲＝岩崎智彦「新会社法の解説(2)会社法総則・株式会社の設立」商事法務1738号（2005年）12頁。
15) 松井信憲『商業登記ハンドブック』（商事法務、2007年）78頁。

のオプションをすべて排斥するという立法政策が、はたして正当化できるのか、③定款自治が明文の規定によって認められていても、それがどこまで認められるかという限界に関しては解釈の余地がある場合がほとんどであることを考えると、定款自治の範囲を完全に明確化することなどそもそも不可能である、④立法担当官の「強行規定か否かについて解釈の余地を認めない」との主張は、「私法の基本法の１つである会社法の立法政策として正当なものなのか否かも疑わしい」「裁判所や学説は、立法担当官の主張に拘束されるべきではなく、『立法担当官はそうした意気込みで、規定の明確化のため努力したようだ』という程度に認識すればよいであろう」、⑤強行法規とされている規定もどこまでが強行法規か、条文で定款自治が認められていても、それがどこまで許されるのか、明文の規定がない場合に、どこまで定款で定めることができるのか不明な場合が多く、解釈に委ねられる部分が残っている、といった指摘がされており、今後も、定款自治がどの範囲で認められるかという問題は議論の対象となると考えられる。

3 非営利法人規定の強行法規性

(1) 非営利法人における強行法規性の議論

従来、非営利法人に関する諸規定が強行規定か任意規定かについては、ほとんど議論されてこなかった。民法総則の教科書等で、①「私的自治の前提ないし枠組みに関する規定（法人格、行為能力、意思表示・法律行為に関する規定）」は強行規定である、②「当事者間の関係だけに関する規定は任意法規であるが、当事者以外の第三者の権利関係にも関連する規定は強行規定であ」り、「法人に関する規定にもこの種のものが多い」、③「公益法人や会社に関する規定には、その構成員の利益或いは法人と取引する一般第三者の利益を確保すること

---

16) 神作裕之「会社の機関──選択の自由と強制」商事法務 1775 号（2006 年）41 頁。
17) 宍戸善一「定款自治の拡大と明確化──株主の選択」商事法務 1775 号（2006 年）21 頁。
18) 江頭憲治郎＝門口正人編『会社法大系(1)』（青林書院、2008 年）13 頁〔江頭憲治郎〕。
19) 川村・前掲注 9）17 頁。
20) 四宮和夫＝能見善久『民法総則（第 8 版）』（弘文堂、2010 年）261 頁。
21) 幾代通『民法総則（第 2 版）』（青林書院、1989 年）198 頁。

を目的とする規定があり、それらの多くは強行規定である」[22]、④「公益法人とか登記・戸籍といった、一定の制度や手続をきめた規定は、強行規定ないしこれに近いものである」[23]といった記述がみられる程度である。この問題に関する議論は、会社法の分野が先行しているといえる。ただ、会社は営利法人であるから、会社法の議論が非営利法人にどこまで当てはまるかは問題である。以下、会社法の議論を参照して、非営利法人分野でどのように考えるべきか検討してみよう。

(2) 会社法分野における定款自治の議論は非営利法人にどの程度当てはまるのか

まず、①外部関係に関する規定は強行規定であるべきとの議論は、非営利法人についても当てはまると考えられる。法人関係者以外の第三者との関係については、会社と非営利法人とで別異に考える理由はないからである。ただ、会社法分野においても、事前に情報が公開されていれば、第三者はリスクを予測して取引関係に入ることができるから、不法行為債権者を除けば、必ずしも強行規定と解する必要はないとの指摘もみられる[24]。

②少数株主保護（弱者保護）という視点はどうか。非営利法人の場合も、法人内部における理事の恣意的法人運営や多数者の少数者に対する圧迫防止の必要性がないとはいえないから、この視点は非営利法人にも当てはまるといえよう。ただ、そうであるからといって、内部関係に関する規定がすべて強行規定でなければならないかは問題である。法人の公正で民主的な運営に欠かすことのできない規定については、定款で変更を加えることは妥当でないが、そうでない規定については任意規定と解しても差し支えないと考えられる（ただし、どの規定が欠かすことのできないものであるかをどのような基準で判定するかは問題である）。

③構成員の利益の最大化という視点はどうか。非営利法人では、そもそも構成員に利益分配がなされないのであるから、構成員が財産的利益を得るという

---

22) 川島武宜『民法総則』（有斐閣、1965 年）224 頁。
23) 星野英一『民法概論Ⅰ（序論・総則）』（良書普及会、1990 年）183 頁。
24) 黒沼・前掲注 7) 12 頁。

意味でのそれは考えにくいといえよう。ただ、非営利法人でも、法人の種類や規模、目的等に違いがあるのであるから、必ずしも法の用意した枠組みに従って運営することが効率的とはいえない場合もあろう。

　④閉鎖会社・公開会社、中小零細企業・大規模上場企業によって区別するという基準はどうか。非営利法人にはそもそもこのような区別はないが、法人の種類や規模に着目して強行法規性を考えるという視点は、非営利法人規定の強行法規性を考える上でも有用な視点であるといえる。例えば、公益法人と一般法人とでは、公益法人が寄附や税制優遇を受けることからすれば、一般法人より公益法人の方がより厳格な規律を受けるものと考えられる[25]。また、ある程度の規模を有する法人と少人数で構成される法人とでは、運営の仕方が異なってもよいのではないか。構成員の意思疎通が容易に図れるような少人数で構成される法人には、法人運営において法人法規定の厳格な適用は必ずしも必要ないのではないかと考えられる。

　⑤類型化の観点から、内部的統治に関する権限分配に関する規定は定款自治になじみやすいが、構成員の議決権に関する規定、構成員の離脱に関する規定、取締役（理事）の忠実義務に関する規定（特に、責任規定）は、強行規定であるべきとする見解はどうか。これらの事項については、非営利法人においても概ね事情は同じと考えられるので、会社法の議論が参考になるであろう。

　以上のように、会社法において議論されてきた定款自治の範囲（強行規定と任意規定の区別の基準）に関する議論は、非営利法人規定の強行規定性・任意規定性を検討するにあたっても参考となるものが多い。ただ、会社法分野における議論は一定の方向性を示しているとはいえても、個別の規定についてこの基準に従って判断すれば明確に定款自治の範囲が明らかになるといった決め手になるような基準が提示されているわけではないし、基準の示す方向性についても多くのコンセンサスを得ているわけでもない。個別具体的な非営利法人規定の強行法規性・任意法規性を考えるにあたっては、営利法人と非営利法人の差異を踏まえた上で、会社法分野で提案されてきた判断要素を参考としつつ、

25）佐藤岩夫「非営利法の現状と課題——非営利法の体系化に向けた1つの素描」清水誠先生追悼論集『日本社会と市民法学』（日本評論社、2013年）529頁以下は、非営利法人を「共益型」「公益型」「社会的企業型」の3類型に分類・整理して、法制度のあり方を検討するものである。

(3) 非営利法人規定に関する若干の検討[26]

(a) 法人の設立（法人格の取得）に関する規定

どのような団体ないし財産集合体に法人格を与えるかは、各種の法律に規定されているが、非営利法人の一般法である一般法人法についていえば、一般社団法人・一般財団法人は、法の定める設立手続を履践し、主たる事務所の所在地において設立の登記をすることによって成立し（一般法人22条・163条）、法人が成立してはじめて法人格が認められる。わが国では、自由設立主義をとらず、「法人は、この法律その他の法律の規定によらなければ成立しない」（民法33条1項）としているのであるから、法人の設立に関する規定は強行規定であると考えられる[27]。ただ、法人格が認められない団体・財産の集合体についても、権利能力なき社団・財団として、できるだけ法人に近い取扱いをしようとする考え方が学説・判例上主流となり、団体の財産のうち不動産の登記名義をどうするかという問題を除いては、ほとんどの局面において法人と同様の取扱いを享有するようになった。そうだとすれば、法人設立に関する法人法の諸規定が強行規定だといってみても、実質上は限りなく任意規定に近くなっていると評価することもできよう。ただ、以上の状況は、法人格取得の途が法によって制限されており、法人たる実態を有しながら法人となる途を閉ざされた団体が多く存在するという実態を踏まえたものであったということも忘れてはならない。一般法人法が制定され、多くの社団・財団が法人となることができる途が開かれた今日でも、同様の取扱いをするかどうかは、今後検討していかなければならない新たな問題である。

(b) 残余財産の分配

一般法人法では、社員に剰余金または残余財産の分配を受ける権利を与える旨の定款の定め、財団設立者に残余財産を帰属させる定めはその効力を有しない旨を定めている（11条2項・153条3項2号）。構成員に利益を分配するか否

---

26) 非営利法人にも様々なものがあり、法制度も一様であるとはいえないが、本稿では、非営利法人の一般法ともいえる一般法人法を検討の対象とする。

27) 四宮＝能見・前掲注20) 261頁参照。

かが営利法人と非営利法人の区別の基準とされており、会社法等の規律を受ける営利法人か、一般法人法等の規律を受ける非営利法人かは、この点によって区別されるのであるから、法人の性格づけ（適用法規の相違）に関する根本的な規範であり、当然に強行規定と考えられる（規定自体が「効力を有しない」と強行規定であることを示している）。ただ、一般社団法人、一般財団法人については、その解散・清算の段階では、清算法人の社員総会（一般社団法人の場合）または評議会（一般財団法人の場合）で決議して残余財産をその時の社員または財団設立者に帰属させることを禁じる規定は存しないので、残余財産をその時の社員または財団設立者に帰属させる決議がされた場合、その決議は有効であると考えられている[28]。一方、公益法人では、公益認定を受けるためには、残余財産を「類似の事業を目的とする他の公益法人」等に帰属させる旨の定めを置かなければならない（公益認定5条18号）ので、一般法人のように清算法人の社員総会や評議会の決議によって構成員や財団設立者に帰属させることはできない。一般法人では、定款作成（法人の存続）の段階では、構成員に利益分配をしないという法人の非営利性が貫かれているが、解散の段階では、この原則が崩れているのに対して、公益法人では、法人の成立から消滅までこの原則が貫かれているということになろう[29]。

(c) 社員総会の招集手続

会社については、招集手続規定に反する株主総会の決議も、株主全員がその開催に同意して出席し会議が開かれた場合には有効とする判例がある[30]。形式的には法の規定に反するが、法が構成員に保障した利益が実質的に保障される結果となっている場合には、法に反する処理も有効とする意味での任意法規と解すべきとされているが、このことは非営利法人にも当てはまると考えられる。

---

[28] 四宮＝能見・前掲注20) 93頁。
[29] このような取扱いの正当化については、佐藤・前掲注25) 参照。佐藤によれば、共益型非営利法人では、(a)構成員が会費を支払っており、解散時の残余財産形成に最初に寄与したのは構成員自身であること、(b)寄附やそれに対する税制優遇を受けない共益的団体の場合には、構成員以外に残余財産の分配を求めるより適切な資格をもつものは存在しないことから、非分配制約の例外を認めることに合理性があるが、公益型非営利法人の場合には、公益目的であることを根拠に税制優遇の対象となることが多いから、非分配制約が徹底されるべきであるという。
[30] 最二小判昭和60・12・20民集39巻8号1869頁。

(d) 理事の責任規定

　取締役の責任については、新会社法において、会社に対する責任に関して一定の要件の下に責任を減免する規定が制定され、会社法に倣って、一般法人法でも、理事等の責任の減免規定が置かれている（一般法人112～116条・198条）。取締役の責任関係規定は、取締役の専横・背任行為を防止するという機能を有する一方で、厳しい責任規定を置けば、企業利益を追求するという取締役の決断を抑制し、企業の発展や倒産回避を阻害するという結果を招きかねないという問題も有する。そこで、その妥協点として、法によってどの程度の減免ができるかを規定したものとされている。また、対第三者責任については、会社の外部者に対しては、内部者の合意により責任の減免を決定するのは妥当でないことから、責任の減免規定は置かれておらず、一般法人法においてもしかりである。そして、会社法分野では、取締役の責任規定は強行規定と考えるべきだとされている[31]。以上のような新会社法における考慮は、非営利法人においても同様と考えられるので、理事等の責任に関する規定は、強行規定と考えてもよいであろう。

(e) 退社の自由

　一般法人法においては、社員はいつでも退社することができるとされ、定款に別段の定めを置くことが認められているものの、やむを得ない事由があるときには退社の自由が強行法的に保障されている（一般法人28条）[32]。

4　結びにかえて

　本稿においては、従来、議論されてこなかった法人法規定の強行法規性という問題について、定款自治（会社法の任意法規化）について議論する会社法分野の議論を参考に、非営利法人法規定の強行法規性・任意法規性についてどのように考えるべきか検討してきた。会社法と非営利法人法は、営利を目的とする団体かそうでないか（現在では、構成員に利益を分配するか否かを基準とする）

---

31) 黒沼・前掲注7) 13頁。
32) 神作裕之「一般社団法人と会社――営利性と非営利性」ジュリスト1328号（2007年）42頁。

という点で異なってはいるが、会社法分野における議論は、ある規定が任意規定であるか強行規定であるかを判定する際の判断要素を示すものとして、非営利法人法分野についても相当程度参考になるものと考えられる。ただ、この問題に関して、会社法分野での研究が先行しているとはいえ、会社法分野でもどのようなカテゴリーの規定が強行規定にふさわしいか、任意規定にふさわしいかということを超えて、個々具体的な規定が強行規定か任意規定か、任意規定であるとしてどこまで当事者の合意によって変更できるかという問題にまで踏み込んで十分な議論が尽くされるという段階には達していないことも明らかになったと考える。非営利法人法の個別具体的な規定が強行規定であるのか任意規定であるのか、任意規定であるとして定款自治（合意）によってどこまで法規定を変更できるのかという問題は、会社法分野での議論を踏まえた上で、今後検討していかなければならない課題であるといえよう[33]。

---

[33] 本稿では検討しなかったが、将来、非営利法人法の個別規定の強行法規性を検討するにあたっては、民法の組合規定も視野に入れて考察しなければならないであろう。

14

抵当権の実行方法の強行法性について

青木則幸

1　はじめに

　抵当権の実行は、民事執行法上の競売によるのが通常である。これを強行法と説明することは可能か。

　民法典には抵当権の実行方法に関する規定はない。しかし、旧競売法を前身とする民事執行法には抵当権を典型の1つとする「担保権の実行としての競売」が規定されており、競売は2場面で抵当権の優先弁済権実現に仕える。①抵当権者は抵当権の実行としての競売によって、順位（民373条）に応じた優先弁済権（民369条）を実現する。②他の債権者によって目的不動産について競売が開始され売却があると、抵当権者は自身の競売申立て（民執188条・47条）の有無にかかわらず、抵当権を失い（民執59条1項）、順位に応じた配当に与ることで優先弁済権を実現する。かような競売制度によるのが抵当権の実行方法の本則に当たることには異論をみない。

　しかし、抵当権者が、特約により、競売制度によらず優先弁済権の実現を図る余地については、民法上、規定はないものの、議論が蓄積されてきた。ここには、一見したところ相反する方向性のものが含まれる。一方では、予めの特約による「抵当直流」（流抵当特約と呼ぶ）や合意による任意売却の許容性が説かれる。これによれば抵当権の実行方法の強行法性は弱いということになりそうである。しかし一方では、とりわけ譲渡担保（私的実行を予定）との対比に

おいて、抵当権が競売手続による実行を予定していることの弊害（手続の煩雑・換価額の低廉）が説かれることも少なくない[1]。ここでは、流抵当特約による優先弁済権の実現が競売を圧倒するほどの実用性を認められておらず、抵当権の実行方法を競売とする本則に何らかの意味で強行法的要素が潜む可能性を窺わせる。

本稿では、抵当権の実行方法が当事者の特約ないし合意でどの程度修正され得るのかという点に関する議論の整理を試み、この問題について強行法性を画する理論的要素の抽出を試みたい。

2　契約自由の原則による流抵当特約の承認

抵当直流の特約の承認に関する議論は、民法典起草者の時代に遡る[2]。出発点となったのは、政府原案にはなく起草者の企図しないところで衆議院において挿入された民法349条との関係である。質権に関して債務不履行前の流質契約（処分型・帰属型）を禁ずる規定であるが、流抵当特約にも妥当するのかが問題とされた。

民法典成立後まもなく、梅は349条を「有害無益ノ規定」として手厳しく批判し、次の諸点を指摘する[3]。①自己の利害を衡量して契約を締結することができない者の保護を趣旨とする規定は民法にそぐわない（故に流質契約の禁止の趣旨を「金銭ノ急需ニ迫ラレテ無謀ナル契約ヲナス」者の保護に求むべきでなく、また利息制限法は「老婆心ノ至レルモノニシテ人民ヲ小児視シタル」もので早急に廃止されるべきだからその潜脱になり得ることを趣旨と説明することもできない）、②流質契約の禁止によって金融取引の困難を招くことの弊害（流質契約によって融資を得ることが破産の回避等の点で債務者に有利になり得る）、③利息制限法を前提とする場合には実質上の違反は同法による無効によって解決され得る、④流質契約の禁止は表面上の買戻特約付売買（579条）により容易に潜脱できる、といった点である。梅はここで流抵当特約の有効性には直接触れていない。

---

1) 我妻栄『新訂担保物権法』（岩波書店、1968年）596頁。
2) 近江幸治『担保制度の研究』（成文堂、1989年）72頁。
3) 梅謙次郎『民法要義巻之二』（有斐閣、1896年）404頁。

ただ、⑤流抵当特約や債務不履行後の流質契約が禁止されていないことを所与の事実として 349 条を権衡を欠く規定だと批判しており、349 条が流抵当特約に及ぶとは考えていなかったことを窺わせる。

富井も「立法問題」として、349 条の問題点を説く。①流質契約をしてもなお融資が債務者の利益になり得るから当事者の自由裁断に任せるべきであり、②ただ、「他人ノ窮迫、無経験又ハ浅慮ヲ利用シテ不相当ナル利益ヲ得ントスル弊害ヲ矯ムル為メニ其法律行為ヲ無効トスルコト」は理由があるが民法 90 条で足りる、③流質契約の禁止も利息制限法も容易に潜脱を許すからいずれも廃止されるべきである、とする。その上で、流抵当特約について、349 条を抵当権に準用する規定がないことを挙げ、「此差別ハ何等ノ根拠アルニ非スト雖モ現ニ禁止的規定ナキ以上ハ契約自由ノ原則ニ基キ其効力ヲ認メサルコトヲ得ス」と説明する[4]。

また、判例も夙に大判明治 41・3・20 民録 14 巻 313 頁（農地上の抵当権者による債務不履行があれば元利金額を対償として土地所有権およびその間の収穫物の所有権を取得させる旨の特約の履行請求を認容）が、349 条を抵当権に準用する規定がないとの論拠で流抵当を承認した。

以上の議論は、流質契約禁止規定への批判と共通する契約自由の原則の尊重を前提に、明文の禁止規定の欠如を根拠として、流抵当特約（帰属型・処分型）を一般的に承認したものと評価できる。ここでの基本的態度は、後の判例や学説の解釈に受け継がれていくことになる。ただ、契約自由の原則の徹底ぶりでは梅と富井にも乖離があり、民法 90 条による制限の余地を指摘する富井にしても、契約自由の原則に傾いていた点に注意を要する。

3 抵当不動産の代物弁済予約特約としての制約

(1) 一般的な流抵当特約にみられる、被担保債権の不履行に際し抵当不動産の所有権を移転する旨の合意内容は、代物弁済（482 条）の予約に該当し得る[5]。

4）富井政章『民法原論第二巻』（有斐閣、1914 年）482 頁、583 頁。
5）夙に梅謙次郎『民法要義巻之三』（有斐閣、1897 年）248 頁が指摘。

すなわち、債務不履行後に債権者が予約完結権を行使することにより所有権移転請求権を取得する（狭義の代物弁済予約）。また、期限に弁済しないときに不動産の所有権が移転する旨を約したと構成すれば（停止条件付代物弁済契約）予約完結の意思表示を経ずに移転が生じ得る。代物弁済予約は（流抵当特約としての側面をもち得るにもかかわらず）抵当権の登記事項ではないが、これらの請求権を保全するために仮登記を備え得る（不登旧2条2号、現105条2号）。判例上、大判大正8・2・6民録25巻68頁（抵当権を伴わない類似の契約が担保であることを否定し代物弁済予約と構成した上でその効力を承認）を契機として、特に戦後には、仮登記を伴う抵当不動産の代物弁済予約が多用されるに至る。

判例は当初、抵当権との併用の有無を問わず、代物弁済予約を決済方法の特約と解し、流抵当特約の機能を担う場合にも、契約自由の原則の下その内容は当事者意思に委ねられるとの立場に立った。しかし、㋐種々の問題に直面し、㋑担保視点に立つ学説の鋭い批判を受ける中で、㋒最一小判昭和42・11・16民集21巻9号2430頁（以下「昭42判決」という）が代物弁済予約を独立の担保権と構成する立場に転じ、最大判昭和49・10・23民集28巻7号1473頁（以下「昭49判決」という）にかけて同構成に基づく判例法理を蓄積していく。やがて㋓昭和53年の仮登記担保契約に関する法律（以下「仮担法」という）の制定に至る。

理論的には流抵当特約類似の代物弁済予約から独立の仮登記担保権への展開がみられる。しかし、抵当権と併用される仮登記を備えた代物弁済予約は常に想定され、また仮登記を備えない特約の抵当権設定登記による対抗力は認められていないことから、抵当権者が競売によらぬ実行を目指す特約の効力に影響がある。以下、実行方法の選択に係る問題点ごとに上記㋐～㋓各期の議論を整

6）担保視点は、譲渡担保の受戻権に示唆を得た澤木敬郎「判批〔後掲最二小判昭和31・5・25〕」法学協会雑誌74巻3号（1957年）165頁等の判例評釈に端緒をみる。学説上の体系化は椿寿夫「抵当権・質権の濫用」同『代物弁済予約の研究』（有斐閣、1975年）3頁（初出1962年）、米倉明「抵当不動産における代物弁済の予約」ジュリスト281号（1963年）68頁等に始まり精力的に展開されていく。

7）生熊長幸「仮登記担保法」星野英一編『民法講座(3)』（有斐閣、1984年）241頁が議論を俯瞰する。

8）鈴木禄弥『物的担保制度の分化』（創文社、1992年）249頁（初出1979年）。

理した上で（(2)〜(4)）、この問題に関する契約自由の原則の制約理論の抽出を試みる（(5)）。

(2) 債務不履行発生後の目的物の所有権の帰属に弊害が潜み得ることは早くから認識されていた。

㋐判例でも債務不履行後予約完結権が行使される前に債務者が弁済を提供した場合の、条件成就による所有権移転の可否が争われた。最一小判昭和28・11・12民集7巻11号1200頁は、代物弁済予約が、条件成就によって所有権が移転するとすれば消滅するはずの抵当権と併用されている点から、抵当権の実行と予約完結権の行使を債権者に選択させるのが当事者意思であるとし、抵当不動産の代物弁済予約を狭義の代物弁済予約とする原則を導いた。この構成では、停止条件付代物弁済契約締結の意思が明白であれば認められる（最二小判昭和36・3・3民集15巻3号354頁）。

㋑学説は、当事者意思としては停止条件付代物弁済契約（主）に第三者効等の便宜のため抵当権（従）を併用することもあり得るから当事者意思としては停止条件付代物弁済契約を排除できず、また、狭義の代物弁済予約であっても、債務不履行後に予約完結権の意思表示が早々になされる場合には同様の問題が生じる、むしろ、受戻しをどの時点まで認めるべきかが問題であると指摘。初期には無清算帰属を念頭に現実支配の移転まで受戻しを認める提案もなされたが、清算理論の浸透（後述(3)）に伴いこれと連動されていく（帰属清算について清算通知時説[10]、清算金提供時説[11]等）。

㋒昭42判決は処分清算実行を前提に換価処分前の取戻権を認める。帰属清算との選択説への移行、後者の原則化の中で、昭49判決は処分清算における処分時点・帰属清算における評価清算時点を支払時期としその時点までの受戻権を認めた。㋓仮担法は、清算金見積額の通知から2カ月（清算期間）終了に至るまで受戻しを認める（同11条）。

---

9) 米倉・前掲注6) 74頁。
10) 椿・前掲注6) 63頁（初出1969年）。
11) 小倉顕「判解」昭和45年度(下)972頁、983頁。

(3)　担保視点学説の原動力となったのは、流抵当特約の結果取得される目的物の価格と被担保債権の差額、いわゆる較差の問題意識であった。決済手段としての代物弁済からは無清算帰属が原則となるところ、予約完結権の行使ないし停止条件の成就によって、債権者がこの較差を丸取りするという現象が生じていたのである。

　㋐①判例にも暴利行為として公序良俗（90条）による制約を試みるものがあった。しかし、相手方の窮迫等に乗じてされた法律行為とする判断基準に立脚して、そういえる程度の較差でない場合（当時4倍くらいまでなら公序良俗に反しないという相場があったようである）や、債務者が信念をもって特約に及んだといえる場合（大判昭和13・11・7判決全集5巻22号3頁）には、無効とならないとした。また、②物価高騰により著しい較差が生じた場合に予約完結権の行使について信義則（1条2項）を問題とする試みもあったが、最二小判昭和31・5・25民集10巻5号566頁は（高騰前に債務不履行が生じていた事情もあり）これを容れなかった。③一部弁済により被担保債権額が減じた後に予約完結権が行使される場合にも同様の問題が看取された。下級審は、一部弁済によって残債務と目的物の間に著しい較差が生じる場合の当事者意思を予約完結権の行使をせず抵当権の実行をする意思であると推定するもの（東京高判昭和35・7・5下民集11巻7号1455頁）や、予約完結権の行使をする際に受領した弁済金額の返還をする意思を推定したもの（大阪高判昭和36・2・27判時258号16頁）と分かれたが、最二小判昭和40・12・3民集19巻9号2071頁は、一部弁済があっても予約完結権の行使は妨げられずただ受領金を返還する義務を負うと解するのが当事者意思であるとした。

　㋑学説は、一定の較差の取得を許す点で一般条項による解決に批判的であった。また、当事者意思の推定は、来るべき「事実上の擬制」への萌芽として評価されたものの、解決策の一定しない基準であり法技術的にも擬制にすぎる点

---

12)　最一小判昭和27・11・20民集6巻10号1015頁、最二小判昭和32・2・15民集11巻2号286頁はこの点で公序良俗違反を認定した。
13)　椿・前掲注6）14頁（初出1962年）、林良平他「〈座談会〉仮登記担保取引の実務と問題点（1）」NBL98号（1975年）7頁〔森井英雄発言〕。
14)　椿・前掲注6）15頁（初出1962年）。

で難があった[15]。かわりに、代物弁済予約を担保と構成して清算義務を課すべき旨が説かれるようになる。かような担保視点は、当初①当事者意思の推定の一態様とも説明されたが、②担保を債権回収に必要十分な価値を確保する権利とみて超過額を不当利得とみる理論として理解されるようになり、さらには③不当利得に依拠する必要もないとの提案を受けるに至る[16]。

㋒昭42判決は、代物弁済の「形式を借りて目的物件から債権の優先弁済を受けようとしている」場合（①抵当権との併用・②合理的均衡を失する較差・③特別な事情なし）、債務不履行後に債権者が目的物件を換価処分し、換価金額から優先弁済を受け、超過分を債務者に返済する趣旨であり、実質は担保権と同視すべきとする。(i)清算法理を原則化するものであったが、合理的均衡を失しない範囲で無清算特約の有効性に含みを残しており、また、(ii)処分清算を当然の前提とする点で、学説の議論を呼んだ。昭49判決では（一般論ながら）(i)無清算特約は当事者が別段の意思表示をしそれが諸般の事情に照らして合理的と認められる特別の場合に縮減され、(iii)帰属清算（適正に評価された価額で確定的に債権者に取得させる方法）を原則としつつ、「換価処分の時」（受戻権の消滅要件の点で異論もあるが、清算金の支払時と解されている）に超過金を清算金として債務者に給付すべきであり、債務者はその支払いがあるまで本登記手続義務の履行を拒み得るとした。㋓仮担法は、帰属清算（同2条）を前提に、債務者に対する清算義務を定めこれを債務者の所有権移転登記と同時履行とする。（清算期間経過後を除き）債務者に不利な特約を無効とする（同3条）。

(4) 抵当権者が代物弁済予約により私的実行を目指すとすると、競売が問題となるのは、第三者によって申し立てられる場合である。議論が厚いのは、後順位抵当権等の実行や一般債権者による強制執行が、代物弁済予約の予約完結権行使の前後に開始される場合である（両者を「劣後債権者」という）。

㋐抵当不動産の代物弁済予約を決済手段とする構成では、競売開始と完結権行使の先後を問わず、所有権移転請求権保全の仮登記による順位保全効は当然

---

15) 星野英一「判批」法学協会雑誌83巻7＝8号（1971年）154頁。
16) 米倉明「譲渡担保その他」ジュリスト413号（1969年）51頁、60頁の問いを受けた椿・前掲注6）87頁（初出1969年）、134頁以下（初出1972年）で鮮かに説かれるところである。

視されていた。㋑抵当不動産の代物弁済予約の仮登記を本登記に直すことで後順位抵当権者が無担保に転落する危険とそれが抵当不動産の担保価値のフル活用を妨げる虞を指摘するものもあったが、担保視点学説でも、一旦清算請求権が認められれば劣後債権者の不利益は設定者のもつ差額返還請求権の差押えで解消されるとする見方が強かった。[17][18]

　㋒昭42判決は、(i)仮登記を本登記に直す前に一般債権者が強制執行をした場合につき、代物弁済予約が担保権であることから、債権者の権利主張は被担保債権についての「優先弁済権を主張しその満足をはかる範囲に限られ」それを超える所有権者としての地位の対抗は許されないとの理由で、(処分清算を念頭に)先行して強制執行に着手した債権者に対する本登記手続承諾請求の訴えや第三者異議の訴えが許されないとした。(ii)この場合の配当参加の方法如何とともに、(iii)予約完結権行使までに競売が開始されていない場合の劣後債権者の法的地位が議論を喚起した。後者については、(帰属清算を念頭に)債権者に劣後債権者に対して本登記手続の承諾を求め得ると引換えに直接の清算義務を負うとする判例が現れ（最一小判昭和45・3・26民集24巻3号209頁等）、学説の支持を得ていた。昭49判決は、(i)仮登記担保の目的不動産につき先に一般債権者が差し押さえた事案で、(帰属清算を念頭に)配当参加に依らしめる立場を維持し、(ii)仮登記担保権に基づく配当参加の手続を判示する一方で、(iii)仮登記に遅れて目的不動産を差し押さえた債権者や抵当権の設定を受けた者は、仮登記担保権者と直接の清算上の権利関係に立たず、自己に給付せらるべき清算金であっても仮登記担保権者に直接支払いを請求できないとした。㋓仮担法は、(i)仮登記担保権者の清算金の支払いないし清算期間の経過と他の債権者の競売申立ての先後で手続の優劣を決するとする（同15条）。その上で、(ii)仮登記担保権の実行が劣後する場合、目的不動産売却により仮登記担保権が消滅するとし（同16条）、配当要求の終期までに仮登記権利者が担保である旨および債権額の届出をした場合に仮登記の順位において配当に与る（同17条）とする。なお、(iii)劣後債権者の保護は、物上代位（同4条）と競売請求権（同12条）に

---

17) 玉田弘毅「抵当権と代物弁済予約」法律時報38巻3号（1966年）20頁。
18) 椿・前掲注6）146頁（初出1972年）。

よる。

　以上㋒㋓期の展開について、学説の評価は分かれる。㋒期には、①担保視点は余剰の債務者による確保・劣後債権者による攫取さえ保障されていれば足り（それゆえ債務者のみならず劣後債権者にも清算請求権を認めるべきであるが）、（帰属清算を念頭に）仮登記が先順位にある場合所有権取得の利益も法的保護に与るべきであるとする反対説[19]、②担保権の実現は競売手続における優先弁済でも足りるため、（劣後債権者の清算金請求権が認められないことを前提に）私的実行を一般に認めるのは仮登記担保権の実行が先行する場合だけでよいとする支持説[20]が対立していた。㋓仮担法に対しては、次の点で制約の行過ぎとの批判が強い。仮登記担保権者の清算金の支払いは、仮登記担保権実行の通知が債務者に到達した日から２カ月の清算期間が経過しなければ行えないところ、劣後債権者は清算期間中の競売申立ても許されるから、仮登記担保の私的実行の余地（帰属清算による所有権取得機能）はさらに狭められている（競売優先主義）[21]。

　(5)　仮登記を備えた代物弁済予約が、抵当権の実行方法に関する特約として用いられる場合、その契約の自由は、次のような制約を受けてきた。ⓐ一般条項（公序良俗・信義則）による制約（(3)㋐）、ⓑ当事者意思の推定による制約（(2)㋐・(3)㋐）、ⓒ担保視点による清算を核とする制約（(3)㋒㋓・(4)㋒㋓。加えて(2)㋒㋓もこの点に収斂されていよう）、ⓓ第三者の執行請求権の尊重による制約（(4)㋒㋓）である。ⓐは任意法一般に課せられる制約であり、この範疇の制約を敢て抵当権実行方法の強行法と説明する必要はなかろう。ⓑは、結論的にⓒと同様の制約を導く場合もあるが、少なくとも構成上は契約解釈の問題である。強行法として説明しなけばならない性質を帯びる制約は、ⓒとⓓである。

　本稿の関心から注視すべきは、ⓓがⓒの制約の単なる承継でなく、異質な根

---

19) 玉田「代物弁済の予約」商事法務449号（1968年）26頁、28頁、伊藤進「判批」金融・商事判例225号（1968年）2頁、6頁、竹下守夫「仮登記担保と不動産競売」我妻栄先生追悼論文集『私法学の新たな展開』（有斐閣、1975年）650頁。

20) 高木多喜男「判批」判例評論191号（1975年）116頁、125頁。

21) 椿寿夫他《座談会》仮登記担保契約法をめぐる諸問題」手形研究275号（1978年）28頁、35頁〔竹下守夫発言〕、竹下守夫「仮登記担保権実行手続上の諸問題」ジュリスト675号（1978年）64頁、72頁、生熊・前掲注7）282頁。

拠が介在している点である。ⓒは、較差の帰属をめぐって現れた清算を核心とする理論であり、直接導かれるのは設定者の清算請求権の確保に尽きよう。同旨から劣後債権者等に余剰を攫取させる利益を考える必要があるにしても、劣後債権者によって開始された競売の排除を否定する準則は、唯一解ではなかった。ここには担保権者の実行方法選択に関する契約自由よりも、劣後債権者の競売を利用し得る利益を保護する立法政策が窺える。後者の利益尊重が、間接的ながら厳しく前者の契約自由を制約しているといえよう。

4　任意売却における制約

　債務不履行後の流抵当合意について、判例・学説の議論は僅かである。もとより349条による制限を受けることもなく、広く契約自由の原則の下にあると考えられてきた。

　実務上「任意売却」として行われている。担保権者が主導して、担保権を設定した所有者等の権利者にその担保目的財産を私法上の契約により売却・処分させ、それによって得られる換価金から担保権者らの利害関係人が債権を回収して、担保を解放する方法と説明される[22]。第1順位の抵当権者は、担保掛目に余裕があるのが通常であり、高額処分の必要性に欠ける。それゆえ、設定者ないし後順位抵当権者にこそ必要性があるという[23]。

　理論的にいうと、任意売却は、担保執行の方法によらない抵当権者の債権回収方法ではあるが、抵当権は債務不履行後の交渉と合意によって消滅させられるに過ぎない。それでも「抵当権の効力」に位置付けられ得るのは[24]、事後的な合意の交渉過程で、抵当権の効力が関係者に間接的に影響を与えているからであろう。実際、抵当権の合意「解除」および抹消登記手続は、売却代金からの弁済と引換えに行われるのだという[25]。

22）中野貞一郎『民事執行法（増補新訂6版）』（青林書院、2010年）352頁。
23）黒木正人『担保不動産の任意売却マニュアル（新訂版）』（商事法務、2011年）96頁、222頁。
24）近江幸治『担保物権法（第2版補訂）』（成文堂、2007年）172頁（破産管財人による任意売却について）。
25）上野隆＝高山満『新金融実務手引シリーズ・不動産担保処分』（きんざい、2005年）186頁。

本稿の関心に戻る。ここで契約自由の原則に制約の介在は認められるのか。先順位抵当権の存在が間接的に後順位抵当権者の実行方法の選択の自由を拘束している。強行法性の検討には、かような要素をも考慮に入れる必要がありそうである。

5 最後に

抵当権の実行方法は、流抵当特約を許す任意法であり、90条等の一般条項の制約に服するに過ぎない。現在でも、一般的にはこのような説明が成り立つものと考えられている。しかし、第三者効をもち得る特約は、かつて判例によって代物弁済予約の担保的構成による制約を受け、現在では仮登記担保法によって制約を受ける。同法は、判例上の制約理論の承継にとどまらず、第三者による競売の尊重の立場から、間接的に仮登記担保の併用による抵当権の実行方法選択の自由の制約を強めている。また、合意によって競売にかえて任意売却を選択する場合、先順位抵当権の本則的な実行の可能性が、後順位抵当権者の私的実行のあり方に影響を与える。以上の諸点が、抵当権の実行方法を完全に任意法と呼ぶことをためらわせる要素であり、強行法性を画する要素とみるべきである。

本稿の到達地点は、抵当権の実行方法に関する民法上の議論に表れた強行法性を画する要素の抽出と整理にとどまる。[26] その評価には立ち入っていない。今日の規範として担保権の実行方法にどこまでの強行法性を求めるべきかという点については、他の担保制度の実行方法や手続法上の強行法性に係る議論を検討した上で、改めて論じたい。[27]

---

26) 紙幅の制約上、抵当権についてもいくつか検討を落とした。他日を期して補完したい。
27) 管見によると、手続法の議論でも現代の国家の執行独占の意義が説かれる一方で私人の自力救済が許容される例外的場合（非典型担保を含む）の存在が認識されているが、「法定の担保執行との可及的な照応」が説かれる等、契約自由の原則を出発点に必要な制約を論じる担保実体法の議論とは異なる方向性が窺える。中野・前掲注22）3頁、786頁等。別稿で検討を試みたいと思う。

15

債権譲渡の対抗要件規定と強行法性

三 林　宏

1　はじめに

　本稿では、債権譲渡の対抗要件規定のうち、債務者対抗要件規定（民法467条1項）の強行法性の問題に焦点をあて、学説上、この規定を任意規定と解する見解と強行規定と解する見解が対立していることから、この問題に関する判例および学説の展開を検討し（後記2参照）、どの点で両者の違いが発生するのかを明らかにした上で、若干の検討を加えた（後記3参照）後に、これをまとめて結び（後記4参照）としたい（第三者対抗要件規定〔同条2項〕の強行規定性については、学説・判例上も争いがないので、本稿は同条1項と関係する範囲で取り上げるにとどめたい[1]）。なお、民法改正案でも、民法467条1項のこの部分については、変更は加えられていない。

---

1) なお、我妻博士の次のような指摘（我妻榮『新訂債権総論』（岩波書店、1964年）14頁）、すなわち、「財産としての債権」に関する規定は、「直接第三者に影響を及ぼすものであるから、……譲渡の方法・効力に関する規定は、少なくとも、第三者に対する関係ではこれを強行法規とみるのがむしろ当然であろう」との指摘からすれば、債権譲渡においては、民法467条の対抗要件規定の強行法規性の検討に加え、民法468条所定の異議を留めない承諾の強行法規性についても問題となりうるが、ここでは問題の所在の指摘だけにとどめておく。

2 債務者対抗要件規定の強行法性をめぐる判例・学説の展開

　債務者対抗要件規定（民法467条1項）の強行法性の問題は、債権者・債務者間に債権譲渡する場合にはその通知を不要とする特約があった場合に、この通知不要特約は有効かという問題をめぐって議論されてきた。[2]

(1) 民法467条1項を強行規定と解する判例の登場

　判例（大判大正10・2・9民録27輯244頁）[3]は、Yが、A銀行から抵当権を設定して金員を借り受ける際、「Aが将来その債権を他に譲渡する場合には民法467条1項の要求するが如く特に之を債務者に通知する必要なし」との特約をし、その後、Aは、この債権を抵当権とともにXに譲渡する際にこの特約を信頼してYに譲渡通知をせず、Xがその抵当権の実行として不動産の競売を申し立てたところ、Yは、債権譲渡の通知がないことを理由に、Xは自己が新債権者であることをYに対抗できず、したがってその債権を担保する抵当権の実行としての競売申立てをすることもできないとして、競売申立取下げを請求したケースにつき、「債務者ハ債権ガ其譲渡ニ依リ数人ニ輾転セル場合ニ於テ何人ニ弁済ヲ為スベキヲ知ルコトヲ得ズ又二重弁済ヲ為スノ危険ヲ負担スルニ非ズレバ弁済ヲ敢テスルコトヲ得ザル結果トシテ債務者ヲシテ其支払ヲ渋滞セシメ取引ノ安全ヲ害シ公益ヲ害スルコト」は明瞭であって、「民法467条1項ハ……不動産物権変動ノ登記ニ関スル第177条ト同シク……強行法規ニ属」するから、本件債権譲渡通知不要特約は無効であり、その結果、その債権を担保する抵当権を実行し得ないとして、Xの競売申立てを不法なりとして、その取下げを請求するYの主張を認めた。

---

　2) 長谷川貞之「債権譲渡における通知・承諾不要の特約」椿寿夫編著『強行法・任意法でみる民法』（日本評論社、2013年）171～173頁も参照。
　3) 判例民法・大正十年度16事件〔末弘嚴太郎評釈〕、および、大判大正10・3・12民録27輯532頁も同旨である（大判大正10・2・9と同一の銀行で、抵当権移転登記抹消請求が争われた、判例民法・大正十年度39事件〔末弘評釈〕。

(2) 判例に反対する末弘説の登場

この判例につき、末弘博士は、判例評釈の中で以下のように述べ、民法467条1項を強行規定と解する解釈を痛烈に批判した。[4]

すなわち、民法467条が強行規定であることは、従来学者によって広く認められた見解であるが、「債務者以外の第三者」に対する関係（民法467条2項）は別として、債務者自らについてまでこれを強行規定と解し、通知または承諾を免除する特約を全然無効なりと解する判例の論拠自体を次のように批判した。すなわち、判例はこのような特約を有効と解すると、「債務者は債権が其譲渡に依り数人に輾転せる場合に於て何人に弁済を為すべきを知ることを得ず又二重弁済を為すの危険を負担するに非ざれば弁済を敢てすることを得ざる結果として債務者をして其支払を渋滞せしめ取引の安全を害し公益を害する」といっているけれども、「二重弁済の為すの危険を負担する」に至るのは抑も債務者自らの意思に基づく当然の結果であること、その2は、債務者は現在の債権者が何人なるか知り得ないため弁済を躊躇するに違いないけれども、債務者が履行を躊躇する場合においては債権者は進んでその履行を強制し得るのであるから、「取引の安全を害し公益を害する」ともいえないこと、そうであれば、大審院判決の説示自体が「取引の安全」なる慣用手段を濫用した用い方であると批判した。

(3) 末弘説的理解の浸透

その後の多くの学説は、上記の末弘説に賛同し、民法467条1項は、専ら債務者が二重弁済の危険を負わせない趣旨で、債務者保護のための任意規定であって、債務者が自らの意思で、かかる利益を放棄する特約をなすときは、これを無効とする理由はないと解して、民法467条1項の強行規定性を否定する。[5]

---

4) 前掲注3）の末弘・大正十年度16事件および同・大正十年度39事件の各評釈参照。
5) 我妻榮『新訂債権総論』（岩波書店、1964年）541頁、於保不二雄『債権総論（新版）』（有斐閣、1972年）279頁、西村信雄編『注釈民法(11)』376頁〔明石三郎〕、柚木馨＝高木多喜男補訂『判例債権法総論』（有斐閣、1971年）358頁、林良平〔安永正昭補訂〕＝石田喜久夫＝高木多喜男『債権総論（第3版）』（青林書院、1996年）496頁、奥田昌道『債権総論（増補版）』（悠々社、1992年）435頁、川井健『民法概論3債権総論（第2版補訂版）』（有斐閣、2009年）251頁など。

(4) 昭和49年最高裁判決の出現

このような理解に変化を与える契機となったのが、民法467条2項につき到達時説を採用することを明らかにした最一小判昭和49・3・7民集28巻2号174頁である。同判決は、民法467条の意義・立法趣旨が、以下の諸点にあることを起草者（梅謙次郎）の意図に遡って明らかにし、立法趣旨が次のごときもの（下記の第1ないし第3を参照）であることが広く認識される契機となった判例である。

なお、この判決の調査官解説[6]は、下記の第1に挙げた債務者対抗要件・第三者対抗要件の法的根拠づけを示した上で、「以上の通説に従えば、民法467条1項による債務者およびそれ以外の第三者に対する対抗要件は、通知によって債務者が債権譲渡の認識をうることを根幹とし、債権について利害関係をもとうとする者が債務者に問い合わせた場合の債権譲渡の有無についての表示が公示方法と考えられたものといえ」、この「債権譲渡についての『認識・表示』が不動産における登記と対比しうるものといえる」と述べ、民法467条1項は、単に債務者をして二重弁済から保護するというにとどまらず、債務者の認識が、債権譲渡の公示制度の根幹になることを明らかにし、末弘説や多くの学説が支持する467条1項を任意規定と解する理解には、問題がある旨を示唆する。

立法趣旨の第1は、債権譲渡の債務者対抗要件・第三者対抗要件とそれ基礎づける法的根拠の理解についてである。まず、債務者対抗要件とそれを基礎づける法的根拠については、起草者の梅博士の以下のような理解に依拠することを明らかにする[7]。すなわち、「債務者は若し譲渡の事実を知らざるときは、譲渡人を以て依然正当の債権者なりと信じ之に対し弁済等を為」することになるが、債務者に対する関係でも、「譲渡は当事者の意思のみに因りて効力を生ずるものと」すれば、「債務者は更に譲受人に対し弁済を為すの義務」があるといわざるを得ず、債務者は「毫も過失なきに拘はらず二重の弁済を為すことにを得ざるに至」ることから、「債務者に対しては譲渡の事実を通知し又は其承諾を得るに非ざればその譲渡をして効力を生ぜしむること能わず」と。次に、

6）最判解・民事編・昭和49年度〔柴田保幸〕97頁。
7）梅謙次郎『民法要義巻之三』（有斐閣書房、1911年）208～209頁。

第三者対抗要件とそれを基礎づける法的根拠につき、起草者の梅博士の以下のような理解に依拠すべきことを明らかにする。すなわち、債権の第二譲受人、債権についての質権者、債権の差押債権者等の第三者は、先ず債権の債務者に対し果して譲渡人等が其者に対して債権を有するや否やを確かめ、その後でなければ敢えて譲受其他の行為を為さないであろうと考え、第三者に対する関係でも、債務者に対する（確定日付ある）通知・承諾をその条件としたのであるが、これを批判し、若し債務者が偽言を為すとき第三者は欺かれることになるから、本条の規定は実際は有名無実に帰せんと論ずる者もいるが、第1に、債務者が悪意なることは甚だ頻繁ならざるべく、第2に、他に適当な公示方法ないことから、此の方法を採用したものであると。

同判決の調査官解説は、その後の学説（近藤説、鳩山説など）も上記のような理解をしていたことを示し、民法467条の全体像の理解について、このことを的確に詳説する、舟橋諄一「判批」民商法雑誌1巻2号（1935年）279頁の以下の説明を引用する。すなわち、

「元来、債権譲渡において通知承諾をもって債務者のみならずそれ以外の第三者に対しても対抗要件となしたのは（民467条1項）、その債権に関して利害関係に立たんとする第三者が、通常債務者についてその債権の存否乃至帰属などを確かめる事情あるを基礎として、爾して、債務者に対する通知又は債務者の承諾なきかぎり、債務者は通常その債権に変動なき旨を言明すべく、従って第三者はこれに信頼して行動するという事情あるによる。かように、債務者のもとにおける通知または承諾の存在をもって第三者を保護せんとすることは、——他に良法なき故やむをえざるに出でたりとはいえ——不動産登記などの公示方法におけると異なり、極めて不完全なるを免れないのであるが、ただ幾分でもこの不完全を補おうとして……すなわち、債務者が一旦正直に言明しておきながら、後日債権者と通謀の上、他人への譲渡を日付を遡らせて仮装し、もって債務者の言に信頼せる第三者を害するに至るがごときを防がんため、その通知承諾が確定日

8）梅・前掲注7）209頁。
9）前掲注6）の最判解・民事編・昭和49年度〔柴田〕105頁。

付をもってなさるべきこと（民467条2項）が要求されたのである。すなわち、民法は、確定日付ある証書そのものをもって直ちに第三者を保護せんとしたのではなく、直接には通知承諾をもって第三者を保護せんとし、ただこれを効果的ならしめんがため、いわば付随的に、確定日付を要求したにすぎない。」

　第2に、同条1項所定の債務者対抗要件たる通知・承諾が、第三者対抗要件でもある理由について、前記の昭和49年最高裁判決は、上記の第1に挙げた認識を基礎として、その立法趣旨の理由を、次のように述べている。すなわち、

　　「債権を譲り受けようとする第三者は、先ず債務者に対し債権の存否ないしはその帰属を確かめ、債務者は、当該債権が既に譲渡されていたとしても、譲渡の通知を受けないか又はその承諾をしていない限り、第三者に対し債権の帰属に変動のないことを表示するのが通常であり、第三者はかかる債務者の表示を信頼してその債権を譲り受けることがあるという事情の存することによるものである。このように、民法の規定する債権譲渡についての対抗要件制度は、当該債権の債務者の債権譲渡の有無についての認識を通じ、右債務者によってそれが第三者に表示されうるものであることを根幹として成立しているものというべきである」

と。

　第3は、第三者対抗要件として2項で確定日付を要求した立法趣旨についてである。債権の譲受人が、これを債務者以外の第三者に対抗し得るには、通知または承諾が確定日付ある証書をもってなされることが必要である（同条2項）。なぜなら、上記判例によれば、

　　「債務者が第三者に対し債権譲渡のないことを表示したため、第三者がこれを信頼してその債権を譲り受けたのちに譲渡人たる旧債権者が、債権を他に二重に譲渡し債務者と通謀して譲渡の通知又はその承諾のあった日時を遡らしめる等作為して、右第三者の権利を害するに至ることを可及的に防止することにある」

と。

(5) 民法467条1項を強行規定と解する池田説の登場

　池田教授は、上記(4)の昭和49年最高裁判決直後にこの問題と関連する一連の論考を公表され、民法467条の沿革・立法過程を詳細に検討し、現行467条1項・2項の対抗要件の構造を解明された。池田教授の主張の要点を略述すると、第1に、現行467条は、旧民法財産編347条1項を修正したものであるが、その修正の核心は、フランス民法1690条を継受したボアソナード草案367条1項への回帰であったこと、第2に、ボアソナード草案の段階では、対債務者と対第三者に共通して、確定日付ある証書による通知・承諾を債権譲渡の対抗要件と規定していたので、民法起草委員が債務者に対する関係だけ確定日付を要求しないものとするために、民法467条1項と2項とに分けたものであること、第3に、債務者とそれ以外の第三者とで異なった対抗要件を採用する、現行民法467条は、フランス民法1690条にも、ボアソナード草案367条1項にもみられない制度であることを明らかにするとともに、上記の沿革に基づき、以下の第1ないし第4の4点を主張する。

　すなわち、第1は、民法467条所定の「確定日付のある通知・承諾」は、元来、対債務者・対第三者に共通した対抗要件であったこと、また、近代法における債権譲渡の対抗要件制度としての通知・承諾は、日付の確実性をその不可欠の要素として内包する性質でなければならないことから、2項が原則的規定であり、1項が例外的規定であること、第2は、対債務者の関係に限って確定日付を不要とする点については、方式の簡略化以上には積極的根拠がないことから、1項は、2項にいう第三者が登場しない場合に限って適用すべきこと、第3は、通知・承諾の制度は、単に債務者に譲渡の事実を知らせるにとどまらず、債務者の認識を基軸に、不完全ながら第三者からの問い合わせに対する回

---

10) 池田真朗「民法467条におけるボアソナードの復権」手塚豊先生退職記念論集『明治法制史政治史の諸問題』（慶応通信、1977年）、同「民法467条における1項と2項との関係」法学研究51巻2号（1978年）25頁以下頁、同「指名債権譲渡における対抗要件の本質」『慶応義塾大学創立125年記念論文集』（慶応義塾大学法学部、1983年）345頁（いずれの論考も、池田『債権譲渡の研究』（弘文堂、1993年、増補版：1997年）に所収されている）。これら3論文の要点を的確に整理したものとして、千葉恵美子教授の論考（加藤雅信編著『民法学説百年史』（三省堂、1999年）384～387頁）がある。

11) 千葉・前掲注10）参照。

答を通じて公示機能を果たさせようとするものであり、それゆえ、2項のみならず、1項も強行規定と解すべきこと、第4は、債務者の認識時が対抗要件具備の基準時となるのであるから、通知の到達時を確定日付で証明しなければならないことである。

(6) 民法467条1項の強行規定性を支持する諸見解の登場

平井説[12]は、以下のように解して、民法467条1項の強行規定性を支持する。第1は、昭和49年最高裁判決から明らかなように、民法467条2項は、上記2(4)の立法趣旨第2で述べたように、同条1項所定の対抗要件制度の構造に何らの変更を加えるものではない。すなわち、民法467条1項は、①第三者が債権が誰に帰属するか外部から知り得る方法（公示方法）と、②譲受人が債務者に対して弁済を請求できる資格について規定したものであり、同条2項は、③債務者以外の第三者（典型的には二重譲受人）に対して譲受人が債権者たることを主張するための要件を規定したのものあること、第2に、物権変動と同じ意味での（第三者）対抗要件とは、上記③のみを指し、上記②は、債務者の存在を必要とする債権譲渡に特有な問題であって、債務者を保護するためであること、第3に、確定日付についた通知・承諾によらずに、単に通知・承諾により譲渡を受けた債権の譲受人は、第三者が出現した場合には、同条2項により第三者に対抗し得なくなる結果として、債務者にも対抗することができなくなるから、上記②と上記③とは明確に区別できるわけではなく、結局、467条は、1項・2項とが相まって上記①・②・③機能を具備することになるが、譲受人は、確定日付ある証書による通知または承諾を得ておけば、第三者に対する関係のみならず債務者に対する関係でも、債権者たる地位を確実にし得るという意味で、2項が包括的要件・原則規定といってよい。

淡路説[13]も、以下の3点を論拠として、1項の強行規定性を支持する。具体的には、次の2点については、上記の池田説・平井説の指摘を祖述し、①債権譲渡における債務者に対する通知・承諾の制度は、債務者の新債務者の認識と、

---

12) 平井宜雄『債権総論（第2版）』（弘文堂、1994年）140頁。

13) 淡路剛久『債権総論（有斐閣、2002年）』447〜448頁。

外部からのその問い合わせに対する回答により、公示の機能を営むものであって、当該債権に関係しようとする第三者（譲渡人の債権者等）の保護のために通知・承諾を省略する特約を許すことはできないこと、②467条1項と2項とが対抗要件の構造として分離することはできないこと、これに加えて、③仮に、通知不要特約が有効であると解すると、債権が転々譲渡されたような場合には、債務者としては、誰に支払うべきか明らかでなくなり（もっとも、旧債権者と債務者との通知承諾を不要とする特約が転々譲渡された債権の後の譲受人にまで効力を及ぼすか問題となり得る）、法律関係が不明確になるとともに、二重弁済をおそれて支払いをしない事態も起こり得るし、また、近時の学説が指摘するように、通知・承諾は対抗要件の基礎ともなるものであって、第三者が関与する法律関係が常に生じ得る可能性があることを、その論拠とされる。

潮見説[14]も、1項の通知・承諾が2項の第三者対抗要件の基礎となり、両者一体となって債権の帰属を確定する機能を有している点に鑑みれば、1項についても強行規定と解するのが相当である、とされる。

中田説[15]も、債務者のもつ「公示機関としての役割」を重視して、1項を含め、467条全体が強行規定と理解すべきだとする見解を支持される。

3　判例・学説の整理と若干の検討

(1) 判例・学説の整理

民法467条1項の規定が強行規定か任意規定かの理解の相違は、「債権譲渡の通知不要合意」があった場合に、同条が、専ら「二重弁済のリスクからの債務者保護」という「債務者保護」のための規定なのか、それとも、不十分ながら、債務者の認識を通じて、債権譲渡の公示に関与する、債務者のもつ「公示機関としての役割」をも重視するのか、という違いにある。

---

14) 潮見佳男『プラクティス民法・債権総論（第3版）』（信山社、2007年）621頁。
15) 中田裕康『債権総論（第3版）』（岩波書店、2013年）533頁。

(2) 若干の検討

　末弘博士が、大正10年大審院判決を批判されたのは、同判決では、債権譲渡の通知不要特約について「二重弁済のリスクからの債務者保護」が焦点であったにもかかわらず、これを「取引の安全を害し公益に反する」とする論理で正当化した点にあり、仮に「二重弁済のリスクからの債務者保護」だけが問題であるとすれば、債務者本人が、その内容を十分に理解した上で、「債権譲渡通知不要特約」に合意した以上、「二重弁済の為すの危険を負担する」に至るのは抑も債務者自らの意思に基づく当然の結果である、ということになるからである。

　他方、昭和49年最高裁判決が示し、同判決の調査官解説で引用されている舟橋説が明確に示すように、債権譲渡における通知・承諾の制度は、①債務者の認識を基軸として、債務者をしていわばインフォメーション・センターとして機能させるための公示機関としての役割を負わせるための制度であって、②この債権譲渡の公示方法は、他に良法なき故やむを得ない公示方法であり、不完全な公示方法であるが、この不完全を補うために、具体的には、後日債権者と通謀の上、他人への譲渡を日付を遡らせて仮装し、もって債務者の言に信頼せる第三者を害するに至るがごときを防ぐために、その通知承諾が確定日付をもってなさるべきことが要求したと解し、要するに、民法は、確定日付ある証書そのものをもって直ちに第三者を保護せんとしたのではなく、直接には通知承諾をもって第三者を保護せんとし、ただこれを効果的ならしめるためにいわば付随的に、確定日付を要求したにすぎないと解して、債務者のもつ「公示機関としての役割」を重視し、467条1項所定の通知・承諾は、公示制度の前提（基幹）であると解する場合には、2項のみならず、1項も強行法規と解することになる。

　他方、これとは逆に、1項を任意規定と解する見解においては、昭和49年最高裁判決の捉え方である、債務者への通知・債務者の承諾という、債権譲渡の公示における「債務者の公示機関としての役割」をも、「二重弁済リスクからの債務者保護」に加えて承認する場合、いかなる法的根拠・法的評価に基づいて、債務者のもつ「公示機関としての役割」を「合意」により排除することが正当化されるのかを説明する必要があり、その意味で、467条2項の対抗要

件の強行規定性を認めつつ、1項の強行規定性を認めない、と解するのは、法的には困難ではないか。

　もっとも、特別法にまで視野を広げると、民法467条1項を所定の通知・承諾における債務者の認識が、単純に公示制度の前提（基幹）であるとは解せない点に注意すべきである。動産及び債権の譲渡の対抗要件に関する民法の特例等に関する法律4条においては、第三者対抗要件（同4条1項：債権譲渡登記）と、債務者対抗要件（同4条2項：登記事項証明書を交付して通知をするか、債務者の承諾が必要である）とが分離されている。この場合、「公示としての役割」が専ら登記制度に委ねられた結果、債務者が「公示機関としての役割」を担わないことになる。そして、債権譲渡の第三者対抗要件が特例法上の債権譲渡登記の方法で具備され、債務者対抗要件は467条1項の通知・承諾でなされる場合には、467条1項は、専ら債務者保護のための任意法規と解さざるを得ないと思われる。

4　結 び

　民法467条1項を、任意規定と解するのか、強行規定と解するのかについては、同条項の規定の立法趣旨を、専ら「債務者保護」とのみ関係する「二重弁済のリスクからの債務者保護」と捉えるのか、それとも、不十分ながら、債務者の認識を通じて、債権譲渡の公示に関与する、債務者のもつ「公示機関としての役割」をも重視して捉えるのか、という違いに関係する。同条項の規定の立法趣旨を、専ら「債務者保護」とのみ関係すると解する場合には、同条項は任意規定であるという解釈に、「債務者保護」に加え、「債務者のもつ公示機関としての役割」をも重視すべきであると捉える場合には、同条項は強行法規であるという解釈に結びつくことになる。しかし、特例法の場合にまで視野を広げると、民法467条1項は、専ら債務者保護のための任意規定と解さざるを得ないであろう。

16

第三者のためにする契約の意義と民法537条2項の強行法性

長谷川貞之

1　問題の所在

　契約は、元来、その契約を締結した当事者のみを拘束し、第三者に対しては効力が及ばないのが原則である。このような考え方は、「契約の相対効（relativité des contrats）」と呼ばれ、19世紀を支配した私的自治の原則に基づくものであるが[1]、その淵源を辿れば、ローマ法の特殊な法技術と契約思想に由来している。ローマ法では、契約は主たる給付の債権者と債務者との間の「法鎖（vinculum juris）」と観念され、契約の締結には契約当事者の現実の立ち会いを必要とし、当事者双方が一定の形式的な問答を行うことによって成立するものとされた[2]。その結果、ローマ法の下では、契約の締結にあたり、「何人も他人のために要約することはできない（alteri stipulari nemo potest）」という原則が支配した[3]。しかし、その後の社会経済の発展に伴い、契約に立会わない当事者以外の第三者についても、当該契約から直接に契約上の利益を帰属させることが要請された。そのような要請を受けて考案されたのが、「第三者のため

---

[1] 谷口知平＝五十嵐清編『新版注釈民法(13)債権(14)（補訂版）』（有斐閣、2004年）533頁以下〔野澤正充〕。

[2] 問答契約と契約の定型につき、長谷川貞之「第三者のためにする契約と適用範囲の類型化をめぐる問題」日本法学77巻1号（2011年）23頁以下。

[3] 佐々木有司「コバルビアスとalteri stipulari nemo postetの原則——代理・第三者のためにする契約の発展前史として」日本法学71巻1号（2005年）3頁以下。

にする契約」である。近代法は、社会経済上の必要性から、契約の相対効の例外として第三者のためにする契約を認めた。そして、今やほとんどの市民法典はこれを何らかの形で規定している。わが民法にも、537条以下に第三者のためにする契約の規定が設けられているが、僅か3カ条が配置されているにすぎない。

　第三者のためにする契約の典型例としては、Bが、近々結婚する娘Cのために A 所有の甲建物をその敷地とともに贈与したいと考え、A と交渉し、「A は B が期日に売買代金を支払った後、C に対して約定の日までに本件土地・建物を引き渡し、所有権を移転する」との約定で、甲建物を土地所有権付きで購入する売買契約を締結した場合が挙げられる。第三者のためにする契約は、それ自体が売買などと並ぶ独立した契約類型の1つではないが、要約者と諾約者の間に有効な契約が成立し、第三者に直接権利を取得させる趣旨が契約の内容とされることが必要である。

　第三者のためにする契約を定める537条については、従来、契約の締結に関与しない第三者が契約上の権利を取得するのはいかなる理由によるか。また、それは受益の意思表示とどのような関係にあるのかをめぐり、学説には激しい議論が交わされてきた。来栖三郎は、第三者のためにする契約を「法律学上の怪物」と呼び、「それがどういう契約であるか理解しあぐんできた」と評した

4）第三者のためにする契約はローマ法上の原則を打破する法理として発展したが、その理論的基礎には、近世自然法思想、とりわけグロティウスの理論が大きく影響している。この点については、長谷川・前掲注2）27頁。詳細は、Harry Dondorp & Jan Hallbeek, Grotius' Doctrine on "adquisitio obligationis per alterum" and its Roots in the Legal Past of Europe, in: "Panta Rei", studi dedicate a Manlio Bellomo Tome II, 2004, pp. 205 et seq.

5）沢木敬郎「第三者のためにする契約法系統別比較研究」比較法研究13号（1956年）43頁以下。最近の動向につき、オーレ・ランドー＝ヒュー・ビエール編『ヨーロッパ契約法原則Ⅰ・Ⅱ』（法律文化社、2006年）315頁以下、とりわけ319〜320頁。

6）我妻栄『債権各論上巻』（岩波書店、1954年）113頁以下、加藤雅信『新民法大系Ⅳ契約法』（有斐閣、2007年）45頁以下などでは、AB間の売買契約で、売主Aが相手方たる買主Bに対して自己の所有家屋の所有権を移転する義務を負い、Bがその対価である売買代金の支払をAの債権者Cに対して直接負担する場合が挙げられている。

7）第三者に取得させる権利は、債権であるのを普通とするが、それに限られない。本文で示した事例のような契約も有効である。大判明治41・9・22民録14輯907頁。同旨、大判昭和5・10・2民集9巻930頁。

が、この状況は今でも何ら変わるところがない。本稿は、従来の議論を踏まえた上で、強行法・任意法の観点から、民法537条にいう受益の意思表示不要の特約の問題を取り上げ、その強行法規性を検討することにしたい。

2 立法の沿革と比較法的視点

(1) 民法537条の立法趣旨

　民法537条の立法趣旨については、起草者の富井政章が、法典調査会における審議の席で、外国の立法例には相対立する考え方があると指摘した上で、第三者が欲しないかもしれないのに当然に権利を取得させるのは少し行き過ぎであろうし、ことに日本人の考えなどにも合うまいからという理由で、わが民法としてはその中間をとって、場合は限定しないが、第三者の権利はその受益の意思表示を待って生ずるとするのが適当であると説明している。起草者は、第三者のためにする契約の原案作成にあたり、諸外国の立法を参照しているが、フランス民法を範とした旧民法の立場はなお依然として尊重されている。

　旧民法によれば、契約は2人以上の意思の合致である合意により成立するとし（旧民法財産編296条）、第三者の利益における要約は、要約者が自己のためになした要約の従となり、または、諾約者になした贈与の従たる条件となると

---

8) 学説の整理として、佐々木典子「第三者のためにする契約における受益の意思表示の意義——ドイツ民法典制定当時の議論をてがかりとして」姫路法学29＝30号（2000年）519頁以下、柚木馨「第三者契約（3・完）」民商法雑誌4巻5号（1959年）39頁以下。
9) 来栖三郎「第三者のためにする契約」民商法雑誌39巻4＝5＝6号（1959年）514頁。
10) 長谷川・前掲注2）35頁。
11) 椿寿夫「民法規定と異なる合意・特約の問題性および論点」法律時報84巻5号（2012年）156頁以下→本書2論文30頁以下。
12) 長谷川貞之「第三者のためにする契約と受益意思表示不要の特約」椿寿夫編『強行法・任意法でみる民法』（日本評論社、2013年）200頁以下で、若干の検討を試みた。
13) 本稿は、前稿・法律時報85巻10号（2013年）101頁以下を本書に掲載するにあたり、若干の加除・訂正を行った。
14) 法務大臣官房司法法制調査部『日本近代立法資料叢書3 法典調査会議事速記録三』（商事法務研究会、1984年）782頁以下。
15) 起草委員が原案作成にあたり参照した諸外国の法律については、岡松参太郎『註釈民法理由下巻債権編』（有斐閣書房、第9版・1899年）488頁以下を参照。

きに限り、有効と扱われるにすぎなかった（同 323 条 3 項）[16]。

(2) 比較法的視点

　旧民法が範としたフランス民法（1804 年）においては、「何人も他人のために要約することを得ない」とするローマ法上の考え方を忠実に承継し、契約の相対効を原則とする規定を置いたが（1119 条・1163 条）、例外的に、契約が要約者自身の利益のためになされるとき、または、自己の行う贈与の条件とするときは、相手方をして第三者に給付する債務を負担させることができるとし（1121 条）、第三者のためにする契約を認めた。これは、当時のフランスでは、人口の著しい増加に伴い、相続に際して財産を承継できない妻子のために、夫が自分の死後、残された妻子の生活保護を目的として保険会社と生命保険契約を締結するなどの事例が頻発し、これに対応するものであった[17]。

　一方、フランス民法より約 100 年遅れて制定されたドイツ民法（1896 年）は、フランスにおけると同様の事例が既に現実の急務な課題とされていたこともあって、第三者のためにする契約を一般的に承認するとともに、場合を限定することなく、契約自由の見地から、要約者と諾約者との契約により第三者が受益の意思表示を要することなく当然に利益を享受し得る契約の締結を認めた（328 条 1 項）。そして、自ら権利の取得を望まない第三者については、権利の放棄を認め、かつ、その放棄の効果に遡及効を与えることで、第三者の利益保護を図っている（333 条）。また、第三者の権利取得について当事者の合意が不明確な場合に対処するために、ドイツ民法は契約の目的を考慮した判定基準に関する規定を設けている（328 条 2 項）。

　ドイツ民法が採用した考え方は、既にその草案当時から取り入れられており[18]、第 1 草案とともに公表された理由書および第 2 草案起草委員会の議事録によれば、伝統的なローマ法上の原則は、社会経済上の必要性、特に他人のためにす

---

16) 仁井田益太郎解題『舊民法』（日本評論社、1943 年）58 頁。詳細は、長谷川・前掲注 2) 32 頁以下。
17) 長谷川・前掲注 2) 29 〜 30 頁、加瀬幸喜「フランス法における保険金受取人の法理(1)」大東法学 7 巻 2 号（1998 年）37 頁以下。
18) 佐々木（典）・前掲注 8) 541 頁以下、来栖・前掲注 9) 518 頁以下。

る生命保険契約、第三者に対する終身年金などの緊要の現象には対応しきれないものがあり、当時のドイツ普通法の理論と実際により草案が作成されたと記されている[19]。この点は、最近のバイヤー（W. Bayer）による研究により、その裏付けないし検証がなされている[20]。奇しくも、民法典施行後のフランスでは、他人のための生命保険契約で、残された妻子が当然に生命保険金請求権を取得することを保障するために、当時の判例および学説が第三者のためにする契約を一般的に承認するに至っている[21]。その結果、フランスでは、契約の相対効の原則を定めた民法規定（1119条・1163条）は今や空文に帰したといわれている[22]。

このような時代の潮流からみれば、民法537条の規定は、その制定の当時から契約の相対効という古典的な原則を打破し、要約者と諾約者との契約により第三者が受益の意思表示を要することなく「当然に」権利を取得し得る契約の締結を認めるドイツ法的な進歩的立場の萌芽を内包していたといえなくもない[23]。

3　受益の意思表示の性質をめぐる学説の見解

(1) 民法典制定後の学説

民法537条2項にいう第三者の受益の意思表示については、民法典制定当時、これを承諾の性質を有するものと解し、第三者が権利を取得するためには受益の意思表示が必要であり、これによって契約当事者と第三者との間に契約類似の関係を生じるとする見解があった[24]。また、民法典施行直後の学説として、第

---

19) Motive II, S. 268-269, Protokolle I, S. 749 ff. 詳細は、来栖・前掲注9）513頁以下、佐々木（典）・前掲注8）519頁以下。なお、併せて、児玉寛「第三者のためにする契約の判定基準――その西欧法伝統と来栖説の評価」西村重雄＝児玉寛編『日本民法典と西欧法伝統』（九州大学出版会、2000年）473頁以下参照。

20) Walter Bayer, Der Vertrag zugunsten Dritter, 1996, S. 108 ff. ドイツ民法典制定前の法理論の状況につき、Martin Pemitz, Ius Quaesitum Tertio: German Legal Doctrine and Practice in 18th and 19th Century, in: Eltjo J.H. Schrge (ed.), Ius Quaesitum Tertio, 2008, pp. 251 et seq., Jan Hallebeek & Harry Dondorp, Contracts for a Third – Party Beneficiary : A Historical and Comparative Account, 2008, p. 69. 邦語文献として、石坂音四郎『日本民法第三編債権第六巻』（有斐閣書房、1930年）2175頁以下。

21) 詳細は、加瀬・前掲注17）75頁以下。

22) Hallebeek & Dondorp (ed.), *supra* note (20), p. 139.

23) 詳細は、長谷川・前掲注2）34頁。

三者の意思表示は第三者のためにする契約の効力発生要件であるとする見解もみられた[25]。前者は、第三者の意思表示を契約の成立要件と解するものであるが、この考え方に従うと、民法537条1項を無意味なものとするのみならず、民法が第三者のためにする契約を認めた趣旨を没却することになる。一方、後者は、第三者の意思表示を契約の効力発生要件とし、第三者の意思表示に過大の効力を認めるもので、民法537条2項の文言とも合致しない。

(2) 学説の展開

その後の学説は、契約当事者の意思を尊重し、第三者のためにする契約の効力を私的自治（契約自由）に求める点では共通するが、受益の意思表示を第三者の権利取得という効果の停止条件にすぎないのか、それとも、かかる効果の発生要件ないし帰属要件とみるのかで、鋭く対立している。

停止条件説は、第三者の受益の意思表示は権利取得の原因ではなく、権利取得の原因は契約当事者の合意にあるとし、第三者の権利は当事者間の契約によってのみ発生するが、直ちに効力を発生するのではなく、なおその条件として第三者の受益の意思表示を必要とすると説く[26]。この見解は、第三者の不当な干渉とならない限り、契約当事者の合意に最大の価値を見出すとともに、受益の意思表示前における第三者に期待権を認めて、諾約者の履行不能に対して損害賠償請求などの保護を与えることを可能とするものであるが、民法538条の反面解釈の趣旨に背馳し、形式的にも民法537条2項の文言に適合しない。

これに対し、効果帰属要件説は、「法律は、単に法律行為をなすものと、その効果の帰属者とは、別人であってもかまわないということを許しているのみではなく、さらに、法律行為の効果の発生とその帰属との概念をも分けて認めている」との理解の下に、民法537条の「第1項は、代理と同じく、法律行為の一部を他人に帰属せしめるという意思をもって契約した場合に、かかる意思

---

24) 梅謙次郎『民法要義巻之三債権編』（有斐閣、1912年／復刻版1984年）435頁以下。なお、横田秀雄『債権各論（第2版）』（清水書店、1912年）149頁以下参照。
25) 岡松・前掲注15) 492頁。
26) 石坂・前掲注20) 2190頁、2213頁以下、末川博『契約総論（第4版）』（弘文堂、1952年）175頁以下、勝本正晃『債権法概説（総論）（第23版）』（有斐閣、1971年）44頁など。

を尊重して、そのようなものとしての効果を直ちに発生せしめるという意味であり、第2項は、そのような効果が第三者に帰属するためには、受益の意思表示を要するとしたのであって、これはあたかも、効果の発生とその帰属とを明らかに区別したものである」と説き、受益の意思表示を権利の効果帰属要件と捉える[27]。しかし、この見解にあっても、民法537条2項の文言を無視するとの非難を免れ得ない。

(3) 今日の多数説

今日の学説の多くは、従来の学説が説く根拠と理論上の難点を批判的に検討し、形式的にみて法文の文言と矛盾しないのみならず、実質的にみても最も事理に適合することを説いて、第三者のためにする契約は契約の締結とともにその効力を発生するが、第三者の権利取得という効力については第三者の受益の意思表示をその発生要件とするという立場（効果発生要件説）が妥当なものと解している[28]。多数説によれば、第三者は、受益の意思表示をしない以前でも、一方的な意思表示によって権利取得という効果を生ぜしめ得る法律上の地位を与えられているのであるから、一種の形成権を有するが、この権利は特定の第三者だけに与えられているものであるから、第三者の一身に専属する権利であって、契約において別段の定めがないない限り、相続または譲渡することはできないと説いている[29]。

4　民法537条2項の強行法規性

(1)　強行法規化を否定する根拠と学説

前述のように、今日の学説は、民法537条2項にいう受益の意思表示をめぐ

---

[27] 於保不二雄『財産管理権論序説』（有信堂、1954年）260頁以下。山中康雄『契約総論』（弘文堂、1949年）145頁以下も同旨。

[28] 鳩山秀夫『増訂日本債権法各論上巻』（岩波書店、1924年）168頁以下、181頁、我妻・前掲注6）121頁、柚木馨『債権各論（契約総論）（第3版）』（青林書院、1957年）214頁、中馬義直『第三者のためにする契約』〔総合判例研究叢書民法27〕（有斐閣、1965年）342頁など。

[29] 我妻・前掲注6）122頁、柚木・前掲注28）216頁など。判例として、大判昭和16・9・30民集20巻1233頁。

る解釈につき、見解が鋭く対立しているにもかかわらず、一部の学説を除いて、民法 537 条 2 項の規定を任意規定と解し、受益の意思表示を不要とする特約の有効性を認めている[30]。そのように解しても、第三者は権利を放棄することが可能であるので、特に不都合なことはないというのが、ほぼ共通した理解である。

ただ、このような任意規定説の中にあって、末川博は、民法 537 条 2 項の規定を、契約当事者が第三者の権利取得の「時期」について意思表示をしていない普通の場合を規律するために、いわば契約当事者の意思に配慮して設けられた規定と捉え、公序良俗に反しなければ、第三者が権利を放棄することによって不利益を被らない限り、受益の意思表示不要の特約も有効としている。中川の説く論旨には、今でもなお傾聴すべき論点が含まれているように思われる。

これに対し、学説には、民法 537 条 2 項の規定を強行規定と解し、受益の意思表示不要の特約を認めない見解も有力である[31]。強行規定説は、その理由として、利益といえども強制されるべきではなく、権利の放棄に遡及効が認められていない以上、権利取得の強要は第三者に不当な損害をもたらすこと、他人のためにする保険契約のように、受益の意思表示を不要とする場合が法律の明文で規定されていることは、それ以外の場合にまで受益の意思表示を不要とすることを許さない趣旨であることなどを挙げて、前述の任意規定説が説く考え方に真っ向から反対している。

両説の違いは、強行規定説にあっては、受益の意思表示をなす第三者と契約当事者との関与ないし接触を通して第三者が特定され、契約の目的性が判断されることになるから、第三者の特定と契約の目的性の判断はそれほど困難ではない。これに対し、任意規定説においては、第三者の受益の意思表示を要せずして要約者・諾約者間の契約により第三者が当然に権利を取得すると考えることになるから、第三者の権利取得と特定という問題に対する説明は必ずしも明瞭ではない。従来の学説にはこの点に言及する見解がほとんど見当たらないが、重要な論点であるといえる。

---

30) 石坂・前掲注 20) 2214 頁以下、2217 頁、鳩山・前掲注 28) 179 頁以下、末川・前掲注 26) 122 頁、174 頁以下、勝本・前掲注 26) 45 頁など。

31) 我妻・前掲注 6) 122 頁、柚木・前掲注 28) 215 頁。

(2) 判例の立場

民法537条2項の強行法規性について、判例の立場はどうかといえば、最高裁の判決でこれに言及したものは未だなく、大審院時代の古い判決が1件あるにすぎない。事案は、1911（明治44）年商法改正前の第三者を保険金受取人とする生命保険契約に関するものである。大審院は、改正前の商法には生命保険に関して民法537条の適用を除外する規定がない以上、生命保険契約において保険金受取人が第三者である場合には、その権利は民法の通則に従い受益の意思表示をした時に発生し、また確定すると述べ、それまでは保険契約者が自由に保険金受取人を変更しまたは指定することが可能であるとした[32]。もっとも、本件は保険金受取人の変更の可否が争点とされた事案であり、大審院が正面から民法537条2項を強行規定と判示しているわけではないので、この点には注意が必要である。この他、判例には、受益の意思表示を認定することなく、慣習を根拠に贈与契約によって所有権の移転の効果を肯定したものがあるが[33]、事案は民法施行前のものである。

(3) 学説・判例の評価と当否

以上のように、民法537条2項の強行法規性をめぐっては、学説・判例に著しい見解の対立がある。先に指摘した起草者の説明では、第三者は好まないにもかかわらず利益を押し付けられてはならないとの配慮から、民法537条2項を規定したとするだけである。その点からみれば、理論的には、受益の意思表示不要の特約について肯定説・否定説のどちらも成り立ち得るようにも思われる。しかし、前述の立法沿革および比較法的見地からみれば、民法537条の規定は、契約当事者の意思を重視し、私的自治および契約自由の見地から、契約の相対効という古典的な原則を打破し、要約者・諾約者間の合意により第三者が受益の意思表示を要することなく当然に利益を享受し得る契約の締結を認めるドイツ法的な進歩的立場の萌芽を内包していたというべきではなかろうか。そうであるとすれば、受益の意思表示にそれほど重い意味を与える必要はない

---

32) 大判大正5・7・5民録22輯1336頁。
33) 大判大正7・1・28民録24輯55頁。

ともいえよう。すなわち、民法537条2項の規定は、契約当事者が第三者の権利取得の時期について別段明らかな意思表示をしていない場合において、権利発生の「時」が受益の意思表示の時であり、かつ、この時点で第三者は確定的な権利を取得することを意味する補充的な規定と理解すれば足りることになる。契約に直接関与しない当事者以外の第三者に受益の意思表示なく権利を取得させることは、直接負担を課すのでなければ、それをもって直ちに公序良俗に反するとまではいえない。事実、他人のためにする保険契約（保険法8条・42条・71条）、委託者以外の第三者を受益者とする信託契約（信託法88条1項本文）、弁済のための供託（民法494条、413条など）、運送契約（商法583条）などにおいては、第三者が無条件的に権利を取得し得る旨が法律によって認められている。[34]

　任意法規説の立場に立って契約当事者の合意による受益の意思表示不要の特約を認めるとした場合、第三者の取得する権利の判定は、すべからく契約当事者の合意の解釈に委ねられることになる。ドイツ民法には、契約当事者の合意が不明確な場合に備えて、「契約の目的（Zwecke des Vertrags）」を考慮した判定基準に関する規定（328条2項）が設けられており、これはわが民法の解釈においても一応の指針となり得るものといえよう。わが国における近時の民法（債権関係）改正では、中間試案に至る段階で、受益の意思表示の要否につき第三者の取得する権利の種類と類型的処理の必要性を指摘する声もあった。[35]しかし、要綱案で提案された条文案においては、第三者が現存しない場合の取扱い、および第三者の権利が発生した場合の要約者による給付請求と契約解除に関する規定が、従来の判例法理を明文化する形で追加されたにすぎない。[36]その後、取りまとめられた要綱および国会提出の法律案でも、要綱案の考え方が維

---

34) 詳細は、長谷川・前掲注2) 41頁。
35) 民法（債権法）改正検討委員会が提案する基本方針では、11カ条の規定（【3.2.16.01】～【3.2.16.11】）を配置するとともに、第三者が取得する権利ないし利益に即して5つの類型が提案された（【3.2.16.01】〈ア〉～〈オ〉）。『基本方針』410頁以下。第三者のためにする契約の機能と類型論的処理、および中間試案に至るまでの経緯については、長谷川貞之「第三者のためにする契約」円谷峻編『民法改正案の検討(3)』（成文堂、2013年）422頁以下に詳しい。併せて、松尾弘「債権法の焦点(14)——第三者のためにする契約」税理57巻6号（2014年）93頁以下参照。
36) 法務省HP【部会資料88-1】第29の1、2。

持されている。立法論としては、更なる検討が必要とされるように思われるが、受益の意思表示不要の特約に関してみれば、従来どおり、判例・学説の解釈に委ねられた形となっている。

5　第三者のためにする契約の今日的視点

　現行民法は、第三者のためにする契約について、具体的にどのような事例に適用されるかがまだ明確ではなかった時点での起草であったため、条文が僅か3カ条（537〜539条）で骨格の原則を定めているにすぎない[37]。しかし、立法の沿革や当時の時代思潮を踏まえてみれば、第三者のためにする契約という制度が、私的自治を根拠に、契約の相対効という古典的な原則を打破し、新たな契約法理の構築という進歩的立場の萌芽を内包していることを、我々は知り得る。民法537条2項の受益の意思表示もまた、そのような見地から理解しなければならない[38]。現代社会においては、第三者への給付を約する契約といっても、その目的と態様は著しく多様化しており、その中には第三者への給付の約束が契約の単なる付款ではなく、それが背後にある契約を含めて全契約の出発点ないし複合的契約の骨格をなしているものもある。これらの契約の間には相当のニュアンスの違いがみられることから、別途、あらためて検討する必要があるといえよう。この点は、紙幅の制約から指摘するだけにとどめ、今後の課題としておきたい。

---

37) 谷口知平編『注釈民法⑬債権(4)』（有斐閣、1966年）340〜350頁〔中馬義直〕から谷口知平＝五十嵐清編『新版注釈民法⑬債権(4)（補訂版）』（有斐閣、2006年）691〜792頁〔中馬義直＝新堂明子〕における目次と構成および内容の変化が、この間の事情を如実に物語っている。

38) さしあたり、長谷川貞之「第三者のためにする契約と多角的法律関係」椿寿夫＝中舎寛樹編『多角的法律関係の研究』（日本評論社、2012年）241頁以下、同・前掲注35）436頁以下。近時の論稿として、椿寿夫「三角取引（多角取引）について(上)——新しい契約類型の像」NBL1048号（2015年）4頁以下、7頁、14頁。なお、併せて、加賀山茂「第三者のためにする契約の機能——債権者のイニシアティブによる公平な三面関係の創設機能」植木哲編『法律行為論の諸相と展開』（法律文化社、2013年）270頁以下参照。

17

典型契約・冒頭規定の強行法性

長坂　純

1　問題の所在

　民法91条は、法律の規定には公の秩序に関する規定と関しない規定の2種類があり、前者は当事者の意思に優先するが、後者は当事者の意思によって排除し得るとする。前者を強行法規（規定）、後者を任意法規（規定）という。一般に、法律関係を画一的に定める必要性の高い物権法や家族法上の規定などには強行法規が多く、契約自由の原則が支配する債権法・契約法上の規定には任意法規が多いといわれる[1]。しかし、強行法規の「強行性」につき、規定に反する当事者の意思を完全に排除する強行法規から、半強行法規や片面的強行法規、段階的強行法規など、柔軟な運用も主張されている。また、消費者や経済的弱者らの保護を理由に、契約自由の制限、したがって任意法規の縮小も指摘されており[2]、強行法規か任意法規かの区別基準は必ずしも明らかではない。

　そのような中で、典型契約に関する民法典の規定は、概ね任意法規だと解されてきた（例外として、572条、604条、626条、628条、640条、678条などは強行

1）芦野訓和「判例・学説における契約法の規定と強行法規性」法律時報84巻6号（2012年）94頁以下→本書10論文145頁以下参照。なお、契約法の強行法規に関して、民法制定過程を中心に検討を加えるものとして、浅場達也「契約法の中の強行規定(上)(中)(下)」NBL891号23頁以下、同892号40頁以下、同893号47頁以下（2008年）参照。

2）我妻栄『債権各論上巻』（岩波書店、1954年）3頁、22～23頁、46頁、同『債権各論中巻一』（岩波書店、1957年）219～220頁。

法規だとされる)。しかし、弱者保護の見地から、そこでの任意法規を排斥する特約の効力が疑問視されたり、任意法規により契約内容が規制され（約款規制論）、さらには特別法の制定等を通して、契約法の規定は変容してきている（任意法規の〔半〕強行法規化）。また、近時は、典型契約制度の意義を積極的に評価する動き（典型契約制度の復権）も有力である。

　このように、強行法規・任意法規の各々をどのように概念規定すべきかが問題になるとともに、その中で典型契約規定の性質を再検討してみる必要がある。そこで、本稿では、典型契約規定、とりわけ典型契約類型およびその冒頭規定の強行法性について検討を加えたい。

2　強行法規に関する議論状況

(1)　任意法規との区別

　強行法規と任意法規の区別は、規定の文言からは明らかでない場合には、各々の規定の趣旨を勘案し、個人の意思によって排除することを許すものかどうかを判断して決する他はないとされる[3]。そして、私的自治の原則が支配する領域においては、特に反対の理由がない限り、当事者の意思による法律関係の形成が優先されるべきであり、したがって民法典の契約法の規定は原則として任意法規だとされる[4]。これに対し、当事者だけでなく、当事者を越えて社会全般あるいはその他の第三者の利害関係に関わるような規定が強行法規とみられる。強行法規は、私的自治の限界を画し、それに違反する行為の効力を否定するものとして理解されてきた[5]。

　このように任意法規から区別される強行法規は、概して、規定の趣旨から以下のように類型化される。すなわち、①社会秩序の基本に関する規定（親族・

---

[3] 我妻榮『新訂民法総則』（岩波書店、1965年）255頁。
[4] 任意法規は、当事者の意思表示の補充規定と解釈規定に分けて説明される場合もあるが、このように区別すべき実益はないとの主張もある（幾代通『民法総則（第2版）』（青林書院、1984年）233頁）。
[5] 強行法規に反する契約が無効とされる根拠につき、91条根拠説が伝統的学説ではあるが、近時では90条一元説が有力である（川島武宜＝平井宜雄編『新版注釈民法(3)』（有斐閣、2003年）244頁〔森田修〕、平野裕之『民法総則（第3版）』（日本評論社、2011年）144頁参照）。

相続、物権法に関する規定）、②私的自治の前提ないし枠組みに関する規定（法人格、行為能力、意思表示・法律行為に関する規定）、③第三者の信頼を保護する規定（表見代理、対抗要件に関する規定）、④経済的弱者保護を目的とする規定（借地借家法、利息制限法、消費者契約法などの特別法）である[6]。このうち、②の類型を広く解すれば、典型契約規定との関連性も認められるであろう。

(2) 契約法規定との関係

　民法の典型契約に関する規定は、第一次的には契約自由の原則を採って当事者の意思に拠るものとしつつ、実際に行われた契約の内容が不明瞭・不完全な場合に、これを明瞭・完全なものにする解釈の基準を与える作用をなす任意法規であると説かれてきた[7]。伝統的には、「裁判規範としての契約法」が観念されてきたといえる。しかし、古くから、経済的弱者保護の見地から任意法規を合理的な理由なくして排除する特約の効力が疑問視され、任意法規が強行法規化する傾向が指摘されてきた[8]。また、任意法規により契約内容を規制するという法的処理（任意法規の半強行法規化）が約款規制論の中で洗練される[9]とともに、特別法の制定等を通して、契約法の規定が次第に任意法規から強行法規へと変容し得ることも否定できない[10]。

　このような動向を前提にすると、契約法における任意法規は、当事者の特約がない場合の補充・解釈規定にすぎないとみるべきではなく、当該法律関係における合理的な当事者意思を推測すべくモデルとして位置づけられる（任意法規の秩序付け機能）。したがって、原則的には、当事者自身による法律関係の形成が尊重されるべきであるから、当事者の意思は任意法規に優先するが、情報・交渉力の格差などにより一方当事者の利益を不当に害するような特約につ

---

6) 幾代・前掲注4) 198 〜 199 頁、森田・前掲注5) 223 頁、川島武宜『民法総則』（有斐閣、1965 年）223 〜 224 頁、佐久間毅『民法の基礎1 総則（第3版）』（有斐閣、2008 年）188 頁、四宮和夫＝能見善久『民法総則（第8版）』（弘文堂、2010 年）261 〜 262 頁など。
7) 我妻・前掲注2)『債権各論中巻一』220 頁、来栖三郎『契約法』（有斐閣、1974 年）737 〜 738 頁。
8) 我妻・前掲注2)『債権各論上巻』46 頁、同・前掲注3) 255 頁。
9) 河上正二『約款規制の法理』（有斐閣、1988 年）383 頁以下参照。
10) なお、任意法規の強行法規化に消極的な見解もある（北川善太郎『債権各論（民法講要Ⅳ）（第3版）』（有斐閣、2003 年）31 頁）。

いては、任意法規が強行法規的に作用し無効とすべき場合も認められることになる（消費者契約法10条参照）。そして、この場合、典型契約規定の強行法性はどのように位置づけられるかが問題になるが、学説においては、①契約制度自体を構成するルール（成立要件に関するルール、拘束力の範囲に関するルール）、および②契約内容に関するルール（国家の基本秩序の維持、弱者保護の要請）を強行法規とみる見解もある。[11]

(3) 強行法規の性質

市民相互間においては、基本的な秩序が必要であり、その枠組みを組成するルールが強行法規であるといえる。したがって、強行法規は、当事者意思如何にかかわらず一定の法律関係についてはそのような処理を行い、その規定に反する当事者の意思や特約は法律上効力のないものとされる規定である。しかし、今日、純粋な任意法規とも純粋な強行法規ともいえない規定の存在を認め、それに反する当事者の意思も、場合によっては有効となるが、場合によっては無効になるという、段階的発想に立脚する見解も有力である。[12]

同様に、典型契約規定に関しても、その任意法規からの離脱は原則として可能ではあるものの、その内容の合理性に配慮した取扱いが必要であり、全く自由に離脱できる任意規定と合理的な離脱に限って認められる任意規定（半＝強行規定）の区別も主張されている。[13]このように、強行法性に馴染む契約規定の存在を認める場合には、それを強行法規群に包摂させるか、あるいは任意法規との間のグレーゾーンに留めることになろうが、問題は、典型契約類型およびその冒頭規定がそこでどのように位置づけられるかである。

---

11) 山本敬三『民法講義Ⅰ総則（第3版）』（有斐閣、2011年）256～257頁。
12) 大村敦志「取引と公序——法令違反行為効力論の再検討(下)」ジュリスト1025号（1993年）72頁。同旨の見解として、平野・前掲注5）142～143頁、椿寿夫「続・強行法と任意法」書斎の窓612号（2012年）24頁→本書1［付録］論文25頁。
13) 大村敦志『典型契約と性質決定』（有斐閣、1997年）355頁。

3　典型契約の意義

(1)　消極的評価（かつての通説的見解）

　これまでの学説は、典型契約制度は、個々の任意法規を設けたものとしての役割に留まり、類型としての意義は小さいと考えていた。すなわち、典型契約は、契約自由の原則の下で、実際に行われた契約の内容が明瞭でない場合に補完的な役割を担うものとして位置づけられた。また、その類型としての意義についても、ある契約が特定の典型契約に属すると判断されても、直ちにその典型契約に関する規定がすべて適用されるわけではなく、他の典型契約に関する規定が適用されることもあり、どの典型契約の概念に包摂されるかということは、その契約より生じる法律関係を処理する上で意味がないとされた。したがって、契約内容の確定、当事者の権利義務の確定に際しては、典型契約規定を一応の標準としながらも、当事者の具体的な合意内容を模索し、これを前提にしていかなる法律効果が付与されるべきかを判定することが重要であるとする[14]。

　これにより、典型契約類型とその規定は相対的で便宜的なものでしかなく、実際に行われた契約に適合した柔軟な解釈と法の適用が重視されるべきであるとの方向が示された。ここでは、典型契約・冒頭規定の性質は、あくまで任意法規として理解されているといえる。

(2)　積極的評価（今日の有力説）

　これに対して、近時は、典型契約の意義と機能を積極的に評価する見解が有力である。その第1は、現代型の新種契約について、その法的性質を典型契約との関係で明らかにしようとする動きがある[15]。湯浅教授は、現代型の新種契約を念頭に置いた非典型契約論を検討する中で、不合理な内容の特約の効力を否

---

14)　我妻・前掲注2）『債権各論中巻一』220頁、同『債権各論中巻二』（岩波書店、1962年）884～886頁、来栖・前掲注7）738～739頁、鈴木禄弥『債権法講義（四訂版）』（創文社、2001年）718頁など。

15)　湯浅道男「混合契約および非典型契約の解釈にあたっては、どういう点に留意すべきか」椿寿夫編『講座・現代契約と現代債権の展望（5）』（日本評論社、1990年）20頁以下。

定するにあたり、その特約によって排除された任意規定により契約内容が修正される場合があること（任意規定の強行規定化）を指摘する。また、河上教授は、リース契約を素材に契約の法的性質決定作業の意味を明らかにし、最終的には当事者が債務内容として合意したかを具体的に当事者の意思に即して確定することが重要であるが、その作業の中で、民法上の契約類型や契約規範が常に視野の一部に置かれているとする。したがって、そのような解釈作業の過程で、「典型契約」という契約類型に結びつけられた法規範群が一種のマトリックスとしての役割を果たしていることを指摘する。いずれも、新種の契約を理解したり創造するにあたり、典型契約の類型的思考を再評価する見解である。

　第2は、典型契約類型を契約に関する中心的なカテゴリーであるとして、契約問題を処理する上での典型契約の諸機能を分析する見解であり、大村・山本両教授を中心に主張された。すなわち、①典型契約は当事者や契約を解釈する主体（例えば、裁判官）にとっても、契約問題を法的に構成するための準拠枠として機能する（分析基準機能・準拠枠設定機能）だけでなく、②典型契約は長年にわたる社会における経験の中で培われたものであるから、契約問題を解決するための基準として作用し（内容調整機能・内容形成機能）、さらには、③典型契約に即して既存の類型の修正や新たな類型の創造が行われることにより、諸個人はこのような契約秩序に従って契約活動を実践していくという側面（創造補助機能）も指摘される。ここでは、典型契約類型は、法適用者に共通の思考枠組みを設定するとともに、契約活動を支援し、契約正義（契約内容の合理性・公正さ）を実現するための制度的基礎として特徴づけられている。

　第3は、あるべき契約法（学）の任務を探求することから、典型契約制度の

---

16) 河上正二「契約の法的性質決定と典型契約——リース契約を手がかりにして」加藤一郎先生古稀記念『現代社会と民法学の動向(下)』（有斐閣、1992年）299〜301頁、同「『混合契約論』についての覚書」法学56巻5号（1992年）22頁。なお、同旨の見解として、加賀山茂『契約法講義』（日本評論社、2007年）410〜411頁。

17) 大村・前掲注13）351頁以下、山本敬三「契約法の改正と典型契約の役割」山本＝大村敦志他『債権法改正の課題と方向——民法100周年を契機として』（別冊NBL51号）（商事法務研究会、1998年）7〜8頁、同『民法講義Ⅳ-1契約』（有斐閣、2005年）7〜9頁、潮見佳男『契約各論Ⅰ』（信山社出版、2002年）9頁以下、石川博康「典型契約と契約内容の確定」内田貴＝大村敦志編『民法の争点』（有斐閣、2007年）237〜239頁、同『「契約の本性」の法理論』（有斐閣、2010年）505頁以下など。

意義を評価する見解である。平井教授は、上述の諸見解に対し、特約の効力を否定する任意法規（任意規定の強行規定化）は例外的な場合にすぎず、それを根拠に典型契約規定の存在理由を説明することはできず、また、そこで行われる典型契約の機能分析も、契約の解釈という作業を行う過程における心理面（いわゆる「発見のプロセス」）で典型契約が有するであろう意義を明らかにする点では異論はないものの、問われているのは典型契約規定の存在理由（「正当化」の根拠）を示すことにあるから、これだけでは十分な理由とはならない、と批判する。その上で、今後の契約法（学）は、「社会学的契約法（学）」や「予防法学的契約法（学）」ではなく、「特定の取引主体間における権利義務関係を事前（取引開始前）に設計することを重要な任務とするもの」であるとする。そして、契約実務では、典型契約の規定を手掛かりとして契約書を作成し、取引から生じる権利義務関係を予め設計して取引に入るのであり、典型契約の規定には重要な役割が与えられている。したがって、典型契約規定には任意法規の1つとしての補助的地位だけが与えられるべきではなく、権利義務関係の設計のための重要な道具の1つだと考えるべきであるとする。

　以上のような、典型契約制度の意義を積極視する見解にあっては、契約問題の法的処理や新種契約の性質決定、また、個別の契約内容の確定・合理化に際して典型契約規定を積極的に適用していく方向が強調される。そうすると、典型契約・冒頭規定は任意法規に留まらず、その強行法性が問題となり得る。

(3) 典型契約規定の位置づけ

　典型契約制度を消極視する見解（消極説）も、典型契約規定の役割を全面的に否定するわけではなく、契約の解釈に際して典型契約規定の参照・適用がおよそ否定されるというものではない。したがって、積極視する見解（積極説）との間で、二者択一的に論じられるべきものではないといえる。問題は、契約自由との関係をどう考えるかである。つまり、典型契約は単なるサンプルにすぎないのか、あるいは、より積極的な機能を有するかということであり、その

---

18) 平井宜雄「契約法学の再構築(1)(2)(3・完)——法律家の養成という視角から」ジュリスト1158号96頁以下、同1159号135頁以下、同1160号99頁以下（1999年）、同『債権各論I(上)——契約総論』（弘文堂、2008年）34頁以下。

規範性をどの程度強く認めるかの問題である。

そして、典型契約規定の性質をその評価との関係で捉えると、消極説にあっては、あくまで任意法規としての性質に留まっているといえよう。これに対し、積極説は、典型契約・冒頭規定を全く自由に離脱できる（純粋な）任意法規とは考えてはいない。積極説を貫くと、典型契約類型に合わせて現実の当事者関係が決せられることになり、典型契約規定を強行法規と理解する方向も出てこよう。[19] 典型契約の規範性との関係で、規定の性質が問われることになる。

4 典型契約・冒頭規定の強行法性

(1) 議論状況の整理

前述したように、一般的には、強行法規は当事者の意思に左右されることなく適用される規定群として、任意法規と区別して位置づけられてきた。その上で、基本的な社会秩序、私的自治の前提、第三者や弱者保護といった見地から類型化される。その中で、典型契約規定は、原則的には任意法規とされるものの、正当な理由なく任意法規の正義内容を改変するような特約に対しては、任意法規が強行法規的に作用する場合のあることも認められている。また、このような動向に関連して、強行法規と任意法規は必ずしも明確に峻別し得ないことも指摘される。

他方、典型契約に関する規律を消極的に評価するかつての通説的見解は、典型契約類型・冒頭規定をあくまで任意法規として捉えているといえ、これまでの強行法規と任意法規の原則的な区別基準を前提にしている。これに対し、近時有力な積極説は、典型契約規定を積極的に活用することを強調しており、その強行法性も問題となり得る。ただし、典型契約規定は、その規範性をどの程度認めるかにより評価が分かれ、また、仮に積極説に立っても、その規定の性

---

19) 椿寿夫「典型契約と非典型契約をめぐって」椿＝伊藤進編『非典型契約の総合的検討』（別冊NBL142号）（商事法務、2013年）3頁以下。なお、非典型契約に関する判例には、典型契約規定から導かれる結論を当該非典型契約の制度全体としての解釈という観点から適用するものがあり（フランチャイズ契約に関する最二小判平成20・7・4判時2028号32頁、預金契約に関する最一小判平成21・1・22民集63巻1号228頁）、そこでは典型契約規定を強行法規と理解する方向が認められるとの指摘もある（後藤巻則「非典型契約における内容規制」同36〜37頁）。

質判断は、強行法規をそもそもどのように概念規定するかに拠るであろう。

(2) 典型契約・冒頭規定の性質

　強行法規は、基本的には、当事者の意思によって排除されず、それに反する当事者の約束、合意は法律上効力のないものとされる規定である。任意法規の（半）強行法規化という現象も、契約法の中で例外的にこのような強行法性が妥当し得る規定が存する場合のあることを示している。なお、強行法規を段階的に捉える見解にあっては、任意法規との関連性も出てくるが、その場合、強行法性がどの程度変容することになるのかは必ずしも明らかにされない。

　そして、典型契約制度を積極的に評価する見解（積極説）は、典型契約に関する規律を個別の契約内容を確定・合理化するための基準として、積極的に適用していく方向を支持する。したがって、典型契約規定を純粋な任意法規としては捉えておらず、この立場を貫徹させると、その強行法性も認められ得る。また、各典型契約の冒頭規定は、当該契約につき本質的部分（要素）が何であるかを定めるが[20]、積極説は、現実類型（取引社会において重要性と定型性を有しながら、なお法定化されるに至っていない契約類型）に対しても、冒頭規定により類型的に把握が可能であり、また、内容形成機能により契約内容の補充や規制が行われるとして積極的に評価している[21]。さらに、典型契約類型は、社会において契約内容の合理性・公正さを定めたものとして認知され、その意味で契約正義に資することを強調し、これと極端に異なった内容をもつ個別の契約は、その限りにおいては原則として正義に適さぬものとする立場に立てば、典型契約・冒頭規定の強行法性はより鮮明なものとなり得る。

　しかし、典型契約は、常に私的自治・契約自由の原則の下に置かれている。したがって、典型契約規定は、当該契約類型について合理的な内容を定型的に定めたものであるとして、それを積極的に適用していく方向が支持されるべきであるとしても、それはあくまで私的自治・契約自由の範囲においてであり、

---

20) 例えば、555条は、目的物と代金については合意がなければ売買契約は成立しないとしており、一般の売買契約につき本質的部分（要素）が何であるかを定めている（大村敦志『基本民法Ⅰ（第3版）』（有斐閣、2007年）37頁）。

21) 石川・前掲注17)「典型契約と契約内容の確定」238～239頁。

そこでは当然に当事者意思が尊重される。典型契約に関する積極説が、自由な離脱を制限する任意規定（半＝強行規定）の存在を認める場合であっても、その任意法規としての性質を完全に否定するものだとは思われない[22]。また、典型契約の冒頭規定は、当該契約につき本質的部分（要素）が何であるかを定めてはいるが、それを有しない契約は法律上効力のないものとして扱うという趣旨ではないはずである。

このように考えると、典型契約・冒頭規定は、当事者の意思によっても排除されないとか、規定に反する行為は効力が生じないといった、これまで通用されてきた強行法規の認定基準に馴染むものではない。しかし、典型契約は、ある一定の私法関係の基本的枠組みを構成するものであることも確かである。したがって、典型契約に関する規律は、強行法規であるとは断言できないものの、私法秩序を支えるガイドライン（「任意法規のガイドライン化」）として捉えることができるであろう[23]。そして、不合理な約束・合意の効力をこのような典型契約規範に依拠して否定するに際しては、その強行法性に直接の根拠を求めるのではなく、公序良俗に関する90条により規制されるべきである[24]。

5　おわりに

前述したように、今日、強行法規の概念自体必ずしも明らかではない。それは、社会秩序・私法関係の基本ルールとしての制度的評価や、当事者意思・行為の法的効力に関わる行為規範的評価など、諸側面から捉えられるのであり、その認定基準に関してはなお検討を要する。また、典型契約規範の意義に関しても、検討されるべき課題は多い。契約法の意義・機能をどのように考えるのか、また、契約の解釈、すなわち当事者の意思解釈における典型契約の意義を改めて検討する必要もある[25]。

---

22) 大村・前掲注13) 参照。
23) したがって、例えば、議論のある諾成的消費貸借については、587条の合理性を柔軟に解する（強行法規性を否定する）ことにより、その延長線上に位置づけることもできるであろう。
24) なお、伊藤進「私法規律の構造(1)——私法規律と強行法規の役割、機能」法律論叢85巻2＝3号（2012年）50頁以下参照。
25) 平井・前掲注18)「契約法学の再構築（3・完）」100〜101頁参照。

18
民法 550 条の強行法性

有賀恵美子

1　問題の所在

(1)　民法 550 条は強行法規か

　民法 550 条は、「書面によらない贈与は、各当事者が撤回することができる。ただし、履行の終わった部分については、この限りでない」と規定する[1]。この規定の強行法性について触れている文献はほとんど見当たらない。比較的新しい文献の中では、筆者が参照したかぎり 2 つだけであり、その 2 つとも 550 条は強行法規であるという。

　1 つ目の文献は、道垣内論稿であり、そこには次のようにある。「民法 550 条は強行規定なのだろうか。教科書、体系書のたぐいにはそう書いていない。しかし、強行規定を、『当事者がそれと異なる特約をしても、特約が無効となるような規定』……と見るときは、民法 550 条は強行規定のはずである。そうでないとすると、当事者が、口頭で、『A は B に対し無償で甲財産を譲渡する。これは両当事者において取り消すことができない。』と明確に合意（特約）をしたら、民法 550 条は適用されないことになるはずだが、そうは解されていな

---

[1]　本条にいう「撤回」とは、既に有効に成立している契約を失効させるという意味で理解されてきたところ、要綱案第 31 の 2（550 条関係）では、「撤回」ではなく「解除」の語が用いられている。なお、要綱案は、贈与契約の成立要件として書面や目的物の交付を必要としておらず、従来どおり贈与契約を諾成契約とした上で、550 条についても実質的な変更を加えていない。

い。……これまで強行規定の例として民法550条が挙げられることはなかったが、以上からすると、同条はまさに強行規定だというべきである」[2]。

2つ目は、浅場論文であり、契約各則の中でどの規定が強行規定として位置づけられるかという問題について、「民法修正案（修正履歴付）」を手がかりにアプローチしている（その内容については、後述2(1)）[3]。

(2) 分析の視点

前記道垣内論稿は、549条の定義に合致する贈与契約を口頭で締結した場合において、「両当事者がこれを取消（撤回）することができない」という特約を想定し、そのような特約の効力は否定されているとしている。しかし、かかる特約の効力が否定されるということについて、これまでに共通理解があったであろうか。本稿では、まず、このような特約の有効性という観点を軸として、550条の強行法性について考察する[4]。具体的な検討対象としては種々考えられるが、本稿では550条の立法時の議論を中心に扱う。もとより、立法時の議論を検討するだけで、550条が強行法規か否かを判断することができるとは考えていない。ただ、550条の立法過程についてあらためて分析し、併せて同条の立法趣旨についても確認した上で、それらが550条の強行法性に関する議論と結びつくか否かについて若干の検討を加えることにする。なお、前述の特約の有効性が認められるか否かは、贈与の法的拘束力の問題（①有効な契約成立を認めるために、どのような要件を必要とするかという問題と、②いったん有効に成

---

2) 道垣内論稿によると、これは、「強行規定の通常の適用構造」に当てはまっており、さほど違和感のあることではないという。詳細については、道垣内弘人「典型契約に関する条文にもいろいろある」法学教室287号（2004年）34頁以下参照。
3) 浅場達也「契約法の中の強行規定(上)(中)(下)――梅謙次郎の『持論』の今日的意義」NBL891号23頁、同892号40頁、同893号47頁（2008年）（以下、「浅場第1論文」）、「契約法教育と強行規定(上)(下)」NBL1002号22頁、同1003号40頁（2013年）（以下、「浅場第2論文」）。
4) なお、このような特約を想定すること自体の実益を疑問視する見解もあるかもしれない。すなわち、当事者が撤回できないようにしたいなら、書面によればよいだけのことである。しかも、現在の判例は書面性をかなり緩やかに解している（例えば、最二小判昭和60・11・29民集39巻7号1719号）と。しかし、このような特約自体に実益があるか否かという問題と、550条の強行法性を考えるきっかけとしてかような特約を想定することの当否の問題は、一応別個である。仮に前者の実益が否定されたとしても、それは、550条の強行法性を考える実益までをも否定するものではないと理解した上で、検討を進めていく。

立した契約からの解放が、どのような場合に認められるかという問題）にも関わる。一般的には、於保見解が指摘するように、贈与のような無償契約は、契約の法的拘束力という側面において、双務有償契約とは異なる特色が認められるとされる（①有償契約は諾成契約が原則であるのに対して、無償契約は要式契約または要物契約。550条からして、贈与も要式・要物契約というのとあまり変わらないという。②無償契約の効力は必ずしも確定不動のものとされることなく、後で廃棄し得る場合が認められていたりする）。贈与の法的拘束力をどのように考えるかは、論者の贈与観にも影響されるため、立法時の議論を参照する際には、この点についても目配りしておきたい。

2　民法550条の立法過程

(1)　「民法修正案（修正履歴付）」を手がかりにした浅場論文の概要

　浅場第1論文は、民法整理会の終盤に至るまで、「民法修正案」修正前の草案（法典調査会での審議を経た内容である。以下、草案という）の契約各則においては、強行規定と任意規定とがきれいに分かれていたと評価する。すなわち、①草案では「強行規定を列挙・明示する条文」が存在していたところ、そこで示された条文は強行規定である。「強行規定を列挙する条文」とは、本文で一定の条文群が任意規定であることを明示し、ただし書がその例外として強行規定を列挙して明示している条文を指す。「強行規定を明示する条文」とは、贈与に関する草案552条のように、強行規定を列挙してはいないが、明示している条文である。②「一読してわかる強行規定」（例として、買戻し、賃貸借総則）は強行規定である。そして、③契約各則の中で、上記①②で示された条文以外は、すべて任意規定であるとする。このように、強行規定と任意規定を法

5）於保不二雄「無償契約の特質」契約法大系刊行委員会編『契約法大系Ⅰ』（有斐閣、1962年）75頁以下。

6）例として、草案697条「本節ノ規定ハ契約ニ別段ノ定アル場合ニハ之ヲ適用セス但第675條、第681條、第683條、第686條第2項、第687條第2號及ヒ第691條ノ規定ハ此限ニ在ラス」。これは一定の条文群の性質（強行規定か任意規定か）に関する規定であり、この条文自体の性質は強行規定であるという。なお、本条に挙げられている675条は、現行667条（組合契約の冒頭規定）である。

文上も明示しておこうという志向は、3人の起草委員に共通していたところ、その中心的人物は梅であったと浅場見解は指摘している。しかし、「強行規定を列挙する条文」は、民法整理会において削除された。「強行規定を明示する条文」である草案552条も同様である。もっとも、それは先の起草委員の志向に対する否定的な評価ゆえではなく、その実質的内容に変更を加える趣旨ではなかったというのが浅場見解による評価である。そして、第2論文では、「列挙された強行規定」、「明示された強行規定」、「一読してわかる強行規定」の3つを総称して、「強行規定に準ずる規定」と呼び、現在の裁判所が、これらの規定を強行規定と位置づける可能性があるという。

たしかに、草案552条が存在していた段階での穂積の説明によると、彼は、草案549条（現行550条）を強行規定と解していたようにも見受けられる。しかし、浅場見解が主張するように、草案552条のような規定を「強行規定を明示する条文」と評価することが可能なのだろうか。同条がその前二条を任意規定と明示しているというならわかるが、任意規定と明示されていない条文は、すべて強行規定ないしこれに準ずる規定であり、任意規定と同列には扱えないということになるのだろうか。立法資料を手がかりにするにしても、それによ

---

7) 草案552条は、その前二条が任意規定であることを示している。浅場第1論文は、草案550条と551条が前二条に当たるから、草案548条と549条は強行規定であるとする。

　草案548条「贈與ハ當事者ノ一方カ自己ノ財産ヲ無償ニテ相手方ニ與フル意思ヲ表示シ其相手方カ之ヲ受諾スルニ因リテ其效力ヲ生ス」

　同549条「贈與ハ書面ニ依リテ之ヲ爲スニ非サレハ其履行ノ完了セサル部分ニ付テハ各當事者之ヲ取消スコトヲ得」

　同550条　略〔現行551条に相当〕

　同551条　略〔現行552条に相当〕

　同552条「前二條ノ規定ハ契約ニ別段ノ定アル場合ニハ之ヲ適用セス」

8) 法典調査会において、梅は、「もちろん面倒でもこれこれの箇条には反対の慣習を許す、反対の契約を許すということを唄うのがよろしいというのが私の持論」と述べている。法務大臣官房司法法制調査部監修『日本近代立法資料叢書(4)』（商事法務研究会、1984年）699頁。

9) これは第1論文では用いられていなかった呼称である。第2論文では、「任意規定と同列には扱えない」ということに力点が置かれており、その意味で「強行規定に準ずる規定」との呼称には若干躊躇があるが、他に適当な呼称が見当たらないため、暫定的にこう呼ぶのだという。浅場・前掲注3）第2論文(上)30頁注(15)。

10) 穂積は、「書面ニ依ラズシテ取消サレヌ契約ヲ爲スト云フヤウナ風ノコトハ許サナイ積リデアリマス」といっている。第81回法典調査会議事速記録（明治28年4月26日）法務大臣官房司法法制調査部監修『日本近代立法資料叢書(3)』（商事法務研究会、1984年）854頁。

って契約各則全般の傾向ではなく、特定の条文の強行法性を考えようというのであれば、その条文（本稿では550条）自体についての立法時の議論を個別に検討していく必要があろう。草案552条が削除されたとあっては、なおさらである。そこで、以下では、現行民法550条の強行法性を考えるための1つの手がかりとして、同条に関する立法時の議論を検討していくことにする。

(2) 民法550条の立法過程
(a) 法典調査会における穂積の説明[11]
旧民法では、贈与の規定は財産取得編358条に規定されており、「慣習ノ贈物」と「単一ノ手渡ニ成ル贈与」以外は公正証書が成立要件とされていたが、法典調査会に提案された草案では、この要件は外された[12]。もっとも、穂積は、現行550条に相当する549条が贈与の「方式」に関する規定であるとした上で、これを無方式にしない理由について、「当事者の反省を促す」とか「双方の権利関係を明らかにする」必要性を指摘している。そして、書面によらないものは、とにかく贈与として成り立つけれども、その履行の完了があるまでは取り消すことができることにしたのだという。なお、穂積は、一部既履行贈与についても全体を取り消すことができるとして、本条にいう「履行の完了」を完全な履行の完了と考えていた[13]。

(b) 民法整理会における梅の説明[14]
現行550条は、民法整理会において、「書面ニ依ラサル贈与ハ各當事者之ヲ取消スコトヲ得但履行ノ終ハリタル部分ニ付テハ此限ニ在ラス」という形で提

---

11) 前掲注10) 833頁以下。
12) 548条の文言は、前掲注7) の草案と同一。549条は、「贈与ハ書面ニ依リテ之ヲ爲スニ非サレハ其履行ノ完了マテハ各當事者之ヲ取消スコトヲ得」。公正証書の要件が外された理由については、「日本の公証人というものは、歴史上、外国のように権利関係を説明して依頼者を保護するということにはなっていない。また、一々公証を経なければ贈与契約は成立しないということにするのも甚だ煩わしい。」と説明されている。
13) これに対しては、「貰った人が使ってしまうと、借金しても返さなければならなくなって困る」等の反対意見が続出したため、とりあえず「其履行ノ完了セサル部分ニ付テハ」という文言に改められることになり、前掲注7) 草案549条の形になった。
14) 第11回民法整理会議事速記録（明治28年12月28日）法務大臣官房司法法制調査部監修『日本近代立法資料叢書(14)』（商事法務研究会、1988年）第1綴281頁。

案された。梅によると、草案のように「書面ニ依リテ之ヲ爲スニ非サレハ」というと、贈与は書面契約だぞというようにみえていかにも面白くないので、このように改めたのだという。

(c) 穂積と梅の贈与観の相違

法典調査会における穂積の説明をみると、贈与の書面を重視する態度が窺われる。書面を契約の成立要件と捉えているわけではないが[15]、書面によらない贈与の場合には、一部既履行部分も含めて取消可能としていたことからも、書面によらない贈与の拘束力を極めて弱いものと考えていることがわかる。

これに対して、梅は、贈与が要式契約ではないことを強調する。このことは、梅『民法要義巻之三』[16]の記述からも明らかである。「いかなる贈与であってもすべて方式を要するとする法制は存在しない。方式を必要とすることは、有益な贈与を妨げることが多いのに比して、有害な贈与を妨げうるかは疑いがある。当事者の利益を保護するためにその自由契約に干渉するがごときは、文明国の法律が最も忌むべきところであるがゆえ、新民法では旧民法の主義を改め、贈与も諾成契約とした」。「550条は、贈与をもって要式契約とする学説の遺物であって、自分は立法論としてはこれを採らない。強いて本条を説明すれば、書面を作らない贈与では、贈与者の意思が未だ確定していないことがある。かつ、書面がないときは、後日に争いを生じやすい。この理由は、必ずしも贈与に限ったことではないが、贈与は惻隠の心よりこれをなすべきことを約するものであり、たちまちこれを後悔することが稀ではない。したがって、これについて後日争いが生じやすいのは、人情の免れないところであるから、特に書面を要するものとしたものか」[17]。

このように、起草委員の中でも贈与に対する考え方に違いがあったことは明

---

15) 第9回帝国議会衆議院民法中修正案委員会において、穂積は、「贈与は、人民日常の生活上にたくさんある事柄なので、一定の方式を履まなければ成り立たないということは不便と思った」と説明している。また、「よほど贈与というものを保護し、成り立たせる精神であって、これよりもっとゆるいのはあまり例を見ない」とも述べている。広中俊雄『第九回帝国議会の民法審議』(有斐閣、1986年) 135頁。ちなみに、穂積は、贈答廃止会の設立者である。贈答廃止会および穂積と梅の贈与観についての詳細は、来栖三郎「日本の贈与法」比較法学会編『贈与の研究』(有斐閣、1958年) 1頁以下、村上一博「明治期贈与論考——穂積陳重・梅謙次郎の所説を中心に」六甲台論集31巻1号 (1984年) 94頁以下参照。

16) 梅謙次郎『民法要義巻之三』(有斐閣、1899年) 462頁以下。

らかである。もっとも、梅はもちろん、穂積も、贈与を有償契約と比較して軽いものとみていたわけではない。贈与者の担保責任に関する説明において、穂積は、決して贈与を軽くみたというわけではなく、贈与の中にも、例えば社会上の義務、公に対する義務、徳義上、交際上の義務から贈与をする場合のように、1つの権利義務を動かすものとなって現れるものもあるため、代価があれば非常に保護し、その他は保護が薄いというような風の主義は採らない。場合によっては、贈与でも売買より重い場合すらあると考えている、と述べている[18]。

(d)　民法修正案理由書[19]

書面によらない贈与の取消しについて、次のように説明する。後日の争訟を予防し、法律行為を確実ならしめ、併せて幾分か贈与者の熟慮を促すには、書面によって贈与を為さしむることが固より立法上至当の方法である。そこで、本条において、贈与は書面によってこれを為すに非ざれば、各当事者がこれを取り消すことができるとして、実際の便宜に適せしめると同時に法律関係の安固なることを欲する当事者をして自ら証書を調製せしめる道を開いた。しかし、たとい書面によって贈与をしなかったとしても、既にその一部を履行したときは、その部分まで取り消すことができるとする理由はないので、本条では、履行の完了しない部分についてのみ取り消すことができる旨を明らかにしたという。

---

17)　もっとも、梅は、『民法原理総則編巻之一』（明法堂、1903年）315頁の法律行為の章において、本稿冒頭に掲げた特約の有効性を否定している。すなわち、公の秩序に反する事項を目的とする行為と並列させて、「書面によらない贈与は、その履行の終わるまで当事者双方よりこれを取り消すことができないとする規定は、公益上の理由に基づく命令的規定であるため、たとい当事者が取り消すことができない旨を約しても、その効なし」という。しかし、ここでは、550条の規定がいかなる意味において公益上の理由に基づく命令的規定といえるのかについての説明が一切なく、その意図が不明である上に、『民法要義巻之三』の主張内容とも矛盾する。また、これより後の『民法要義巻之一』（有斐閣、1911年版復刻、1984年）の法律行為の章には、かかる記述はない。

18)　前掲注10) 844頁。

19)　広中俊雄『民法修正案（前三編）の理由書』（有斐閣、1987年）528頁以下。

3 民法550条の趣旨についての判例・学説

大判明治40・5・6民録13巻503頁は、550条について、主として一方には贈与者が贈与をなすにあたって、その意思の明確なことを期し、他方では軽忽に贈与をなすことを予防しようとする趣旨の規定であるとする。これに対応して、学説でも、①贈与者の軽率の予防と②贈与者の意思の明確化が挙げられているほか、③無償契約の特質を指摘する見解もある[20]。これ以外にも、学説では様々な要素が複合的に挙げられることが多いので、その正確な把握と分類は難しい。特に、①については、これがどのような意図で主張されているか一義的ではない。一見すると、贈与者保護という社会政策的な配慮に基づくとも捉え得るが、後日の紛争防止という配慮にも通じ得る。さらにいえば、②との区別すら曖昧である。しかし、いずれにしても、少なくとも立法段階においては、軽率な契約締結防止という配慮はそれほど強調されていなかった。また、贈与者が軽率に贈与するのを戒め、慎重に熟慮する機会を与えようとする意味であるならば、即座に物を渡してしまったような場合こそ軽率といえそうだが、既履行部分については撤回できないのだから、①の要素を強調することは説得力を欠く[21]。これに対し、②は、贈与者の意思の明確化を強調するが、550条のような規定は有償契約にはみられないのであるから、なぜ贈与についてだけ、わざわざ意思の明確化が明文で要求されているのかが問われなくてはならない。その根拠として、③を挙げることも考えられるが、なぜ無償性が根拠となり得るかについては、十分に明らかにされていないように見受けられる。

4 若干のまとめ

立法者（特に梅）は、贈与契約が諾成契約であることを強調していた。これ

---

20) 先駆的な見解として、①末弘厳太郎『債権各論』（有斐閣、1919年）312頁以下、②末川博『債権各論第一部』（岩波書店、1939年）20頁以下、勝本正晃『契約各論第一巻』（有斐閣、1947年）150頁、③戒能通孝『債権各論』（巌松堂、1942年）117頁。

21) 末川・前掲注20）20頁以下。

を強調するならば、方式は自由であり、550条は任意規定であるという結論に結びつきやすくなる。しかし、それならば、なぜ、立法者はわざわざ550条を設けたのか。550条の趣旨については、少なくとも立法過程をみるかぎり、社会政策的な意味における贈与者の軽率防止という配慮は窺われない。また、そのような配慮を本条の趣旨として重視することは、前述したように説得的でもない。では、立法過程においてもしばしば指摘されていたように、書面によらない贈与では、「贈与者の意思が未だ確定していない」、「贈与者の熟慮を促す」必要があるとして、贈与者の意思の明確化を重視する考え方は、550条の強行法性に関する議論と結びつき得るだろうか。この考え方を意思による拘束力の理論を指すものと捉え、これが有償契約のみならず無償契約にも等しく妥当すると解するのであれば、贈与に向けられた当事者の意思が明確であるかぎり、冒頭の特約の有効性を否定する理由はない。つまり、550条の強行法性の否定につながり得る。そもそも、口頭・未履行の贈与契約について、当事者意思を無視してまでも、「撤回できないとしてはいけない」などと法律で強制する理由がどこにあるのか。この点についての積極的な理由を立法時の議論から見出すこともできなかった。したがって、550条の趣旨を贈与者の意思の観点から説明することにより、同条の強行法性を否定する余地は残されていると考える。

　しかし、ここで注意すべきは、ここにいう「意思」の内容である。すなわち、契約が成立するためには、契約成立に向けられた意思の明確性が必要とされるはずであるところ、549条の贈与契約の成立（契約成立に向けられた意思の明確性の存在）を前提としつつ、550条でその意思が不明確な場合があることを想定するのは、論理的に矛盾する。この矛盾を解消するためには、両条で要求される意思の内容がそれぞれ質的に異なることを論証する必要があろう[22]。もっとも、この点については、立法過程を中心とした本稿の検討から直接に導かれる

---

[22] たとえば、549条で要求される意思が、「契約成立に向けられた意思」であるのに対し、550条はそれとは別の「履行意思」ないし「裁判上の請求権を付与する意思」を要求していると解すること等が考えられる（通常は、契約成立に向けられた意思があれば、履行意思ないし裁判上の請求権を付与する意思もあると考えられよう。）。この点の検討については別稿を予定しているが、このように550条をある種の意思欠缺に関する規定と捉えるならば、要綱案のように「解除」とするよりも、「取消」に準じた扱いをする方が相応しいであろうことだけ指摘しておきたい。

ものではないため、今後さらに検討を深める必要がある。その際に留意すべき問題点として、最後に以下の2点を挙げておきたい。第1に、550条の趣旨について贈与者の意思を重視してこれを捉えるとしても、550条のような規定は有償契約にはみられない規定であることから、本条は贈与の無償性にも少なからず着目していると考えられる。もっとも、立法者の穂積とて、無償だからといって一概に贈与を軽くみていたわけではなかった。贈与の中にも、一種の社会的・公的な義務に基づくものがあることを認めた上で、かかる贈与に有償契約と並ぶ重要性を見出していたのである。したがって、550条の強行法性を考えるにあたっては、贈与の目的や類型についても考慮する必要がある。[23] 第2は、要式行為との関係についてである。550条は実質的に贈与の要式行為性について定めたものとみる見解もあるところ、この見解によれば、要式行為の強行法性を肯定することを前提とするかぎり、550条の強行法性も肯定することになりそうである。しかし、ここにいう要式行為の意味如何にもよるが、これを契約の成立ないし有効要件と捉えるのであれば、贈与は要式行為ではない。したがって、550条の強行法性が直ちに肯定されることにはならない。とはいえ、贈与が要式行為でないとしても、贈与における書面がどのような意味をもち、これが要式行為とどのような関係に立つのかについては検討の必要がある。[24] 本稿では、紙幅の関係もあり、立法過程を中心とした限定的な考察しかできなかったが、これを出発点として、今後の検討につなげていきたい。

[23) 例えば、小島奈津子『贈与契約の類型化』（信山社、2004年）は、義務的ではなく好意による贈与については、法的拘束力の弱さをより認めるべきとする。
24) 伊藤進「要式行為規定の強行法規性」椿寿夫編『強行法・任意法でみる民法』（日本評論社、2013年）19頁。

19 買戻しの機能と民法579条の強行法性

上河内千香子

1 本稿の目的

　民法579条本文は、「不動産の売主は、売買契約と同時にした買戻しの特約により、買主が支払った代金及び契約の費用を返還して、売買の解除をすることができる」と定めている。すなわち、本条によれば、買戻しにおける売主の返還義務の範囲は、「支払った代金及び契約の費用」であり、この点は、従来、強行法規と解されてきた。他方、583条1項においても、「売主は、第580条に規定する期間内に代金及び費用を提供しなければ、買戻しをすることができない」と定めており、本条において買戻しを行うためには代金と費用の提供を要するとされている点についても、近年では強行法規という見方が定着している。

　しかし、債権法改正の中間試案においては、このような579条本文の強行法規性を回避すべく実務上再売買の予約が用いられているという実態を踏まえると、売主の返還義務の範囲を強行法的に固定する実益は乏しいという理由から、この点を任意法規とすることが提案されている。このように、579条は、立法的には、強行法規から任意法規にまさに変容を遂げようとしている規定であるが、本稿では、このような579条における法規の性質について、立法過程における議論（2）、今日までの判例・学説の見解（3・4）、さらには、近時の債権法改正過程における議論（5）を整理した上で、債権法改正を通じて579条

を任意法規に変更する背景を検討し（6）、その上で強行法の議論に与え得る示唆を検討する（7）[1]。

2　立法過程における議論

(1)　買戻し規定の必要性

買戻しは、鎌倉時代から「本銭返」という名称により、民法施行以前においても「年季売買」という名称により行われていた。これらの時期における主たる作用は債権担保であったといわれている[2]。

旧民法典においては、買戻しに関する規定は、「売買」の章における第3節「売買の解除及び鎖除」の第2款に「受戻権能の行使」という形で設置されていた[3]。法典調査会における「買戻し」の審議の冒頭では、梅博士の方から、同節第1款「義務ノ不履行ニ因ル解除」は契約総則における解除の款、第3款「隠レタル瑕疵ニヨル売買廃却訴権」は、売買における担保の箇所に入れたので、残った第2款については、「買戻し」と名称を変えた上で存置したこと、および、旧民法典財産取得編87条を当然のことなので削除した旨の説明があった[4]。このような梅博士の説明に対しては、土方委員より、買戻し規定の削除案が主張されたが、これに対して、梅博士は、「買戻しは、弊害のある制度であるが、買戻しの規定を削除すると法文にないということで自由に買戻し契約ができることになってしまう。しかし、弊害があるにもかかわらず実際には使われていることを考えると買戻しを禁止することはできない。それならば、買戻しを認めつつも、規定を置く形で弊害を矯正するべきである」という見解を示した[5]。

---

1) 買戻し特約の有効性を強行法という視点から検討したものとして、鳥谷部茂「買戻規定の強行法規性」椿寿夫編『強行法・任意法でみる民法』（日本評論社、2013年）215頁以下。
2) 柚木馨「判例買戻権法」民商法雑誌39巻1＝2＝3号（1959年）67頁以下、我妻栄『債権各論中巻一』（岩波書店、1957年）325頁以下。
3) 仁井田益太郎『旧民法』120頁以下（日本評論社、1943年）参照。
4) 『法典調査会民法議事速記録四』（商事法務研究会、1984年）112頁。
5) 前掲注4）113頁〔梅発言〕。

(2) 現行579条の性質に関する議論

その後の審議において、現行579条は、草案581条「不動産ノ売主ハ売買契約ト同時ニ登記シタル買戻ノ特約ニ依リ買主カ支払ヒタル代金及ヒ契約ノ費用ヲ返還シテ其ノ売買ヲ解除スルコトヲ得。但シ特別ノ契約ナキトキハ不動産ノ果実ト代金ノ利息トハ相殺シタモノト看做ス。〔第2項略〕」という形で提案された[6]。当時、梅博士は、草案と異なる買戻し代金に関する合意は無効と考えていたようである。例えば、審議の過程において、重岡委員より、「買戻しの代金と売買代金が同一でなければならないというように窮屈にする必要はないのであって、契約者間で必要に応じて代金を増減する等自由にできるとした方が良い。本条の趣旨が買戻しを制限的にのみ認めるというというものであれば、それを改正して、普通の場合には代金及び契約の費用として、特別の場合には自由にすることができるとしてはどうか」という意見が主張されたのに対して、梅博士は、「買戻しの規定はすべて命令的規定である。買戻しは弊害のあるものなので制限したつもりである。規定に書いてあることしかできない」と述べている[7]。同様に、梅博士は、岸本委員からの「買主が、売主が気の毒だからという理由から費用についての権利を放棄する、という買戻し契約を締結したら無効というのはどのような理由か」という質問に対し、「581条でそのように定めた。代金及び費用と違うものを返還するということは、買戻しが売買契約の解除であるという性質に反することになるから認められない」と答えている[8]。

3　判例の見解

(1)　579条本文の性質

一方、判例においても、579条本文は「強行法規」と解されてきた。すなわち、【1】大判大正15・1・28民集5巻1号30頁においては、「売買代金および契約費用のほかに保存および改良についての支出費も支払う」という合意の効力について、579条の返還範囲の規律は、買主・第三者の利益保護と同時に、

---

6) 前掲注4) 114頁。
7) 前掲注4) 139頁以下〔重岡発言〕〔梅発言〕。
8) 前掲注4) 144頁以下〔岸本発言〕〔梅発言〕。

「売主ノ利益ヲ保護シ買戻契約ノ目的ヲ達セシメントスルノ趣旨ニ出デタルモノ」であり、「若売主カ売買代金及契約ノ費用ヨリ多額ノ金額ヲ支払ハサルヘカラサルモノトセハ原状ニ回復セシムルノ効力ヲ生スヘキ買戻権ノ性質ト相容レサルノミナラス売主ヲシテ買戻権ノ行使ヲ困難ナラシムルノ結果ヲ生スヘク又動モスレハ利息制限法ノ規定ヲ回避セントスルノ弊害ヲ生スルニ至ルヘケレハナリ。故ニ民法579条……同583条1項……ハ強行規定ニシテ此ノ規定ニ反シ必要費及有益費ヲ支払フニ非サレバ買戻シヲ為スコトヲ得サル旨ヲ約スル契約ハ無効ナルモノト解スルヲ相当トス〔傍点筆者〕」と判示している。

さらに、その後、【2】東京控判昭和17・5・29評論31巻民法403頁においても、「買戻し代金は買戻し時の時価を基準として協議の上決める。ただし、右時価が売買代金に登記料その他を加えた額よりも低いときには、後者とする」という合意について、「売主カ買主ノ支出シタ売買契約ノ費用ヨリモ多額ノ金銭ヲ支佛ネハ売買ノ目的タル不動産ヲ自分ノ所有ニ復スルコトカデキナイモノトスレハソレハ売買ノ當事者ヲ売買以前ノ原状ニ復サセルモノテハナク従テ原状回復ヲ目的トスル買戻権（解除権）ノ性質ト相容レナイノミナラス売主ノ買戻権行使ヲ著シク困難ナラシメ又ヤヤモスレハ買戻ノ特約ヲ利息制限法ノ規定ヲ潜脱スル手段ニ供サレル弊害ヲ生スルニ至ルカラテアル。要スルニ民法第579条テ売主カ売買契約ト同時ニ為サレタ買戻ノ特約ニヨリソノ売買契約ヲ解除スルニハ『買主ノ支佛タ売買代金及ヒ契約ノ費用ヲ返還スヘキ』旨ヲ定メ同法第583条1項テ売主カ買戻ヲナスニハ期間内ニ『代金及契約ノ費用ヲ提供スルコトヲ要スル』旨ヲ定タノハ強行規定テアッテコノ規定ニ反シ売買代金及ヒ契約ノ費用ヨリモ多額ノ金員ヲ支佛ナケレハ買戻ヲスルコトカテキナイ旨ヲ約定ヲシテモソノ契約中売買代金及契約ノ費用ヲ超過スル金額ヲモ買戻権行使ノ条件トシタ部分ハ無効テアル〔傍点筆者〕」と述べ、【1】判決を引用している。つまり、判例は、579条を強行法規と解し、その根拠として、買戻権の性質、および、利息制限法の潜脱防止を挙げているといえよう。

9）末弘厳太郎「判評」判例民事法 大正十五年昭和元年度（1927年）20頁以下、同「判評」法学協会雑誌45巻(上)(1927年)195頁は、本判決が579条および583条の強行法規性を肯定した点には言及しないものの、判決の結論を支持する。

(2) 583条1項の性質についての判例

ところで、583条1項は、買戻しの実行について、「580条に規定する期間内に代金及び契約の費用を提供しなければ、買戻しをすることができない」と規定している。当初、判例は、583条1項について【3】大判明治43・5・23民録16輯416頁は傍論ではあるが強行法規性を否定し、その後の【4】大判大正10・9・21民録27輯1539頁も明確に強行法規性を否定した[10]。しかし、戦後に出された判決である【5】新潟地判昭和42・12・26判時524号64頁においては、「買主の不動産返還義務の先履行と売主の代金後払いの合意」の効力を論じるにあたり、民法583条1項が任意法規であることを明確に否定し、その理由として、「同条第1項は買戻しが債権担保制度の一種として利用されることが多いことに鑑み、買戻し代金を『代金および費用』のみに規制することによって売主（債務者）を保護するとともに、その反面右代金等が『期間内に提供』されることを買戻し実行の要件として買主（債権者）に確実な代金回収の途を法的に保証することによって、無資力あるいは不誠実な売主から買主（債権者）を保護し、これによって両者の均衡を計ろうとする強い公平の理念に基づく強行規定と解するのが相当だからである〔傍点筆者〕」と述べている[11]。

4　学説の見解

(1) 梅博士の見解

では、学説は、579条の性質についていかなる見解を示してきたのであろうか。立案担当者である梅博士は、『民法要義巻之三』（有斐閣書房、1912年）の「買戻し」の項目において、「千圓ノ金ヲ借リタル者カ一年ノ後買戻ヲ為スニハ千二百圓ノ代金ヲ以テスヘキコトヲ定ムルトキハ是レ暗ニ年二割ノ利息ヲ附

---

10) 平野義太郎「判評」法学協会雑誌40巻3号（1922年）167頁以下は、本判決が583条の強行法規性を否定していることを支持する。

11) なお、本判決の事案は、地方公共団体が駅前の土地再開発に際し個人に土地を売却したものであるが、売買契約において、「イ、買い受け土地の使用目的に違背する使用を行ったとき、ロ、土地の使用に関し法令に違反したとき、ハ、その他原告が土地計画上必要と認めたとき」には買い戻すことができる、定められていた。つまり、本判決は、本稿のその他の判決とは異なり、「債権担保目的以外の買戻し」であったという特徴がある。

スルモノナリ是レ買戻特約ノ弊害ト謂フ」べきこと、そして、通常の買戻しでは、売主が受領した代金を返還することが常であるため、579条においては、代金と費用よりも多額の金銭を買主に支払うことを合意することができないとした、と説明している[12]。もっとも、以上のような「買戻し」の項目中においては、579条の性質については言及されていない。

(2) 古典的学説
(a) 579条本文の性質について

その後の古典的学説においても、概して、579条本文における法規の性質について言及するものはあまり見受けられないが、そのような中で、末弘説は、同条の性質について、代金および契約の費用の返還をすべきことを命ずる点は、「禁止規定」であり、法律がこの規定により禁止せんとする結果が別途の方法によって達成されることは法律の是認するところではない、と述べている[13]。また、同説は、583条1項の解説においても、579条が「強行的性質を有する」ものであることを認めている[14]。

(b) 583条1項の性質について

一方、583条1項の法規の性質についても、多くの教科書類では、法規の性質に言及することなく、判例の結論のみを紹介する。そのような中で、三瀦説は、583条1項の強行法規性を明確に否定した上で、【4】判決を挙げている[15]。しかし、同説は、その一方で、買戻権者は、売買代金と異なる金額を約することは許されず、また買戻し代金は時価相場による特約も無効であるとも述べている[16]。

同様に、石田（文）説においても、583条1項について「強行規定ではない」とした上で、当事者は代金のみを以て買戻しをなし得る旨の特約をなすことができると述べるとともに、買戻し代金は買戻権行使当時の時価によるとの

---

12) 同書550頁。
13) 末弘厳太郎『債権各論』（有斐閣、1918年）449頁以下。
14) 末弘・前掲注13) 467頁以下。
15) 三瀦信三『契約各論講義』（有斐閣、1931年）43頁。
16) 三瀦・前掲注15) 44頁。

特約を無効と解するべきであると述べている[17]。以上のように、戦前の学説は、583条の法規の性質について強行法規性を否定するものの、法規の性質とは無関係に売主に不利となるような合意の効力も否定していた。

(3) 近時の学説

しかし、比較的近時の学説では、579条とともに583条の強行法規性を肯定するものが見受けられる。例えば、柚木説においては、【4】判決の結論を肯定しつつも、583条も579条も利息制限法の精神を尊重する建前の下に売主の負担を同条所定以上に重くすることを禁ずる趣旨であり、その意味において強行性を有するものであり、負担を軽からしめる特約を妨げないに過ぎない、と述べている[18]。同様に、椿説においても、【5】判決が583条を強行法規と解していることを容認する立場を示している[19]。

もっとも、579条については、柚木説の主張する片面的強行法規説とは異なる見解も主張されている。すなわち、池田説においては、【1】判決が579条の趣旨として売主の保護とともに買主と第三者の保護を挙げている点に着目し、ここでの第三者保護とは、買戻しの登記を通じて、買戻し期限までに確定した不動産所有権か売買代金および契約費用のいずれかが買主の責任財産に入ると期待するような第三者の保護のことを意味するものであり、このような第三者の利益も考えるならば、579条本文は、売主に有利な変更も不可能な「超強行法規」とみるべきである、と主張する[20]。

以上のように、今日までの判例および学説の傾向としては、579条については、強さに関する見解の相違はあるものの、基本的には「強行法規」であるという見解が定着しており、583条1項についても、次第にその強行法規性が肯定されるようになってきたといえよう。

---

17) 石田文次郎『債権各論』(弘文堂書房、1938年) 50頁。
18) 柚木・前掲注2) 71頁、柚木馨=高木多喜男『新版注釈民法(14)債権(5)』(有斐閣、1993年) 441頁以下〔柚木=高木〕。
19) 椿寿夫「不動産の譲渡担保と売渡担保(上)」ジュリスト679号 (1978年) 103頁以下。
20) 池田雄二「非典型担保における買戻し(1)」北大法学論集59巻5号 (2009年) 281頁。

5 債権法改正の議論

(1) 基本方針における提案

しかし、近時の債権法改正過程における提案は、上述のような理解に基づくものではない。すなわち、債権法改正の基本方針においては、「【3.2.1.K】買戻特約における売主の返還義務の範囲に関する制限を、推定規定として置くものとする」という提案がなされ、提案の解説において、「579条本文における売主の代金返還義務の範囲は強行規定（片面的強行法規）であるが、このような制限は、再売買予約により回避されてきた。このような実情について、実務的な必要性が存在し、かつ、返還義務の範囲を拡大することに合理性があるのであれば、買戻しの場合も柔軟化し、この点に関するルールの強行法規性を否定することが向かうべき方向である」と述べられている[21]。さらに、それを受けて、【3.2.1.37】において、「不動産売買契約の当事者が、売買契約と同時に買戻しの特約をしたときは、売主は、買主が支払った代金及び契約の費用を返還して、売買契約を解除することができる。ただし、別段の定めがある場合にはこの限りでない〔傍点筆者〕」という提案がなされ、上述の解説と同様の説明が付されている[22]。

(2) 中間試案以降

以上のような579条を任意法規と解することについての提案は、中間試案においても、「買戻しに関する民法第579条から第585条までの規律を基本的に維持した上で、次のように改めるものとする。(1)民法第579条の規律に付け加えて、売主が返還すべき金額について当事者に別段の合意がある場合には、それに従うものとする」と述べられ、その補足説明においても、「民法第579条は、買戻しによる売主の返還義務の範囲を『支払った代金及び契約の費用』と定めており、これは強行規定と解されている。しかしながら、この規定の適用

---

21) 民法（債権法）改正検討委員会編『詳解・債権法改正の基本方針Ⅳ——各種の契約(1)』（商事法務、2010年）132頁以下。
22) 民法（債権法）改正検討委員会編・前掲注21）134頁。

を避けるために実務上再売買の予約が用いられているという実態を踏まえると、売主の返還義務の範囲を強行法的に固定する実益は乏しい上、担保以外の目的で買戻しが用いられる場面を念頭に、売主の返還義務の範囲につき、別段の定めが許容されるべきであるとする指摘がある。これを踏まえ、同条が規定する買戻し権の行使に際して売主が返還すべき金額につき、当事者の合意により定めることができる旨の規定に改めるものである」と説明された[23]。

さらにその後の要綱試案以降においても、579条の任意法規化は支持され、法律案の段階では、「不動産の売買契約と同時にした買戻しの特約により、買主が支払った金額（別段の合意をした場合にあっては、その合意により定めた金額。第583条第1項において同じ。）及び契約の費用を返還して、売買の解除をすることができる〔以下略〕」と定められている[24]。

6　検　討

579条本文の定める売主の返還義務の範囲について、立法者は、買戻しの性質は解除権行使であるということを根拠に、規定以外の返還範囲を一切認めない「命令規定（強行法規）」と解していた。その後、本条については【1】【2】判決により、強行法規であることが明言され、583条1項についても、当初は否定されていたものの、強行法規性が肯定されるに至った。しかし、この度の債権法改正過程では、本条を任意法規に変更することが議論されている。その理由の1つとしては、返還義務の範囲を強行法規と解したとしても、このような制限が再売買予約によって潜脱されてきたという実情が指摘されている。

このような指摘は、これまでもなかったわけではない。例えば、古くは、【1】判決の末弘評釈が、【1】判決の事案が、買戻し特約が登記されているか否かが明らかではない点に着目し、未登記の場合には当該特約は「買戻し」という文言が使われていたとしても再売買の予約として解釈する余地があり、再

---

23) 商事法務編『民法（債権関係）の改正に関する中間試案の補足説明』（商事法務、2013年）430頁以下。
24) 「民法の一部を改正する法律案新旧対照条文」http://www.moj.go.jp/MINJI/minji07_00175.html。

売買予約として特約がなされている以上、579条の制限は容易に潜脱されてしまう可能性があると述べていた[25]。また、近時においても、三宅説が、【1】判決について、結論を支持しつつも、大正以降の判例・通説は、買戻特約の他に再売買予約を認める点と矛盾するという理由から、柚木説のように、同条を売主のための強行規定と説くのは正当ではない、と述べている[26]。また、篠塚説においても、買戻し規定一般について、「買戻しは本来強行法規のはずだったが、再売買予約判例法の形成によって1つの特約形態つまり任意法規に転化してしまった」と評価する[27]。以上のような議論は、「債権担保目的の買戻し」を前提とした議論であるといえよう。

しかし、それとともに、債権法改正過程においては、最三小判平成18・2・7民集60巻2号480頁を前提として、579条以下の主たる対象は、「債権担保目的ではない買戻し」と解している点に留意すべきである。例えば、基本方針においても、【3.2.1.J】において、担保目的を有する買戻しおよび再売買予約等については、譲渡担保型のルールに一元化した上で、買戻し規定を適用しないことが提案されており、さらに、中間試案においては、同様の提案はなされていないものの、補足説明においては、担保以外の目的で買戻しが用いられる場面を念頭に置いて任意法規に改める、という説明がされている[28]。このように、579条を任意法規と改めるという立法提案は、従来あまり意識されていなかった、例えば、新都市基盤整備法52条、あるいは、新住宅市街地開発法33条のような「債権担保目的ではない買戻し」に着目していることが窺える。つまり、579条を強行法規から任意法規に改めるという立法提案は、同条の対象となる買戻しの理解が変化したことに起因していると考えることができよう[29]。しかし、これらの立法で用いられている「買戻し」はどの程度民法上の「買戻

---

25) 末弘・前掲注9)196頁。同旨・荒川重勝「判評」『不動産取引判例百選』（有斐閣、1966年）180頁以下。
26) 三宅正男『契約法（各論）〔上〕』（青林書院新社、1983年）486頁。
27) 篠塚昭次「再売買の予約」法学セミナー176号（1970年）7頁。
28) もっとも、商事法務編・前掲注23)432頁以下では、「債権担保目的の買戻し」と取扱いについて、579条以下のすべての規定につき適用を排除することは相当ではないという指摘があったこと、および、同条以下の個別の規定につき、債権担保目的の買戻しへの適用の可否を検討することも困難である、という理由から、解釈に委ねると説明されている。

し」の議論を踏まえたものであるか、また、実際に、このような債権担保目的以外の買戻しはどの程度利用されているのかについては検証の余地が残されていると思われる。

7　終わりに

　最後に、以上のような民法579条の検討から強行法の議論に与え得る示唆を考えてみることとする。本稿の検討からは、強行法規については、ある条文が立法時に「強行法規」と解されていたとしても、それが経済の実情に合致しない場合には条文自体が空文化、あるいは、任意法規化する可能性があるということが窺えるのではないだろうか。すなわち、579条本文は、立法時においては異論があったにもかかわらず、立法者により「強行法規」と解され、判例学説もそのような見解を支持していた。しかし、このような条文の窮屈さを回避しつつ同様の目的を達成するために再売買予約の判例法理が発展し、債権担保目的の買戻しが用いられなくなった。このように、強行法の効果は、場合によっては条文を空文化・任意法規化する可能性を秘めているといえよう。

---

29) 例えば、商事法務編『民法（債権関係）部会資料集第1集〈第4巻〉』（商事法務、2013年）65頁以下では、「買戻しは、実際には、特に不動産の開発型の契約で買戻し特約がつけられているというケースがかなり多いと思う」（松本発言）、「担保目的以外の本来的な買戻しは、それなりの有用性・実効性があると思う」（高須発言）という見解が示されている。

30) 例えば、渡辺洋三「新住宅市街地開発法」ジュリスト281号（1963年）15頁においては、同法における先買、買戻し、買取請求権などの規定は、技術的に意味の明確でない箇所も少なくない、と述べられている。

20

民法635条ただし書の強行法性

芦野訓和

1 はじめに

　契約法においては《契約自由の原則》[1]が一般に妥当するとされる。そのような契約法の分野でも、契約成立を規律する法規について当事者の《自由》や《合意》に委ねることが妥当かということが問題となり、経済的弱者保護の観点から契約自由が制限され、また、公益的な観点から相手方選択の自由・契約締結の自由を制限する考え方が唱えられるようになった。[2][3]いわゆる《任意法規の強行法規化》である。そこでは一方当事者の権利・利益を特約や合意により排除することが否定されることになる。しかし、異なる観点から《強行法規性》が問題となることがある。例えば、本稿が検討対象とする民法635条ただし書については、《社会経済上》の観点から法規の性質が問題とされ、特約や

---

[1] 契約締結に際しては、契約締結の自由、相手方選択の自由、内容決定の自由（スイス債務法は法律の範囲内での契約内容の自由を明文で認める〔スイス債務法（OR）19条1項〕）、方式の自由など種々の自由が法律の範囲内で認められることになる。一般に、契約法規定の多くは任意規定であるとされ（例えば、我妻栄『新訂債権総論』（岩波書店、1964年）12頁）、契約に関する民法典の規定は、当事者の意思の欠缺・不明確さを補うために裁判官がよるべき基準を定めているものとされる（来栖三郎『契約法』（有斐閣、1974年）737〜738頁）。

[2] この点については、椿寿夫編著『強行法・任意法でみる民法』（日本評論社、2013年）188〜189頁〔芦野訓和〕を参照。

[3] 契約自由の制限、任意法規の縮小については、浅場達也「契約法の中の強行規定(上)(中)(下)」NBL891号23頁、892号40頁、893号47頁（いずれも2008年）も参照。

合意による排除とは離れて論じられることがある。そのような意思規制とは異なる観点からの《強行法規》とはどのようなものであり、そこでの《強行》とはどのようなものなのか、さらには、この場面で《強行法規》という概念を用いる必要があるのか。本稿では以上の問題意識にたち、民法635条ただし書の法規の性質をめぐる議論を立法過程から整理した上で、私見を提示したい（以下、民法635条ただし書につき、本稿では「本規定」と記す）[5]。

2　民法635条ただし書の性質をめぐる議論

(1) 序

周知のとおり、請負契約において引き渡された目的物に瑕疵があった場合には、注文者は請負人に対し（瑕疵）担保責任を追及することができ、瑕疵のために契約目的を達成できない場合の解除については本規定が「建物その他の土地の工作物については、この限りでない」と定めており[6]、この部分の法規の性質が争われることがある。

この点について、これまでの「通説的見解」によれば本規定は《強行規定》

---

4) これまでの本研究からも明らかなとおり、《強行》という性質には様々なものが含まれる。このことは、我が国特有の現象ではなく、ローマ法における《jus cogens》の伝統を受け継ぐ国々においてみられるものである。狭義の意味では、OR19条2項が明言するように「強行規定と異なる契約を締結することはできない」という形で契約自由を制限するものであるが、あるドイツの学者は、契約法に限定しない民法全体における強行法規について、①要式行為に関する規定、②契約自由を制限する規定、③人の原則的法的地位に関する規定（例えば、権利能力など）、④弱者保護の規定（片面的強行）、⑤権利と義務を当事者の意思とは関係なく形成する規定（権利客体としての物に関する規定）をあげる（Moselein, Dispositives Recht, 2011. 概観するものとして、Schwab=Lohnig, Einfuhrung in das Zivilrecht, Rn. 52. 19. Aufl. 2012）。
5) 既に、本規定については椿編著・前掲注2) 230～232頁〔芦野〕において若干の検討を行ったが、学習書であることから制約があり、先行業績の引用さらには私見の提示が十分にできなかった。本規定の法規の性質については、本稿で引用する諸文献でも既に検討がなされているところであるが、本稿はそれらの先行業績を踏まえた上で、本研究会の視点から再検討を行うものである。また、債務不履行解除、損害賠償の範囲を含めた他の瑕疵担保規定、641条との関係などについても慎重な検討が必要であるが、誌面の関係上、本稿では法規の性質に限って対象とする。
6) このような規定は、ドイツ民法やフランス民法には存在しないとされる（原田剛「請負における瑕疵担保責任」（成文堂、2006年）173頁）。岡孝「判批」判例タイムズ698号（1989年）25頁以下によれば、立法時に参照されているOR358条1項は同旨の規定であり、ドイツ民法起草過程でも同様の提案があったとされる。

であると解されている。その理由として一般的には、「このような場合に契約の解除を認めると、解除の結果、請負人は土地からその工作物を取り払わなければならないことになり、請負人にとって過酷である」、そして建築途中の建物について解除を認め原状回復をさせることは「社会経済上の損失を招くことになる」という2つの要素があげられる。では、このような考え方はいつどのようにして形成されたのだろうか。

(2) 立法過程

　立法審議において起草者の穂積は、注文者から材料を提供し製作を依頼したが目的を達することができない物が製作されたような場合には解除を認めても問題ないが、井戸や湖沼の掘削の場合には、「実際ニ為ルト跡ニ戻スコトノ出来ナイヤウナ場合ガ多イ又出来テモ夫レヲ為サセルコトハ経済上公益上利益ノナイ事ガ多イノデア」るから、解除ではなく損害賠償だけにとどめておいた方がよいと説明する。同様に起草者の梅も、材料を提供して製作を依頼した動産の場合には全部解除ができるが、不動産の場合には「非常ナ金ト時トヲ費ヤシテ拵ヘタ物ヲ壊ハサネバナラヌ夫レハ酷ドイ話シデ夫レヲ壊ハスト云フノハ経済上不利益ト云フヤウナ事ガ多イト思ヒマス家ヲ建テタ、所ガソレガ何ニモ為ラヌト云フコトハナイ」ので損害賠償だけでよいと説明する。一部の委員からは、目的を達し得ない場合には原状回復を認めた方がよい、住むことができないような家を強いて有していなければならないのは残酷であるなどの疑問が呈

---

7) 我妻栄『債権各論中巻二』(岩波書店、1962年) 640頁、末川博『契約法(下)』(岩波書店、1975年) 184頁以下、幾代＝広中編『新版注釈民法(16)』(有斐閣、1989年) 152頁〔内山尚三〕(旧版は1967年であるが、この点については変わりはない)、後藤勇『請負に関する実務上の諸問題』(判例タイムズ社、1994年) 85頁など。

8) 立法過程については、既に椿寿夫「建築請負約款の研究・序説」法律時報42巻9号 (1970年) 11〜12頁、岡・前掲注6)、花立文子「建築請負契約における瑕疵担保責任――注文者の解除制限規定を中心にして」内山・黒木・石川先生古稀記念『続 現代民法学の基本問題』(第一法規、1993年) 277頁以下などで紹介検討が行われている。さらには、主観的瑕疵概念との関係から、立法過程を詳細に検討するものとして、松本克美「建物建築請負の目的物の主観的瑕疵と請負人の瑕疵担保責任」立命館法学298号 (2004年) 367 (379) 頁がある。併せて参照されたい。

9) 法務大臣官房司法法制調査部監修『法典調査会民法議事速記録 (四)』(商事法務研究会、1984年) 550頁。

10) 前掲注9) 551頁。

され削除提案も出されたが、議論がかみ合わないまま裁決に持ち込まれ、本案は可決された[11]。このように、立法審議の段階で「社会経済上」という考慮要素があげられているが、《強行規定》あるいは《公益規定》という説明はない。さらには、民法起草過程においては当初、担保責任制限期間を当事者の契約で伸張できるとする現行639条の第1項として、「本節ノ規定ハ契約又ハ慣習ニ別段ノ定アル場合ニハ之ヲ適用セス但第639条第646条及ビ第648条ノ規定ハ此限ニ在ラス」（案649条1項）との草案があり、本節の規定が任意規定であることを前提とした上で、冒頭規定である現行632条などのいくつかの規定についてはただし書において「此限ニ在ラス」として除外し、その理由はこれらの規定が《公益規定》であるからとの説明があった[12]。この除外規定には本規定が含まれていないことから、起草者が本規定を強行規定と解していたとすることについては疑問が投げかけられている[13]。

　解除をめぐっては、完成前の注文者からの任意解除を認める民法641条と本規定との関係が問題となるが、完成前であれば解除できるとの説明について他の委員から矛盾であるとの指摘があり、それを受けて梅が本規定はない方がよいかもしれないと発言したが、結局は削除も修正もされなかった。

　修正案理由書では、端的に「建物其他土地ノ工作物ノ如キハ多クハ之ヲ原状ニ回復スルコトヲ得ス又仮令回復スルコトヲ得ルモ一般経済上之ヲ許ササルヲ以テ此等ノ工作物ニ付テハ契約ヲ解除スルコトヲ得ス単ニ損害賠償ノミヲ請求スルコトヲ得トシ但書ノ規定ニ依リテ本則ノ適用ヲ制限セリ」と説明されている[14]。

---

11) 前掲注9）551〜558頁。この点を整理するものとして、花立・前掲注8）278〜279頁。
12) 前掲注9）581頁。なお、冒頭規定の強行法規性については、長坂純「典型契約・冒頭規定の強行法規性」法律時報85巻7号（2013年）84頁以下→本書17論文223頁以下およびそこであげられている諸文献を、また、椿寿夫「民法規定と異なる合意・特約の問題性および論点」法律時報84巻5号（2012年）160〜161頁→本書2論文40頁以下も参照。
13) 椿・前掲注8）11〜12頁。この指摘を踏まえ、花立・前掲注8）291頁は、より積極的に立法者は強行規定とするつもりはなかったと解する。
14) 広中俊雄編著『民法修正案（前三編）の理由書』（有斐閣、1987年）613頁。

(3) 《強行法規性》の出現

　立法後の学説では、起草者である梅が、解除を認めることは、注文者が所有するあるいは借りている土地から不要となった建物を請負人に収去させることであり、それは「請負人ノ為メニ莫大ノ損失ヲ醸」し、さらに「国家ノ経済上ヨリ論スルモ甚タ不利益ナル所ナリ殊ニ建物ノ構造其他工作物ノ性質ニ依リ之ヲ取除クトキハ其価値カ一ニ減スルコト稀ナリトセサルヲ以テ」解除できないとしたとして、現在の通説があげる「請負人の不利益」と「社会経済上の損失」の2つの要素をあげており、これが後の見解の基礎となったと考えられるが、ここでも《強行法規》という文言はみられない。

　文献上、本規定の性質について論ずるものがみられるようになったのは1900年を超えてからである。1909年6月発行の法学新報の「問答」において西川が、「民法635条但書ハ公益規定ナリヤ」と題して「建物其他土地ノ工作物ニ瑕疵アリテ之カ為メニ契約ヲ為シタル目的ヲ達スルコト能ハサルトキハ注文者ハ当事者間ノ特別ノ意思表示ニ基キ契約ノ解除ヲ為スコトヲ得ルヤ民法635条但書ノ規定ハ必スシモ公益規定ニアラスト云フ説アリ正当ナリヤ」（傍点筆者、以下同）と問い、解答として、この問題は結局本規定が強行的規定に属するかという問題であり、解除を認めると請負人は原状回復義務を負担するが、それは注文者の土地から建物を収去することであり、その結果建物の価格は減損して無価値に等しくなり、また、工作物の種類によっては収去不能な状態なものもあるが、それを収去することは過分の費用が必要な場合もあり、「請負人カ莫大ノ損失ヲ被ル」ことはもちろん、「一般経済上ヨリ論スルモ其利益ヲ害スルコト甚シキヲ以テナリ換言スレハ斯ル請負契約ニ付テハ公益上ノ理由ニ基キ契約ノ解除ヲ許ササル趣旨ニ外ナラサルモノト謂フヘシ元来建物其他土地ノ工作物ハ之カ築造スルニ当リ通常多額ノ費用ヲ要シ従テ比較的貴キ価格ヲ有スルニ至リ一般経済上重要ノ物件トナルヲ以テ法律カ其殄ヲ防止セントスルコトハ民法第201条第1項但書同第2項但書及ヒ第234条第2項但書等ノ規

---

15) 梅謙次郎『民法要義巻之三』（明法堂、1897年）701～702頁。なお、同年に出版された岡松参太郎『民法理由』（有斐閣、1897年）次260頁には、「請負人の不利益」という要素はみられない。
16) 西川一男「問答」法学新報19巻6号（1999年）70頁。なお、西川があげる「公益規定でない」という見解について、現時点ではみつけることができなかった。

定ニ徴シテ明確ニシテ此等ハ孰レモ公益上ノ理由ニ基キ権利者ノ権利ノ行使ヲ制限シタルモノナリ故ニ此等規定ノ趣旨ヲモ参酌シテ考フルトキハ前示第635条但書ハ全ク公益的規定ニシテ強行的ノモノニ属シ反対ノ契約ヲ許ササル法意ト解釈スルヲ相当ト信ス果シテ然ラハ本問当事者間ニ於ケル特別ノ意思表示ハ全然無効ニシテ注文者ハ契約ノ解除ヲ為スコトヲ得サルモノト断定ス」として、梅が民法要義であげた理由を基礎にさらに詳述している[17]。

　また、横田は文献引用なしに、「工事ノ保護ヲ目的トスル公益上ノ理由ニ基ツクヲ以テ当事者ハ特約ヲ以テ其適用ヲ除外スルコトヲ得ス」と述べる[18]。《公益規定》《強行規定》との用語は用いていないが、「公益上の理由」により「特約で排除できない」としていることから、後の学説では《強行規定》であると述べたものとして扱われている。

　その後は、これら２つの説を基礎にしてあるいは引用する形で学説が形成されていくことになる。末弘は、本規定では「請負人の莫大な損失」「社会経済上の不利益」から解除が禁止されているとし、先行する２つの見解を注釈に示し、「強行法規ナルガ故ニ反対ノ意思表示ヲ以テ之ガ適用ヲ排除スルコト能ハザル」とする[19]。鳩山も、横田・末弘・西川の見解を本文注であげ本規定は強行規定であるとする[20]。岡村も、横田・末弘・鳩山を同旨としてあげて強行規定であると述べており[21]、このようにして通説としての地位が築き上げられたと思われる。この見解は、後に我妻・内山（『新版注釈民法(16)』）に「通説」と表記され通説化されることになる。さらに、当事者が特約により排除できるか、あるいは、当事者の意思により解除が認められるかという点から離れて、端的に、「いかに重大な瑕疵があっても解除することはできない」という表現となる[22]。

(4) 通説的見解に対する批判

　このような「土地工作物（とりわけ建物）の場合には解除できない」とする

---

17) 西川・前掲注16) 71〜72頁。
18) 横田秀雄『債権各論』（清水書店、1912年）598〜599頁。
19) 末弘厳太郎『債権各論』（有斐閣、1917年）713〜714頁。
20) 鳩山秀夫『日本債権法各論(下)』（岩波書店、1924年）591頁。
21) 岡村玄治『債権各論』（巌松堂書店、1929年）426頁。

通説的見解に対しては、疑問が呈され[23]、様々なアプローチにより一定の場合には解除を認めるべきとする見解が主張されている。そこでは必ずしも法規の性質にとらわれることのない、種々のアプローチにより適用除外（回避）が試みられており、その中には本稿が主眼とする法規の性質と関連させて論じるものもみられる[24]。

既に1970年には、高橋（弘）が、前述(2)の椿問題提起により始まる特集において、「最近の住宅産業の急成長とともに頻発している請負人による手抜き工事の中には、『すっかり建て直す以外に手がない』事例が発生している。かような場合を単に不幸な偶発例であるとして片づけるのは、むしろ実情に添わないのではあるまいか。したがって第635条但書を強行規定ではないと解した上で、当事者間にたとえ『解除』を排除する特約がある場合にも――それが裁判上争われるときに――その特約が絶対的な効力を生ずるものではなく、『裁判官による契約内容の改訂』として、合理的な判断にもとづき『すっかり建て直す以外に手がない』ような場合には、解除を認めるべきであろう」と述べている[25]。さらに、起草者が想定していたのは経済的に価値のある建物を残すことであって[26]、想定していなかったような残す価値のない重大な瑕疵がある建物については、原則に戻り解除が可能であるとする見解も示されている[27]。また、起

---

22) 通説的見解は、さらに債務不履行の一般原則との関係でも、土地工作物の場合には、工事の進行程度と債務不履行の態様とを相関的に考えて、原状回復に重大な社会的損失を与える場合には、解除できないとする（我妻・前掲注7）641頁、幾代＝広中編・前掲注7）152頁〔内山〕）。加藤雅信『契約法』（有斐閣、2007年）397頁、399頁は、「大きな社会経済的損失を避けるべきであるという635条但書の趣旨は債務不履行解除にもあてはまることを考慮し、債務不履行解除が権利濫用とされることもある」とする。

23) 椿・前掲注8）は、前述の疑問を述べた上で、「法典を生み出した基盤・背景に変化を生ずれば、法典の『妥当する法』（geltendes Recht）としての活力にも重大な影響があ」り、請負契約では、「民法典およびそれにもたれかかった従来の解釈論を、いったん突き放すといった態度さえ、必要である」と指摘する。

24) 本稿では、法規の性質と関連させて論じているものに限定する。学説の整理については、平野裕之『契約法（第3版）』（信山社、2007年）590〜592頁、原田・前掲注6）142〜148頁も参照。

25) 高橋弘「瑕疵担保」法律時報42巻9号（1970年）39〜40頁。同旨のものとして、青野博之「判批」法律時報61巻9号（1989年）105頁。

26) 事実、梅は、「家ヲ建テタ、所ガ夫レガ何ニモ為ラヌトイウコトハナイノデゴザイマセウカラ」と述べ、利用価値があることを前提としている（梅・前掲注15）551頁）。

27) 岡・前掲注6）27頁。

草者である穂積も、「解除ノ結果トシテ請負人ガ之ヲ取除テ元トノ有様ニスルト云フ義務ニ換ヘテ……損害ヲ賠償セシムルコトガ出来キルト云フノデアツテ其土地ノ所有者、自分ノ土地ナラバ註文主ト云フモノハ其工作物ヲ其後自分デ何ウショウト夫レハ少シモ構ハヌ取除ケルコトモ出来ヌト云フヨウナ風ノコトハナイ積リデアリマス」と述べているように、構築された工作物を壊すことが社会経済上の損失であると考えていたとは必ずしもいえないとして解除制限理由とされる「社会経済性」の再検討の必要性を説き、起草者のあげる「社会経済性」が妥当するのはごく限定的であり、本規定を《強行規定》とする通説的見解は、本来限定的な場面にのみ妥当する起草者の見解を無批判的に前提とするものであり、そこから導かれた《強行法規性》についても疑問があるとの見解もある。[28]

(5) 判　例

　裁判例では、建替費用の相当額の損害賠償請求が認められるかという点が争われてきた。下級審においては、通説的見解と同様に本規定を強行法規と解し、建替費用等を損害と認めることは、実質的に契約解除以上のことを認める結果になるという理由から、建替費用相当額の損害賠償は認められないとしたものがみられた（神戸地判昭和63・5・30判時1297号109頁、東京地判平成3・6・14判時1413号85頁）。その後、最三小判平成14・9・24判時1801号77頁は、建物建築工事の注文者が、建築された建物には重大な瑕疵が存在し建て替える以外にないとして請負人に対し瑕疵担保責任として建替費用相当額の損害賠償を請求した事案で、それを認めることが本規定の趣旨に反して認められないかが争われ、判決は、本規定の趣旨について通説的見解と同様に「請負人にとって過酷」で「社会経済的な損失も大きい」から解除は認められないとしたものであるとしつつも、「建物に重大な瑕疵があって建て替えるほかはない場合に、当該建物を収去することは社会経済的に大きな損失をもたらすものではなく」、「そのような建物を建て替えてそれに要する費用を請負人に負担させることは、契約の履行責任に応じた損害賠償責任を負担させるものであって、請負人にと

---

28) 花立・前掲注8) 291〜293頁。

って過酷であるともいえない」として、建替に要する費用相当額の損害賠償請求を認めても、本規定の趣旨に反しないとした[29]。

本判決については、建替の前提として収去に関する費用も含むから解除して損害賠償するのと実質的な差はないとするもの[30]、重大な瑕疵があり建て替えざるを得ない場合には解除を認めてよいことになり実質的に635条ただし書を修正する判断を示したと評価するものがある[31]。さらに、本判決は本規定を強行法規と解しているとし、それを前提とした上で、脱法行為論の考え方を用いて、解釈論のレベルで適切な対応を行ったとするものがある。すなわち、強行法規である本規定が禁止する「土地工作物請負契約の解除」という目的を、「建替費用相当額の損害賠償」という他の手段によって達成したものとして評価できるとする[32]。また、「強行規定の半任意規定化という観点からすれば、それは、このことが一挙に成し遂げられたのではなく、同条但書の限定という手法により、その要請に一歩近づいたと評価し得るであろう」と評価する[33]。

3　法規の解釈と法規の性質

学説は、本規定が強行法規であることを前提として、問題となる場面でそれと異なる結論をいかに導き出すかに腐心している[34]。学説上強行法規性を肯定する要素としては、「国家経済に占める建設の重要性」、「建設の現実において利用価値がなく目的を達成できないほどの瑕疵が生ずることはない」、「受注・単

---

29) 本判決については、多くの評論が公にされておりそのすべてをあげることはできない。原田・前掲注6) 135～136頁であげられているものの他、安永＝鎌田＝山野＝編『不動産取引判例百選（第3版）』（有斐閣、2008年）158～159頁〔原田剛〕、廣瀬＝河上編『消費者法判例百選』（有斐閣、2010年）150～151頁〔円谷峻〕などを参照。
30) 内田貴『民法Ⅱ（第3版）』（東京大学出版会、2011年）284頁。
31) 山本敬三『民法講義Ⅳ-1』（有斐閣、2005年）695頁。平野・前掲注24) 590頁は、解除を認めずに損害賠償で処理することは矛盾する主張であり、本判決の場合も当事者が仮に解除を主張していたら認められていたであろうとする。
32) 原田・前掲注6) 156～160頁。なお、強行法規と脱法行為論との関係については、大村敦志「『脱法行為』と強行規定の適用」同『契約法から消費者法へ』（東京大学出版会、1999年）129頁以下も参照。
33) 原田・前掲注6) 169頁。
34) 以下の学説の整理につき、原田・前掲注6) 144～145頁。

品である請負契約の解除を認めると請負人に不利益を及ぼす」との3点が指摘される。しかし、このような認識は注文者が非専門家である住宅建設分野には妥当せず、「社会的利益」を強調し、注文者に合理的範囲を超えた受忍を求めるのは公平ではなく、本規定は強行法規ではないとして、利益を喪失する瑕疵がある場合には解除を認め、本規定に違反する特約がある場合でも、「このような瑕疵がある場合にまで契約を強行するのは、明らかに公序に反するからこれを否定すべきである」とする。

　しかしながら、本規定を《強行法規》であるとする「通説的見解」については、それが依拠する立法者意思の理解について疑問が呈され、また、学説形成上もかならずしも強固なものとは言い切れないのは前述の通りである。もちろん、時代背景上、構築される建物およびその技術、価値などの変化は見逃せないところではあるが、そもそも本規定に関し《強行法規》という概念を持ち出す必要はないのではないか。ここで問題とされているのは、本来は当事者の意思およびその規制とは直接には関係のない効果の問題であり、さらには、本来認められるべき効果が制限されているのであり、契約自由とは直接にリンクするものではない（もちろん、当初学説で問題とされているように特約によってその規定を排除できるかという問題設定は可能である）。さらには、強行法規とされる根拠も「社会経済性」という観点からのものであり、公の秩序とどこまで関連するかも不明である。ここで問題とされているような「社会経済性」は金銭で解決可能な問題であり（現に、前記の平成14年最高裁判決も損害賠償を認める形で目的を実現している）、そのような場面では《強行法規》という概念を持ち出す必要はないのではないか。たしかに、《社会》というキーワードからは公益性、強行性の議論へと結びつきやすいが、そもそもその《社会性》が問題となっているのであり、さらには、《強行法規》あるいは《任意法規》であるということから直ちに結論が導かれるのではなく、結局はその法規について、立法趣旨、社会状況、当事者の利益状況などを総合的に勘案した結果、《条文の解釈》としていかに妥当な結論を導き出すかが問題とされているのである。とするならば、このような「当事者の意思規制とは直接に関係がなく」、「弱者保護などの観点とも関係のない」規定については、《強行法規》という観念を持ち出す必要はなく、単に法規の柔軟性について解釈上どこまで認めることができ

るか、さらには、裁判所が積極的に合理的解釈を行うことができるかという問題に帰着するのではないか。

4　おわりに

「すべての法規は必ずしもその性質を決定する必要はないのではないか」というのが仮定的な結論である。民法635条ただし書については、その性質上も他で議論されているような《強行法規》とは異なるものであり、また、起草者も明言していなかったものであるにもかかわらず、いつしか「まぼろし」のようにあらわれ、そして実際に存在する絶対的なものとされ、いつのまにか法的根拠として扱われるようになったということができるだろう。

私見のような考えが妥当するならば、はたして《強行法規》というカテゴリーが、契約法においてどこまで意味があるのか、どの範囲において妥当するのかという検証も必要となろう。法規の性質決定は単なる類型論に過ぎず、それだけで答えが出る問題でなく、すべては法規の解釈に行き着くのか。今後の各論的検討を踏まえ、さらに検討したい。

5　補　遺

債権法改正の場面では、本条については前述の最高裁判決を受け当初から削除提案があり、法規の性質については特に論じられないまま、改正法案においても削除となっている。

21

本人の死後事務の委任と
民法 653 条 1 号の強行法性

藤原正則

1　はじめに

　民法 653 条 1 号は、委任者の死亡による委任契約の消滅を規定している。委任は委任者と受任者の信頼関係に基づくからである。他方で、古くから学説は同条を任意規定と解しており、死後も存続する委任の有効性を認めていた。ただし、その典型は、商事代理や訴訟代理などであり、代理権が消滅すれば当然に受任者の善処義務（民 654 条）が問題となるケースだった。しかし、同じく本人死後の委任でも、本人の生前の事務処理が予定された委任が死後も存続するのではなく、はじめから委任者の死後の事務が委任された場合（死後委任）には話が違ってくる。しかも、それが委任者の死亡時に効力をもつ第三者への無償行為（死因贈与）だったときは、委任の事務処理と相続人の利害は相反する。ところが、そこで相続人に対する受任者の報告義務（民 645 条）と相続人の解除権（民 651 条）を認めれば、委任者の意思に反する結果となる。だから、死後の財産処分、しかも、相続人の意思に反する無償処分は、遺言と遺言執行（民 1013 条）によるべきではないのかが問題となる。その結果、同じく本人の死後に効力をもつ委任でも、このようなケースでは、民法 653 条 1 号（委任者の死亡による委任の終了）は任意法規なのかが問われることになる。以上のような死後委任に関する議論に契機を与えたのが、委任者の死後の受任者による死因贈与の申込みと履行の有効性を認めた平成 4 年の最高裁判決（最三小判平

成4・9・22金法1358号55頁）だった。しかも、死後委任は、例えば、成年後見人の死後の事務処理の手段としても注目されている。また、中間試案では削除されているが、債権法改正で検討委員会は、特定した委任事項では死後委任を認める提案をしていた。さらに、死後委任の議論でしばしば参照されるのが、死後委任の事務処理のために、本人の死後も存続する代理（持続代理）のみならず、本人の死後に初めて効力を発揮する代理（死因代理）を認めるドイツ法である。そこで、以下では、平成4年最判との関連でわが国の判例・学説をみた後に（2）、わが国とは異なり、持続代理、死因代理を必要とする事情もあわせてドイツ法を紹介し（3）、その上で、民法653条1号の強行法規性、さらに、同条に即して強行法規の意味について考えてみたい（4）。

2　わが国の学説・判例

(1)　立法過程と平成4年最判以前の学説

　法典調査会では、委任者・受任者の死亡を委任の終了事由とすることには議論がなかった。ただし、委任者の禁治産も委任の終了原因とする提案があり、これに対する説明で、梅は、委任者の禁治産と死亡を対比し、前者では法定代理人がいるから問題はないが、後者では、委任者の相続人にとって「他人カ自分ノ財産ノコトヲ頼ンダ事ガ自分ノ頭ノ上ニ落チテ来ル」のは迷惑であり、任意解除権はあっても、受任者の事務処理が、解除までに不都合な結果を惹起する恐れがあると指摘している。だから、委任者の死後も存続する特約の有効性を承認する梅も、商事代理などは例外として、死後委任が相続人の権利と抵触する恐れを認識しており、委任という生前行為での死後処分の代置などは予定していなかった。その後の学説は、民法653条1号に反する特約は無効と解したり[1]、同条に反する特約が告知権の放棄と結合すれば委任の性質に反して無効[2]

---

[1]　法務大臣官房司法制度調査部監修『法典調査会議事速記録四』（商事法務、1984年）670頁以下。梅謙次郎『民法要義巻之三債権編』（有斐閣、1912年〔復刻版、1984年〕）756頁以下。法典調査調査会に関しては、岡孝「判批」判例タイムズ831号（1994年）38頁以下、39頁以下が詳細である。

[2]　三潴信三『契約各論』（出版者不明、1928年）77頁。

と解するものがあったが、同条についてあまり議論していなかった[3]。しかし、我妻説は、同条を任意規定だとして、当事者が告知権を有しない類型（例えば、雇用契約の色彩を有する委任）、委任が受任者の利益にもなる類型を、委任者の死後も存続する委任として例示している。さらに、委任者と受任者の社会的関係が問題になるケースとして、婚外子の成人前の扶養を父親が第三者に委託し養育料を支払う契約（大判昭和5・5・15新聞3127号13頁）などをあげ、当事者の信頼の強弱、事務の性質から、相続人の告知の可否を考えるべきだとしている[5]。その後は、我妻説と同旨の学説が多かった[6]。しかし、これらの学説も、委任者の死後の受任者による無償処分のケースには言及していない。判例も、例えば、記名株式の名義書換のための売主の買主への委任（大判明治42・4・13民録15輯42頁）、応召出征で不在中の財産管理の代理権も授与した委任（最一小判昭和28・4・23民集7巻396頁）などでは、本人の死後の委任の存続を認めていた。しかし、前者は、委任に仮託した権利処分の履行であり、名義書換義務は当然に委任者の相続人に承継される。後者は、相続人の事務処理が可能となるまでは、間違いなく受任者の善処義務（民654条）が問題となるケースである。しかも、これらは、我妻説が委任者と受任者の社会的関係を考慮すべきとした事案も含め、委任者の生前の事務処理が予定されているケースだった。他方で、委任の手段である代理権の本人死後の効力に関しては、かつてから、持続代理による死後処分の規定の回避の可能性を指摘し、本人の死後の代理権の範囲は財産保全の限りであり、常に相続人の撤回を認めるべきだという学説[7]、ドイツ法の研究を基礎に持続代理・死因代理が死後処分の脱法行為となる可能性を指摘する学説が存在した[8]。

---

3) 鳩山秀夫『増訂日本債権法各論[下]』（岩波書店、1924年）627頁。
4) 中田裕康「判批」金融法務事情1384号（1994年）6頁以下、8頁を参照。
5) 我妻栄『債権各論（中二）』（有斐閣、1962年）694頁以下。
6) 例えば、幾代通＝広中俊雄編『新版注釈民法(16)』（有斐閣、1989年）293頁以下〔明石三郎〕、広中俊雄『債権各論講義（第5版）』（有斐閣、1979年）265頁。
7) 谷口知平「判批」民商法雑誌19巻3号（1944年）58頁以下、61頁。
8) 浜上則雄「本人の死亡後における代理権の存続」阪大法学27号（1958年）1頁以下。

(2) 平成4年最判とそれ以後の学説

平成4年最判では、入院中のAが友人Yに通帳・印鑑・現金を交付し、入院費、葬儀費などの支払とともに、家政婦Bと友人Cへの謝金の支払を依頼した。YはAの死後も委任事務を処理したが、Aの相続人Xが通帳の返還などを求めた。原審は、AY間の委任契約はYの死亡で終了し（民653条1号）、（家政婦Bへの報酬の支払とは異なり無償行為である）友人Cへの謝金支払をYの不法行為だとした。最判は、AY間の死後の事務も含めた委任は、委任者の死後も終了しない旨を含む合意であり、民法653条1号の趣旨に抵触しないと判示したが、AY間の契約が、委任者Aの死後も存続する委任か、Yへの負担付贈与かの審理のため原審に差し戻した。差戻し後の原審は、前者で、かつ、Aの相続人の解除権を制限する合意があったとしている[9]。この事案では、AY間の契約がAのYに対する負担付贈与なら、履行が完了しているからA自身も解除できず、Aの意思に合致しないであろう。他方で、AY間が委任なら、Aの死因贈与を、YはAの使者として、Aの死後に申し込み、Cの承諾があったことになる。ところが、相手方（C）が申込者（A）の死亡を知ったときは、申込みは効力を失う（民525条）。ただし、申込者の死亡を知れば、申込みの受領者は申込みを信頼して承諾の準備をできないから申込みは効力を失うというのが民法525条の制度趣旨だから[10]、反対給付の不要な（死因）贈与では、同条の保護目的に反せず、AC間の死因贈与は有効に成立したと考えることはできる。

その後も、死後委任の効力を認めた裁判例が3件公表されているが、①死後事務（財産管理）の処理は適切とされたもの（東京高判平成11・12・21判タ1037号175頁）、②被相続人からの寺の住職への永代供養の依頼の相続人からの解除に対して、契約内容が不明確または実現困難、または、委任者の相続人にとって負担が過重で、契約の履行が不合理などの特段の事情がない限り、不解除特約付き死後委任があったとしたもの（東京高判平成21・12・21判時2073号52頁）、③委任者Aの葬儀とAの息子の世話の死後委任の成立を肯定したが、受任者Yの善管注意義務違反で損害賠償を認めたもの（高松高判平成23・8・30

---

9) 金山直樹「判批」判例タイムズ852号（1994年）66頁以下、68頁、力丸祥子「判批」法学新報101号（1995年）181頁以下、195頁の紹介による。
10) 谷口知平＝五十嵐清編『新版注釈民法(13)（補訂版）』（有斐閣、2006年）477頁以下〔遠田新一〕。

判時 2016 号 52 頁）がある（原審〔松山地判平成 21・2・20 判時 2073 号 61 頁〕は
ＡＹ間の負担付贈与と認定している）。だから、①〜③も、死因贈与を目的とする死後委任のケースではない。また、平成 4 年最判の差戻審と②判決は、不解除特約を認定しているが、②の事案は永代供養を委任ではなく、労務供給契約の生前の締結があったとも考え得るケースである。③では、平成 4 年最判が差戻審に指示したように、ＡＹ間の合意が負担付贈与か死後委任かで原審と認定が異なっており、このような合意があったときの（しかも、委任は諾成契約だから）死亡した委任者の意思の確認の困難さを窺わせる例である。

　平成 4 年最判後の学説には、㋐死後委任に対して懐疑的なもの、㋑死後委任の有効性を認めた上で、相続人の解除権で調整するもの、㋒遺言制度との抵触を否定して、全面的に死後委任の有用性を説くものがある。ただし、㋐が想定するのは、受任者による委任者の死後の無償行為（〔死因〕贈与）であり、㋑㋒は委任者による債務の弁済、葬儀の施行などの生前から継続する事務処理も前提として議論している。㋐の河地説は、委任者の意思確認の困難な死後委任と厳格な方式を要する遺言制度との抵触を強調し、相続人の意思確認の必要性を説いている。㋑は区々に分かれるが、相続人は死後委任を解除できるが、債務の弁済、相続人の意思に左右されるべきではない法律関係は解除できない、原則は告知できるが、委任者も告知できないときは相続人も同様の可能性があり、委任の存続と告知権放棄が結合して相続人を不当に拘束すれば、特約の有効性が問題になる、委任事務が社会的に相当で、相当の期間内に終了し、相続人の不利益がないときは（「相続法秩序は例外的に屈服を強いられ」）、正当事由があるか受任者の債務不履行がなければ解除できない、委任者の死後の事務処理が予定されている委任では、被相続人の財産の範囲を超えて相続人に義務を負わせ

---

11) ③の判例評釈が、青竹美佳「判批」月刊司法書士 478 号（2011 年）84 頁以下、カライスコス・アントニオス「判批」金融・商事判例 1436 号（2014 年）124 頁以下。
12) 河地宏「死後のことについての委任の効力」河野正輝＝菊池高志編『高齢者の法』（有斐閣、1997 年）194 頁以下、202 頁以下。松川正毅「成年後見における死後事務の問題」松川編『成年後見における死後の事務』（日本加除式出版、2012 年）1 頁以下も参照。
13) 浅生重機「判批」金融法務事情 1384 号（1994 年）60 頁以下、62 頁以下。
14) 中田・前掲注 4）10 頁。
15) 金山・前掲注 9）68 頁。

る権限はないとしている[16]。さらに、岡説は、(ア)と同様の視点を強調し、相続人の意思確認の必要性を説き、解除権の制限に否定的である[17]。他方で、(ウ)で、委任者（被相続人）の意思尊重を強調する黒田説は、死後委任による無償処分も遺言制度に抵触せず、死後委任は解除権不行使の特約を含み、遺留分侵害がなければ相続人も解除できないとしている[18]。このような議論もあってか、民法（債権法）改正検討委員会は、基本方針【3.2.10.6】（委任の終了事由）の甲案で、特定の事務委任で委任者の死後も存続する特約の効力を認める提案をしていた[19]。ところが、【3.2.3.16】では、死因贈与に公正証書または自筆証書遺言と同様の証書を要求していた[20]。つまり、一方では特定の死後委任の有効性を認めながら、他方で、死因贈与に遺言同様の厳格な方式を要求している。いずれも中間試案で削除されたが、以上の提案は、死後委任による死因贈与の履行の矛盾、つまり、現実のニーズと委任者の意思確認の困難さを表現している。

3　ドイツ法の参照

(1)　死後委任と持続代理・死因代理

ドイツ民法（以下、BGB）672条1項は、委任は疑わしい場合は委任者の死後も存続すると規定している。ただし、立法時の議論では、委任者の死後の委任契約の存続で想定していたのは、財産管理であり第三者への無償処分ではなかったようである[21]。ところが、その後に、ドイツ法では死後委任による財産処分が慣習法的に発展している。つまり、受任者は委任者の死後に、代理人または使者として、第三者に対して死因贈与の申込みをすることになる。代理権も

---

16) 吉政知広「判批（②裁判例）」私法判例リマークス42号（2011年）22頁以下、25頁。
17) 岡・前掲注1）42頁。
18) 黒田美亜紀「死後事務委任の可能性」明治学院大学法科大学院ローレビュー18号（2013年）31頁以下。同「死後の事務における故人の意思の尊重と相続法秩序」明治学院大学法学研究93号（2012年）49頁以下も参照。
19) 民法（債権法）改正検討委員会編『債権法改正の基本方針Ⅴ』（商事法務、2010年）128頁以下。
20) 民法（債権法）改正検討委員会編『債権法改正の基本方針Ⅳ』（商事法務、2010年）220頁以下。
21) ドイツ民法の立法過程に関しては、岡・前掲注1）40頁が詳細である。

基礎となる法律関係（委任）の存続に依存するから（BGB168条）、委任者の死後も受任者の代理権は効力を失わないが（持続代理〔Vollmacht über den Tod hinaus〕）、さらに、死後に初めて効力をもつ代理権（死因代理〔Vollmacht auf den Todesfall〕）の授与も可能である。ただし、ドイツ法では、死後委任による財産処分では、3つの局面で議論がある。第1は、委任者（本人）の相続人との関係、第2が、死因贈与に死後処分の規定を適用するBGB2301条、第3が、第三者のための契約に関するBGB331条の規定である。相続人との関係に関しては、対照的な2つの考え方がある。一方は、本人の死後の代理の目的は、相続人の利益であることを重視する。だから、代理人は相続人の意思を確認する必要がある。撤回不可能な代理権は、例えば、債権の代理受領のように代理人が本人に対して請求権を有する場合に限られる。以上の見解は、相続人の意思に反する遺産の処分は、遺言と遺言執行だけで可能だという点に注目している[22]。反対の考え方は、相続人も被相続人（本人）の形成した法律関係に拘束される点を重視する。委任された事務処理は、代理人が代理権の範囲内で行為すれば、相続人の同意は必要ない。撤回不可能な代理権の授与も可能であり、重大な事由があったときに限って撤回できるにすぎない[23]（ただし、撤回不可能な代理権の効力は不安定なので、現実には相続人の撤回権の排除には、例えば、相続人に遺贈して、代理権と矛盾する行為を行わないことを負担とするなどの相続法上の措置がとられている）。判例は、後者の見解に与しており、実務はその方向で進んでいる[24]。ただし、通説でも、代理権の範囲は、相続財産に制限され[25]、共同相続でも、相続人は自己の相続分の範囲では単独で撤回権を行使できると解されている[26]。つまり、その限りで、死後委任には制約が科されている。

(2) 死因贈与と第三者のための契約

さらに、死因贈与でも一定の制約がある。債務の弁済などとは異なり、無償

---

22) 例えば、Werner Flüme, Das Rechtsgeschäft, 3. Aufl., Springer, 1979, S. 847 ff., S. 876 ff.
23) 例えば、Staudinger-Komm (2004), §168, Rn. 28 ff. (Schilken); Staudinger-Komm (2006), §672, Rn. 7 (Martinek) も参照。
24) 例えば、Münchener Anwaltskommentar, Erbrecht, Beck, 2002, S. 703 f (Loriz) を参照。
25) 例えば、Schilken, aaO. (Fn. 23), Rn. 31 を参照。
26) 例えば、Schilken, aaO. (Fn. 23), Rn. 34 を参照。

行為では一方的に相続人の財産が減少するからである。ドイツ民法は、死因贈与には死後行為の方式を要求し（BGB2301条1項）、方式違背は無効だが、生前に履行があれば、贈与法により方式違背は治癒される（BGB518条2項）と規定している（BGB2301条2項）。そこで、生前の履行の有無が問題となるが、通説・判例は、贈与者の死後に受任者が使者または代理人として申込みして履行したときも、生前の履行の完了を肯定している。意思表示は表意者の死亡によっても効力を妨げられず（BGB130条2項〔意思表示〕・153条〔契約の申込み〕）、代理権は本人の死後も消滅しないからである[27]。

加えて、ドイツでは、例えば、要約者（被相続人）が第三者の名前で銀行に口座を開設することが多々ある（第三者のための契約）。BGB331条1項は、要約者の死後に給付すべき場合は、第三者は要約者の死亡と同時に請求権を取得すると規定している。しかし、その際に、要約者・第三者の間の対価関係（死因贈与）へのBGB2301条1項の適用には争いがあるが、判例・通説は、BGB331条が相続法の規定ではないとして、BGB2301条1項を適用しない[28]。ただし、履行が死後に行われた場合は、第三者のための契約で死後処分の方式が回避されるとして、BGB2301条1項を適用すべきだという反対説も存在する[29]。

(3) 持続代理・死因代理の必要性

以上のように、様々な局面で死後代理による無償処分に対する疑念が提起されているのは、経済的には死後処分と同じことを法的には生前処分と構成しているからであろう。それにもかかわらず、そのような取引慣行が慣習法的に普及している背景は、わが国とは異なるドイツ法の事情である。というのは、ドイツは遺産合有であり、遺産分割までは共同相続人による相続財産の処分は不可能である。だから、相続開始から遺産分割までの移行期の予防法学が必要となる。しかも、ドイツはほぼ無制限の血統相続だから（反対に、民889条2項を参照）、無遺言相続では相続人の捜索は面倒で時間を要する可能性がある。相続人の権利行使には遺産裁判所による相続証書（Erbschein）の発行が必要で

---

27) 例えば、Carsten Thomas Ebenroth, Erbrecht, Beck, 1992, Rn. 526 ff.
28) 例えば、Ebenroth, aaO. (Fn. 27), Rn. 530 f.
29) 例えば、Dieter Medicus, Bürgerliches Recht, 20. Aufl., Heymann, 2004, Rn. 394 ff.

ある。しかも、しばしば相続証書の手続を相続人は遺産状態の確認のために利用するが、その場合には、相続証書の発行までに平均的に4～6カ月を要する。銀行取引では、遺産額が大きいと、遺言の検認証書、相続証書などが普通取引約款で要求されている。しかも、ドイツでは株式などの銀行預託が行われている。そこで、連帯債権による有価証券口座（預金口座）の開設や、持続代理、死因代理の授与などの予防法学が行われている。さらに、遺言執行の補完として、例えば、無償行為を禁じられている遺言執行者（BGB2205条3文）に死因代理権を付与する場合がある。今ひとつが、死後の事務処理と判断能力の劣化に備えた代理権の授与である。世話人（成年後見人）の権限は、被世話人（成年被後見人）の死亡で消滅するから、世話人には死後の事務処理はできない。緊急の事務を超えると、事務管理が成立しても報酬の請求はできない。だから、予め死後、または、判断能力の低下に備え、死因代理・持続代理を授与する方法がある[30]。その他でも、持続代理・死因代理の利用される局面は多々あり、特に、遺産分割前の財産管理だけでなく、相続によらず特定の人間に特定の財産を権利移転するために死因代理が利用されているのがドイツ法の現状である[31]。

4 おわりに

結論として、委任者の死亡を委任の終了事由と規定する民法653条1号の強行法規性に関して、以下のように考える。委任者の権利処分の履行の委任（例えば、売主の買主への登記委任）では、委任者の死後も存続し相続人の解除権も排除されると考えるべきであろう。しかし、これは、委任に仮託した生前の権利処分の履行である。さらに、商事代理などでは、仮に委任が終了すれば、必ず応急処分義務が問題となる。だから、このケースは、委任者死亡後の債務の弁済に類似する。つまり、ここでは、死後委任は、委任者の生前の法律関係の

---

30) Loriz, aaO. (Fn. 24), S. 690 ff. を参照。ドイツ法に関しては、藤原正則「死後委任事務の判例と成年後見への応用の可能性」実践成年後見10号（2004年）18頁以下、同「ドイツにおける生前処分と死因処分の傾向」新井誠編『高齢社会における信託と遺産承継』（日本評論社、2006年）199頁以下、同「死後事務における応急処分義務と事務管理の交錯」実践成年後見38号（2011年）22頁以下も参照。

31) 例えば、Urlich Seif, Die postmortale Vollmacht, AcP 200 (2000), S. 193 ff., S. 196 を参照。

清算が目的であり、遺産の管理、遺産分割の促進の機能をもっている。他方で、死後委任による死因贈与は、特定の財産を特定人に移転するいわば「特定相続」を目的とする法形式である。たしかに、相続させる遺言のように、遺産分割を介さない特定相続の指向性を現在の相続慣行に見てとることは可能である。しかし、相続開始から遺産分割への移行期に死後委任（代理）を必要とするドイツ法でも、慣習法的に発展した代理（特に、死因代理）の利用には多くの疑念があった。しかも、平成4年最判や裁判例にもみるように、負担付贈与か死後委任かが判然としないなど、死亡した委任者の意思の確認は困難であり、(遺産額が僅少で負担付贈与の認定も可能な場合は別として）多額の財産の死後委任による処分は危険であろう。だから、無償処分〔死因〕贈与）の死後委任に関しては、遺言制度と遺言執行の制度目的と抵触し、民法653条1号の委任者の死亡による委任の終了は強行規定と解すべきだと考える。ちなみに、ラーレンツは、強行規定の目的を、私的自治の前提とその行使に関する規定、例えば、行為能力、意思表示、および、可能な行為類型を規定する類型の強制と説明している。さらに、M. ヴォルフは、法規を任意規定、強行規定、半強行規定に、最後の半強行規定を客観的、主観的、時的な半強行規定と分類している。客観的半強行規定とは、規定の一定の骨格部分（Kernbestandteil）が強行性をもつ規定である。以上の分類によるなら、死後委任による死因贈与は、私的自治の前提とその行使である遺言と遺言執行の制度に抵触することになり、その限りで、民法653条1号は客観的な半強行規定だということになると考える。

---

32) 石川美明「判批」大東ロージャーナル6号（2010年）81頁以下、93頁も参照。
33) Karl Larenz, Allgemeiner Teil des Bürgerlichen Rechts, 5. Aufl., Beck, 1967, S. 28.
34) Larenz/Wolf, Allgemeiner Teil des Bürgerlichen Rechts, Beck, 2004, S. 70 f. 以上に関しては、特に、椿久美子「半強行法概念の生成とその機能」法律時報85巻9号（2013年）96頁以下→本書6論文98頁以下に詳細な紹介がある。
35) Seif, aaO. (Fn. 31), S. 196 ff., S. 238 f. は、死因代理を①死因贈与、②遺産の管理、③遺産の清算の局面に分類して分析し、②③は別として、①は相続法上の方式の規定（BGB2301条1項1文）の趣旨に抵触するとしている。他方で、わが国では、民法554条に関して死因贈与には遺言の方式の規定は適用されないと解されている（この問題は、中田・前掲注4) 13頁注35が指摘している）。その結果、わが国では、民法554条ではなく民法653条1号を半強行規定と解することになるのだと考える。

22

婚姻・親子関係成立規定の強行法性

前田　泰

1　はじめに

(1)　親族編の強行法規性に関する一般的な理解

民法の教科書等では、親族編および相続編の規定の多くが強行法規であると説明されている。

まず、「強行法規性」の基準や内容は、91条の反対解釈を根拠に説明されることが多いため、通常は民法総則の教科書で扱われる。そしてそこでは、親族編と相続編とが一括して扱われ、「親族法・相続法の規定の多くは強行法規である」旨が説明されることが多いが[1]、しかし、どの規定が強行法規かに関する具体的な説明はほとんど見当たらない[2]。

次に、親族法および相続法の教科書では、①親族・相続の両編の規定につき、「すべて『公ノ秩序ニ関スル規定』（91条参照）つまり強行規定から成る」[3]、「強

1）於保不二雄『民法総則講義』（有信堂、1951年）173頁、我妻栄＝遠藤浩『判例コンメンタールⅠ民法総則』（日本評論社、1963年）132頁（後の我妻栄＝有泉亨ほか『我妻・有泉コンメンタール民法　総則・物権・債権（補訂版）』（日本評論社、2006年）185頁も同じ）、四宮和夫『民法総則（新版）』（弘文堂、1972年）201頁（後の四宮和夫＝能見善久『民法総則（第5版増補版）』（弘文堂、2000年）224頁も同じ）、幾代通『民法総則（第2版）』（青林書院、1984年）198頁、辻正美『民法総則』（成文堂、1999年）200頁、平野裕之『民法総則』（日本評論社、2003年）135頁、川島武宜他編『新版注釈民法(3)』（有斐閣、2003年）223頁〔森田修〕、須永醇『新訂民法総則講義（第2版）』（勁草書房、2005年）169頁等多数。

行法によって構成されるルールのセットである[4]」、「大部分」は強行法である[5]、強行法規定が多い[6]、以上のような説明がみられる。②また、相続編には触れずに親族編についてだけ、「私法の中では強行法規としての性格を強く持つ[7]」、「強行法規性が強い[8]」、「強行法規性を有していることを原則とする[9]」という説明がみられる[10]。

さらに、親族法の個別問題の文献については、網羅的な確認作業はできていないが、夫婦の同居・協力・扶助義務（752条）[11]、婚姻費用の分担（760条）[12]、日

---

2) 前掲注1) 所掲の総則の教科書等に具体例は見当たらない。ただし、加藤雅信『新民法大系Ｉ』（有斐閣、2002年）221頁および山本敬三『民法講義Ｉ総則（第2版）』（有斐閣、2005年）230頁は重婚禁止規定を強行法規の例として掲げ、大村敦志『基本民法Ｉ』（有斐閣、2001年）16頁は逆に遺言自由を根拠に法定相続人規定の任意規定性を指摘する。以上に対して、強行法規性の説明中に親族編・相続編を例示しない総則の教科書に、我妻栄『新訂民法総則』（岩波書店、1965年）237頁以下（同『新訂債権総論』（岩波書店、1964年）12頁以下、同『債権各論上巻』（岩波書店、1954年）22頁以下も同じ）、椿寿夫『民法総則（第2版）』（有斐閣、2007年）58頁、石田穣『民法総則』（悠々社、1992年）271頁以下等がある。

3) 中川高男『親族・相続法講義』（ミネルヴァ書房、1989年）30頁。ただし「755条の規定は任意法規である」とされている。

4) 窪田充見『家族法』（有斐閣、2007年）8頁。

5) 中川善之助『新訂親族法』（青林書院新社、1965年）17頁、山口純夫編『親族・相続法（改訂版）』（青林書院、2000年）4頁。

6) 犬伏由子他『親族・相続法』（弘文堂、2012年）53頁。

7) 久貴忠彦『親族法』（日本評論社、1984年）6頁。

8) 川井健他編『民法(8)親族（第4版増補版）』（有斐閣、2000年）2頁、高橋朋子他『民法7親族・相続法（第2版）』（有斐閣、2007年）5頁。

9) 小野幸二『親族法・相続法（第2版）』（八千代出版、2001年）7頁。

10) これに対して、強行法規性に関する一般的な説明が見当たらない家族法の教科書も多い。我妻栄『親族法』（有斐閣、1961年）、島津一郎『家族法入門』（有斐閣、1964年）、青山道夫『改訂家族法論Ｉ』（法律文化社、1971年）、鈴木禄弥＝唄孝一『人事法Ｉ』（有斐閣、1980年）、鈴木禄弥『親族法講義』（創文社、1988年）、有地亨『新版家族法概論』（法律文化社、2003年）、内田貴『民法Ⅳ親族・相続（補訂版）』（東京大学出版会、2004年）、二宮周平『家族法（第2版）』（新世社、2005年）、川井健『民法概論5親族・相続』（有斐閣、2007年）等。なお、親族法と一緒にされていない相続法の教科書には、相続編の規定の強行法規性についての一般的な言及はほとんど見当たらない。中川善之助＝泉久雄『相続法（第4版）』（有斐閣、2000年）、高木多喜男『口述相続法』（有斐閣、1988年）、鈴木禄弥『相続法講義（改訂版）』（創文社、1996年）、伊藤昌司『相続法』（有斐閣、2002年）等。

11) 中川善之助編『註釈親族法(上)』（有斐閣、1950年）178頁〔於保不二雄〕、青山道夫他編『新版注釈民法(21)』（有斐閣、1989年）358頁〔黒木三郎〕。我妻・前掲注10) 85頁は、強行規定の語は用いないが752条に反する合意を無効と解する。内田・前掲注10) 20頁は、別居合意は「財産法的な意味での法的拘束力を持たない」という。

常家事債務の連帯責任（761条）、以上の規定の強行法規性が指摘されてきた。

(2) 本稿の課題

相続編については、放棄をも許さなかった家督相続制度が廃止された後の現行法においては、その強行法規性には疑問が生じる。では親族編はどうであろうか。本稿ではこれを課題としたい。

本書の共同作業において、強行法規性に関係すると考えられる親族編規定をできるだけ網羅的に洗い出す作業をしており、本稿ではこのうちの、①婚姻の届出要件と、②嫡出推定・否認の制度を取り上げたい。その理由は、婚姻法と親子法が親族編の基礎を形成する領域であり、かつ、夫婦・親子関係の発生に関わる問題は家族法学の主たる対象であり続けてきたからである。家族法の重要問題の解決方法と、親族編規定の強行法規性との関係を検討することは、家族法の理論、解釈論および立法論のあり方の検討にもつながると考える。

2　婚姻の届出要件

(1) 強行法規性

明治民法の起草者は、婚姻の届出要件について次のように説明した。「届出ト云フモノガ婚姻成立ノ要素ニナッタ以上ハ、其要素ヲ缺イテ居ルモノハ最早私通デアッテ婚姻デハナイ……届出ナイデ三三九度ヲヤルトカ、甚シキニ至ッテハ夫レモヤラヌデずる々々べったりニシテ仕舞ウ。夫レハ婚姻デハ無クシテ私通デアル。是ハ法律上無効デアル」。すなわち、婚姻の届出要件規定（739

---

12) 夫婦財産契約により変更可能であるから760条は任意規定であると解するのが一般的であるが、内田・前掲注10) 23頁は本条は「合意で排除できない」と解し、大村敦志『家族法』（有斐閣、1999年）55頁、58頁（第3版（2010年）59頁、62頁も同じ）は、夫婦財産契約が実際上行われていない実情を踏まえて、760条が「強行法的な意義をもつに至っている」と解する。

13) 三島宗彦「日常家事債務の連帯責任」中川善之助教授還暦記念『家族法大系II』（有斐閣、1959年）235頁。我妻・前掲注10) 109頁、中川・前掲注5) 245頁、青山道夫＝有地亨編『新版注釈民法(21)』（有斐閣、1989年）444頁〔伊藤昌司〕等も参照。

14) 前田泰「学説・判例にみる親族編・相続編規定の強行法規性」法律時報84巻11号（2012年）114頁以下→本書12論文165頁以下参照。

15) 前田・前掲注14) 参照。

条・742条2号）は、強行法規として立法されたといえる。[17]

なお、婚姻の他の要件は、少なくとも届出要件よりも強行法規性が弱い。すなわち、まず婚姻意思の要件は、これがなければ規定に反する合意の効力如何という意味での強行法規性の問題にならない。[18]他の実質的要件は、規定に反した婚姻届が誤って受理されれば取消原因にすぎず（強行法規性が弱い）、未成年者の父母の同意要件は取消原因にもならない（強行法規性がさらに弱い）。また、届出は、それ自体が婚姻成立（または効力発生）の要件であると同時に、実質的要件の具備を確認する手段でもあり（740条）、他の要件とは別の面をも併有している。

(2) 内縁保護と強行法規性との関係

婚姻予約有効判決[19]を契機として、内縁を婚姻に準じる地位とみる準婚理論の登場・通説化と、最高裁による通説の採用[20]、さらには特別法（現行法では労災16条の2、厚生年金3条2項等）によって、内縁の保護が実現している。[21]すなわち、婚姻の届出をしないカップルのうち内縁関係にある者は、婚姻に準じた法的保護を受ける。

このことと婚姻の届出要件規定の強行法規性との関係をどう解すべきか。これに直接に関連する議論は見いだせないが、①届出要件規定の強行法規性が喪失もしくは緩和したとみるか（任意法規化）、または、②制定法を超越した理論による内縁保護が実現したとみて、法律婚自体への影響はないから、届出要件規定の強行法規性は維持されていると解するかの、2通りの理解が考えられる。

---

16) 商事法務版『法典調査会議事速記録六』212〜213頁（梅謙次郎による原案785条・旧778条・現742条の趣旨説明）。
17) 届出要件規定の強行法規性を明言した最二小判昭和25・12・28民集4巻13号70頁は、養子縁組の事案であるが婚姻届出規定の強行法規性を前提としていると思われる。養子縁組の届出要件が婚姻と同じ趣旨で規定されたことにつき、前掲注16) 679頁参照。
18)「届出」意思はある場合につき、星野茂「実質的要件を充足しない婚姻」椿寿夫編『強行法・任意法でみる民法』（日本評論社、2013年）259頁参照。
19) 大連判大正4・1・26民録21輯49頁。
20) 中川善之助「婚姻の儀式(1)〜(5)」法学協会雑誌44巻1、2、4、5、6号（1926年）、杉之原舜一「法律関係としての内縁(1)(2)」法律時報11巻2号、3号（1939年）等。
21) 最二小判昭和33・4・11民集12巻5号789頁。

内縁の発生の原因として、(ｱ)届出のために平日に役場に行く時間を作るほどの必要性を当事者が認識していない場合、(ｲ)「嫁が跡継ぎの子を妊娠できるか」とか「家風に合うか」ということを試してから届出をする場合、(ｳ)届出に必要であった戸主、父母または親族会の同意が得られないために、または、両者が推定家督相続人であるために届出ができない場合等が掲げられている[22]。このような背景（特に上記の(ｲ)・(ｳ)）を強調するときは、内縁（事実婚）を法律婚と同視すべきことに結びつき、届出要件規定の強行法規性の緩和という理解につながる。

　これに対して、現代のカップルについて上記のような背景を考慮する必要性を疑問視し、意図的に婚姻届を出さない場合の保護を否定するか、少なくとも男女関係の多様性に応じて対応を考えるべきとする立場も有力である[23]。このような理解からは、法律婚とは別にカップルの法律関係を考えることになるから、婚姻の届出要件の強行法規性には関係しない方向につながる。ただしこの立場では、そのような法律関係を生じ得る基礎（正当化理由）を検討することが課題になる。

3　嫡出推定・否認制度

(1)　強行法規性
(a)　嫡出推定規定

　772条（旧820条）の法典調査会における原案（819条）の趣旨を、起草者（富井政章）は次のように説明した。すなわち、フランス法では嫡出推定の期間外に生まれた子でも嫡出子と一応推定するが、「本案ニ於テハサウ云フ推定ヲ設ケルコトハ罷メマシタ」。期間外に生まれた子を「嫡出子ト推定スルコトハ甚ダ其事実ニ違ツタコトデアル」、すなわち、嫡出推定期間経過後に生まれた子は「多分夫ノ子デナイ」し、期間経過前に生まれた子は「夫ノ私生子タル

---

[22]　二宮周平「日本民法の展開(3)判例の法形成——内縁」広中俊雄他編『民法典の百年Ⅰ』（有斐閣、1998年）344頁等。
[23]　学説につき、二宮周平「内縁」星野英一編『民法講座(7)』（有斐閣、1984年）55頁、大村・前掲注12）第3版229頁等参照。

コトハアルカモ知レヌガ兎ニ角嫡出子ト推定スルト云フコトハ穏カデナイ」。以上のように説明した[24]。また、議論の中では、「私生子」と父との法律関係は認知によって生じることを前提とした説明がされている[25]。さらに、法典調査会の議論の中で、嫡出推定期間の起算日である「婚姻成立の日」は事実上の婚姻成立の日か届出の日かという質問に対して、届出の日であることは婚姻成立の規定の審議で既に決まっていると富井が答え、これに対して「届出抔ト云フモノハ田舎抔ニ於テハ六ケシイカラ余程私生子ガ多ク為ル」という異議が出たが、それは「仕方ナイ」と富井が答えている[26]。

以上の経緯から、嫡出推定の規定は、婚姻成立における届出要件規定の強行法規性を前提として、婚姻届出の日を起算点とする期間を基準とし、したがって期間前の出生子は「私生子」であって、当事者間にその旨の合意（ないし届出）があっても父子関係や嫡出性は生じないという意味での強行法規性を有した規定として立法されたといえる。

(b) 嫡出否認制度

772条により推定を受ける子に関しては、774条以下の嫡出否認の手続によらない限り法的父子関係および嫡出性を否定することはできない。これは嫡出推定・否認制度の構造であり、当事者間の合意（ないし届出）のみならず、嫡出否認以外の裁判によっても子の身分を否定することはできないという意味で、嫡出否認制度は強行法である[27]。

(2) **問題の解決方法と強行法規性との関係**[28]

(a) 婚姻後200日前出生子の地位

起草者は、婚姻後200日前出生子は「私生子」であって認知準正しない限り嫡出子ではないと解していた（772条の強行法規性）。これに対して学説は当初

---

24) 前掲注16）490頁。なお、実親子関係成立規定の立法趣旨と学説・判例の整理につき、前田泰「わが国における議論の整理」家族〈社会と法〉28号（2012年）15頁参照。
25) 前掲注16）494頁。
26) 前掲注16）504頁。
27) 法典調査会における774条（旧822条、原案820条）の趣旨説明（富井政章：前掲注16）509頁）。
28) 各問題の学説・判例については、前田・前掲注24）を参照されたい。

から、このような子も嫡出子であると主張するものが少なくなかったが、婚姻法における内縁準婚理論の登場・通説化とともに、通説・判例は、内縁後懐胎・婚姻後出生子を嫡出子と解するようになった。そして戸籍実務は、これを前提として、しかし内縁後懐胎を確認する手段がないことから、すべての婚姻後出生子につき嫡出子出生届を受理するようになった。ただし、学説は、①内縁後懐胎・婚姻後200日前出生子も772条により「推定される嫡出子」であるから嫡出否認によらなければその地位を争うことはできないと解する立場と、②772条によっては「推定されない嫡出子」であるから、嫡出否認によらなくても、すなわち親子関係不存在確認訴訟により地位を争えると解する立場に分かれており、判例は後者の「推定されない嫡出子」説に立っていると解されている。

　内縁後懐胎・婚姻後200日前出生子を嫡出子とみることと、嫡出推定・否認制度の強行法規性との関係をどう考えるべきかは、前記学説のいずれの立場によるかで若干の違いが生じるように思われる。

　まず、「推定される嫡出子」説（前記①）では、772条の「婚姻」を「内縁」に読み替えることになる。これを強行法規性の緩和（任意法規化）とみるか、それとも制定法を超越した理論による保護とみるかは、前記2(2)の内縁の場合と同じ問題になる。ただし、純粋な内縁保護の問題だけではなく、子の身分を争う手段を嫡出否認に限定すると解すべきことが加えられることにより、法律婚に組み込む側への考え方すなわち強行法規性の緩和という見方に、より馴染みやすくなるように思われる。

　次に、「推定されない嫡出子」説（前記②）では、772条については「推定される嫡出子」説（前記①）と同じ問題となり、さらに、嫡出否認の手続によらずに子の身分を争えることを認める点で、嫡出否認制度の強行法規性との関係も検討課題となる。この点では、制定法を超越した内縁理論による保護とみる方が簡明ではある。しかし、内縁後懐胎を要件にしない戸籍実務の現状を前提にする場合には、内縁理論による保護とはいえないから、現行法規定との関係が問われ続ける。そして、婚姻成立から「200日を経過した後」を度外視すること、および、嫡出否認制度から分離することの両者の点で強行法規性は喪失されたと解せざるを得ず、そのような解釈を正当化し得る基礎が必要になる。

婚外子の法定相続分規定を違憲とする最高裁判決が出て[29]、民法改正がようやく実現したが（平成25年法律第94号）、「嫡出性」の意義を再検討すべき要請がここにも現れている[30]。

(b) いわゆる「推定の及ばない子」

婚姻成立200日後の出生子または婚姻解消後300日前の出生子であっても、現在の判例は、夫の長期不在中の懐胎・出生というような夫の子でないことが外観上明らかな場合には、嫡出否認の手続によらずに、親子関係不存在確認の裁判により父子関係を否定できると解している（外観説）。学説もこのような子の身分を嫡出否認によらない手続で争うことを認めているが、判例と同様の立場と（家庭平和説）、血縁に反する場合を広く認める立場（血縁説）とに分かれている。これらは、嫡出推定・否認制度の適用範囲を狭める解釈をしており、解釈による強行法規性の緩和とみるべきだと考える。

なお、家裁実務では、家事事件手続法277条（旧家審23条）の合意に相当する審判において、当事者の合意と父子関係不存在の事実（遺伝子鑑定結果）により子の身分を否定する審判を行っている。嫡出推定・否認制度の強行法規性のさらなる緩和といえるようにも思われる[31]。さらに、いわゆる「300日問題」

---

29) 最大決平成25・9・4民集67巻6号1320頁。
30) 最一小判平成25・9・26民集67巻6号1384頁は、嫡出性の欄を空欄にした出生届を例外的な場合に受理する旨の先例（平成22年3月24日付通知（平成22年法務省民一第729号））を参照して、出生届の嫡出性の記載が「市町村長の事務処理上不可欠の要請とまではいえない」旨を判示した（ただし、嫡出性の記載を求める戸籍法の規定を合憲と判決した）。さらに最三小決平成25・12・10民集67巻9号1847頁が、性同一性障害で性別を女性から変更した男性につき、772条によりその妻が婚姻中に生んだ子の父と推定される旨を決定し、さらに、この決定に沿った立法的措置が講じられる予定が報じられている（同年12月12日・18日の朝日新聞）。
31) ここでの「合意」は、人事訴訟によらずに審判を選択することの「手続的合意」と解するのが（少なくとも実務上の）通説であるから、この立場では任意法規化とまではいえないことになるだろう。糟谷忠男「家事審判法23条の合意について」判例タイムズ150号（1963年）35頁、岡垣学「家事審判法第23条の対象となる事件と同法第24条第1項の審判」ジュリスト288号（1963年）136頁等。ただし近時は、実体的合意をも含む両性説の主張も少なくなく、この見解では強行法規性の緩和がさらに大きくなる。田中永司「最判昭37・7・13解説」法曹時報14巻9号（1962年）116頁、梶村太一「親子の一方死亡後他方生存者を相手方として第三者の提起する親子関係存否確認の訴と家事審判法23条審判の適否(下)」ジュリスト587号（1975年）115頁、坂梨喬「合意に相当する審判の問題点」野田愛子他編『新家族法実務大系(5)』（新日本法規、2008年）214頁等。

での解決方法も、嫡出推定・否認制度の強行法規性の緩和をもたらしているといえ、さらに今後もその要請は続くと思われる。

(c) いわゆる「藁の上からの養子」

他人の子を自分達夫婦の嫡出子として（虚偽の）出生届を提出して親子としての生活を継続していても、法律上の嫡出親子関係は発生しない（嫡出推定規定の強行法規性）。しかし、近時の最高裁は50年前後にわたる親子としての生活実態があるケースで親子関係不存在確認請求が権利濫用となる可能性を認めた。学説は、「無効な身分行為の転換理論」等により養子縁組の成立を認めることの是非をめぐり対立し、これを否定する立場からは権利濫用法理による救済が主張されていた。権利濫用により親子関係不存在確認請求が斥けられる場合には、嫡出親子関係が存在することを前提とした法的取扱いが事実上認められることになる。また権利濫用は、「推定の及ばない子」や認知無効の場合等の他の場面にも及ぶ可能性を含む法理である。

なお、虚偽出生届に基づく戸籍上の親の代諾により養子縁組が届出られていたケースでは、学説は「無効な身分行為の追認理論」による養子縁組の有効化を主張し、最高裁も、無権代理追認規定（113条）および取り消し得べき縁組の追認規定（804条・806条等）の「趣旨を類推して」養子縁組の有効化を認めた。また最高裁は、届出意思を欠くために無効な婚姻につき、追認を禁止する規定がないことと、取り消し得べき婚姻の追認規定（745条2項・747条2項）の存在とを「合わせ考慮する」ことにより、無効な婚姻の追認を認めている。

嫡出推定規定の強行法規性と、この「藁の上からの養子」の問題との関係をどう考えるべきか。①近時の最高裁のように、権利濫用法理による「親子関係

---

32) 法務省民事局長通達第1007号（平成19年5月7日）家月59巻8号157頁。
33) 最二小判平成18・7・7民集60巻6号2307頁、最二小判平成18・7・7家月59巻1号98頁、最三小判平成20・3・18判時2006号77頁。いずれも権利濫用を否定した原審を破棄差し戻した。
34) 我妻栄「無効な縁組届出の追認と転換」法学協会雑誌71巻1号（1953年）28頁。
35) 加藤永一「判批」法学17巻4号（1953年）120頁、中川高男「判批」判例評論199号（1975年）20頁等。
36) 中川善之助「判批」民商法雑誌5巻5号（1937年）137頁等。
37) 最二小判昭和27・10・3民集6巻9号753頁。
38) 最三小判昭和47・7・25民集26巻6号1263頁。

不存在確認請求の否定」を認める場合には、長期間の生活実態を含めた、この問題における権利濫用法理肯定の要件を備えた例外的場合には、嫡出推定と関係のない他人間に、当事者の意思と届出に合致した嫡出親子関係としての地位を事実上認めるという点で、嫡出推定規定の強行法規性が緩和されたとみるしかないように思われる。②これに対して、「無効な身分行為の転換」または「無効行為の転換」の法理による養子縁組の成立を認める学説による場合には、制定法を超越した理論による養親子関係の発生であり、嫡出推定規定の強行法規性とは関係がないと解する余地がある。ただし、その場合には届出を含めた養子縁組の要件規定の強行法規性との関係が検討課題となる。

4　おわりに

(1)　強行法規性の基準

本書の検討対象は、法規と異なる合意の効力である[39]。これに関して相続編では、単独行為である遺言との関係が重要である[40]。そして本稿では、夫婦・親子関係の成立に関する「合意とこれに基づく生活事実」の意義が問題であった。強行法規性の基準について親族編と他の編との関係に注意が必要である。

(2)　強行法規性の有無・程度

内縁の問題では、①届出要件規定の強行法規性が緩和されたか、または、②規定とは別個の理論による解決が図られてきたと解せられる。そして前者（①）の理解によれば、さらに、強行法規性を喪失させるべきとの主張にもつながり得る。逆に後者の理解（②）によれば、強行法規に反する帰結を理論により認めることになる。

嫡出推定・否認の制度においても、①強行法規性の緩和か、または、②規定とは異なる理論による解決が行われてきた。(a)婚姻後200日前出生子について

---

[39] 椿寿夫「民法の規定と異なる合意・特約の効力序説」法律時報84巻4号（2012年）99頁→本書1論文3頁、同「強行法の観念をめぐる問題の所在(上)」法律時報85巻2号（2013年）112頁→本書4論文60頁参照。

[40] 椿・前掲注39）および前田・前掲注14）参照。

は、強行法規性の緩和かまたは理論による解決が図られている点では内縁と同様であるが、子の保護の要請から、内縁自体の問題よりも強行法規性の緩和とみるべき要請が強いといえる。(b)「推定の及ばない子」については、適用場面を制限する解釈による強行法規性の緩和が行われており、家事事件手続法277条（旧家審23条）の審判実務による強行法規性のさらなる緩和傾向も存在する。(c)「藁の上からの養子」については、権利濫用法理による判例の立場では強行法規性の緩和と解せられるが、従来の多数学説は理論による解決を主張した。

以上のように本稿では、親族編の中でも強行法規性が強いと思われる規定について、①その強行法規性が緩和されているか、または、②理論により強行法規に反する帰結が認められていることを確認した。そうであれば、親族編規定の強行法規性を重視する必要性はあまり大きくないともいえそうである。

(3) 家族法の方法論としての課題

しかし、まず理論に関しては、制定法を超越した理論による解決が許される基礎が十分に検討されてきたとはいえないように思われる。学説による無制約な法の創造が許されるはずはないから、制定法から離れた方法を主張するのであれば、その基礎を明らかにしなければならない。

次に解釈論としては、適用規定の強行法規性の有無・程度がまず検討されなければならず、これに応じてさらに解釈の方法として類推適用の限界等の検討が必要になる。特に本稿が対象とした領域では、裁判実務における「解釈論」を吟味する必要性が高いように思われる。すなわち、婚姻の効果規定を内縁へ「準用」し、内縁後懐胎・婚姻後200日前出生子は「親子法に関する規定全般の精神より推して」嫡出子である旨を判示し[41]、無効な婚姻の追認を「否定する規定もない」ことを理由に認めるといった（前記3(2)(b)）、裁判実務の苦闘の跡[42]を一定の視座から整理し[43]、解釈論のあるべき姿を検討する作業が必要である。

---

41) 大連判昭和15・1・23民集19巻54頁。
42) 家制度を基礎とした制定法（明治民法）、理念型の構築に腐心する学説、および、学説の帰結と制定法との関係に苦慮してきた裁判所といった構図が、かつての一般的な理解であった。
43) 椿寿夫「民法における類推適用」法律時報62巻7号（1990年）72頁、中舎寛樹「（ワークショップ）民法規定の類推適用」私法56号（1994年）158頁、椿寿夫＝中舎寛樹編『解説 類推適用からみる民法』（日本評論社、2005年）等参照。

裁判規範として有用な立法を考えるためには、これが前提になるはずである。

23
民法 768 条の強行法性

大杉麻美

1 問題の所在

　民法 768 条は「協議離婚に際して財産分与を請求することができる」と規定するところ民法 768 条の強行法性について記述してある教科書はあまり見当たらない[1]。中川『新訂親族法』においても、民法 768 条に強行法性があるか否かを論ずる記述をみることはできず、谷口『親族法』によれば、「強行性は個人の尊厳と両性の平等の真の実現のために認められるべきものと解すべき」であるから「合理的な規律」によることが望ましいとされる[3]。

　民法 768 条の強行法性が問題となる場面としては、やむを得ない事情（夫の暴力その他等の事情）により離婚を余儀なくされる場合に、財産分与を放棄する旨の合意を締結するような場合が考えられる。このような合意は有効と考えられるであろうか。民法 768 条の「財産の分与を請求することができる」という文言からすれば、財産分与を請求しあるいは請求しない場合も想定すること

---

1) 例えば川島武宜『民法総則』（有斐閣、1965 年）223 頁、於保不二雄『民法総則講義』（有信堂、1955 年）172 頁、幾代通『民法総則』（青林書院新社、1969 年）198 頁等において親族法の強行法性が論じられるところである（なお、親族法の強行法性については前田泰「親族編規定の強行法性」法律時報 86 巻 2 号（2014 年）102 頁以下→本書 22 論文 275 頁以下が詳しい）。
2) 中川善之助『親族法』（青林書院新社、1965 年）293 頁。
3) 谷口知平『親族法』（評論社、1956 年）17 頁は「その趣旨において強行性の有無を解釈すべき」とする、その他川島武宜『民法総則』（有斐閣、1965 年）223 頁など。

が可能である。すなわち、離婚後経済的に苛酷な状況になることが明確である場合であっても財産分与をしない旨の合意を有効であるとすることが可能である。しかしながら、財産分与制度の趣旨・目的を考慮するとき、請求しない旨の合意の効果を認めるべきではない場合も発生するのではないかと考えられる。民法768条の「請求することができる」を文言通り解し財産分与をしない旨の当事者間の合意を有効とし民法768条は任意法性があるとするか、「請求することができる」を「請求しなければならない」と解し財産分与の請求をしない旨の当事者間の合意は無効であるとし強行法性があるとするか、あるいは原則として当事者間の合意は有効であるが民法769条の趣旨に鑑みて、離婚の合意を得るための条件として財産分与をしない旨の合意をするような場合には無効として半強行法性があると解するか考慮の必要があるだろう。

2　民法768条における財産分与請求権

　身分権は一身専属の権利であり、任意に処分することのできない権利である。中川『親族法』によれば、「身分権は身分関係上の法律的地位であり、親族法・相続法上の権利というに近い」とされる[4]。夫であること、妻であることは広い意味においての身分権であり、「通常はこれらの地位は単に身分とだけ呼ばれ、身分権とは呼ばれない」とし、身分権は、「この根幹的身分権即ち身分より派生した、より具体的な権限、もしくはかかる権限の集合をさす」とする[5]。

　民法768条に基づく財産分与請求は、協議離婚の際になされる請求であり、協議離婚の合意に伴い附随して行われる合意である（身分行為に附随する附随的身分行為）。協議離婚は離婚を請求する権利を行使することであるが、離婚請求権は上記の意味において身分権であり、財産分与請求権は夫あるいは妻であるという身分に基づいてその請求を互いに行うことが可能となることから、財産分与請求権も身分権である。とすれば、財産分与請求権を放棄することも想定されるが、身分権であるとすれば任意に処分することができず放棄自体が無

4）中川・前掲2）38頁。
5）中川・前掲2）38頁。

効であるとなりそうである。

　ところで、中川『親族法』によれば、身分法の大部分が強行法であることの理由として、「身分法が統体法たる結果として、身分法的法律要件によって招来せられる法律効果はすべて定型的であり一括的である。……婚姻が人の性情によって成立せしめられる本質社会的結合である以上、そこには一定の型があり、その型の維持向上のために身分法が奉仕するのだから、個人的恣意による変改の自由は許されないのである」があげられている。そして、引き続き以下のように述べられている。「……支配するといっても、それは個体法的な意味において、1人の恣意が他人の意思を隷従せしめるというようなものではなく、統体の意思として成員の意思を全体の制約にまで拘束するというに過ぎない。従って身分権は常に統体のために行使されるように義務付けられているともいえるのである」。

　財産分与請求権は身分権であるがそれは統体のために行使されるように義務付けられているとすれば、財産分与をしない旨の合意であってもそれが他人の意思を隷従させるものではなく、公平に合意が形成され、なおかつ統体のために行使される場合には有効と解される余地があるだろうか。離婚時の財産分与請求はどのような目的のために行われるのであろうか。以下では、財産分与の法的性質について歴史経緯をみつつ、財産分与請求権の強行法性について考えてみたい。

　旧法では、現在の民法768条が規定するような財産分与の条文は存在しなかった。明治民法829条（原案）において問題とされたのは、おもに自活能力のない配偶者に対する扶養義務としての金銭給付であった。法典調査会においても、財産分与は扶養義務の一環として考えられていた。この点、富井博士は「離婚ヲシタ後喰ウコトガ出來ヌカラ……養ウテ貰ウ権利ガアル」とか、横田氏は、「喰エヌ折ニハ喰ハセテ貰フ権利ガアル、喰ヘル折リニハソレデ宜イト云フノハ誠ニ變」として削除を主張している。富井の主張は、「生活できるの

6）中川・前掲2）17頁。
7）中川・前掲2）40頁。

に財産を請求することは認められない」とし、あくまでも離婚後の困窮の救済を目的とすることが述べられ「離婚後の扶養義務と一応損害賠償とは区別されていた」。しかし、本条は、梅が「……離婚ノ爲メニ他ノ一方ガ損害ヲ蒙ラヌヤウニシヤウト云フノガ主タル趣意デアラウ……殊ニ規定ヲ置ク必要ハナカラウ」と述べ、離婚後の扶養は損害賠償の問題であると述べたことにより削除された。

その後、1919（大正8）年7月9日には臨時法制審議会が設置され、臨時法制審議会民法改正要綱には、「第十七　離婚ニ因ル扶養義務」に、「離婚ノ場合ニ於テ配偶者ノ一方カ将来ノ生計ニ窮スルモノト認ムヘキトキハ相手方ハ原則トシテ扶養ヲ為スコトヲ要スルモノトシ扶養ノ方法及ヒ金額ニ関シ当事者ノ協議調ハサルトキハ家事審判所ノ決ス所ニ依ルモノトスルコト」という規定が採用され、離婚後の夫婦間扶養が義務とされた。1943（昭和18）年には第5草案である「人事法案（仮称）親族編」が完成し、「第94条　離婚シタル者ノ一方ハ相手方ニ対シ相当ノ生計ヲ維持スルニ足ルベキ財産ノ分与ヲ請求スルコトヲ得前項ノ規定ニ依ル財産ノ分与ニ付テハ家事審判所ハ当事者ノ請求ニ依リ双方ノ資力其ノ他一切ノ事情ヲ斟酌シテ分与ヲ為サシムベキヤ否ヤ並ニ分与ノ額及方法ヲ定ム」とされた。人事法案では「扶養」という言葉が使われず、代わりに「財産ノ分与」という言葉が使われたことが注目される。

戦後の改正当時、GHQは、「とにかく相当の生計を維持するに足るべき財産の分与というのでは全然標準がないから、たとえば、半分というような原則を明記しておいて、それに例外的というか、いろいろ場合によっては変更できる趣旨を但書等で書いてもいいが、原則は半分なら半分という標準を書け」ということを主張していた。これに対し日本側は「具体的事情は事件毎に違うから

---

8) 法務大臣官房司法法制調査部監修『法典調査会民法議事速記録14』（商事法務研究会、1988年）434頁。
9) この点、高野耕一『財産分与・家事調停の道』（日本評論社、1989年）32頁によれば、「明治原案の立法理由として、富井委員が指摘したところの、妻にとっての『不都合』が、ここでもまた、離婚によって『直チニ路頭ニ迷フガ如キ』こと、という表現においてとりあげられ、その救済が立案の理由とされている」とする。
10) 我妻栄他「親族法改正の問題点（座談会）（下）」ジュリスト186号（1959年）37頁。
11) 我妻栄編『戦後における民法改正の経過』（日本評論社、2009年）138頁。

そのような数字は出さず、裁判官の具体的妥当な判断に委せてほしい」ということから、家事審判所において決定される旨を主張した。この点、中川『親族法』は、「現行財産分与の規定は、このような経路により、初めは離婚扶養だけを極く遠慮深く主張したが、後に漸く大胆になり、遂に現行法に至って、扶養の思想を捨てたのではなく、それの他に、しかもそれより一層根本的なものとして潜在的持分の清算請求という思想にまで到達したもの」と評する[12]。

　歴史的経緯からみれば、離婚後の財産分与は扶養義務を履行するためにあると考えられており、財産分与請求権を放棄する可能性については言及されていない。現在でも親族間の扶養義務については請求権の放棄が禁止されていることからすれば、扶養の性質を有する財産分与請求権の放棄が禁止されていると考えることは当然であろう[13]。とすれば財産分与を請求しない旨の合意は無効であるということになる。戦後は「財産分与を請求することができる」と明文化され当事者の協議に委ねられることとなった。1943年当時の人事法案では財産分与を請求することができるとしたものの、その本質は扶養義務に力点がおかれており、また「最終的には家庭裁判所の後見的判断によるという仕組になっているから（770条、771条）、完全な契約自由にまかされているわけではない」との考え方もある。戦後になっても財産分与は扶養義務の性質を有するのであれば、財産分与をしない旨の合意は場合によっては無効となる可能性を帯びている。では、学説・判例はこの点に関しどのように論じているのであろうか。財産分与を請求しない旨の合意に関する強行法性については、さらに学説・判例をみて結論付ける必要があるだろう。以下では、学説・判例を概観する。

12）中川・前掲2）292頁。
13）この点、岩垂肇「身分権の濫用について」民商法雑誌35巻2号（1957年）29頁においては、扶養請求権の放棄は、その権利の性質上これを許さないとする建前は崩すべきではないのではなかろうかとし、「権利の行使は『信義誠実の原則に従う』『権利の濫用は之を許さず』という理由により、事情によっては扶養の請求を排斥すると解してはどうだろうか」とされる。

3　学説・判例

「1　はじめに」で述べたように民法768条が強行法性を有するかについて直接言及する教科書はあまり多くをみることはできない。これまで見つけることができた教科書の記述の中で、強行法性があると示唆すると思われるものと、任意法性があると示唆すると思われる学説をあげる。

まず強行法性があると示唆すると思われるものとして谷口『親族法』があげられる。離婚の場合の財産分与請求権については、「何れも過去に夫婦であったことに基く権利」であり、また、「個人の利益保護のために行使の自由が認められている権利」であるから、「對價を得、又は得ずして行使或は不行使を約した場合にも、行使の自由をもつというだけで、契約の相手方は不履行を理由に損害賠償を請求するか、履行不能による無効を理由に不當利得の返還を請求しうると解するのがよくはないかと考える。蓋し、放棄の効力を認めず権利行使の自由をゆるすことでその権利者の利益は保護せられるのであり、その上になお受けた利益を保持せしめて、相手方に損害を課し、制裁してこの種の合意を抑制する必要があるほどに、かかる合意が公益に反するとは思われぬからである」とする。[14]

放棄の効力を認めず権利行使の自由を許すということは強行法性を認める趣旨であろうか。

これに対し、任意法性があると示唆すると思われるものとして我妻『親族法』がある。財産分与につき、当事者の合意ができたときは、これに3つの性質が含まれるとすることが「制度の趣旨に合するのみならず、わが国の現在の事情とも適合する」とした上で、「当事者が明瞭に一部を除外する旨の合意をしているときには、この合意を否定することはできない」とする。[15] 財産の「一部」を除外する合意を夫婦間で締結することは有効としつつ任意法的理解をする一方、そのような場合であっても慰藉料の請求は可能であるとして一方で、

---

14) 谷口知平『親族法』(評論社、1956年) 22頁。
15) 我妻栄『親族法』(有斐閣、1961年) 156頁。

慰藉料の別途請求は可能であると述べている。

なお、条件付きで任意法性があると思われる学説として第1に中川『親族法』をあげることができる。中川は、現行民法768条は、配偶者の潜在的持分、離婚扶養という、2つの要素に基づいて考えるべきであるとした上で、潜在的持分については、「消費担当者たる妻が無償で働いた結果」であるとし、離婚扶養については生活保障の性質を有するものであるから「たとえ一年二年で離婚になったからといって、持分が零に近い数学となっては困る」とする。財産分与をしない旨の合意をした場合は、その合意を有効と解し、事情変更がある場合にはその合意の有効性を承認せず財産分与を認めるという趣旨であると解されるであろうか。また、財産分与が扶養の内容を含む場合には、強行法性を有すると解されるであろうか。

第2に窪田『家族法』は、財産分与は当事者の合意により決定されるものであり、合意内容に従って請求権が発生するとした上で、「財産分与について合意することは、協議離婚の条件ではない。しかし、こうした財産分与についての合意が、離婚の実質的な条件として機能する可能性があることは否定できない。協議離婚を成立させるために、低額な財産分与で合意したり、そもそも財産分与の取決めをしないといった状況が少なくないことも指摘されている。この点は、解釈論上は、財産分与についての合意の有効性の問題（財産分与請求権の放棄や低額での合意の有効性の問題）として検討されるべきものと考えられるが、立法的な手当てが必要ではないのか等、なお検討の余地が残されているだろう」とする。合意に従った請求権が認められる点では任意法性があるが、ただし検討の余地があるとする点で、強行法性も認めるということであろうか。

民法768条は清算・扶養・慰謝料といった複合的な性質を有することからすれば、財産分与を放棄する旨の合意は、その内容が清算的性質を有するものであれば任意法性があり、扶養的性質を有するものであれば強行法性があり、慰藉料的性質を有するものであれば任意法性を有すると複数の解釈が可能となるだろう。

---

16) 中川・前掲2) 291頁。
17) 窪田充見『家族法――民法を学ぶ』（有斐閣、2011年）109頁。

では、判例の中に財産分与を放棄する旨の合意の有効性が争われた事例をみることができるだろうか。判例はすべて当事者の合意を有効と結論付ける。

第1に東京高判昭和56年10月12日は、「抗告人の相手方に対する約定額の支払のほかに離婚に関して相互にいかなる請求もしない旨の合意が成立した以上、当事者双方は、右及び建物に関して相互に財産分与を求める余地がないものというべきである」として、当事者間の財産分与請求をしない旨の合意が有効であるとした。[18]

第2に大阪家審平成元年9月21日は、未成年者の監護費用に関する合意につき、解決金の他は、将来名目のいかんを問わず金銭上、財産上の請求をしない旨の合意は、「未成年者らの監護費用は申立人において負担する旨合意したものと認めることができ、こうした合意も未成年者らの福祉を害する等特段の事情がない限り、法的に有効であるというべきである」と判示した。[19]

第3に、静岡家浜松支審平成20年6月16日において、離婚当事者は協議により按分割合について合意することができるのであるから、協議により分割をしないと合意することができるとした上で、「このような合意は、それが公序良俗に反するなどの特別の事情がない限り、有効であると解され」、「当該離婚協議書は、申立人と相手方が話し合った上で、申立人が数日の熟慮期間をおいて下書きをしたことに基づいて作成されたものであり、そして、その作成時には、申立人と相手方との間に何らのトラブルもなかったのであるから、この合意を無効とする事情は存しないといわざるを得ない」とした。[20]

その他、夫婦間の協議で財産分与の合意に関する公正証書を作成した後に、妻が夫に対して離婚の訴えを提起するとともに、合意で決めた以上の財産分与を申し立てた場合、公正証書による財産分与等の合意内容は妥当なものであり無効とすべき理由はないので、財産分与については既に協議が調っており申立ての利益を欠くとされた事例をあげることができる。[21]

判例はすべて当事者の合意を認めている。ただし、判例の文言は、民法768

---

[18] 東京高判昭和56・10・12家月35巻3号45頁。
[19] 大阪家審平成元・9・21家月42巻2号188頁。
[20] 静岡家浜松支審平成20・6・16家月61巻3号64頁。
[21] 宮崎地判昭和58・11・29家月37巻5号81頁。

条の任意法性を認めたものではなく、合意内容が妥当であったから有効としたに過ぎないのではないだろうか。しかしながら、当事者の合意内容が妥当であり、公序良俗に反するなどの特別な事情のない限り、財産分与を放棄する旨の合意を有効と解する余地は残しているのではないだろうか。この点、やはり、扶養の強行法性が問題とされるところであろうが、これについても、大阪家審平成元・9・21家月42巻2号188頁が、一部放棄の事例ではあるが、「未成年者の福祉」に反しない限り有効とする事例が注目される。

4　おわりに

　民法768条は戦後新設された規定であるが、戦前はおもに損害賠償の問題であると考えられていた。その後離婚後の配偶者の生活を保障する場合には金銭の給付を義務付けるなど、強行法的な運用がなされていたと思われる。1943年人事法案においては明文にて「財産分与の請求ができる」と任意法的な運用が想定されていたが、分与の基準が「相当ノ生計ヲ維持スル」とされ、本質的にその内容を変化させることはなかった。戦後、GHQからは「離婚後配偶者の保護」という問題が提起され、実際は強行法的に解釈しなければ、妻にとっての離婚の自由が保障されないという状況があった。この点、学説においては民法768条が有する複合的な性質に着目して民法768条の強行法性を論じているように見受けられる見解もあり、財産分与を放棄する旨の合意の強行法性・任意法性を一義的に結論付けることは難しいように思われる。

　むしろ、民法768条は半強行法性があると解し、財産分与を放棄する旨の合意は原則有効であるとしつつも、離婚後配偶者が苛酷な状態になる場合にはその効力を否定し、合意の内容を変更することの方が合理的であるように思われる。

　この点、幾代『民法総則』は、「当事者間の財産関係だけに関するものであっても、法律行為の自由を否定することによって、経済的に弱い特定層の人々の利益をまもることを目的とする規定は、強行法規である」と述べる。[22] 夫婦関

---

22) 幾代通『民法総則』（青林書院新社、1969年）199頁。

係の経済格差は、夫婦個々の関係により異なるところであり、民法768条が強行法の性質を有しているとすれば、夫婦間に経済格差の少ない場合にはかえって離婚時の協議を複雑なものにする場合もあり、やはり原則は有効であると解し、その後個別事情を斟酌するとする方が合理的であると思われる。また、配偶者の暴力等から逃れるため財産分与請求権を放棄して離婚に合意する場合もあり、そのような場合にまで財産分与をしない旨の合意を有効とすることは夫婦間の対等な合意が保障されているとは考え難い[23]。

他には、「離婚においては、離婚の成否についても、子の監護者の決定および財産分与についても当事者の協議に委ね、その自由意思を尊重する建前が採られているが、最終的には家庭裁判所の後見的判断によるという仕組になっているから（770条、771条）、完全な合意自由にまかされているわけではない。仮に婚姻中、婚姻が破綻する以前に離婚を前提とする財産分けの合意があったとしても、それがそのまま当事者を拘束し、離婚の財産分与とされるとは限らない」として、離婚時の当事者の合意がそのまま尊重されない制度上枠組みの存在を指摘するものもある[24]。

さらに、浦本『家族法』は、財産分与の法的性質に関する諸学説は、「なぜに、離婚して他人となった者を離婚後も扶養しなければならないのか」「離婚後生活していけない一方を法的に放置してよいとするわけにはいかない」とする矛盾する要請から「法政策上の必要から、暫定的かつ次善の策として、他方配偶者の責任として理解するよりほかない」とする。財産分与は法政策上の必要から設けられた規定であると結論付けるが、当事者が財産分与をしない旨の合意をすることにより「責任」を排除することが可能かについては言及されていないが、折衷的に法政策上の要請であるとの結論を導いている[25]。

なお、年金分割等、政策上認められた制度についても財産分与の本質との関連で考察されるべきであろう。今後の課題としたい。

---

23) 人見康子「将来における離婚の合意」家族法大系Ⅲ（離婚）（有斐閣、1959年）9頁は、身分法上の意思は財産法上の意思と異なり、「単に表明されたものをそのまま有効とは受け取り得ない」として、単なる感情の表現の場合があるから合意の判断については慎重を要すべきであろうとする。

24) 泉久雄「身分法上の合意」『家族法論集』所収（有斐閣、1989年）31頁。

25) 浦本寛雄『家族法』（法律文化社、2000年）91頁。

IV

諸法の強行法性

24

定款自治と強行法性

稲田和也

1　はじめに

　社団法人の特徴の1つとして、定款と呼ばれる基本規範の存在がある。これは会社でも、一般社団法人やその他の法人でも同様である（例えば、会社については会社法26条以下および575条以下、一般社団法人については一般社団法人及び一般財団法人に関する法律10条以下、NPO法人については特定非営利活動促進法11条以下を参照）。

　日本の会社法学では、会社法の規定は強行法規であるとの理解もあって、条文と異なる定款の記載に関する議論は限定されたものであった。ところが、1990年代はじめから日本でも議論が活発化し、会社（株主）が自主的に定めることができると考えるべきではないかとの立場が広く主張されるようになり、商法旧第2編の改正とその後の現行会社法の制定につながった。

　このような定款に関する議論や立法は、「定款自治」というキーワードで説明されることが多いものの、定款自治と会社法の強行法性との関係については十分に明らかになっていないように思われる。会社の基本規範である定款において、会社法の条文と異なる内容を定めることができるのかは、会社の運営にとって重要であるばかりでなく、定款制度を有するその他の法人の運営にも影響を与える問題である。そこで、本稿では、議論の中心である株式会社を念頭に、定款自治と強行法性の意義について検討したい。

2　会社法学説の概要

(1) 松本烝治博士の「定款規定自由の原則」

　最初に株式会社は定款を自由に規定できるべきであると主張されたのは、松本烝治博士とされる。松本博士は、1935（昭和10）年に発表した論文において、[3]株式会社制度が当事者の創意に基づく定款規定によって発展し、今後もそのようになされるべきとの理解の下、株式会社の定款は当事者が自由にこれを規定することができることを原則（松本博士はこれを「定款規定自由の原則」あるいは「会社自治の原則」と称する）とすべきことを主張される。ただし、松本博士も、会社役員の専横や多数株主による圧力から少数株主を保護し、有限責任制度の下での株式会社の債権者等第三者の保護のため、会社法の多くの規定が強行法規であると考えられており、これに反する定款規定は無効とされる。その他、定款の規定が株式会社の本質に反する場合、公序良俗に反する場合にも定款の効力が否定されるとする（原始定款の場合、前者のときは定款無効、後者および強行法規違反のときは該当規定の無効が原則）。このように、定款規定自由を原則とし、定款の規定が会社法の本質に反する場合、強行法規に反する場合、および公序良俗に反する場合は定款（またはその規定）の効力が例外的に否定

---

1) 近時の教科書のすべてが「定款自治」という用語を使用しているわけではない。筆者がみた限りではあるが、使用されていたものとして、江頭憲治郎『株式会社法（第4版）』（有斐閣、2011年）、河本一郎他『日本の会社法（新訂第10版）』（商事法務、2011年）、森本滋『会社法・商行為法・手形小切手法講義（第4版）』（成文堂、2014年）、関俊彦『会社法概論（全訂第2版）』（商事法務、2009年）、弥永真生『リーガルマインド会社法（第12版）』（有斐閣、2009年）、青竹正一『新会社法（第2版）』（信山社、2008年）などがある。一方、使用例が見当たらなかったものとして、加美和照『新訂会社法（第10版）』（勁草書房、2011年）、大隅健一郎『新会社法概説（第2版）』（有斐閣、2010年）、吉本健一『会社法』（中央経済社、2010年）、前田庸『会社法入門（第12版）』（有斐閣、2009年）、泉田栄一『会社法論』（信山社、2009年）などがある。
2) 定款自治とパラレルに論じられるものとして、株主間契約がある。会社法の規定と異なる株主間契約は有効か、あるいは定款の定めができないものでも、株主間契約で定めることができるのではないかなどの論点が強行法性の問題と結びつくが、本稿では割愛する。株主間契約については、田邉真敏『株主間契約と定款自治の法理』（九州大学出版会、2010年）などが詳しい。
3) 松本烝治「株式会社における定款自由の原則と其例外」同『商法解釈の諸問題』（有斐閣、1955年）211頁所収（初出『中央大学五十周年記念論文集』（1935年））。

されるという指摘は現在の学説・判例につながるものとなる。

(2) 1980年代末のアメリカにおける議論とその影響

　1989年にコロンビア・ロー・レビューに掲載された論文を契機に会社法学説は大きく動き出した。法と経済学派の論者であるF. H. Easterbrook判事とD. R. Fischel教授は同誌に掲載した共同論文において、会社は様々な主体相互の契約の結び目あるいは組み合わせにしか過ぎないとする立場に立ち、会社にとっての最善の条件は当事者間で自由に選択できることが重要であり、仮に問題があったとしても、市場により排除されるため、会社法を強行法規と考える必要はないとする。むしろ会社法は当事者が利用可能な条件・形態を提示することによって、取引コストを削減する意味をもつに過ぎない、モデルとしての役割しかもたず、任意法規と考えるべきであるとする。これに対して、Eisensberg教授は、同誌掲載の論文において、伝統的な立場から会社法のルールを類型化し、構造に関するルール、分配に関するルール、信認に関するルールに分け、それぞれのルールについて、閉鎖的な会社や閉鎖的でない会社のような会社の形態ごとに強行法規かどうかを判断すべきであるとする。

　このようなアメリカでの議論を受けて、日本でも会社法研究者による議論がみられるようになった。前田雅弘教授はアメリカでの議論を紹介した上で、会社法の規定が対外関係か内部関係かを問わず強行法規であるとするこれまでの認識を再検討し、閉鎖的な会社の内部関係については、自治的な運営管理に任せる方が、かえって一般株主の保護することになる類型のルールが存在するの

---

4) F. H. Easterbrook & D. R. Fischel, The Corporate Contract, 89 Colum. L. Rev. 1416-1460 (1989)。この論文および後掲注5）のEinsenberg教授の論文の紹介として、神作裕之・アメリカ法1991年1号106頁がある。
5) M. A. Einsenberg, The Structure of Corporate Law, 89 Colum. Law Rev. 1461-1548 (1989)。
6) アメリカにおける議論は、株主間契約が有効か（有効であれば基本定款と付属定款に記載しても効力がある）という論点をめぐって発展してきたといわれる。その点で、契約自由とパラレルな議論がなされているようであり、日本とは若干異なった視点に立っていると思われる。前田雅弘「会社の運営管理と株主の自治」龍田節＝森本滋編『商法・経済法の諸問題』（商事法務研究会、1994年）139頁、近藤光男他「定款自治による株主の救済」商事法務1698号（2004年）9頁参照。また、萬澤陽子「アメリカの定款自治？──日本と似て非なるもの」ビジネス法務14巻1号（2014年）94頁も参照。

ではないかと指摘された[7]。また、黒沼悦郎教授は、会社法には強行法規と任意法規が併存することを前提として、強行法性の判断基準となり得るものとして定款自治を挙げる[8]。黒沼教授は、規定の内容を類型化した上で、「定款自治に適する性質が規定自身に備わっているかどうか」を基準に強行法規か否かを判断するという方法を提示し、会社統治の権限分配に関する規定および株主の財産的権利に関する規定は定款自治になじみやすく、株主の議決権に関する規定については以後の株主の判断を歪める危険性があるとされている[9]。これらの学説も、強行法規を限定的にとらえるが、日本とアメリカの状況の違いなどから法と経済学派の主張と同じではない。

その後、2001（平成13）・2002（平成14）年商法改正では、委員会等設置会社（2014（平成26）年改正法上の指名委員会等設置会社）が新設され、定款による機関設計が認められるなどの動きがあり[10]、また、教科書でも「定款自治」の用語が広く使用されはじめた[11]。

(3) 2005（平成17）年の現行会社法制定以降の学説

現行会社法の立法担当官の説明によると、会社法制の現代化に伴う実質改正には①定款自治の範囲の拡大と②定款自治の範囲の明確化があるとする[12]。すなわち、同法立法にあたっては、当事者間の合意によって処分可能な規律に関しては広く定款自治を認めるという考え方を大幅に取り入れる（範囲の拡大）一方、利用者にわかりやすいものとするため、会社法におけるすべての規定を強行規定とした上で、当時の現行法で任意規定とされているものも含め、定款自治が認められるべき規律については明文を置くことによりその旨を明らかにし[13]

---

7) 前田・前掲注6) 139頁。
8) 黒沼悦郎「会社法の強行法規性」法学教室194号（1996年）10頁。神田秀樹「株式会社の強行法規性」法学教室148号（1993年）86頁も参照。
9) 黒沼・前掲注8) 13頁。
10) その他の定款自治に関連する改正については、宍戸善一他「定款自治の範囲に関する一考察」商事法務1675号（2003年）54頁を参照。
11) 例えば、弥永・前掲注1) の2002年刊行の第6版と翌2003年刊行の第7版以降の版とを比較されたい。
12) 相澤哲＝郡谷大輔「会社法制の現代化に伴う実質改正の概要と基本的な考え方」商事法務1737号（2005年）11頁。

た(範囲の明確化)、と。学説の多くはこの定款自治の範囲の拡大に対しては好意的なようであるが、範囲の明確化については、本当にこのような区分が可能なのか、もれなく規定し尽くすことができるのかという疑問が提示されており、否定的なものが多い。さらに仮に定款自治の範囲を明確にしても、どこまでの規定を書くことができるかは解釈作業が必要であるとの指摘もある。

では、学説上定款自治の内容はどのように考えられているのであろうか。この点、定款自治の定義・内容につき、会社法における当事者自治の一部であって、内部関係に関するものとされたり、強行法規に反しない限り、様々なルールを柔軟に設定できるという会社の自主性と説明されたり、法律で一律に拘束しないで、各会社が自主的に定款に定めれば効力を有するとするものとされたり、あるいは会社の資金調達の目的として、各種の株式の内容に関する定款規定を新たに設け、または既存の株式に係る定款変更の場面を想定して、定款規定の作成・変更を通じて株主間(既存株主間および既存株主・潜在株主間)で利益調整のための交渉を行わせることなどと説明されている。このように、定款自治の内容については、論者によって微妙に説明が異なっている。

---

13) 明文の規定のある条項としては、江頭憲治郎編『会社法コンメンタール1 総則・設立(1)』(商事法務、2008年) 330頁以下〔森淳二郎〕や酒巻俊雄=龍田節編集代表『逐条解説会社法(1)総則・設立』(中央経済社、2008年) 277頁以下〔酒井太郎〕が挙げるものを参照。

14) 相澤=郡谷・前掲注12) 16頁。

15) 宍戸善一「定款自治の範囲の拡大と明確化——株主の選択」商事法務1775号 (2006年) 17頁。

16) 酒巻=龍田編集代表・前掲注13) 21頁〔江頭憲治郎〕など。また、立法担当官であった郡谷大輔弁護士も解釈の余地があることを肯定している (稲葉威雄=郡谷大輔「〈対談〉会社法の主要論点をめぐって」企業会計58巻6号 (2006年) 145頁参照)。宍戸・前掲注15) 17頁は、新会社法により範囲が拡大された定款自治は、定款にどこまで書き込めるか (広義の定款自治) と構成員が自らどこまで選択できるのか (狭義の定款自治) のうち、前者に関するものであり、後者についてはいまだ解釈の余地があるとする。

17) 酒巻=龍田編集代表・前掲注13) 20頁〔江頭憲治郎〕。

18) 松岡啓祐『最新会社法講義』(中央経済社、2011年) 16頁。小西みも恵「定款自治の拡大と限界」私法75号 (2013年) 251頁も参照。なお、弥永・前掲注1) 20頁では、会社経営の自由と並べて説明されている。

19) 関・前掲注1) 407頁。

20) 酒巻=龍田編集代表・前掲注13) 283頁〔酒井〕。

3　裁判例の概況

　定款自治そのものを説示している裁判例は現時点では見当たらない。傍論ではあるが、定款による条文の変更を認められるかどうかに言及したものとして、【1】東京地判平成 18・11・29 判例秘書 ID06134889 がある。【1】は、株主総会の招集権に関する「会社法 298 条 1 項及び 4 号によれば、取締役会設置会社においては、少数株主による招集を除いて、株主総会の招集の決定は取締役会の決議事項であり、規定の文言も、定款自治による異なる定めが許容されているとは解されない〔傍点筆者〕」と述べて、定款の解釈を行ったものである。

　これに対し、定款の効力が争いになった裁判例は、いくつか散見される。まず、定款の規定を有効とするものとしては、以下のようなものがある。【2】大審院昭和 2・8・3 大民判 6 巻 484 頁は、株主の利益配当請求権は支払期限後 5 年を経過すれば請求できない旨の規定を定款に有していたところ、当事者間の特約で権利の行使期間を制限することは、権利の本質に反せず、また公序良俗に違反しない限りでき、会社が利益配当支払請求権に関し定款をもって行使期間を制限したときも同様であって、株主は定款所定の制限の下で権利を行使すべきであるとして、この制限を認めた。【3】最二小判昭和 43・11・1 民集 22 巻 12 号 2402 頁は、株主総会の代理人は株主に限る旨の定款の規定のある会社において、定款の定めに反して、株主以外の者が代理人として議決権を行使したことを決議無効原因の 1 つとする主張に対し、商法旧 239 条（現行会社法 310 条）は、「合理的な理由がある場合に、定款の規定により、相当と認められる程度の制限を加えることまでも禁止したものとは解され」ないとし、本件定款の規定は、「株主総会が、株主以外の第三者によって攪乱されることを防止し、会社の利益を保護する趣旨にでたものと認められ、合理的な理由による相当程度の制限ということができ」るとした。【4】名古屋地判昭和 46・4・30 下民集 22 巻 3 ＝ 4 号 549 頁（トヨタ自工純血訴訟）は、「取締役および監査役は日本国籍を有するものに限る」との規定を新設するとの株主総会決議の無効の確認を求めた事案であるが、商法旧 254 条 2 項および旧 280 条（現行会社法 331 条 2 項）について、「取締役および監査役の資格を株主に限定する

ことを禁止するにとどまり、各株式会社においてその他これが資格要件を定款をもって規定することの一切を禁止する趣旨をも含むものではない」とした上、「原則として各株式会社の自治に委ねられていることがらであると解せられ、ただその資格制限が法の精神に違背するとか、あるいは株式会社の本質に違反する等合理的根拠のないものであるときにはじめて」株式会社自治の原則を逸脱し、無効とされるとする。そして、本件総会決議は、上記定款が「私法的自治の原則ないし株式会社自治の原則を逸脱した合理的根拠のないもので、民法第90条に違反しているかどうかによって決せられる」とした。

次に、定款の定めを無効としたものとしては、次のようなものがある。【5】東京高決昭和24・10・31高民集2巻2号245頁は、取締役の選任などが県知事の承認を受けるべきとする定款について、「法が株式会社に対し独立の人格を附与してこれに独自の存在と利益とを認め株主総会を以てその最高の機関としてこれに取締役の選任等を専属議決事項たらしめた精神に背反する」とし、上記定款の規定は株式会社の本質に反するとした。【6】大阪地判昭和28・6・29下民集4巻6号945頁は、償還権付き配当優先株に関する一部償還の規定〔筆者注：当該株式全部に按分するとの規定〕に対する、株主平等の原則違反とする定款変更決議無効の主張につき、償還というものの、実質的には払い戻しに類し、商法旧212条（現行会社法178条）で株式の消却と明言していることに反するばかりか、明白に株主平等原則に違反しているとした。

現行会社法下での裁判例である【1】は明文の規定がないことを理由の1つとして、株主総会の招集権限に関する規定を強行法規的にとらえており、会社法の立法担当官による定款自治の範囲の明確化の説明に近いものがある。これに対し、旧法下で定款による別段の規定を肯定した【2】から【4】は、明文による許容のない規定に関し、制限的・加重的なものを定款で付加したものであるが、【2】は権利の本質や公序良俗に反しないものとして、【3】は合理的なものとして、[21]【4】は企業の自主的な判断に委ねられるべき事柄であり、私法的自治の原則を逸脱した合理的根拠のないものでもないとして定款記載の効

---

21) 高田晴仁「判批」会社法判例百選（第2版）(2011年) 72頁は、【3】判決につき、定款自治によって代理人の資格を制限することが認められるかにつき、一般論を最高裁が述べたものとする。

力を肯定している。一方、否定例では会社法の精神を挙げる【5】、他の強行規定違反と株主平等原則違反を挙げる【6】があり、判決時期が古いこともあってか、戦前以来の学説と親和性のある理由が挙げられている。

4 定款自治と強行法規との関係

(1) 定款自治と強行法規・任意法規が関連する局面

　学説（立法担当者の説明を含む）をみると、定款自治は、会社法の各規定の強行法規か任意法規かの区別の基準であるとともに、条文と異なる定款の定めが許される規定でもどこまで書けるのかの基準にもなり得るとする。この立場からは、定款自治は、強行法規・任意法規の区別の局面と定款の記載内容の有効性判断の局面でかかわってくるものであって、**図**（矢印の部分がかかわり）のとおり整理することができる。[22)]前者の局面では、定款自治は、立法論的なもの（定款自治・立法論）と解釈論的なもの（定款自治・解釈論Ⅰ）に区分され、[23)]後者の局面では解釈論的なもの（定款自治・解釈論Ⅱ）として記載の有効性の判断基準となる。

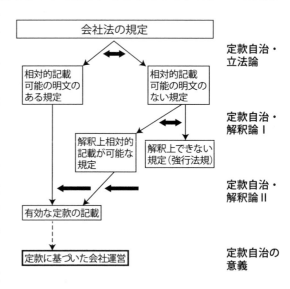

　この整理を定款の記載事項を定める会社法28条・29条との関係でみてみる

---

22) 会社法に規定のない事項であっても定款に記載することができる、任意的記載事項も定款自治・解釈論Ⅱと関係するが、強行法規を法律の規定と異なる特約が認められないとする本共同研究の立場から割愛した（本文中の図にも含まれていない）。
23) 江頭教授は「会社法の規定が強行法か否かの議論は、定款自治の範囲」の問題であるとされる（江頭・前掲注1）52頁参照）。

と、相対的記載可能の明文のある変態設立事項（会社法28条）と会社法29条の「この法律の規定により定款の定めがなければその効力を生じない事項」は、定款自治・立法論から定款自治・解釈論Ⅱへの段階が関係し、同条の「その他の事項でこの法律の規定に違反しないもの」[24]は定款自治・解釈論Ⅰにより解釈上の定款による定めが可能とされたものが同・解釈論Ⅱに関係とする。

(2) 定款自治と強行法規との関係

第1の局面では、会社法のある規定の規律する事項につき、会社（株主）が条文と異なる定めを自主的に定款に記載し、かつ、この定款によって運営されること（会社法295条2項、355条、831条1項1号・2号など参照）が妥当なものかどうかが検討され、これを是とするなら任意法規と規定・解釈され、そうでなければ強行法規として規定・解釈される。そうすると、少なくともこの局面では、定款自治とは会社（株主）が自主的に定めた定款に従った会社運営であって、かつ、会社法において強行法規と任意法規を区別する基準であるといえる。ただし、定款を会社の自治法とする考え方は以前からあり[25]、それを是とする範囲＝任意法規の拡大＝強行法規の縮小を定款自治としたものといえる。

次に、第2の局面では、一旦任意法規と性質決定された規定に係る定款の記載内容の有効・無効を画する機能を定款自治・解釈論Ⅱがもつことになる。ところが、判例・学説では、定款自治が認められる場合でも、定款で記載できる事項は、強行法に反しないもの、公序良俗に反しないもの、会社の本質に反しないものに限るとされてきた。この立場からは、強行法規は定款自治の限界を画するものであるところ、定款の記載が当該強行法規に抵触しないかを判断することが定款自治・解釈論Ⅱの役割の1つとなる。その意味で定款自治の内容が強行法規とされる個別の条文の解釈論に影響を与えることとなろう[26]。

---

24) 奥島孝康他編『新基本法コンメンタール会社法1』（日本評論社、2010年）82頁〔山本為三郎〕は、会社法29条後段には解釈上の相対的記載事項と任意的記載事項が含まれるとする。
25) 大森忠夫＝矢沢惇編『注釈会社法(1)』（有斐閣、1971年）19頁〔大隅健一郎〕など。
26) 主として定款記載の根拠条項以外の条項が問題となるものの、当該根拠条文が半強行法や部分的強行法に該当する場合も同様となる。半強行法等につき、椿久美子「半強行法概念の生成とその機能」法律時報58巻9号（2013年）96頁→本書6論文92頁を参照。

5　定款自治の法人法一般への展開

　定款自治は、会社法あるいは会社のあるべき姿を示すスローガン・目標を超えて、立法上の指針となったり、強行法規と任意法規との区別の基準とされたり、自主的に定めることができる定款規定の限界を画したりしており、それぞれの局面での理解が必要であることが明らかになった。さらに、定款自治の範囲に関する学説の多くは、閉鎖的な株式会社と閉鎖的でない株式会社を区別し、前者については定款自治の範囲が広く、後者については狭く解するべきであるとし[27]、また、合名会社・合資会社や有限会社では、古くからその内部関係について社員の自主性や自律性に委ねられる部分が多く、定款による自治が行われていたとされている[28]。会社以外の法人への適用にあたっても、問題局面だけでなく、法人の法形式・種類により定款自治の範囲や内容を見極める必要がある。

　最後に、本共同研究の対象である民法上の強行法規・任意法規との関係で次の点を指摘しておきたい。民法では当事者の合意を尊重する契約自由の原則との関連で議論がなされることが多く、資本多数決の原則や営利性などを有する会社法下の定款自治と契約自由とは、私的自治という上位概念は同じとしても、強行法性にも違いがあるかもしれない[29]。民法商法の双方からの検討が必要であろう。

---

27) 江頭・前掲注1）46頁。なお、江頭教授は、現在までの定款自治の議論は専ら上場企業のような公開会社を対象にしてきたと指摘される。
28) 合名会社・合資会社につき、大森＝矢沢編・前掲注25）231頁〔谷川久〕、同545頁以下〔浜田一男〕を参照。有限会社につき、大森忠夫『新版会社法講義（改訂版）』（有信堂、1967年）13頁、川島いづみ「有限会社と定款」斎藤武他編『有限会社法の判例と理論』（晃洋書房、1994年）116頁を参照。
29) 田邉・前掲注2）229頁以下は、有限責任の強行法性の効果が及ぶ当事者の範囲や違反行為の効果の点で民法上の理解と会社法の理解は異なると主張する。

25

公法上の取締規定の強行法性

川地宏行

1 取締規定に違反した契約の私法上の効力

　公法上の取締規定には、違反行為に対する行政処分や刑罰が法定されているが、取締規定に違反した契約の私法上の効力に関する明文規定は置かれていない。それ故、取締規定に違反した契約は無効となるのか、取締規定の強行法性の有無が問題となる。

2 判例法理

(1) 判例の類型化
　取締規定に違反した契約の私法上の効力の問題を扱った最上級審判例を整理すると、取締規定違反のみを理由に無効を認定した判例（第1類型）、公序良俗違反を理由に無効を認定した判例（第2類型）、契約を無効としながら不法原因給付であることを否定した判例（第3類型）、対価を減額した判例（第4類型）、契約を有効とした判例（第5類型）に分類される。

(2) 取締規定違反のみを理由に無効を認定した判例（第1類型）
　公序良俗違反（民法90条）に言及することなく取締規定違反のみを理由に契約の無効を認定した判例のうち、取締規定が強行規定の性質を有することを明

示した例は戦前においては1件のみであり[1]、それ以外は、鉱業法違反や取引所法違反などの事案において、取締規定の公益目的が強調されるにとどまっていた[2]。戦後になると、いわゆる統制経済法令違反の事案において取締規定が強行規定の性質を有するとした判例が登場したが[3]、それ以外の事案では取締規定を強行規定と明言した判例はみられない。なお、後述する通説（民法90条91条二元論）と異なり、判例は民法91条を無効の根拠条文に挙げていない[4]。

(3) 公序良俗違反を理由に無効を認定した判例（第2類型）

戦前の判例では、鉱業法違反や取引所法違反の事案において民法90条の公序良俗違反を理由に契約を無効とした例がみられる[5]。戦後になると、取締規定違反の契約について公序良俗違反による無効を認定した最高裁判決の多くは、取締規定に違反した契約の「著しい反社会性」を理由に挙げている[6]。

(4) 契約を無効としながら不法原因給付を否定した判例（第3類型）

判例は、統制経済法令違反により無効とされた契約において商品が引き渡されたにもかかわらず代金が未払いの事案に関して、商品引渡が民法708条の不

---

1) 大判大正3・6・27民録20輯519頁は児童を小学校に就学させる義務を保護者に課した小学校令を強行法規と捉えた。
2) 斤先掘契約を禁止した鉱業法違反（大判大正2・4・2民録19輯193頁。大判大正8・9・15民録25輯1633頁。大判大正10・4・12民録27輯632頁）。無資格者による取引を禁止した取引所法違反（大判大正10・9・20民録27輯1583頁。大判大正15・4・21民集5巻271頁）。結繭前の予約売買を禁止した山形県令違反（大判昭和2・12・10民集6巻748頁）。恩給法違反（大判昭和7・3・25民集11巻464頁）。
3) 最二小判昭和30・9・30民集9巻10号1498頁（臨時物資需給調整法違反の煮乾いわし売買）。最三小判昭和40・12・21民集19巻9号2187頁（臨時物資需給調整法違反の木炭売買）。
4) 森田寛二「通説的民法九一条論のなかの判例」広中俊雄教授還暦記念『法と法過程』（創文社、1986年）539頁以下。
5) 取引所法違反（大判大正8・6・14民録25輯1031頁。大判昭和18・7・16民集22巻837頁）。鉱業法違反（大判大正14・2・3民集4巻51頁。大判昭和19・10・24民集23巻608頁）。
6) 最一小判昭和39・1・23民集18巻1号37頁（食品衛生法違反）。最一小判平成9・9・4民集51巻8号3619頁（証券取引法違反の損失保証契約）。最二小判平成23・12・16判時2139号3頁（建築基準法違反の建築請負契約）。これに対して、最一小判昭和38・6・13民集17巻5号744頁は無資格者による法律事務委任契約について弁護士法72条違反を公序良俗違反の認定に直結させている。

法原因給付に当たるかは、その行為の実質において、統制経済法令違反の取引が当時の国民生活ならびに国民感情にいかなる影響を与えるかを考慮の上で決定すべきであり、当時の社会情勢において反道徳的な醜悪行為として反社会性を有する違反行為に該当しない場合には、履行済みの給付は不法原因給付に当たらないとし、売主の買主に対する不当利得返還請求権を認めた。その上で、商品が費消や転売により返還できない場合には、買主は商品の返還に代わる価格賠償義務を負うとした。契約無効により代金債務は消滅するとしながら、商品引渡が不法原因給付であることを否定して買主に価格賠償義務を課すことによって、売主が買主から代金相当額を受領できるようにしているので、実質的には契約が有効とされた場合と同じ結果が実現されている。

(5) 対価を減額した判例（第4類型）

商品や役務の対価（代金、報酬等）を一定額に制限する取締規定に違反した契約について、制限額を超える部分のみを無効とし、制限額の範囲内において契約を有効とするのが判例の立場である。この判例法理は統制経済法令違反の事案において形成され[8]、それ以外の事案にも踏襲されている[9]。

(6) 契約を有効とした判例（第5類型）

法令の制定目的が業者の取締であることを理由に取締規定違反の契約を有効とした判例は戦前から見受けられたが[10]、戦後になると、統制経済法令である臨

---

7) 最二小判昭和35・9・16民集14巻11号2209頁（荷縄売買）。最一小判昭和37・3・8民集16巻3号500頁（揮発油売買）。

8) 大判昭和20・11・12民集24巻115頁（価格等統制令違反の洋服売買）。最三小判昭和29・8・24民集8巻8号1534頁（農地調整法に定められた公定価格を超過した農地売買）。最二小判昭和31・5・18民集10巻5号532頁（臨時農地価格統制令違反の農地売買）。

9) 最一小判昭和45・2・26民集24巻2号104頁は、宅地建物取引業法の報酬額制限規定（旧17条、現46条）について、報酬を所定最高額の範囲に制限する「強行法規」であるとして、制限額を超える契約部分のみを無効とした。その他の判例として、最二小判平成6・4・22民集48巻3号944頁（職業安定法の制限額を超える報酬が約定された人材スカウト委託契約）。

10) 大判大正8・9・25民録25輯1715頁（無許可での待合茶屋営業）。大判昭和4・12・21民集8巻961頁（無尽業法違反）。大判昭和9・3・28民集13巻318頁（取引所法違反）。大判昭和13・3・30民集17巻569頁（県令違反の麦売買）。

時農地等管理令に違反して地方長官の許可を得ずになされた農地売買の事案において、同管理令の性質が「単なる取締規定」にすぎないことを理由に契約を有効とした最高裁判決が相次いで登場した[11]。同様の判例は食糧管理法違反、食品衛生法違反、外為法違反の事案などにおいても踏襲された[12]。近時では、取締規定に違反しても民法90条の公序良俗違反に該当する事情がなければ契約を有効とする判例法理が形成されている[13]。

3　末弘説

末弘説は、1927（昭和2）年までの裁判例を分析し、いかなる取締規定が強行規定の性質を有するかが重要なのではなく、取締規定違反の契約を私法上も無効とすることが各種法令における取締規定の禁止目的を達成するために必要か、契約を無効とすることにより契約当事者間の公正が確保されるか、取引の安全を害しないか等を衡量して、民法90条の公序良俗違反に該当するか否かを検討すべきとした[14]。末弘説では、取締規定に違反した契約はすべて民法90条によって私法上の効力が決定されるので、個々の取締規定の強行法性は問題にならない。

---

11) 最二小判昭和28・5・8民集7巻5号545頁。最三小判昭和28・9・15民集7巻9号942頁。最二小判昭和29・7・16民集8巻7号1373頁。最一小判昭和34・12・10民集13巻12号1610頁。最二小判昭和35・4・1民集14巻5号729頁。
12) 最一小判昭和34・5・21判時187号22頁（食糧管理法違反）。最二小判昭和35・3・18民集14巻4号483頁（食品衛生法違反）。最一小判昭和40・12・23民集19巻9号2306頁（外為法違反）。最三小判昭和50・7・15民集29巻6号1029頁（外為法違反）。最一小判昭和50・3・6民集29巻3号220頁（文化財保護法違反）。
13) 最三小判昭和46・4・20民集25巻3号290頁（司法書士法違反）。最二小判昭和49・3・1民集28巻2号135頁（導入預金取締法違反）。最二小判昭和52・6・20民集31巻4号449頁（独占禁止法違反の拘束預金）。最二小判平成15・4・18民集57巻4号366頁（証券取引法違反の損失保証）。最一小決平成21・8・12民集63巻6号1406頁（弁護士法違反の債権譲渡）。
14) 末弘厳太郎「法令違反行為の法律的効力」同『民法雑考』（日本評論社、1932年）153頁以下。

4　民法90条91条二元論

　末弘説に対して、従来からの通説は、取締規定を「効力規定（強行規定）」と「単なる取締規定」に大別し、民法91条の反対解釈として「効力規定（強行規定）違反＝無効」というルールを導き出せることを前提に、効力規定違反を民法91条の問題、単なる取締規定違反を民法90条の問題と捉えている（民法90条91条二元論）[15]。この見解によると、効力規定違反の契約は無効となるので、効力規定に該当する取締規定は強行規定の性質を有することになるが、効力規定に該当しない単なる取締規定に違反した事案では民法90条により当事者の主観的態様等も総合的に考慮して契約の効力が判断されるので、単なる取締規定は強行規定の性質を有しないことになる[16]。

5　統制経済法令違反に関する学説

　戦中から戦後にかけて登場した各種の統制経済法令について当時の学説ではこれらを強行規定と解する見解が多数を占めた[17]。その一方で、契約を無効とすることにより契約当事者間で不公平な結果が招来する事案では、判例と同様、学説においても特別な配慮がなされた。
　地方長官の許可を受けずに締結された農地管理令違反の農地売買の事案では、土地引渡後の地価高騰に伴い、売主が土地を取り戻すために農地管理令違反を名目に契約の無効を主張する事件が多発した。実際には農地管理令違反は単なる方便にすぎないので、売主による契約無効の主張を許すべきではない。そこ

---

15) 我妻栄『新訂民法総則』（岩波書店、1965年）262～266頁。川島武宜『民法総則』（有斐閣、1965年）223～226頁。四宮和夫＝能見善久『民法総則（第8版）』（弘文堂、2010年）261～265頁。
16) 沢井裕「統制違反の契約」契約法大系刊行委員会編『契約法大系Ⅰ』（有斐閣、1962年）55～56頁。磯村保「取締規定に違反する私法上の契約の効力」『民商法雑誌創刊五十周年記念論集Ⅰ』民商法雑誌93巻臨時増刊号(1)（1986年）17～18頁。
17) 末川博「統制と契約」民商法雑誌9巻1号（1939年）1頁以下。津曲蔵之丞「統制法規違反」谷口知平＝加藤一郎編『民法演習Ⅰ（総則）』（有斐閣、1958年）98頁以下。沢井・前掲注16)43頁以下。

で判例は、農地管理令を「単なる取締規定」として同法令違反の契約を有効とした（第5類型判例）。しかしながら、数ある統制経済法令のうち農地管理令のみを単なる取締規定と解することは説得力に欠ける。そこで、学説からは、農地管理令を強行法規と解した上で農地管理令違反の契約を無効としながら当事者間の公平を確保するために様々な解決策が提示された。末川説は、自ら無効な契約を有効なものとして締結しておきながら自身の都合で後日になって当該契約の無効を主張することは禁反言の原則に反する行為であり信義則上許されないとした[18]。また、星野説も契約を無効とした上で、農地の引渡から長期間経過し、当事者が契約を有効として扱い、その上に法律上または事実上の関係が築きあげられているときは、無効行為が追完されたものと解すべきとした[19]。

　また、物資統制法令違反の契約において商品が引渡済みであるにもかかわらず代金が未払いの事案では、強行規定違反を理由に契約を無効にすると、売主が代金を受領できないという不公平な結果が生ずるおそれがあるので、第3類型判例と同様、売主の商品引渡を不法原因給付に該当しないとする解決策が学説でも支持されている[20]。代表的見解である谷口説は、統制に従うことが社会道徳になっており、その違反が道徳違反として意識される場合には、客観的には統制違反＝強行規定違反により契約は無効となるが、主観的には給付者に違法認識が欠けていることから取戻拒絶の制裁を認める必要はなく、買主の売主に対する不当利得返還義務あるいは価格賠償義務を認めるべきとする[21]。

6　履行段階論

　契約上の債務の履行状況を考慮して契約の効力を決定する見解として川井説と磯村説がある。

　川井説は物資統制法令違反の判例に対象を絞った分析を試み、契約上の両債

---

18) 末川博「最判昭和35年4月1日判批」民商法雑誌43巻4号（1960年）55～61頁。
19) 星野英一「最判昭和34年12月10日判批」法学協会雑誌77巻6号（1960年）690～691頁。
20) 沢井・前掲注16) 56～57頁。磯村・前掲注16) 18頁。難波譲治「公序良俗と不法原因給付」椿寿夫＝伊藤進編『公序良俗違反の研究』（日本評論社、1995年）347～349頁。
21) 谷口知平「最判昭和35年9月16日判批」民商法雑誌44巻4号（1961年）689～691頁。

務の履行状況に応じて以下のように処理すべきと説く[22]。まず、両債務が既履行の場合、物資流通の未然防止はもはや不可能であり、契約を無効として原状回復をさせても目的物が費消されている可能性があることから、物資の公正な配分や利用という物資統制法令の目的が実現できるとは限らないので、刑罰や行政処分による制裁を加えるにとどめ、私法上は有効とすべきである。次に、両債務が未履行の場合、目的物の給付は法律上の履行不能となるので解除の問題になる。最後に、一方の債務のみ既履行の場合であるが、目的物が引渡済みで代金が未払いの事案では、目的物の原状回復を求めても法目的を達成できるとは限らないので、代金支払請求を認めるべきであり、代金が支払済みで目的物の引渡が未履行の事案では、目的物の給付は法律上の履行不能となり、履行不能に基づく解除により買主は既払代金相当額の不当利得返還請求権を取得する。川井説によると、物資統制法令違反事案では強行規定違反や公序良俗違反による無効は問題にならないので、物資統制法令が強行規定か否かを論じる実益は乏しい。

　磯村説は川井説と同様に契約が未履行の場合と既履行の場合とを分けて考察するという手法を採用しているが、川井説とはかなり異なる結論を導き出している[23]。まず、契約上の債務が既履行の場合は、取締規定の趣旨のみならず、無効の主張を許すことにより当事者間の公平や取引の安全を害しないかを考慮する必要があるとして、禁止行為が実際になされた後に原状回復をしても法目的を達成できない場合は契約を有効とし、原状回復をさせてでも法目的を実現させるべき場合は契約を無効とすべきと主張する。また、契約を無効と認定しながら既履行の給付を不法原因給付ではないとしてその返還を義務付けることもあり得るとする。これに対して、契約上の債務が未履行の場合は、無効の主張を許すことにより当事者間の公平や取引の安全を害しないかを考慮する必要がないので、「法秩序における価値矛盾の回避」の要請により、法が禁止した行為を裁判所が認容して履行請求を認めることは許されないとして、取締規定による禁止の要請の強弱を問わず、取締規定違反の契約を無効にすべきとする。

---

22) 川井健「物資統制法規違反契約と民法上の無効」同『無効の研究』（一粒社、1979年）61頁以下。
23) 磯村・前掲注16) 13頁以下。

磯村説によると、契約が未履行の場合にはあらゆる取締規定が強行規定としての性質を帯びることになる。

7 民法90条一元論

取締規定を「効力規定（強行規定）」と「単なる取締規定」に分類する民法90条91条二元論に対して、民法91条の反対解釈として「効力規定（強行規定）違反＝無効」ルールを導出することに疑問を提起する見解が主張されている[24]。また、「強行規定違反＝無効」ルールを「書かれざる原理規定」と解する見解も唱えられている[25]。

さらに、近時では、通説である二元論において民法91条の適用対象とされてきた問題を民法90条に一元化する動きがみられる（民法90条一元論）。以下では、代表的見解として大村説と山本説を取り上げる。

大村説は、取締規定を包含する各種法令を「取引とは直接関係しない価値を実現する警察法令」と「取引と密接な関係を有する経済法令」に大別し、警察法令違反行為は原則として私法上は有効であるが、経済法令違反行為については無効を認定してよいとする。その上で、経済法令を経済秩序維持法令（取引環境となる市場秩序の維持を目的とした法令。独占禁止法、不正競争防止法など）と取引利益保護法令（個々の取引における当事者の利益保護を目的とした法令。各種の消費者保護法令）に分け、後者に違反する行為を積極的に公序良俗違反により無効とすべきと説く[26]。

山本説は、業法の取締規定は業者の一定の行為を禁止することにより他の個人の基本権を保護する目的で国家が制定したものであるから、取締規定違反行為を私法上も無効とすることが個人の基本権保護をよりよく実現するために必要と裁判所が判断すれば、裁判所は基本権保護義務に基づき公序良俗違反を理由に当該行為を無効と認定しなければならないとする。そして、取締規定違反

---

24) 森田寛二「反対解釈の力学」自治研究61巻8号（1985年）19頁以下。
25) 椿寿夫「公序良俗違反の諸相」椿寿夫＝伊藤進編『公序良俗違反の研究』（日本評論社、1995年）22～26頁。この見解に従えば民法91条に依拠する必要はなくなる。
26) 大村敦志「取引と公序」同『契約法から消費者法へ』（東京大学出版会、1999年）163頁以下。

行為を私法上も無効とすることは裁判所による法形成であり、過剰介入にならないように配慮した上で、経済法や消費者保護法関連の取締規定違反行為については積極的に無効を認定すべきと主張する[27]。

民法 90 条一元論では取締規定違反の問題はすべて民法 90 条により処理されるので、取締規定の強行法性を論じる意味がない。その一方で、二元論も依然として根強く、最近では、新たな視点から民法 90 条と 91 条の機能分担を提唱する見解も現れている[28]。

8 近時の法状況

近時、不実告知などの不当勧誘を受けた消費者に取消権を付与する規定が消費者契約法、特定商取引法、割賦販売法に設けられるなど、特別法に数多くの民事規定が新設されている。これにより、取締規定違反の契約を民法 90 条や 91 条により無効とするまでもなく、消費者に民事法的救済を与えることが可能となっている[29]。また、一定の要件を満たした場合に取締規定違反行為に対して損害賠償請求を認める判例法理も形成されている[30]。

9 民法（債権関係）改正の動向

2015 年 3 月 31 日に国会に提出された民法改正法案では、取締規定違反の契約の私法上の効力に関する明文規定は設けられていない。また、民法 91 条の改正も予定されていない。その一方で、改正法案 521 条（契約の締結及び内容

---

27) 山本敬三「取引関係における公法的規制と私法の役割」同『公序良俗論の再構成』（有斐閣、2000 年）239 頁以下。
28) 伊藤進「私法規律の構造(1)」法律論叢 85 巻 2 ＝ 3 号（2012 年）42 頁以下。
29) 後藤巻則「消費者法と規制ルールの調整」藤岡康宏編『民法理論と企業法制』（日本評論社、2009 年）83 頁以下。渡辺達徳「改正割賦販売法における行政取締規定と私法上の効果」下森定先生傘寿記念『債権法の近未来像』（酒井書店、2010 年）1 頁以下。山口康夫「消費者取引における『取締規定』の民事的効力」津谷裕貴弁護士追悼論集『消費者取引と法』（民事法研究会、2011 年）83 頁以下。
30) 金融商品取引法 40 条に定められた適合性原則に違反した行為に対して損害賠償請求が可能であることを認めた最一小判平成 17・7・14 民集 59 巻 6 号 1323 頁参照。

の自由)において「法令に特別の定めがある場合を除き」契約締結の自由（1項）を、「法令の制限内において」契約内容決定の自由（2項）を認める条文の新設が提案されているが、契約自由を制限する「法令」としては民法90条や強行規定が想定されており[31]、公法上の取締規定が当該「法令」に含まれるとは限らない。それ故、「公法上の取締規定の強行法性」をめぐる現時点での判例学説の状況は今回の民法改正後もそのまま維持されると思われる。

10　取締規定の強行法性

　私見としては、取締規定に違反した契約における私法上の効力の問題は民法90条一元論で十分に対応できると考える。また、川井説が述べるように履行不能の問題として処理できる事案においては民法90条の適用さえも不要といえる。さらに、民法90条一元論の下でも、星野説や末川説が主張するように信義則や追完擬制に基づき無効の主張を制限すること、ならびに、第3類型判例や谷口説のように契約を無効としても不法原因給付に該当するか否かを柔軟に判断することによって、具体的妥当性のある結論を導き出すことが可能である。加えて、特別法における民事規定が増加している現在の法状況では、事案によっては民法90条ではなく、契約の取消しや損害賠償請求による解決を図るべきである。

　民法90条一元論の下では取締規定違反の契約における私法上の効力は民法90条の適用によって決定されるので、あえて取締規定の強行法性を論ずる必要はない[32]。取締規定の法目的は民法90条の解釈において考慮すれば足りると思われる[33]。

---

31) 中間試案「第26　契約に関する基本原則等」における「1．契約内容の自由」の概要参照。
32) 滝沢昌彦「公序良俗と強行法規」椿寿夫＝伊藤進編『公序良俗違反の研究』（日本評論社、1995年）262頁は強行規定を私法分野のものに限定すべきとする。
33) 川島武宜＝平井宜雄編『新版注釈民法(3)』（有斐閣、2003年）239頁以下〔森田修〕は、一元論の下でも民法90条の解釈において取締規定に違反した契約を無効とすることが当該取締規定の規範目的に照らして正当化されるかを判定すべきとする。

26 信託法の規定の半強行法性

木村　仁

1　はじめに

　1922年制定の旧信託法は、業者を規制するという観点から、特に受託者の義務について強行規定が多いという特色を有していたが、2006年の信託法改正の基本理念として、第1に、受益者の権利の強化、第2に、多様な信託の利用ニーズへの対応、そして第3に、信託の自由な発展を促進するため、信託法の規定を大幅に任意規定化することが掲げられた[1]。では、任意規定からの離脱はどこまで認められるのであろうか。

　我が国の民法に関する学説において、任意規定と異なる契約条項の効力を一部否定する半強行法概念が提示されているが[2]、その根底には交渉力の非対等性を理由とする正当性保障があり、主として約款や消費者契約が議論の対象とされてきた[3]。これに対して近年、任意規定につき、一定の類型を構成する規範的要請から、ある類型を選択した当事者の目的の達成が危殆化されるような契約の本性的要素の変更・排除は否定されるとの見解が提示されている[4]。信託とい

---

1) 能見善久「信託法改正の論点」信託法研究30号（2005年）6頁、寺本昌広ほか「新信託法の解説(1)」NBL850号（2007年）19頁、新井誠『信託法（第4版）』（有斐閣、2014年）33頁等参照。
2) 大村敦志『典型契約と性質決定』（有斐閣、2003年）355頁。
3) 河上正二『約款規制の法理』（有斐閣、1988年）383〜388頁参照。
4) 石川博康『「契約の本性」の法理論』（有斐閣、2010年）522頁。

う類型を選択した当事者の意思が明確である場合には、信託法の任意規定からどの程度離脱できるかという問題も、信託の本質的要素にもとづく境界画定が前面に出現するといえる。また、信託設定後の場面において、受託者と受益者の合意により、いかなる場合に信託法の任意規定から離脱できるかという問題についても、信託の本質または特質にもとづいて論ずることが重要である。

本稿は、主として受託者の義務に関する信託法の任意規定を変更・排除することの限界、すなわち半強行法性の内容およびその効果について、信託の本質に照らして検討することを目的とする。まず、信託の本質的要素を抽出した上で、信託行為の別段の定めにより、受託者の義務に関する任意規定から離脱することが許されない部分は何かを明らかにする。次に、信託設定後に受益者と受託者が個別に合意することにより、受託者の義務違反を免責する際の要件を検討し、最後に、半強行法部分に反する合意があった場合の効果について論ずることとする。なお、信託業法は本稿の検討対象から除外する。

2　信託の本質的要素

信託の本質をいかに解するかは、それ自体極めて大きなテーマであり、本稿で詳細に検討することはできないが、主として信託の定義および類似の財産管理制度との差異を検討することにより、信託と性質決定するために不可欠という意味において、信託の本質的要素を抽出したい。

信託法2条（以下、信託法の規定は条名のみをあげる。）の規定によれば、信託とは、「特定の者が一定の目的（専らその者の利益を図る方法を除く。……）に従い財産の管理又は処分及びその他の当該目的の達成のために必要な行為をすべきものをすることをいう」と定義されている。

まず、信託を契約または遺言で設定する場合には、委託者から受託者となるべき者に対して「財産の譲渡、担保権の設定その他の財産の処分」をすることが信託の成立要件であり（3条1号、同条2号）、自己信託の場合でも、一定の財産につき委託者兼受託者の一般財産とは区別され、一定の目的に従い管理・

5）道垣内弘人「信託法改正と実務」ジュリスト1322号（2006年）13頁参照。

処分等が行われる（3条3号）。いずれの場合でも、信託財産は、委託者の一般財産から切り離されることが求められる。委任契約、寄託契約では、対象となる財産の所有権は受任者または受寄者に移転しないという点で、信託とは異なる。信託財産の所有権が受託者に帰属することが、信託という性質決定には不可欠の要素である。

　第2に、信託財産の独立性である。信託財産は受託者にその所有権が帰属する財産でありながら、受託者の一般債権者は、信託財産に対して強制執行等をすることができず（23条）、受託者が破産しても信託財産は破産財団に属しない（25条）。いわゆる倒産隔離効果を含む信託財産の独立性は、信託の本質を構成する最も重要な要素である。信託財産の独立性を実効的に確保するためには、信託財産を特定することができ、かつ信託に属する財産であることにつき対抗要件が備えられていなければならない。信託財産の独立性を実質的に損なうような財産の取り扱いを認めることは、信託の本質に抵触するといえる。なお、匿名組合契約は、財産の移転があり、かつ営業者に一定の目的に従った行為をさせるという点において、信託と類似する制度である。しかしながら、匿名組合員の出資は、営業者の財産に帰属して、営業者の固有財産となる点（商法536条）が信託と異なる。倒産隔離効果の有無が両者を決定的に区別するのである。

　第3に、信託の定義に関する2条によれば、受託者は、一定の目的に従い、財産の管理または処分等の行為をすべき義務を負うとされる。信託財産の独立性を基礎づけるのは、受託者が、信託財産の名義主体でありながら、完全な所有者として信託の利益を享受することが許されず、信託財産の管理・処分等の目的が、受益者の利益のために限定されていることにあるといわれている[6]。受託者が一定の財産につき、信託報酬や自身が受益者として受益権を有している部分等を除き、自ら信託の利益を享受することなく、信託の目的または受益者[7]

6）道垣内弘人「信託の定義・信託の設定」新井誠＝神田秀樹＝木南敦編『信託法制の展望』（日本評論社、2011年）24頁、沖野眞已「受託者の『忠実義務の任意規定化』の意味」能見善久ほか編『野村豊弘先生古希記念　民法の未来』（商事法務、2014年）476頁。ただし、期間が1年未満であれば、受託者は、単独受益者として信託の受益権の全部を固有財産で保有することができる（8条、163条2号参照）。

7）寺本昌広『逐条解説新しい信託法（補訂版）』（商事法務、2008年）34頁。

の利益のためにのみ誠実に信託事務を処理する義務を負うことが、信託財産の独立性を正当化するのである。そして、信託財産の所有権が受託者に帰属する信託においては、類似の財産管理制度と比較して、受託者の事務処理を監督する必要性が高く、受託者の適切な義務の履行を監督する仕組みが備えられていることも、信託に必須の要素であると考えられる（92条参照）。

以上のとおり、信託の本質的要素は、一定の財産の所有権が受託者に帰属するが、受託者は当該財産を信託目的または受益者の利益のためにのみ管理・処分等を行う義務を負っており、この義務の履行を監督するのに必要な仕組みが整えられており、これによって信託財産の独立性（倒産隔離効果）が基礎づけられていることにあるといえよう。

3　任意規定と異なる信託行為の定め

前述したように、2006年信託法改正の主眼の1つは、信託法の任意規定化であった。他方で、信託法の任意規定の変更・排除については、信託の本質的要素にもとづいてその境界が画定される。以下では、受託者の重要な義務である善管注意義務、忠実義務および分別管理義務に関する規定の半強行法性の内容を明らかにしたい。

(1)　善管注意義務

受託者の善管注意義務を定める29条2項の規定は任意規定であり、信託行為の別段の定めを許容する（同条2項ただし書）。しかし、善管注意義務を完全に免除することはできないとする見解が多数である[8]。では、どこまで軽減することが許されるのか。

受託者免責条項の有効性が争われたイギリスの判例では、受託者が受益者の利益に反することを知り、もしくは受益者の利益を全く顧慮しなかったとき、または合理的な専門受託者であれば、受益者の利益に適合すると考えるはずがなかったといえるほどその行為が不合理なときは、受託者の義務違反を免責す

8）寺本・前掲注7）113頁、田中和明『新信託法と信託実務』（清文社、2007年）82頁等。

ることができないと判示するものがある[9]。

　受託者が負う善管注意義務の具体的内容は、信託行為の定めを基準としつつも、信託の目的、受託者の性質、受託者の権限の範囲等によって異なると思われる。資産流動化等を目的とし、受託者がほとんど裁量権を有していない場合には、受託者の義務内容は、「受託者が、信託財産を自らの利益のために使用しないこと」に過ぎないといえることもあろう[10]。受託者が信託の目的または受益者の利益のためにのみ誠実に信託事務を処理する義務を負うことが、信託の本質的要素であるとすれば、留意すべきは、信託行為の定めは、信託の目的または受益者の利益によって限界づけられ、これに沿って解釈される[11]ということである。したがって、一般的には、信託の目的または受益者の利益に照らして、著しく不合理な行為をしない義務が、受託者が負う最低限の善管注意義務であるといえるであろう。例外的に、信託行為の定めに従うだけでは、善管注意義務を果たしたとはいえない場合も考えられる。例えば、受託者が指図権者の指図に従うことを定めた信託行為があったとしても、当該指図が受益者の利益に明らかに反することを受託者が知り、または知るべきであったときは、受託者は指図権者に対する助言等の措置を講ずる義務を負うと解すべきであり[12]、この義務は信託行為の定めにより排除することのできない信託の本旨にもとづく最低限の善管注意義務といえるのではないか。

(2) 忠実義務

　受託者の利益相反行為または競合行為は原則として禁止されているが（31条1項、32条1項）、信託行為の定めにおいてこれを許容することが可能である（31条2項1号、32条2項1号）。しかしながら、善管注意義務と同様の理由により、信託の目的または受益者の利益に明らかに反するような不合理な利益相

---

9) Walker v Stones [2001] 1 QB 902, 939 ; Fattal v Walbrook Trustees (Jersey) Ltd [2010] EWHC 2767 (Ch) [81].
10) Ben McFarlane, The Structure of Property Law (Hart 2008) 553.
11) JE Penner, The Law of Trusts (9th edn, OUP 2014) 344; 能見善久＝道垣内弘人編『信託法セミナー2』（有斐閣、2014年）9頁〔沖野眞已〕。
12) 詳細は、木村仁「指図権者等が関与する信託の法的諸問題」法と政治64巻3号（2013年）136頁参照。

反行為または競合行為を、信託行為の定めにより許容することはできないというべきである[13]。

(3) 分別管理義務

受託者の分別管理義務について、信託の登記・登録ができる財産については、「当該信託の登記又は登録」（34条1項1号）、金銭を除く動産については、「外形上区別できる状態で保管する方法」（同条1項2号イ）、金銭・金銭債権等については、「その計算を明らかにする方法」（同条1項2号ロ）が、分別管理の方法と定められている。他方で、信託の登記・登録ができる財産を除き、分別管理する方法につき、信託行為の別段の定めが許容される（同条1項ただし書）。

分別管理義務の主たる根拠は、受託者の固有財産または他の受益者の信託財産から、特定の受益者の信託財産を特定し、もって信託財産の独立性を実効化することにある[14]。したがって、信託財産の独立性を実質的に損なうような分別管理の方法は認められないというべきである。例えば、受託者の固有財産と信託財産に属する財産が、異種の混和しやすい動産である場合に、混合保管を認めて帳簿のみで管理するような信託行為の定めである。

では、種類物（登録可能なものを除く。）の特定割合を信託財産とし、物理的に分別しない旨の信託行為の定めは有効であろうか。イギリスにおいて、特定の会社の株式950株のうち、5％について信託財産とする旨の信託宣言は、信託の目的物が不確定であるとはいえず、受益者に物権的な権利を認めることができるので、有効とした判例が存在する[15]。また、Pearson v Lehman Brothers Finance SA 事件では、「集合種類物の一部を信託財産とする信託は、受益者に割り当てられる部分が特定されておらずとも、集合物全体が十分に特定されており、かつ受益者が権利を有する割合が不明確でなければ、目的物の不明確さを理由として無効とされない。」と判示され[16]、この見解は学説からも一定の支持を得ている[17]。種類物については、信託財産を含む種類物全体の数量および場

---

13) この点については、沖野・前掲注6）480頁が詳細な分析を行っている。
14) 能見善久『現代信託法』（有斐閣、2004年）94頁、寺本・前掲注7）138頁。
15) Hunter v Moss [1994] 1 WLR 452, 459.
16) [2010] EWHC 2914 (Ch) [225].

所が特定され、かつ各信託の信託財産の割合または数量および取引の状況等につき帳簿上において管理がされておれば、各受益者が各信託に属する信託財産を特定することが可能であるといえ、このような分別管理の方法を定める信託行為の定めについては、その効力を認めて差し支えないと思われる。

金銭・金銭債権等については、口座または保管場所が特定されていない帳簿上の管理のみでは、倒産隔離という物権的効果を与えるだけの特定がされているとはいえないとの見解が有力である[18]。差押えに必要な対象財産の特定と同程度の特定性が求められるとすれば[19]、帳簿上の管理に加えて、各信託につき、信託財産たる金銭が保管されている口座または保管場所が、帳簿や書面等何らかの形で示されていることが必要であるというべきであろう。

4 受益者による受託者の免責

次に、信託設定後に受益者と受託者の合意にもとづいて、受託者の義務に関する信託法の規定から離脱するための要件を検討する。信託の利益を享受する受益者自身がリスクを引き受けることを承認するのであれば、自由に離脱を認めてよいとも考えられるが、ここでも信託の本質的要素にもとづく検討が必要となる。

(1) 受託者の忠実義務違反に対する承認

受託者の利益相反行為および競合行為は、受託者が当該行為について重要な事実を開示して受益者から事前の承認を得たときは許容される（31条2項2号、32条2項2号）。これは、受益者が自らの不利益または受託者による利益取得を受容することを意味する。しかし、受託者が信託財産を所有し、一般的に信託事務の処理に関する情報を独占している信託においては、受託者は自らの利

---

17) See Davis & Virgo, Equity & Trusts（OUP 2013) 83; Patrick Parkinson, 'Reconceptualising the Express Trust' (2002) 61 Cambridge LJ 657, 670-71.
18) 井上聡「金銭の分別管理による責任財産からの分離」ジュリスト1456号（2013年）122頁、能見＝道垣内・前掲注11）190頁〔道垣内弘人〕。
19) 能見＝道垣内・前掲注11）191頁〔井上聡〕参照。

益のためにその権限を濫用する誘惑に陥りやすい。したがって、受益者が受託者の忠実義務違反行為を承認する際には、その是非を適切に判断できるような十分な情報が開示されることが、受益者の意思の任意性を確保し、受託者の権限濫用を防止するために必要不可欠である。この場合に、客観的要件として、信託目的達成のための合理的必要性を求める見解が主張されている[20]。イギリスの判例では、受託者が受益者から受益権を買取る取引においては、受託者が、自身は受託者としての地位を不当に利用しておらず、当該取引について受益者に対して完全な情報を提供し、かつ当該取引が公正であったことを証明できなければ、受益者は当該取引を取り消すことができるとされている[22]。これに対して近年、受託者による自己取引でも受益権の取得の場合であっても、受託者が、当該取引について受益者に重要な事実を完全に開示したか否かが問題であり、取引内容の公正さは、この点に関する証拠となるにすぎないと主張する学説が提示されており[23]、支持を広げている[24]。

英米法においては一般的に、受託者の信託違反の責任を受益者が免除するための要件として、受益者が同意の対象となる受託者の行為に関する重要な事実を提供され、自由な意思で免責に同意したことが求められているが、信託の目的に照らした当該行為の合理性は要求されていない。例えば、アメリカの統一信託法典1009条は、「受託者は、受益者が信託違反に該当する行為に対して同意し、受託者の信託違反の責任を免除し、または信託違反に該当する取引を追認したときは、受益者に対して信託違反の責任を負わない。ただし、(1)受益者

---

20) Joshua Getzler, 'Ascribing and Limiting Fiduciary Obligations' in Andrew Gold & Paul Miller (eds), Philosophical Foundations of Fiduciary Law (OUP, 2014) 54.
21) 沖野眞已教授は「信託目的達成のために合理的必要性があることは、信託行為の定めや受益者の承認による場合にも通じる要請であろう。」と述べる(沖野・前掲注6)480頁)。
22) Tito v Waddell (No.2) [1977] Ch 106, 241. Fair-dealing ruleと呼ばれる準則であるが、これは、受託者による受益権の買取りは、受託者の自己取引(取引内容の公正さにかかわらず、受益者は取消可能。)と異なり、複数当事者による取引であるから、自己取引に比べてより緩やかにその適法性を認めようとする趣旨である。
23) Matthew Conaglen, 'A Re-Appraisal of the Fiduciary Self-Dealing and Fair-Dealing Rules' (2006) Cambridge LJ 366, 392.
24) Charles Mitchell, Hayton & Mitchell: Commentary and Cases on the Law of Trusts and Equitable Remedies (13th edn, Sweet & Maxwell 2010) 361; Davis & Virgo (n17) 659-60.

の同意、免責もしくは追認が受託者の不当な行為によって誘引された場合、または(2)受益者が、同意、免責もしくは追認した時に、受益者としての権利または信託違反に関する重要な事実を知らなかった場合は、この限りでない。」と規定する。

　受益者は、事後的に受託者の損失てん補責任等の責任を免除することができ(42条)、また受託者の権限外行為を追認することも可能である（27条参照）。したがって、原則として、受託者の忠実義務違反となる行為に関して、重要な事実が具体的かつ十分に開示された上で、受益者の承認を得たときには、取引内容の公正さ、信託目的との合理的関連性に関わらず、当該行為は適法に行われたと解されるのではないか。ただし、受託者の行為の内容が受益者にとって著しく不利益である場合には、受益者に重要な事実が開示されていないことを示す一証拠となり得るであろう。また、受益者の十分な理解を確保するためには、受益者の性質、当該取引と信託目的との関連性の程度により、受託者が、重要な事実として開示・説明すべき内容も異なると考えられる。

(2)　その他の義務違反に対する免責

　では、忠実義務以外の受託者の義務（善管注意義務、分別管理義務、公平義務等）について、受益者が信託設定後に受託者との合意によりこれを減免すること、または受託者の義務違反となる行為につき事前に、もしくは42条により事後的に同意を与えて免責することは、いかなる場合に可能なのであろうか。

　一般的には、信託の目的に反しないことが明らかであるときは、受託者および受益者の合意によって信託を変更することができるので（149条2項1号）、この規定に適合する限り、受託者の義務を減免する等の合意は問題とならないように思われる。しかしながら、受益者と受託者との間の信認関係および信託は受益者の利益のための制度であるという本質的要素に鑑みて、受託者の善管

---

25) Uniform Trust Code § 1009 (amended 2010). また、イギリスのRe Pauling's Settlement Trusts事件では、「裁判所は、受益者が後に同意を翻して受託者を提訴することが、公正かつ衡平であるか否かを判断するにあたり、受益者が同意するに至った諸般の事情を考慮しなければならない。受益者は、自らが同意したことを十分に理解しておれば、その同意が当該信託違反に対するものであることを知っている必要はない。」と判示されている。Re Pauling's Settlement Trusts [1962] 1 WLR 86, 108.

注意義務等の減免または義務違反行為に対する受益者の事前の同意もしくは事後的な免責に効力を認めるためには、忠実義務違反の場合と同様に、受益者がその内容を十分かつ具体的に判断できる情報を与えられていることが前提とされるべきである。受益者が、受託者の善管注意義務、分別管理義務、公平義務等につき、これをあらかじめ一般抽象的に減免する旨の合意は、受益者がそのリスクを具体的に判断できない蓋然性が高いだけでなく、受託者が受益者の利益のためにのみ誠実に信託事務の処理を行う義務および信託の独立性という信託の本質的要素に反するおそれがある。

個別具体的な受託者の行為に対する同意または事後的な免責があったとしても、受託者の忠実義務の一内容として、受益者のインフォームド・コンセントを確認する義務があると解してしかるべきである。すなわち、受託者が、少なくとも専門家ではない受益者から、善管注意義務等の義務の減免もしくは義務違反行為に対する事前の同意、または42条による事後的な免責を得る場合には、受託者の一般的忠実義務（30条）の解釈として、受託者は受益者に対して、同意または免責の対象となる受託者の行為に関する重要な事実を開示する義務を負うと解すべきであろう。受益者による受託者の義務の減免または義務違反に対する免責という場面においても、信託の本質的要素にもとづく受託者の義務が、強行法的に存在するといえるのである。

5　半強行法違反の効果

最後に、信託行為において、任意規定における半強行法部分に反する定めがされた場合の効果について述べる。

法律行為の効果を決定するにあたっては、問題となっている条項の文言だけでなく、当事者が意図した法律行為の実質を探求することが必要であるとすれば、当事者が用いた文言、当該信託行為の定めだけではなく、当事者が意図した法律行為の目的、他の信託行為の定め、当事者の性質その他の事情に照らして、当該法律行為の全体的内容が、信託の本質的要素からどの程度逸脱してい

26）大村・前掲注2）355頁。

るかが、いかなる効果を認めるかのメルクマールになるであろう。たとえ信託という文言が用いられていたとしても、全体として当事者の意思を合理的に解釈した結果、信託の本質的要素から逸脱しているといえる場合には、信託自体の効力が否定されることになるであろう。そして当該法律行為が、他の財産管理形態の本質的要素により適合すると解される場合には、その類型に該当するものとして効力が認められる余地がある。信託類似の形態としては委任、寄託、匿名組合などの財産管理契約あるいは贈与契約などが想定される[27]。例えば、受託者とされた者にある財産の所有権が移転し、その者が当該財産から生ずる利益を特定の者に分配する義務を負うが、当該財産の分別管理義務はなく、それを自らのために利用することが許容されている場合、信託ではなく、匿名組合契約と解される可能性が高いであろう

　逆に、半強行法部分からの離脱が一部に過ぎず、それが錯誤によるものであるということができ、当事者が全体として信託の本質的要素に適合する類型を利用する意思を有すると解される場合、または、信託設定後に、受託者と受益者の間で信託の本質的要素に反する合意がされた場合には、信託としては有効であり、当該信託行為の定めまたは当該合意のみが無効になるといえるであろう。

6　むすびに代えて

　本稿は、信託の本質的要素という視点から、信託設定時と設定後の場面に分けて、受託者の義務に関する任意規定における半強行法部分の外縁を探求し、その効果を検討した。信託は、私的自治が妥当する契約法的側面ないし遺言としての側面、物権制度ないし物権法秩序に関わる側面、そして、主に資産の運用や流動化を目的として多数の当事者が関与する商事アレンジメントを念頭においた規律の側面など、多様な性格を有しているが、強行法性の範囲および効果を、より精微に検討するためには、これらの観点に応じた分析も有用である

27）受託者の義務のほとんどが免除され、受益者の権利が著しく制限されているときは、受託者とされる者に対する財産の贈与（または負担付贈与）があったと解されるであろう。

と思われる。[28]

---

28) 受益者を、その特定性および多数性にもとづき分類した上で、財産分離のコスト分析により、強行法性を含めた信託法の規定の合理性を検証したものとして、森田果「財産権・契約・信託」水野紀子編著『信託の理論と現代的展開』（商事法務、2014年）167頁以下。

V

外国法における強行法と任意法

27
ドイツ法における任意法・強行法の議論について

中山知己

1 はじめに

　任意法（Dispositives Recht）・強行法（Zwingendes Recht）というテーマに関する議論は、既にドイツ民法（BGB）制定前の19世紀後半から顕著にみられるようになったと判断することができよう。その定義や分類のみをごく簡単に取り上げるならば、例えば、任意法規を、当該の法的関係（Rechtsverhältnis）が私人の随意（Privatwillkür）によってそれとは異なる定めをすることを承認するもので、私人の随意によって定められていない場合にのみ適用される法命題であるとし[1]、また強行法規は、その対象たる法律関係を、当事者がそれとは異なる規律（Normierung）をすることが不可能であるような、直接かつ唯一の仕方で規律している場合と定義する[2]。他方、そのような対称的な定義では広すぎて学問的に使えないと異論を唱え、任意法規を、解釈基準（Auslegungsregeln）、補充的法規範（ergänzende Rechtssätze）、保護的法規範（fürsorgende Rechtssätze）、取引慣行（Verkehrssitte）の4種類に分ける見解[3]、

---

[1] Windscheid, Lehrbuch des Pandektenrechts, 6. Aufl. 1887, S. 77.
[2] Bülow, Dispositives Zivilprozeßrecht und die verbindliche Kraft der Rechtsordnung, AcP 64, 1881, S. 1 ff.
[3] Ehrlich, Das zwingende und nichtzwingende Recht im bürgerlichen Gesetzbuch für das Deutsche Reich, 1899 (Nachdr. 1970), S. 44 ff.

さらには20世紀に入れば、任意法規を規定からの逸脱（Abweichung）への授権と補充であると特徴付ける見解が出ている[4]。このように当初は活発な議論があったが、後述の約款規制に関する議論を別として、その後はこのテーマに関する議論が沈静化したかにみえる。ところが今世紀に入って、質量ともに豊かな研究が頻出するに至っている[5]。その本格的な検討は将来に期するとして、さしあたり本稿では同テーマにつき現行民法における最も体系的に記述した標準的教科書をベースに[6]、一般的な理解を紹介することとして、近時の研究動向については最小限にとどめる[7]。なお、引用するドイツ民法の条文は、ほぼラーレンツ＝ヴォルフの発行年である2004年当時のまま訳出・紹介している[8]。現在では改正・変更されている場合も含まれ得るが、解説内容との整合性を考慮して、あえて訂正していない部分もある。あらかじめご了承を賜りたい。

2　任意法・強行法の一般的理解

(1)　ラーレンツ＝ヴォルフの理解

ラーレンツ＝ヴォルフは任意法の意義について次のように説く。個々の人（Person）は、私的自治の原則に基づき自分と他人との私法関係を原則として

---

4) Fröhlich, Vom zwingenden und nichtzwingenden Privatrecht, 1922, S. 3 ff.
5) Deinert, Zwingendes Recht, 2002; Remien, Zwingendes Vertragsrecht und Grundfreiheiten des EG-Vertrages, 2003; Abegg, Die zwingenden Inhaltsnormen des Schuldvertragsrechts, 2004; Tassikas, Dispositives Recht und Rechtswahlfreiheit als Ausnahmebereiche der EG-Grundfreiheiten, 2004; Cziupka, Dispositives Vertragsrecht, 2010; Bechtold, Die Grenzen zwingenden Vertragsrechts, 2010; Möslein, Dispositives Recht, Zwecke, Strukturen und Methoden, 2011; Kähler, Begriff und Rechtfertigung abdinbaren Rechts, 2012など。
6) Larenz/Wolf, Allgemeiner Teil des Bürgerlichen Rechs, 9. Aufl., 2004, S. 67 ff.（以下、ラーレンツ＝ヴォルフと記する）。同書は、その後2012年の第10版において、ノイナーによる大幅な改訂により、任意法・強行法に関する独立した項目が消え、その代わりに新たに立てられた「自由法と社会法（Liberales und soziales Recht）」という項目の中で説明されている（Wolf/Neuner, Allgemeiner Teil des Bürgerlichen Rechs, 10. Aufl., §3 Rn. 8 ff.）。以下の記述は主として同書の第9版に負うものである。
7) わが国の近年の研究、特にドイツ法を参照したものとして、松田貴文「任意法規をめぐる自律と秩序(1)(2・完)——任意法規の構造理解に向けた序章的考察」民商法雑誌148巻1号34頁以下、同2号1頁以下（2013年）。
8) 以下では、断らない限り条文はドイツ民法である。

自己の責任において自ら規律することができるので、当該法律規定が存在する以上は、個々の人は、その法律関係を法律の定めとは異なる規律をなし得ることになる。それゆえ、その法律規定は、任意変更可能な（abdingbar）、譲歩的な（nachgiebig）性格、あるいは任意法（ius dispositivum）という性格を有する。そこで、任意法規であるかどうかはどのようにして確定できるのか。まず当該条文の規定そのものに根拠が示される場合と示されない場合を区別しなければならない。[9]

(a) 法律に根拠が示される場合

まず、法律に任意法規であることが明示される場合がある。例えば、「別段の定めがない限り」のように当該法律とは異なる合意が定められる場合（269条〔給付地〕・271条1項〔給付時期〕・276条1項〔自己の過失責任〕・426条1項〔連帯債務者の求償義務〕・430条・1021条・1022条）である。さらに明らかに当事者に規定する権限が与えられている場合があり、例えば244条は外国通貨の表示による金銭債務の規定で、「外国の通貨を以て支払うべきことを明示したときは、この限りでない」とする（この他1408条・1585c条）。さらに法律の規定がもっぱら「疑わしいときには（im Zweifel）」妥当するとされるとき、その疑いは明確なる合意により除去することができるので任意法規である。270条は、支払場所について「債務者は、疑わしいときは、自己の危険と費用とに基づき債権者の住所へ送金しなければならない」とする（この他、271条2項・315条1項・317条1項・329条〜332条・449条1項）。さらに、逆推論〔反対解釈〕により、規定と異なる合意が、それを禁ずる制限要件が存在しない限り、許容される場合がある。276条3項は「債務者の責任」について「故意に基づく責任については、債務者をあらかじめ免責することはできない」とし、444条は「売主が瑕疵を悪意で黙秘していたとき、または、物の性質について保証をしたとき、売主は、瑕疵に基づく買主の権利を排除または制限する合意を主張することはできない」としている（この他639条・1149条・1229条）。さらに半強行法規（halbzwingende Vorschriften）がある（後述）。

---

9) Medicus, Schuldrecht I AT 17. Aufl. 2006, S. 39 も、債務法における強行法の説明に際し、条文に明示される場合とそうでない場合を区別し、後者の場合には規範目的を考慮して決定するとする。

(b) 法律に根拠が示されない場合

　法律が上記のような根拠を示していないときは、法律の意義と目的（Sinn und Zweck）によって、特に法律が保護する利益によって任意法規か否かを決定することができる。すなわち当該規定が契約当事者の利益のみに関する限り、原則として任意法規であると決定し得るが、他方、民法の各法編・法分野において確立した原則が以下のように存在する。

　（i）債務法では、当事者の利益については当事者が原則として自ら決定することができるものとされるのであるが、当事者の利益にのみ関係することから原則として任意法規であり、かつその限度で当事者による任意変更が認められる。それゆえ第三者の利益を保護する規定、法的取引（Rechtsverkehr）の利益のための秩序規定（Ordnungsvorschriften）、そして重大な不衡平（Unbilligkeiten）を予防する規定については、それらに結びついた諸利益が当事者の任意に委ねられるものではないことから強行法規となる。社会的な保護規定も同様である。例えば住居賃貸法（549条以下）、雇傭契約（619条）、ならびに消費者保護法（312条以下・475条・487条・506条）である。

　（ii）相続法は、広範囲に任意法である。被相続人がその遺言自由に基づいて被相続人死亡の場合に、自ら権利の承継を規定し得るものとされるからである。そこで被相続人の任意の規律に関わらないものが例外となる（2303条以下の遺留分権、および債権者保護のための遺産債務の責任規定）。

　（iii）総則では、個々の規範の意義と目的に従って決定されねばならない。その視点から任意法規とされるものに、119条〔錯誤取消し〕の取消事由、到達（Zugang）に関する要件、授権と代理権限の範囲に関する代理規定の一部があり、さらに方式規定（Formbestimmungen）は、法律に基づいて方式自由とされた取引のために、何らかの方式が合意され得る場合、任意法規である（127条）。他方、法律が予定する方式は合意により変更することはできない（125条）。さらに行為能力に関する諸規定、法律上の禁止（134条）、法律行為上の処分禁止（137条1文）、そして暴利行為（138条）は、原則として任意法規でない。

　（iv）物権法の規定は、原則として任意法規でない。それは物権の絶対効に基づいて他人の利益に関わるからである。ただし、散発的に生ずる例外を排除す

るものでない。例えば、地役権においては法律の定める義務があり（地役権者の配慮義務〔1020条〕、所有者の維持保存義務〔1021条〕）、これは債権関係であり、したがって任意法規である。

(v) 家族法の規定は原則として任意法規ではない。意のままに変更することが許されない人の身分（Status）に関わるからであるが、例外はある（1408条・1585c条）。

(c) 任意法規の意義・機能

以上のようにして任意法規と決定された場合、そこにはどのような意義ないし機能があるのか。ラーレンツ＝ヴォルフは次のように説く。[10]

任意法の意義は、まず第1に欠缺の補充（Lückenfüllung）という機能にある。当事者が任意法規と異なる合意をしていないために、契約に欠缺がある場合、任意法規はそのときに限って補充的に（ergänzend）適用される。しかしこのように位置づけられるからといって、その意義は決して軽くはない。第1に日常生活で頻繁になされる取引にあっては、細部にまで合意することは煩雑で時間も浪費するからであり、第2に当事者は、制定法が正当な規律を用意してくれていると信頼しているからである。第2の点は、意思表示ないし契約の解釈基準を適用する場合と区別するために重要である。すなわち、任意法規が適用されるのは、法律行為による規律が意欲されなかったか、あるいはそれが無効である場合なのであって、これとは異なり、当事者がある規律を意欲したものの、その内容が不明である場合には、法律行為ないし意思表示に関する解釈基準が働くからである。[11]

ボルクも同様に、当事者が紛争となる事項を契約で定めていなかった場合、そのために備えとなる規律をしておくことに任意法の意義があり、そのことによって同時に、法律行為の負担を軽減することができる。例えば売買契約当事者は、売買目的物と売買代金について合意すれば足りる、という。[12]

以上のような任意法の機能は、既に民法制定前から、当事者のために制定法の側で事前に備え、あるいは準備をしている秩序という趣旨で「予備秩序

---

10) Larenz/Wolf, a.a.O., S. 69.
11) Larenz/Wolf, a.a.O., S. 539（「意思表示の解釈」に関する項目）.
12) Borg, Allgemeiner Teil des Bürgerlichen Gesetzbuches, 3. Aufl., 2011, S. 40 Rn. 96.

(Reserveordnung)」であるとの評価がされていた。[13]

　次に、任意法の機能は、範型機能（Leitbildfunktion）[14]を果たす点にある。これは元来判例において発展してきたもので[15]、特に約款の内容コントロールにおいて意義を有する。ある条項が、合意により異なるものとされた法律の規定の本質的な基本思想と合致しないときに、疑わしい場合には不当な不利化を想定し得る（307条2項1号）として、当該約款の無効（同1項）が帰結される。その結果、任意法が契約形成の範型（Leitbild）に高められるのである。[16]

　もっとも以上のような任意法規の機能分析は、後述のように現在の研究からみてなお検討の余地があろう。

(2) 強行法規の意義・機能

(a) 強行法規

　当事者によって任意に変更できない規定を強行法規（zwingende Vorschriften）、あるいは任意変更できない（unabdingbar）法規という。強行法規の例として、私的自治の前提を規律する規範、有効な意思表示の要件を規律する規範、例えば物権法のように類型強制（物権法定主義）が存在する限りにおいて許容される取引類型を規律する規範がある。さらに、法取引（Rechtsverkehr）の安全性を保証し、第三者の信頼を保護しようとする諸規定、そして重大な不正義を防止し、あるいは社会的な諸要請を充たすために私的自治を制限する諸規定がある。

　ある規定が強行法規か否かという判断は、任意法規の場合と同様に、法律の表現（Formulierung）によって決まる場合がある。例えば、法律行為によって何かを合意することが「でき」（können）ないと法律が表現している場合である。その例として137条1文（法律行為による処分制限）、202条（消滅時効に関

---

13) Laband, AcP 73 (1888), S. 164 ff. これを Staudinger-Schmidt, Einleitung zu §§241 ff. Rz. 468 (1983) は高く評価している。

14)「Leitbildfunktion」は従来、「指導形象機能」とも訳されてきたようである。例えば、河上正二『約款規制の法理』（有斐閣、1988年）384頁以下、石田喜久夫編『注釈ドイツ約款規制法』（同文館、1998年）104頁〔鹿野菜穂子〕など。

15) BGHZ 41, 154; 54, 110; 89, 211.; Palandt/Grüneberg, §307, Rn. 28.

16) Wolf/Neuner, AT, 10. Aufl., 2012, S. 565.

する合意の不許)[17]、399条（内容変更または合意による債権譲渡の排除）、400条（差押えができない債権の譲渡禁止）[18]、619条（労務給付権利者の義務の排除・制限の禁止）[19]を挙げることができる。さらには、法律行為によって何かを合意することが「許され（dürfen）」ないとする場合がある（611条旧1文・612a条）。

以上の場合、私的自治の制限を指示するものであり、したがって強行法規であることを示している。さらに強行法規の性格を疑問の余地なく示しているのが、法律の規定を変更する合意は無効（nichtig 134条・138条、unwirksam 307～310条）との文言を加えている場合である。

強行法規について、当事者が変更できないとする理由には、当事者の保護を顧慮しているのでなく、第三者の利益あるいは公共の利益を考慮していることがある[20]。前者の例は、父親のその子供との面接交渉権の放棄の原則的無効（親に対する子供の、監護・教育への基本権は放棄し得ない）であり、後者の例には物権法定主義（numerus clausus）が挙げられる。

(b) 半強行法規

さらに、半強行法規が存在する[21]。これは通常の場合、一定の劣位にある契約交渉の地位において、一方の契約当事者の保護の必要性に関係する。これは主体的半強行法規（subjektiv halbzwingende Normen）と、客体的半強行法規（objektiv halbzwingende Normen）の2つに分類される。前者は、一般に弱い契約当事者の保護のために、任意変更できないとされる場合で、保護を要しない契約当事者の負担において任意変更することができる場合の規範である。例えば賃借人保護規定（536条4項・547条2項・551条4項・553条3項・554条5項など）、消費者保護規定（312条以下・475条・487条・506条）、顧客（676c条3項・676g条5項）、製造物責任法14条、さらには約款利用者（Verwender）の

---

17) 「故意に基づく責任の場合、消滅時効は、前もって法律行為によって軽減することができない」。
18) 「債権は、その内容を変更しなければ当初の債権者以外の者に給付することができないとき、又は債務者との合意により譲渡を禁止したときは、譲渡することができない」。
19) 「第617条〔労務給付義務者の病気への配慮義務〕及び第618条〔労務給付義務者への保護措置義務〕の規定により労務給付権利者が負う義務は、あらかじめ契約により排除し、又は制限することができない」。
20) Larenz/Wolf/Neuner, AT 10. Aufl. 2012, S. 17.
21) 詳細は、椿久美子「半強行法概念の生成とその機能」法律時報85巻9号（2013年）96頁以下→本書6論文92頁以下参照。

契約相手方のみを保護する305条以下、被用者の保護規定（619条・622条6項）などである。また、多くの規定において、立法者は一方契約当事者が一定の合意を主張することができないとしている（444条・475条・478条4項）。

後者の客体的半強行法規とされるのは、その内容のすべてではなく、一定の中核的存在（Kernbestand）に関してのみ任意変更できないとする規範である。例えば、307条2項1号は「法律の規定の本質的な基本思想（wesentlichen Grundgedanken der gesetzlichen Regelung）」のみが任意変更できないとされている。また、444条（責任の排除）は、売主が瑕疵を悪意で黙秘していたとき、または、物の性質について保証をしたときについて、売主は、瑕疵に基づく買主の権利を排除または制限する合意を主張することはできないとするが、この要件に当たらない場合は、排除も認められる。202条2項は、「消滅時効は、法律上の消滅時効の起算点から30年を超える消滅時効期間について法律行為によって加重され得ない」として、30年以上に消滅時効を拡張しようとする場合にその合意を排除する。ここでは、一定の法律内容が一方契約当事者のために任意変更できないものと表明されている。

そして、時間的な半強行法規があり、一定期間の間でのみ任意変更することができないとする。そのような規定では、もっぱら「事前に」任意変更することができないが、一定の結果発生の後では、できることになる。例えば、責任事例の発生後（202条1項・276条3項、製造物責任法14条）、弁済期到来後（248条1項〔事前の重利の合意無効〕・1149条）、瑕疵の通知の後（475条、478条4項）、紛争の発生後（民訴法38条3項1号）である。

3　任意法の機能に関する近時の議論

近時の研究では、前述の任意法の補充的適用（欠缺補充）・範型機能という2つの機能に加え、負担軽減（Entlastung）[22]、警告（Warnung）[23]、交渉の下支え（Verhandlungsstütze）[24]を加える見解、さらには負担軽減と欠缺補充に情報

---

22) Bechtold, a.a.O., S. 14.
23) Tassikas, a.a.O., S. 106 ff.
24) Wiedemann, Recht der Personengesellschaften, 2004, S. 144 f.

(Information) 機能を加える見解など、様々な議論がみられる。

　今後の検討課題であるが、補充適用と範型機能以外の機能として、古くから既にニッパーダイが、任意法は一定の「秩序機能（Ordnungsfunktion）」も有すると主張していたことは注意したい。これを別の視角から秩序機能を指摘し、さらにコントロール機能（Kontrollfunktion）、方向付け機能（Steuerungsfunktion）があり、かかる区別は任意法と私的自律の協働に焦点を合わせるのに有意義という論者も登場している。研究手法も経済学的・社会学的分析も登場し、さらには解釈論でなく立法論として構想している動きもあり、このテーマのドイツ法における議論は方法論・分析視角の多様性からも注目される。

---

25) Fleischer, ZHR 168 (2004) 673, 692.
26) Enneccerus/Nipperdey, Allgemeiner Teil des bürgerlichen Rechts, 14. Aufl., 1952, S. 187.
27) Möslein, a.a.O., S. 31 ff.

28

フランス法における強行法と任意法

吉井啓子

1 はじめに

　フランス民法典 6 条は、「個別的合意によって、公序および良俗に関する法律を適用除外することはできない。(On ne peut pas déroger, par des conventions particulières, aux lois qui intéressent l'ordre public et les bonnes mœurs.)」〔以下の条文は、特に明記のない限りフランス民法典の条文である〕と定める。この条文は、民法典の序章「法律一般の公布、効果および適用について」中のものである。わが国でも、旧法例 15 条には同様の規定が置かれていた。コルニュの法律用語辞典は、「強行法の (impératif)」という形容詞を、6 条と同様の表現で、「個人の意思で適用除外する (déroger) ことができない」ことを意味すると定義する。そして、このことは「公序に関する法律・命令の条文が、個人が法律行為の中で表した、それらの条文に違背するようなすべての意思に勝ることを意味する」とした上で、「このような強行法規としての性質は公序であ

---

1) フランスにおける公序良俗論については、後藤巻則「フランスにおける公序良俗論とわが国への示唆」椿寿夫＝伊藤進編『公序良俗違反の研究』（日本評論社、1995 年）154 頁。
2) 旧法例 15 条およびその後の 90 条・91 条・92 条の制定過程については、滝沢昌彦「公序良俗と強行法規」椿＝伊藤編・前掲注 1)『公序良俗違反の研究』255 頁、伊藤進「私法規律の構造(1)——私法規律と強行法規の役割、機能」法律論叢 85 巻 2・3 号（2012 年）1 頁。
3) Gérard CORNU et Association Henri Capitant (sous la dir.), Vocabulaire juridique, 10ᵉ éd., PUF, 2014.

ることの結果でしかないから、『強行法の』という言葉は常に『公序の』という言葉で置き換えることができる。しかし、その逆のことはできない」という説明を加えている。

　他方、フルール＝オベール＝サヴォーの債務法教科書では、公序および良俗に反する契約は無効であることを説明するのに際して、上記の 6 条に加えて、1128 条、1131 条および 1133 条をあげた上で、契約の目的（objet）とコーズ（cause）については公序および良俗に反し得ないとする。1128 条によれば、取引可能なものでなければ合意の目的とし得ず、取引できないものを対象とする契約は無効である。この「もの（les choses）」には、物だけではなく債務者の行為も含まれると解されている。同条は、契約の目的が不法であれば、契約も無効となることの根拠であるとされている。公序および良俗に反する特約を無効とする根拠は、直接的には、以下のコーズに関する 1131 条および 1133 条と考えられるが、6 条もあわせて参照されている。

　1131 条「コーズのない債務または不法なコーズに基づく債務は、いかなる効果も有し得ない。」

　1133 条「コーズは、法律によって禁止されているとき、良俗または公序に反するときは不法である。」

　6 条を読むと、「公序および良俗に関する法律」とあるため、公序および良

4）6 条の「法律」は行政権による命令（デクレ、アレテ）も含むとされる。
5）Jacques FLOUR, Jean-Luc AUBERT et Eric SAVAUX, Droit civil Les obligations 1. L'acte juridique, 15e éd., SIREY, 2012, n° 275 et s.
6）前提として、1108 条は以下のように定める。
　1108 条「合意の有効性には、以下の 4 つの要件が基本的に要求される。
　　義務を負う当事者の合意
　　その者の契約を締結する能力
　　約束の内容を形成する確定した目的
　　債務の適法なコーズ」
7）ゲスタンの教科書では、契約が公序および良俗に違反している場合、6 条の適用により当該契約は無効とされる。同様に、目的およびコーズが不法である合意（convention）は、1133 条により、「法律により禁止され」または「公序および良俗に違反している」ため無効になると説明されている（Jacques GHESTIN, Grégoire LOISEAU et Yves-Marie SERINET, Traité de droit civil La formation du contrat Tome 2: L'objet et la cause-les nullités, 4e éd., LGDJ, 2013, n° 2162）。

俗の内容を決定できるのは立法者だけのように思える。しかし、「良俗に関する法律」は刑事上の諸規定を除けば極めて数が少ないことから、不道徳な合意については、たとえそれらを禁じる法律の規定がなくても無効とする必要があり、その役割は司法に委ねられる[8]。「公序に関する法律」については、例えば、売主の義務に関する1628条などのように、「〔本条に〕反するすべての合意は無効である」という形で公序に関する規定であることが明確に示されているものがある一方で、その点が明らかにされていない規定も多い。その場合には、やはり裁判官が、当該規定が社会秩序にとって特に重要な規定かどうかを判断し、当該規定に強行法としての性質を認めることになる。この場合、当該規定は、潜在的ではあるものの、6条のいう「公序に関する」規定であることに違いはない。しかし、実際にそれらの規定が公序に当たるか否かの判断を行っているのは裁判官である点は、良俗の場合と同様である。

　コルニュの法律用語辞典のように、強行法とは6条における公序に関する法律を意味するというのが、多くの論者にみられる説明であるが、これには異論を唱える者も少なくない。本稿では、まず、代表的な民法教科書における強行法と任意法の分類をみた上で、この点を検討する。さらに、先ほどみた6条と1131条・1133条の関係にも若干の考察を加える。

2　フランス法における法規の分類

(1)　コルニュの分類
　コルニュは、法規の強制力（義務的効力、force obligatoire）に応じた分類について述べた箇所で、法規を以下の2つに分けて説明した上で、両者を分ける基準について検討を加えている[9]。

　①強行法規または公序法規（loi impérative ou loi d'ordre public）
　絶対的な強制力をもつ法規であり、個人が合意によりこのような法規を適用

---

8) この場合、合意を無効とする根拠は1133条と1131条のみということになるだろう。
9) Gérard CORNU, Droit civil Introduction Les personnes Les biens, 12e éd., Montchrestien, 2005, n° 334 et s. Jean CARBONNIER, Droit civil Introduction Les personnes La famille, l'enfant, le couple, 1er éd. Quadrige, PUF, 2004, n° 126 et s. でもほぼ同様の説明がなされている。

除外することは許されない。6条がこのことを規定している。コルニュは、強行法規を公序に関する法律と同一視する。

②解釈的法規または補充的法規（loi interprétative ou loi supplétive）

補充的法規は、権利主体の側から反対の意思が表明されない場合にしか適用されない。法律は、当事者が沈黙して何も取り決めておかなかった事項について、補充的に「解決モデル（solution-modèle）」を提示している。例えば、夫婦財産契約をしない場合の法定夫婦財産制である。補充的法規は、意思解釈的法規（loi interprétative de volonté）とも呼ばれる。法律が、関係者の推定される意思を規定しているとされるからである。もっとも、推定される意思というのはフィクションにすぎず、立法者が、関係者の推定される意思というよりも社会的・経済的・歴史的な考慮によって作り上げた理想的なモデル（modèle idéal）、標準的な解決（solution-type）であることの方が多い。

では、①と②を分ける基準は何か。ある規定が①か②のどちらに当たるかを区別する基準を見つけ出すことは難しい。例えば、1388条は、夫婦が夫婦財産契約において、婚姻から生じる夫婦間の権利義務に関する規定や親権に関する規定などの適用を除外することを禁じている。これらの事項は、明らかに公序に属しているからである。1387条は、それ以外のことを夫婦の自由に委ねている[10]。しかし、実際には、このような場合よりも、公序に属する事項か否かが法律の規定からは明白でない場合の方が多い。しかし、公序に関するものであると明白にわかる規定でないとしても、裁判官によりある規定が公序に属するとされる場合がある（潜在的公序）。

(2) テレの分類

テレは、コルニュと同様に法規の強制力について述べた箇所で、法規を以下の3つに分けて説明する[11]。テレは、コルニュがまとめて説明していた任意法規を、①と②とに分けて詳しく説明している。

---

10) 1387条は、「個別的合意がなければ」夫婦は法定夫婦財産制に従うことを定める。
11) François TERRE, Introduction générale au droit, 9ᵉ éd., Dalloz, 2012, nᵒ 489 et s.

①解釈的法規（loi interprétative）

これは、当事者により表明された意思が不完全な場合について規定するものである。例として「約定においては、その文言の字義に拘泥するよりは、契約当事者の共通の意図が何であったのかを探求しなければならない」と規定する1156条があるが、裁判官は、契約当事者の共通の意図を探求するために、契約の履行段階における契約当事者の行動態様を考慮することもできるため、同条の強制力は大変弱いものであり、同条を無視したとしても、それだけでは破毀申立ての理由とはならないとされる。

②補充的法規（loi supplétive）

これは、当事者の意思の補充ルールであり、①ではみられなかった強制力が現れるが、当事者の意思によりその適用を排除することができる点で③との根本的違いがみられる（例として、売買契約当事者が代金支払場所・時期について詳細に取り決めていなかった場合の1651条）[12]。補充的法規の中には、処分的法規（loi dispositive）[13] が含まれる。これは、立法者が、強行的な制度に従わせることなく、私人に大きな選択の自由を与えるものである。私人がこの選択の自由を行使しない場合は、その意思とは必ずしも一致しない内容のルールに従うことになる（例として、法定夫婦財産制に関する1387条）。

③強行法規（loi impérative）

個別的合意によりその適用を排除することができない法規である（例として、将来の相続に関する約定〔pacte sur succession future〕を禁じる1130条2項）[14]。

このように法規を分類した上で、テレは、伝統的に私法分野における強行規定はまれであるが、強行規定とされるものもあるとして、まず、制度に関する規定（例えば、家族に関するもの）をあげる。続いて、契約については、当事者の意思が優越するというのが原則であるが、立法者は契約についても一定の強行規定を置いている上、ここ数十年は私益に対する公益の優位がみられ、強行

---

12) 1651条「売買契約の時に何ら取り決められていなかった場合、買主は引渡しをしなければならない場所および時期に代金を支払わなければならない。」

13) 山口俊夫編『フランス法辞典』（東京大学出版会、2002年）では、この言葉を任意規定（法規）と訳す。

14) 1130条2項は、推定相続人の個人的な利益、個人の財産権を保護するためのものである。

規定が契約法においても増加していることを指摘する。これに対し、強行規定について強行性の緩和がみられる場合もある。[15]

3　強行法規とフランス民法典6条

(1)　強行法規と公序に関する法律の関係

　上で述べたテレの強行法規に関する説明で特徴的なのは、コルニュの法律用語辞典とは異なり、強行法規の中に、強制力が極めて強い「公序に関するルール（règle d'ordre public）」が含まれるとしている点である。テレによれば、6条の規定にもかかわらず、当該法規の適用除外が認められないということだけでは「公序に関するルール」を特徴づけることはできない。なぜなら、「単なる」強行法規であっても、その適用を除外することはできないからである。「公序に関するルール」の強制力の特色は、ある新法が公序としての性質を有するときは旧法の下で締結された契約にも影響を与えること、民事訴訟において公序が侵害されたと考えられる場面では公序を守るために検察官が登場すること（民訴法423条）などである。テレによれば、すべての「公序に関するルール」は強行法規であるが、すべての強行法規は必ずしも「公序に関するルール」ではないとされ、コルニュとは異なる説明となっている。

　テレと同様に、法律の中には、一般的利益や国家の利益が問題となっていなくても、当事者がその適用を除外できないものがあるとして、強行法規と公序を混同してはならないとするのが、マロリー＝エネス＝ストフェル-ミュンクの債務法教科書である。[16] 私益を保護することのみを目的とする強行規定（要式性や無能力に関する規定）もあるし、違背したとしても必ずしも契約の無効をもたらさない強行規定（刑事罰による制裁のみが科せられる規定）も存在しているというのが、その理由である。

---

15) このような規定の例として、検察官が、男女とも満18歳である婚姻適齢（144条）を「重大な理由がある場合」は引き下げ得るとする145条がある。

16) Philippe MALAURIE, Laurent AYNES et Philippe STOFFEL-MUNCK, Droit civil Les obligations, 5ᵉ éd., Defrénois, 2011, n° 648. これに反対を唱えるのは、Jacques GHESTIN, Traité de droit civil La formation du contrat Tome 1: Le contrat-le consentement, 3ᵉ éd., LGDJ, 1993, n° 110.

このように、強行法規と公序の関係については、論者により説明の仕方に違いがみられる。実のところ、6条は「公序に関する法律」とだけ述べており、「強行法規」について何も言及していない。しかし、今日では、6条は常に「強行法規」と関連付けて説明される。フォヴァルク-コソンによれば、この結びつきは、ローマ法でも、フランス古法（革命前の法）でも、フランス民法典の起草者に多大な影響を与えたドマの著作でもみられないという[17]。フランスでは、20世紀の初め、強行法規を、私益を保護するための強行法規と公序を守るための強行法規の2つに分けて論じていたが、無駄な錯綜を招くとして放棄されたという経緯がある。その後、公序が強行法規の基礎であるという考え方、公序が強行法規をすべて吸収し融合するという、フォヴァルク-コソンの表現によれば「融合－吸収（fusion-absorbation）」の考え方が広まり、今日ではゲスタンをはじめこれを支持する者が多い[18]。ゲスタンによれば、公序概念の拡大により、個人的な利益を保護する法規も公序（保護的公序）に関するものと考えるならば、強行法規はすべて公序に関する法律と考えることができる[19]。しかし、このゲスタンのような考え方は、学説において一致をみているわけではなく、異議を唱える者もかなりいる[20]。フォヴァルク-コソンも、強行法規という概念を公序から区別して論じる必要があるとする。もっとも、フランスの判例は公序に関する法律と強行法規を明確に区別していないとの指摘もあり[21]、この点はさらに検討を要する。

---

17) Bénédicte FAUVARQUE-COSSON, L'ordre public, 1804-2004 Le Code civil Un passé, un présent, un avenir, Dalloz, 2004, p. 473 et s., p. 485. 6条が強行法概念と結びつけて説かれるようになった過程については、さらに検討を要する。その際には、良俗論に関するJacques FOYER, Les bonnes mœurs, 1804-2004 Le Code civil Un passé, un présent, un avenir, préc., p. 495 et s. の6条起草過程の検討が参考になる。

18) Jacques GHESTIN, préc., n° 110.

19) 後藤・前掲注1）155頁。

20) ゲスタンの考え方に反対を唱える者から引き合いに出されるのが、ヨーロッパ契約法原則やユニドロワ原則にみられるような公序概念の放棄と強行法概念の採用である（Bénédicte FAUVARQUE-COSSON, L'ordre public, préc., p. 485 note 69）。

21) 後藤・前掲注1）156頁。

(2) 任意法規の役割の多様化と公序の多元化

　フォヴァルク-コソンは、さらに進んで、法規を強行法規と任意法規に二分して論じることはもはや現実に対応していないとして、より細かな分析の必要性を強調し次のように述べる。現代においては、任意法規が、特別な状況の下で強行法性を帯びるという現象がみられる。さらに、任意法規が、当事者の意思を補充するのではなく、契約から生じる債務の内容を明確化する役割を演じることで、個人の自由を制限することもある。任意法規であっても強行法規と同様に強制力を有しており、規範性において劣ったものではない。その適用が、単に当事者の合意において解決されていない問題に限られるというだけである。任意法規は、契約を締結した当事者の不完全な知識と予測を治癒する役割を有する。また、自分たちのルールの作成に必要な費用を節約しようとする当事者の選択の結果として任意規定が利用されることもある。さらに、任意法規は、それが「法秩序、特に契約の正常さ」について理想的なものとされれば、裁判で指導的機能を果たす。裁判官は、問題となっている契約の条項と、当該契約により排除された任意法規を比較しつつ、あいまいな条項を解釈するために、さらには明確ではあっても濫用的な条項を例外的に排除するために任意規定によることがある。

　他方、強行法規の中でも強行法性に程度の差がみられる。また、以下のように、公序の多元化により公序規定違反の効果も絶対的無効だけではなくなっており、強行法規と公序の関係を簡単に論じることはできない。1804年当時の公序とは、主として、国の政治的・行政的・司法的組織に関する秩序と私人の人格および家族組織に関する秩序のみを指し、これらに変更を加えるような私人間の合意が公序違反と考えられていた。その他では、私法分野において、労働の自由や商工業の自由を侵害する合意が公序違反で無効とされるぐらいであった。古典的公序は社会の基盤となる制度の良好な機能に欠くことができないものに限られていたが、20世紀になると経済における国家の役割が増し、国家の経済政策達成を目的とする、価格規制・租税・貨幣などに関する指導的公序、労働者や消費者などの経済的・社会的弱者の保護を目的とする保護的公序など多元的な現代的公序概念が登場した。[22]

　フランスの学説や判例には、絶対的無効 (nullité absolue) を公序無効

（nullité d'ordre public）と表現するものもみられるが、現在では、これは混同を生じさせるおそれがあり好ましくないと考えられている[23]。「公序の」といっても様々なレベルがあり、公序無効といっても絶対的無効とは限らない場合もある。公序に関する法規というのは、「適用除外することができない」というだけである。例えば、行為能力に関する規定は公序に関するものであるが、その無効は相対的なものにすぎないし、上記の保護的公序に属する附合契約における当事者を保護する目的をもった規定についても同様である。

4　フランス民法典6条と1131条・1133条の関係

　冒頭に述べたように、公序および良俗に反する契約は無効であることを説明する際に、6条に加えて、コーズに関する1131条・1133条をあげることが一般的である。カピタンによれば、1131条・1133条が不法な合意を無効とする基本的規定であり、公序に関する法律が存在しない場合に合意を無効とする根拠はもっぱらコーズの不法性に求められるという[24]。公序に関する法律があれば6条、なければ1131条・1133条が適用されることになるということであろう。カピタンは、1133条が「……法律によって禁止されているとき、良俗または公序に反するとき……」と規定し、契約が無効になるのは（公序良俗に関する）法律に反する場合と公序良俗に反する場合の2通りあると読める点から、単に公序および良俗に関する法律に反する合意を無効とする6条に比べて、1131条・1133条は、より広い射程をもつと考えていたようである[25]。1131条・1133条により、たとえ一定の公序および良俗に関する法律に違背していない合意であったとしても、不道徳であり公序に反しているとされる合意は無効である。このような見解によれば、6条は、強行法規と任意法規の区別を宣言し

22）指導的公序と保護的公序は、あわせて、経済的公序とも呼ばれる。これらの概念については、山口俊夫「現代フランスにおける『公序（ordre public）』概念の一考察」国家学会編『国家と市民(3)』（有斐閣、1987年）45頁。
23）Jacques GHESTIN, Grégoire LOISEAU et Yves-Marie SERINET, Traité de droit civil La formation du contrat Tome 2: L'objet et la cause−les nullités, préc., n° 2115.
24）カピタンの見解については、後藤・前掲注1）154頁以下。
25）Jacques FOYER, Les bonnes mœurs, préc., p. 505 et s.

ているにすぎないことになり、合意の無効には関係しない。カピタンによれば、裁判においても、6条が適用される場合はまれであり、1131条と1133条が適用されることの方が多いという。

　しかし、上記のカピタンのような理解はフランスでは一般的でないとの指摘がある[26]。フォワイエも、良俗論に関する論文中ではあるが、1131条・1133条は6条の適用でしかないとする見解など、カピタンの見解に異を唱える学説を紹介している。これらの学説については、さらに検討を進める必要がある。

5　終わりに代えて――残された課題

　本稿では、フランスにおける「強行法と任意法」の概念につき、民法典の条文を出発点に、公序との関係を中心にみた。民法典6条に「法規（lois）」と規定されているように、フランスにおける強行法の概念は成文法を想定している。判例や慣習はそこに含まれないのか、それらと異なる特約を締結した場合はどうなるのかという問題については、法源論とも関係する問題であるが、本稿では取り上げることができなかった。また、債権法・物権法・家族法の各領域における「強行法と任意法」の問題についても取り上げることができなかった。この点、フランスの物権法（財の法）においては、当事者の意思が果たす役割が大きくなってきていることが指摘されている[27]。1834年2月13日判決（カクラール判決[28]）以来、破毀院は、民法やその他の法律に規定のない物権の創設を認めてきたが、最近では、破毀院第三民事部2012年10月31日判決が、「特別の用益を目的とした物権（droit réel de jouissance spéciale）」の設定を認め、所有者が自らの所有権を自由に支分することを承認している[29]。民法の各領域における「強行法と任意法」の問題についての検討は今後の課題としたい。

---

26) 後藤・前掲注1) 156頁。
27) 平野裕之「物権法及び担保物権法と個人意思」新世代法政策学研究17号（2012年）125頁、同「財の法、担保法における個人の意思」法律時報84巻11号（2012年）88頁、同「物権法及び担保物権法と契約自由――物権法定主義をめぐって」法律論叢84巻2 = 3号（2012年）401頁、同「『財の法』と個人意思」比較法研究76号（2014年）112頁。
28) Req., 13 fév. 1834, D. 1834, 1, 218; S. 1834, 1, 205.
29) Civ. 3e, 31 oct. 2012, Bull. civ. III, n° 159.

29

アメリカ法における強行法と任意法

青木則幸

1　はじめに

　民法の領域に相当する米法にも、強行法や任意法の概念が用いられているのか。

　少なくとも現在の米国の議論では、任意法は default rule、強行法は、mandatory rule ないし immutable rule と呼ばれる概念が用いられている。体系書には、これを次のように定義するものがみられる。すなわち「当事者による明示の約定（express provision）ないし慣行（usage）によって変更することができる法準則（rule of law）」が任意法であり、「当事者の修正権限が及ばない法準則」が強行法であるという。また、論文では、かような対概念を用いる説明が一般的になりつつあり、とりわけ法と経済学の手法による研究に主導される形で、それぞれの機能や妥当性に関する膨大な議論が蓄積されてきている。

　しかし、ここで用いられる任意法ないし強行法の概念には、わが国で用いら

---

1) 米法は、大陸法系に属さず、統一的な民法典をもたない。民法に相当する法領域は、例外的な領域を除き、連邦ではなく50を超える法域（州、準州など）の管轄である。諸州では、統一商事法典の採用や消費者保護立法などにより、制定法化がすすめられている分野も少なくないが、原則として、各法域ごとの判例法主義が採用されている。

2) 1 E. ALLAN FARNSWORTH, CONTRACTS 64 (3D ED. 2004) [*hereinafter FARNSWORTH*].

3) わが国でも詳細な研究が出始めている。松田貴文「契約法における任意規定の構造——厚生基底的任意法規の構想へ向けた一試論」神戸法学雑誌63巻1号（2014年）171頁参照。

れている用法とは必ずしも一致しない側面がある。じつは、任意法・強行法との対概念は、米法では、大陸法系からの外来語に近い。任意法はデフォルト・ルール（default rule）と呼ばれるが、この英語自体、ワープロやパソコンの初期設定を意味するデフォルト設定という語からの類推だというのであり、これらの用語を用いた先行業績として引用される文献も1980年代以降のものに限られる。一方、強行法の定義に相当する説明は古くからみられるものの、任意法との対比で捉えられるようになったのは、同様に比較的最近である。

近年の議論が、任意法・強行法の用語を用いて説明する準則は、米法の伝統的な枠組みで論じられてきたものであり、かような準則を素材として論じている近年の強行法・任意法の議論にも、そのように名指しされる前の議論枠組みが、前提として影響を与えているものと思われる。

小稿の検討対象は、機能や妥当性を論じる議論に立ち入ることではなく、その前提として、米国の契約法（contracts）および物権に類比される財産法（property）の分野で、どのような現象について、強行法ないし任意法の概念を使った説明がなされるのかを検討することにある。

2 契約法

(1) 契約と強行法・任意法

米法の契約は、「法が強行（enforce）するか少なくとも何らかの方法で認めるであろう、1個または1組の約束（promise）」であり、「違約に対して法が救済を与えるもの、あるいは、その履行を法が何らかの方法で義務として認めるもの」だと説明され、約束は、法的拘束力（enforceability）と並ぶ本質とされる。

強行法にあたる「当事者の合意によって排除できない準則」との説明は、裁

---

4) 1 *FARNSWORTH*, at 64. *See*, Robert C. Clark, *Contracts, Elites, and Traditions in the Making of Corporate law*, 89 COLUM. L. REV. 1703, 1706 (1989), Randy E. Barnett, *The Sound of Silence: Default Rules and Contractual Consent*, 78 VIRGINIA L. REV. 821, 824 (1992).

5) *See*, Restatement (Second) of Contract §1 , RICHARD A. LORD, WILLISTON ON CONTRACTS 3 (4THED. 2007) [*hereinafter WILLISTON*]; 1 *FARNSWORTH*, at 4.

判所が当事者のした約束の法的拘束力（enforceability）を否定する局面で依拠する準則について、一般的になされてきた。3類型に分類して論じられる。第1に、契約の内容に関する合意について、強行可能性を否定する準則として、公序（public policy）[7]および非良心性（unconscionability）[8]の原則が挙げられる。第2に、違約時の救済方法に関する合意については、制限が大きいとされ、エクイティの沿革をもつ違約罰禁止原則等が挙げられる[9]。第3に、契約の要件にかかわる詐欺や強迫を挙げるものもある[10]。

　これに対して、1980年代以降の任意法の議論は、「裁判所がいかにして適用すべき任意法を選択するのか」という命題[11]について蓄積されてきた。この命題における任意法は、当事者に約束がないにもかかわらず、一定の契約条件（term）を裁判所が補充する、という枠組みについて、その判断基準を論じるものである。さらに、近年では、裁判所が当事者の約束のない契約条項の補充において依拠する規範に、一定の強行法的側面が含まれることも指摘されるようになっている。

　以上のように、米法の契約法の議論では、任意法・強行法は、契約当事者に生じた紛争に際し、裁判所が果たす作用の局面に応じた分析枠組みの下で、説明されるといってよい。前者の枠組みが米法における伝統的な説明であるのに対し、後者は、強行法・任意法の対概念を用いての議論が盛んであるにもかかわらず、伝統的な議論ではない。ここでは、当事者の約束がない契約条件を裁判所が補充する現象をめぐる米国の議論の展開を検討し、任意法・強行法の検討枠組みの抽出を試みたい。

---

6) ただしmandatoryやimmutableという用語を用いるものは稀であり、本稿で引用した体系書では、*FARNSWORTH*が索引に挙げるのみである。
7) なお、契約の自由そのものが公序を形成する原則の1つであり、対立がみられるとの説明もなされる。GRACE MCLANE GIESEL, 15 CORBIN ON CONTRACTS, 20 (REVISED ED. 2003).
8) 3 *FARNSWORTH*, at 300. *See*, Richard A. Epstein, *Unconscionability: A Critical Reappraisal*, 18 J. L. & ECON. 293 (1975).
9) 3 *FARNSWORTH*, at 300.
10) *See e.g.*, Epstein, *supra* note 8, at 293; Barnett, *supra* note 4, at 825.
11) Ian Ayres & Robert Gertner, *Filling Gaps in Incomplete Contracts: An Economic Theory of Default Rules*, 99 YALE L. J. 87, 91 (1989).

(2) 「準契約」による説明

 古典的な説明では、裁判所による契約条件の補充は、「準契約」という概念で説明されてきた。現在の主要体系書の中では、*WILLISTON*がこのような説明を維持している。[12]

 同書は、裁判所は、合意がない場合にも、契約法上の法的拘束力ある権利と同じ権利を認めることがあるとし、これが法律上推定された契約（implied in law）と呼ばれてきた概念であるとする。[13] しかし、①「当事者によって何ら契約が企図されていない場合でさえ、法のフィクションによって課せられ得るものであり、当事者相互の同意を必要としない」のであり、「明示されている反対意思に抵触する場合であってさえも課され得る」こと、および、②「正義（justice）の貫徹のため」に認められるものであり「責任（liabilities）は、エクイティか正義（equity or justice）によって決定される」ことを挙げ、「準契約は、手続上、契約であるかのように扱われているが、契約によらない義務（obligation）である」と説明する。用語としても、「準契約（quasi-contract）」ないし「擬制的契約（constructive contract）」と呼ぶべきであるとする。その上で、準契約の性質が以上のようなものであるため、「裁判所は、明示の契約（express contract）ないし事実によって推定される契約（contract implied-in-fact）が存在しない場合にのみ、準契約に依拠することが正当である」とする。

 以上の説明に対しては、次のような問題点が指摘されている。「"黙示の（implied）"約束は、しばしば、当事者に紛争が生じたあとで、衡平（equity）および道徳（morality）の要請があると思われることによって、判断される」のであり、契約と準契約の境界線は、「揺れ動き（wavering）はっきりしない（blurred）」ものである、との指摘である。[14]

---

12) 1 *WILLISTON*, at §1.6.

13) 沿革上、契約法上の権利を求める訴訟形式（引受訴訟（assumpsit）、捺印契約訴訟（covenant）、金銭債務訴訟（debt）など。なお、米国で訴訟形式が廃止されたのは1938年の連邦民事規則制定以降であるとされる）が想定されており、合意が存在しないにもかかわらず、これらの訴訟形式をとる訴訟で勝訴することを意味している。*Id.* at 41.

14) ARTHUR L. CORBIN, CORBIN ON CONTRACTS 27 (ONE VOLUME ED. 1980) [*hereinafter CORBIN*].

(3)　「補充準則（gap-filler）」による説明

　裁判所による補充局面の規範について、任意法・強行法という用語に先行して定着したのは、補充準則（gap-filler）との用語であった。現在の体系書で、この概念を用いた説明を採用するのは、*PERILLO* である。

　同書は、裁判所による補充を、次のように分類する。①当事者が重要な契約条項につき合意を意図しているが、それを不確定のまま放置している場合、(i)当事者の契約締結後の行為、(ii)当事者の契約締結後の合意によって補充がなされ得る。②当事者が重要事項について単に沈黙している場合ないし同事項について話し合ったが合意を表明しない場合、(i)当該事項は周囲の事情（標準的契約条項、取引ないし地域における慣行、外部的要因（external sources）、契約後の履行に関する事情）から暗示されるか、(ii)補充準則を用いて裁判所によって定められ得る。ここで、「補充準則（gap-filler）とは、当事者が注意を向けていたとしたら当該契約条件について合意したであろうとの裁判所の判断、あるいは、"共同体の水準における公平およびポリシーに適合する契約条件"であることを理由に、裁判所が補充する契約条件である」とする。そして、補充を行う場合に考慮する判断基準として、①当事者の意思の推定、②契約の性質ないし目的、③誠実性および公正取引原則、④合理性（reasonableness）があるとするが、「ほとんどの補充準則はこれら4つのうち、第1カテゴリー、すなわち、当事者の意思に依拠している。例えば、AとBが、AがBのために役務を提供するとの合意をし、対価について何らの言及をしていない場合、裁判所は、当事者は合理的な価格が対価として支払われ受領されるべきであると意図していたと判示するであろう」という。

　このように、*PERILLO* は、裁判所による契約条件の補充のあり方を区別する概念としては、取り上げていない[15]。このような見方の背景には、補充準則（gap-filler）という概念が、リーガル・リアリズムの所産であり、裁判による補充の作用の説明に重点を置くものであることが指摘されている[16]。すなわち、裁判所は、しばしば当事者の意思の推定との論拠で契約条件の補充を行うが、

---

　15)　なお、救済方法については、準契約の概念を用いた説明をする。*PERILLO*, at 19.
　16)　Barnett, *supra* note 4, at 823.

ここでの当事者意思は、単なるフィクション（pure fiction）に過ぎず、補充準則の選択において何ら規範として機能しない、ということの解明に向けられた概念であるという。

(4) 「任意法（default rule）」による説明

1980年代後半以降、補充準則（gap-filler）は、次第に、任意法という概念に置き換えられるようになっていった。当事者が合意していない契約条件の補充の判断基準が問題としつつ、補充の規範としての強行法を immutable rule として区別し、補充規範としての任意法を default rule として抽出したものと捉えられている。

主要体系書において、任意法という用語を積極的に使った説明をしているものは、FARNSWORTH である。同書は、裁判所の契約条件の補充は、契約解釈の結果、当事者の合意が明示にも黙示（事実上の推定による）にも認められない場合に、「法律上の推定」によって行われるものであるとして、その方法を２つに分けて説明する。

第１に、契約条件として明示されていない当事者の現実の期待を挙げる。当事者の期待がずれていたり、一方当事者に期待が欠けているような場合には、当事者が共有する期待についての主観的な判断基準にかえて、一方当事者が他方当事者の期待について認識しているべきであったか否かについての客観的判断基準を用いるという。ここでの判断材料とされるのは、合意に至る交渉過程から推測される意思、契約書における類似する他の契約条件の内容、契約締結後の履行過程、取引の過程、慣行から推論される意思を含む。

第２に、現実の期待を認定できない場合に、当事者が当該問題について考えていたならば期待していたであろうという意味での仮定的な推定を行うとする。もっとも、裁判所による仮定的期待の推定に際して、裁判所が実際に、当事者がなしたであろう判断を予測できる場合は稀である。また、当事者が契約締結時に期待していなかったにもかかわらず、合意があったかのような法的拘束力を課するのであるから、仮に、通常人がなすであろう判断を予測できたとしても、例えば、「通常の消費者であれば、巧妙な業者に押されてこのような判断をするであろう」というような、公平に反する仮定的期待に法的拘束力を付与

すべきでない。それゆえ、仮定的期待とは、公平で合理的な人の判断を推測するという形をとる、いわば「擬人化された公平概念」による契約条件の補充であるという。もっとも、何が公平かは難問であり、「取引上期待される価値を最大化するような交渉」に資する「当該マーケットおよび、他の社会の側面、しいては、社会一般に適切な」契約条件の補充を行うべきであるとする。

その上で、以上のような裁判所による契約条件の補充が繰り返された結果、一定の事案類型で裁判所が示す契約条件が定型化され、判例法上、「出来合いの任意法（Off-the-rack default rules）」が形成され、また、一部は制定法化の対象となる、とする。一旦このような準則が形成されると、当事者は、契約時に当該事項について沈黙することによって、その準則に依拠するようになるが、一方で、裁判所が、法的安定性や実務との調和の観点を重視するという傾向もみられるようになるという。

*FARNSWORTH*の特徴は、裁判所が上述のプロセスで補充する準則そのものを詳述し、裁判所が補充を行う際に、各準則をいかに選択するのかという問題に言及している点である[17]。任意法そのものを例示列挙した検討であるが、その過程で、一部の準則が強行法としての性質をもつことに言及する。誠実義務（duty of good faith）[18]が典型である。近年の任意法・強行法をめぐる議論は、この枠組みでの対概念を念頭に置くものが主流である[19]。

3　財産法

米国財産法の議論において、物権法定主義の観点から、財産法における準則を強行法であると説明する議論は存在するのか。

少なくとも、今日の体系書では、「物権法定主義（numerus clausus）」という概念を用いるものが現れている[20]。「財産権（estates）のカタログが限定され閉ざされている」との意味であり、「物権法定主義（numerus clausus）は、契約

---

17) 2 *FARNSWORTH*, at §§7.17, 7.17a.
18) *Id.* at 354-60.
19) *See e.g.*, Ayres & Gertner, *supra* note 11, at 87; Barnett, *supra* note 4, at 825.
20) Thomas W. Merrill & Henry E. Smith, Property: Principles and Policies 535-51 (2d ed. 2012).

自由の原則と衝突する強行法（mandatory rule）である」とする。

　もっとも、同書でも、米法の伝統的な概念として捉えているわけではない。「物権法定主義は、大陸法からの概念であり、大陸法では、種々のバージョンがあるものの、物権は契約と異なり当事者によって自由にカスタマイズできず、承認された形式の閉ざされた組み合わせによって水準化されるという原則が、強力にかつ明文規定をもって示されている。コモンローおよび米法においては、もっと暗示的に存在するのみである」とする。

　この記述は、同書の共著者であるMerrill教授とSmith教授の一連の共同研究を前提とするものであるが、両教授は、コモンローを継受した米法における物権法定主義を以下のように説明している。[21]

　「法は、水準化された限定的な数の形式に一致する権利についてのみ財産権として拘束力を発揮する」という現象は、米法ではほとんど意識的に議論されたことがないものの、英国の先例以来みられる、[22] [23]普遍的な現象である。この点において、「コモンロー系の裁判所の財産権に対する態度は大陸法系の裁判所のものと極めて酷似している。先行して承認された財産権の形式を立法府によってのみ修正され得る閉鎖リストとして扱っている。この態度は、立法府による何らかの明示黙示の指示のせいにすることはできない。まさに、司法のセルフ・ガバナンスの規範（norm of judicial self-governance）だというべきである」。かような物権法定主義の機能は、「制定法や憲法の解釈というより（司法が法創造者であるはずの）コモンローの判決に適用される法準則（canon）であるにもかかわらず、あたかも解釈の法準則のようである」とする。

　このような裁判所の態度に表れる物権法定主義は、不動産財産権（estate）の移転に顕著にみられ、かつ厳格に守られているという。物権変動に類比される合意のうち、完全な権原である不動産権の移転を生じさせる合意が想定され

---

21) Thomas W. Merrill & Henry E. Smith, *Optimal Standardization in the Law of Property: The Numerus Clausus Principle*, 110 YALE L. J. 1, 3-24 (2000).
22) 主要先行業績は、Bernard Rudden, *Economic Theory v. Property Law: The Numerus Clausus Problem*, in OXFORD ESSAYS IN JURISPRUDENCE: THIRD SERIES 239 (JOHN EEKELAAR & JOHN BELL EDS., 1987) 1点のみであるとする。*Id.* at 4.
23) Keppell v. Bailey, 39 Eng. Rep. 1042 (Ch. 1834) における「新たな種類の付随条件は、所有者の好みや気まぐれで案出・付加されてはならない」との説示を挙げる。*Id.* at 3.

ているが、無条件の移転の他に、期間や条件を付けた移転が可能であり、米法では、条件・期限の種類によって、譲渡人と譲受人に帰属する権利の形式が類型化されている。どの類型の形式の権利が帰属するのかは、当事者の約定による条件や期限の内容次第であるが、裁判所は、仮に、従前のいずれの類型にも完全に一致しない新たな種類の合意がある場合でも、いずれかの類型のことを意味するのだと認定し、新たな類型の権利を認めないとする。同様の現象は、共有に類比される併存的利益（concurrent interests）、用益物権に類比される使用権（nonpossessory interests）、人的財産権、知的財産権について存在する形式の類型化についてもみられるとする。もっとも、すべての類型について同程度に厳格であるというわけではなく、使用権におけるエクイティ上の地役権や、知的財産権におけるパブリシティ権のように、新たな種類の財産権を認めるに至った例外もあるとする。

　以上のように指摘される現象が潜在していたにもかかわらず、米法の議論で、物権法定主義の概念が発展しなかった背景には、いくつかの要素が指摘されている。

　1つには、判例法主義であることが挙げられる。大陸法においては、制定法が法源であり、制定法の改正は立法府の権限に属する。それゆえ、個々の裁判において、裁判所が、当事者の創設する物権を承認することはあり得ない。それに対し、米法では、裁判所にコモンローを創造する権限がある。それゆえ、当事者の合意の承認により、新たな物権が創設されることは妨げられないのだというのである。

　もう1つには、リーガル・リアリズムによって展開された「権利の束」理論の存在が指摘され得る[24]。この理論の形成に影響を与えたのは、20世紀初頭の法思想家ホーフェルトの理論であるとされる。ホーフェルトは、法的関係の分析的研究の中で、財産権を「物に対する権利」としてみるのではなく、諸権利が人々をいかに拘束するかという点を強調した。すなわち、財産権を不特定多数の人との関係を規定する権利として、その内容を、機能的に分類された概念

---

24) Thomas W. Merrill & Henry E. Smith, *The Property/Contract Interface*, 101 COLUM. L. REV. 773, 780-83 (2001).

で分析する試みを行ったのである。この概念における個々の権利は、不特定多数の人のうちの誰かとの間で多様な組み合わせからなる無限に近いバリエーションの内容をもち得る権利主張を分析するものであり、上述の類型化された財産権の概念とは一致しない。米法の財産権理論はこの権利の束論によって展開されてきたのであり、不動産権（estate）に代表されるような判例上の類型に注目する物権法定主義は、復古主義的にみえる。Smith 教授らの主張は、これを踏まえた上で、法と経済学的手法を駆使しつつ、その正当性を主張していくものであった。現在では、この議論を受けて、多様な議論が展開されつつある。

4 おわりに

米法において、任意法・強行法は、米法の体系をみる上での伝統的な分析概念とはいえない。むしろ、裁判所による契約条件の補充や、判例法上の財産権の類型化といった、特定の領域に潜む問題点を明確にするために、比較的最近になって取り入れられた概念であり、リーガル・リアリズムに主導されてきた従前の議論に依拠するのでは見落とされがちな問題に光を当てるために用いられている側面がある。その用いられ方を検討し評価するには、これらの概念を用いた議論の内容を検討する必要とともに、リーガル・リアリズムの議論との関係を詳細に検討すべきであると考えるが、いずれも、今後の検討課題である。

VI

まとめ

30
共同作業の現段階におけるまとめ

椿　寿夫

1　はじめに

(1)　この共同作業での経過

　民法研究塾では、2012年4月より本書のテーマにつき法律時報誌に連載を始めた。それは、椿の半ば随想2編[1]を皮切りとし、両者の現時点で学習用として「〈特集〉強行法と任意法——債権法規定と異なる合意・特約の効力」を雑誌に組んでいただいた[2]。この観念は古来周知のはずだが、法学セミナー誌に改めて目を通すと、私は外遊帰国直後のいわゆる時差ぼけが強くて立案の切れが良いとはいえず、強行法と任意法に関する諸氏の書きっぷりも何となく冴えない感じを与える稿が必ずしも少なくはない。もっとも、その後、構想を民法全体に広げた解説書でかなり改善されている[3]。

　法律時報誌の連載は、字数制限が強くて、少なからぬ執筆者が思うところを十分展開できなかったと聞いているが、本書でもこの制限は解かれなかった。また、期限その他の事情により法律時報誌からの転載ができなかったテーマもあれば、執筆者の都合や連載の回数制限で加えることができなかった新稿もあ

---

1)　「強行法と任意法」書斎の窓607号（2011年）、「続・強行法と任意法」同誌612号（2012年）
　→本書1［付録］論文16頁以下、22頁以下。
2)　法学セミナー684号（2012年）。
3)　椿編著『強行法・任意法でみる民法』（日本評論社、2013年）。項目数は104ある。

る。

　以上のような状況から、即席の原稿集ではないが、今後さらに進めることを表明しようと考え、あえてここでは"現段階"という表現を用いることにした。

(2) 民法改正作業と強行法

　資料全部を精読したわけではないが、(a)検討委員会は2009年3月末に基本方針をまとめ、【1.5.03】で、公序または良俗に関する規定と異なる意思表示の効力を認めず、それが強行法規に当たるとした。(b)次いで、法制審議会・民法部会が強行法と任意法の区別問題を採り上げることにしている。この段階においては多様な論点と意見が示されている。(c)2年後の中間試案・第26-1では、「法令の制限内において」契約内容の自由が認められるとされ、法令の中に公序良俗と並んで強行規定という言葉が出てくる。(d)部会・第84回会議では、第1-1"契約自由の原則"の素案(3)がこの(c)と同じである。(c)(d)の両方とも強行法の内容には触れていない。

　それ以後の経過については省略するが、国会に提出された改正法案の法律行為・総則（現90～92条）では、90条の「事項を目的とする」という文言が削除されただけであって、強行法という表現は登場してこない。他方、個々の条文では、新設条文の中に相当数の「することができない」という文言を発見する（案412条の2第1項・案424条4項・案515条2項・案520条の6・案567条・案667条の2第2項その他）。ドイツ民法にいう"禁止規定"であって、強行法とされる。「効力を生じない」も昔から法文に出ていて、新設規定（例えば案472条の4第4項）においても強行法とされよう。

　上記の例と異なり、「できない」とする本文に続いて一定の場合には「この限りでない」という但書（案474条2項など）や別項（案636条など）があるも

---

4) 民法（債権法）改正検討委員会編『詳解・債権法改正の基本方針I』（商事法務、2009年）63頁以下。
5) 『民法（債権関係）の改正に関する中間的な論点整理の補足説明』（商事法務、2011年）229頁。
6) 『民法（債権関係）の改正に関する中間試案の補足説明』（商事法務、2013年）322～324頁参照。
6a) 商事法務編『民法（債権関係）改正法案・新旧対照条文』（2015年）18～19頁。例示条文についても、同書の該当箇所を参照。

のは、少なくともその範囲においては強行法でなく、一種の部分的強行法か。また、連帯債務の相対効原則に対する案441条但書は、同条が任意法であることを示すとも読めよう。

　ここまで来てやはり指摘できるのは、強行法・任意法の問題が今日なお解決済みでなく、より一層の検討を必要としている、という点であろう。われわれは"深化テーマ"の1つとしてこの課題に関する立法および解釈論（裁判・企業法務・学説）を取り上げなければならない。なお、研究塾としては、連載〔8〕（本書3論文）（以下、各論文を連載番号で示す）で4人のメンバーが執筆時点における状況にもとづく簡単な検討を行ったが、立案経過中の状況を述べた一資料として本書にも少しだけ加筆の上掲載しておく。

(3)　並行作業および今後の作業

　われわれがこの共同作業――研究成果の側から《研究版》《理論編》などと称してきた――に続けて始めた作業もしくはかなり明確に予定している作業は数種ある。広義の民法外についての(a)(b)と、民法に関する(c)以下とがある。

　(a)　第1は《実務版》《実務編》であり、近江幸治が中心となり、第一線で活躍している弁護士数名と塾メンバーの一部とにより、《強行法（実務系）研究会》と名乗ってすでに作業中である。

　(b)　第2は《諸法版》という作業である。連載〔1〕〔2〕（本書1・2論文）の表題や学習版の項目題名からも読者諸氏がすぐ気付かれたとおり、われわれは、特別法まで含めた"民法の規定"をもっぱら想定して研究を開始したが、改めて指摘するまでもなく、商法・会社法など他の法域でも強行法と任意法は問題になる。これら民法外の諸法域をわれわれは諸法と呼び、目下準備中である。現在のところは、連載〔13〕（本書25論文）が公法にも関係する論考であり、連載〔15〕（本書14論文）は民事執行法（学習版では採り上げなかった）への架橋となるテーマである。

　(c)　ここからは民法での論点に着眼するが、われわれは、強行法の代表格として誰もが物権法を挙げるであろうし、「債権法→契約自由→任意法」「物権法→法定→強行法」という対比的テーゼも想起するのではないか。入門的概観としては、それでも済むが、私は、1つの系譜として、ドイツ語圏物権法の近現

代史、とりわけ数の限定（numerus clausus）・定型強制の検討を提案している（本書4論文74頁・78〜79頁）。目下のところは担当希望者がいないが、強行法の成立経緯の再検討も必要である。

(d)　連載〔24〕（本書13論文）では、非営利法人に関する法律（民法と法人法にまたがる）規定の強行法性が取り上げられたが、担当者も指摘したように、近似の団体を含めた検討が必要であり、会社の定款自治を採り上げた連載〔25〕（本書24論文）は、民法を超える追加に関する具体的作業であるとともに、その点でも貴重。

(e)　民法の周囲には、借地借家法・消費者契約法・信託法などの特別法があり、従来からも強行法を論じる際の重要素材となってきたが、われわれもそのようにする予定でいる。

(f)　最初の予定項目に入っていたけれども、連載回数の制限から研究書にのみ掲載となる論考が上記(d)(e)などのほか幾つかある。その中にドイツ・フランス・アメリカの概観的紹介も含まれている。近時、「わが国の法を論じるのに外国法は必要がないのでは」という空気が何となく濃くなってきているのではないかと感じる。そこには直輸入に依存していた後進国からの脱皮もあるが、強行法・任意法の問題に絞ってながめると、私が調べたドイツ法の範囲内でも発展の落差は否定できない。"広義の契約法"をとりわけ意識しての発言だが、最近幾つかの機会に書きあるいは話しているように、混合輸入の沿革を持つわが国では、ドイツ法またはフランス法のどちらかだけで済ませるのは不十分なアプローチとなり、双方に着眼した研究が不可避ではないかと考え込むことが少なくない。しかも、契約法においては、アメリカ法の流入と定着が著しい。さらに、ヨーロッパ連合（EU）の契約法統一へ向けた動きも、一見わが実務との距離があるようでありながら、われわれに無関係ではない。――本書では、独・仏・米を3人の担当者が分担するが、単一人が上記各国を"総合して"となれば、後続世代の諸兄姉は勉強が大変なことになるであろう。

(g)　定例の勉強会等で研究すべき事項として話題になり、あるいはプランナーより提案したが、担当者の出ないままで終わった問題も幾つかある。例えば"強行法の中に制定法以外の法源をどこまで入れるべきか"は難問の最たる1つであるし、私が本書用に予定していた"契約自由・私的自治と強行法"の関

係も重要度が高い。また、本書に掲載した"個別契約規定"の数で十分とも片付けられないのではないか。──総論的テーマも各論的テーマも、いろいろ検討していると、あれこれ書くべき問題として浮上してくる。しかし、本書に収容する余裕は、残っていない。

そこで、われわれが"三角（多角）関係"論で実施した"深化テーマ"を本稿後述の部分も含む本問全体にわたって研究することにしたい。執筆希望者にはぼつぼつ準備を始めていただくが、開始時期は、上記多角取引論の深化テーマ執筆をそれまでの間にはさんでいるため、2016年秋くらいを目途にする。この仕上がり如何では、実務グループも交えて学会のシンポジウムを現役世代が申請することも計画してよいのではなかろうか。国会に係っている民法改正案を見ると、強行法と任意法を討議すべき余地は十二分にある。

2　共同研究の課題と進行

(1) 序

(a)　まず、問題となる"言葉"自体をどう把握するか、という課題が出てくる。準備的解説（注1）参照・連載〔1〕〔2〕・連載〔10〕〔11〕（本書1・2・4論文）など──以下、問題提起諸稿と総称する──で紹介したように、"私的自治""契約自由の原則"といった私法のアルファにしてオメガでもある基本用語や、わが国でいえば民法の5つの編の性格・内容とも関係していて、簡単には片付けられない。ここでは、本書1論文などと多少の繰り返しを含むけれども、提案者（椿）の狙いに即して、強行法と任意法の"定義"および"関係"を中心に要説しておく。わが学説の細部などは問題提起諸稿を直接みていただきたいが、原稿執筆時の後で得た知見の若干については本稿で補充する。

(b)　椿が"法定の制度を排斥・変更する私人の意思をどう取り扱うか"に関心を抱くにいたった発端は、随分古い時期の仕事に遡るが[7]、今回の共同作業では、端的に"強行法と任意法の区別ならびに関係"を採り上げた。その際の出発視点は、①民法典とその特別法を対象とし、②当事者の意思にもとづく排斥・変更を問題とするのだから、およそ意思表示＝一般を含むが、契約ないし合意を中核に置き、③債権法とりわけ契約法に限定せず、かつ、財産法だけに

とどめないで家族法も取り込む。また、④研究意図と実用性にあまり関わりを持たないと思われる観念的な議論（作業を開始した当座、重ねて強調された）は、少なくとも現時点における共同作業としては採り上げない。

(2) 排斥・変更の対象となる法の範囲

(a) われわれの設けた出発点は、民法などの"規定"であった。したがって、強行法規とか任意規定という用語が使われているときは、制定法を指すと理解するのが普通であろう。ところが、法には成文法だけでなく、"慣習法"もあれば、現今では"判例法"という言い方も定着している。そして、民法総則の法源論や物権法に明文の規定がない流水利用権・温泉権とか譲渡担保においては、慣習法は成文法と対等の効力が認められるか否か、また、判例は慣習法となった場合にのみ法としての位置が与えられるのではないか、などと論じられてきた。しかし、ここでの問題は法源論ではない。

(b) 例えば流水利用権に対し、物権としての効力の一部を変更する特約を許容するかどうかは、法源論とは別に考えられるのではないか。エネクチェルス＝ニッパーダイは、半世紀余り前だが、判例について、慣習法の内容となる場合に初めて"拘束力ある法規範"が生まれる[8]、と述べた。わが国の譲渡担保はこれに関する適例であって、民法の領域では判例法の代表であり、慣習法でもそれに近い位置を占める。判例・裁判例の量と内容から言っても、強行法・任意法を検討する際の切り口に事欠かない[9]。

(c) 判例と強行法の関係をより具体的にいえば、最上級審の判例が関係当事

---

7) 1955年の椿「夫婦財産契約論——その機能変遷面からの一考察」法学論叢61巻1号（1955年）に始まり、1959年の同「婚姻費用の分担と夫婦の扶助義務」『家族法大系2　婚姻』（有斐閣、1959年）にまでは及んだ。財産法では、同「債権者の担保保存義務——保証人を中心として」金融法務事情512号（1968年）15頁以下がある。なお、これらの問題については椿編・前掲注3）177頁以下、271頁以下も参照。

8) Enneccerus/Nipperdey, Allg. Teil des Bürgerlichen Rechts 1, 15Bearb. 1959 (Reprint 1998), SS. 275, 277.

9) ①単発の最高裁判例と「確定した判例法理」と称され得るだけの安定した堆積、②内部的二分ではあっても一定の手続きにより選ばれた公式（＝民集登載）先例とそうでない非公式先例、③下級審の裁判例と最上級審の判例など、判断基準の"切り口"は幾つか考えられる。なお、昔には高民集と下民集を分けて先例価値をランク付けする専門法曹もいた。

者からの異議・反論を抑えて繰り返され、一定の学説も支持を惜しまぬような場合には、後日における合意・特約でそれと異なる結論を正面切って主張する事態は通例まず生じないであろう。ただし、その範囲如何になると別に論じなければなるまいが、先例の安定した堆積によって"一種の強行性・強制力"が生まれている点は否定しようもない。法源論がどうであれ、判例は一定の要件下で強行法規に準じる力を持つ"準強行法"と組み立てるか、あるいは強行法自体の意味内容を拡大しなければならない状況が出来しているのではなかろうか。これは検討課題の１つになるが、肯定するならば異なる合意・特約は許されない。判例とは異なる解決を得たいときには、解釈・運用レベルでならば、規定あるいは制度のあるべき趣旨を宣明して見解変更を求めるとか、より技術化して先例の内容との差異を強調するという仕方に頼らざるを得ず、立法レベルでは、法規の内容を望ましいものへ変える行動に出なければならない。[10]──この考え方に拠るときは、新しい需要への対応度は鈍くならざるを得ないが、それも仕方がないこととして受容するしかないか、考えてみなければならない。[11]

(3) 強行法・任意法の捉え方

(a) わが民法の「①序論ないし分類」と「②法律行為の目的」との両方でこの観念を解説する体系書の組み立て方は次第に消えて、後者つまり②での記述が支配的となってきたことは、椿の問題提起諸稿から理解されたと思う。初期の見解だが、富井は①②の両方で説明しつつ比重を①へ置き、鳩山も②において①を参照させたのに対し、我妻は②においてだけ説明する。[12]──直接には90条・91条に関する問題だからともいえようが、やはり当事者の合意・特約の許否が問われているから法律行為ないし契約＝一般としての位置が適切だ、と理解しておきたい。[13]

---

10) 先例ないし法としての拘束力を分かつ"真の判決理由（ratio decidendi）"と"傍論（obiter dicta）"という英法由来の観念が、かつて判例研究論をにぎわせた。この拘束性に強行性を関連付ける工夫もあり得る。

11) 堀内仁を当初のキャップとする旧全銀協法規部会が、預金・担保その他広汎な領域で粘り強いキャンペインを張っていた頃も思い出される。

12) 富井政章『民法原論Ⅰ』（有斐閣、合本1922年）44〜45頁、404頁。

13) 連載〔10〕→本書４論文63頁参照。

(b)　わが国の教科書や法律辞典の類でも、強行法と任意法は当事者の意思により適用を排斥できないか排斥できるかで分ける仕組みとなっている。この点は、ドイツ往古のヴィントシャイトも最近のボルクも変わっておらず、前者によれば、強行法は、法規があらゆる私人の意思（Privatwillkür）を排斥し、当事者が欲すると否とに関わらず適用を強制するが、任意法では、当該関係を私人の意思によって別異に定めうる。後者（ボルク）も、当事者が交渉して決められず、原則的な私的自治にもかかわらず彼らの処分に委ねられない全規範が強行法であり、当事者が契約または一方的放棄によって適用を排斥できる全法規が任意法である、という。さらにボルクは、ド民574条のように賃貸人の負担にのみ働く賃借人保護規定などを半強行法と呼ぶ。——当事者の意欲・願望を基準にして、規定群を2つに分け、ある法域ないし規定につきいわば反対の性格を許容するわけである。この半強行法はもちろん採り上げたが（連載〔16〕→本書6論文）、別の細分化も行われていて、大村敦志は"部分的強行法規""強行規定の半任意規定化"の観念を提案し、椿は類型よりも段階という表現が好ましいとする[16]。

　ところで、当たり前と受け取られるかもしれないが、注意しておきたい点がさらにある。われわれは、"強行法と任意法とをセットにして対置"する。その区別基準は、問題の規定の適用を当事者意思で排斥できるか否かに存し、"境界の線引きと根拠"に着目するのだから、任意法の内部にある解釈規定・補充規定などの諸問題は論点・記述として採り上げない。新しい研究方向とも関連し、本稿末尾で少しだけ触れる。

(c)　「私法は任意法である」とされる時代もあったが、強行法に対する任意法の共通特徴は、その関係に関わってくる人が関係する該当法規の適用を拒み、あるいは修正したい場合には、それを認容する点にある。個別法規がない場合には、完全な野放しを容認するわけにもいかないから、私的自治・契約自由の限界となる規定ないし原理で制御する。制御の程度・範囲をどのあたりに置くかは、この論点には必ず付着する配慮事項である。

---

14) Windscheid, Lehrb. des Pandektenrechts 1, 3Aufl. 1870, S. 68.
15) Bork, Allg. Teil des BGB, 3Aufl. 2011, S. 39f.
16) 連載〔2〕→本書2論文37頁参照。

もちろんわれわれが取り扱う近代私法、特に民法は、取締法規・警察法規ではなくなっており、主としては関係主体間の利害調整を試みているが、手続など領域の如何によっては国家意思を出さざるを得ない場面も出てくる。また、法典の成立時期や当該国家の性格から国権的・後見的な性格の強弱も現れざるを得なくなる。

　しかし、現代では次第に等質化が進んで、先進諸国における本問での差異は次第に消失しており、国相互の間で充分参照価値を持つにいたった。かつ、債権法、中でも契約法は、現今では社会経済の急速な展開や広汎な国際的規模の競争激化が契約自由原理の前面化を推進して、規定の任意法化を拡大する。既存の法規それ自体を超えるという意味での"超法化・欠法化"さえ現今では指摘できそうである。けれども他方、我妻らの指摘した契約自由の退潮、任意法の強行法化の流れを生み出した状況[17]も依然続いていて、そのような場面への配慮をやめてはならないし、われわれの周りで書かれる論考はこの方向が目立っている。ただ、高名な民法学者メディクスが、青年期の体験も手伝ったのか知れないが、強行法に対して、①無効を常に招来する危険、②合目的かつ相当な契約の形成阻止、③資本の不適切な誘導、④副作用、というマイナス面を指摘するのにも依然注意すべきであろう。[18]

　(d)　上記のように任意法化と強行法化が同時に語られると、民法そのものはどちらの側へ志向しようとする法なのか、迷う事態も生じる。問題提起諸稿を書いた後、近ごろ入手した文献から抜き書きしてみよう[19]。

　それによれば、(ｱ)強行法は私的自治の限界を画するが、立法者は、当事者が異なる合意をしない場合には、一定の規制モデルを準備している(任意法)。これによって、法秩序は、私的自治の射程を定める強行法規と、任意法規とを組み合わせてみずからを作り上げる。(ｲ)幾つかの法規では、明示的に「一定の法律効果を合意できない」「異なる合意は効力を生じない」「ある規定を強行的に適用する」となっているが、対応する規定がない場合には反対解釈で任意法規が問題になるというのは誤りであって、法規の解釈によらねばならない。こ

---

17) 例えば連載〔1〕→本書1論文7～8頁参照。
18) 連載〔2〕→本書2論文39頁参照。
19) Boemke/ Ulrici, BGB Allg. Teil, 2Aufl. 2014, S. 214f.

の際には、立法者が当該規範によって法秩序が保護すべき他の価値のために私的自治を制限しようとしているか否かを吟味すべきである。㈦強行法であるのは、自己決定の保障（ド民626条）、物権法における定型強制、法的取引の安全保障（ド民311b条1項）、第三者の信頼保護、などである。

（e）問題提起諸稿のトップほかにおいてラーレンツの総則（9版、2004年）を用いた。この版は、ヴォルフが補訂しているが、強行法と任意法は序論第3章Ⅶの表題となっていた。昨年に入手した同書の新版をみると、著者は故ヴォルフとノイナーで、ラーレンツの創始に係る書物の10版とあり、第3章の表題は「自由法と社会法」に変わって、同章Ⅲの「可処分性」の中で強行法・任意法という言葉が出てくる。そして、強行法は、「第三者利益ならびに公益への配慮」という小見出しの下で述べられる。——前版の記述は個別規定の強行法性の判断にも有用であったが、今回新版を見ていて、本問に関する補訂者個人の癖（へき）なのか、全体的な潮の流れが変わりつつあるのかが気になっている。中山たち会話のできる留学者に話を聴かなければなるまい。

（f）テュービンゲン大学の教授資格論文『強行契約法の限界』を公刊したベクトルトによれば、契約法の任意法的規制には、①当事者が別段の合意をしない場合に、その限りで契約の欠落に対し補充的に適用される《けん欠充塡》、②当事者が潜在的争点につき詳細を決めておかなくても、法規が適当な規制を用意している《負担免除》、③約款規制に影響する《行動手本（Leitbild）》、という3個の"機能"が通常あり、さらに、任意契約法は当事者に対し契約《作成時の拠り所》を提供する。

また、当事者の処分を奪う"契約法の強行性"はその規定の文言または規定の解釈から生じるが、強行契約法は、①契約締結に関与しなかった第三者の利益保護、②弱いほうの契約当事者の保護、③信頼保護、④軽率・無思慮の保護、⑤証明保全、⑥大きい正義違反の避止、⑦法取引の規律と安全、⑧公の秩序、⑨制度の保護に役立つ。彼は、憲法次元の文献まで挙げて、契約法のどの規制が、いかなる一般的基準により、強行法規範として整えられているか、またこ

---

20) 連載〔1〕→本書1論文12頁、同〔11〕→本書4論文69頁以下。
21) Wolf/ Neuner, AT. 10Aufl. 2012, S.16-17.
21a) Bechtold, Die Grenzen zwingenden Vertragsrechts, 2010, S. 14 '15.

の基準をどのように正当化するべきかについての包括的・終局的かつ一般に承認された理由付けは存在しない、ともいう。──個々の規定に即して検討するしかないと突き放すのが一般であり、⑧だけに収斂する見解も多い中で、多元的説明を行っているのは、きわめて強い印象を与えられた。

われわれの共同作業は、思考の方向が椿の提案からズレている発想者もあるが、こういう強行法と任意法の"はざま"を考究することが主題であり、そのような観点からも"半強行法"への関心が大きい。

(g) 強行法か任意法かは"特約"を許さないか許すかであるから、問題の条文を適用し、異なる特約の効力を認めなければ、強行法だと呼べないことはない。この点も問題になり得るが、特約の効力不許という結論は、信義則や権利濫用など一般条項ルールから導き出すことも可能であろう。本問に関する裁判例を探索する際に、こういう視点も考えられるが、本書における各論規定の分析視点でそのような指摘はなかったのではないか。──もっとも、私見は一般条項規定ないしルールの利用に対して慎重な見方に立つ発想からの影響をかなり強く受けている。

(h) 捉え方と題する事項の最後になったが、法律行為の中で強行法・任意法の問題を採り上げる場合にも、法律行為論の組み立て自体が種々の形を持っていて、現在代表的な体系書の1つは、任意規定を「法律行為総説」の「法律行為の解釈」において、また、強行規定を「法律行為の有効要件」の「内容の適法性」において、別々に説明する[22]。原著者の基本構想のようであるが、組み合わせと境界線がわかりにくくならないか。

(4) 各条文ごとの判定

(a) 強行法か任意法かは問題の条文につき規定の目的・趣旨を考慮して決めるべきだ、というのは定説と称してよかろう。民法自体に強行法あるいは任意法であることを示す文言があるときは、それに従うとされるが、振り分け文言は絶対的ではない。強行法化および任意法化という現象が肯定されている以上、文言と異なる結論が必ず否定ともいえまい。

---

22) 四宮和夫＝能見善久『民法総則（第8版）』（弘文堂、2010年）191頁・261頁。

(b) われわれは、原則が任意法であることに異論がほぼない債権法をまず選び（前記「法学セミナー」特集）、次いで「学習版」において民法全体へ拡げた。ただ、結果からみると、"規定の趣旨・目的にもとづき強行法か任意法かを判定"しようとしても、期待した司法判断は下級審レベルにおいてさえ予想していた数量から程遠かったし、古今のわが文献をかなり丹念に探索したサンプル調査でも意外なくらい学説での詳細な言及に乏しい。今回の執筆担当者が資料不足のため書き方に困惑するテーマもかなりあったのではないか。判例の予備調査と予測が不十分であったのは立案者・椿の責任だが、今回は十数個の個別の規定ないし制度についてのテーマをメンバー各人に決めてもらい、判例と学説は日本については出来る限りのトレースをしてもらった。前記の「学習版」で椿が担当した「13　債権者の担保保存義務を免除する特約」は、①大審院・最高裁に数件の判例があり、②学説も若干は出ており、③フ民では任意法から強行法へ規定が改められていて（これは本問にとり情報価値が大きい）、資料面からは研究論考として書きやすいが、手が回らなかった。深化テーマでも私に余力が出るかは自信が無い。

(5) 各編ごとの、ないしグループ化した判断

(a) 最も単純かつ入門的な非個別の説明は、債権法は原則として任意法規であり、物権法は原則として強行法規である、としてきた。もう少し実質ないし内容への需要があれば、問題提起諸稿の最初に紹介した星野・幾代の体系書に書かれている記述が結構有益であろう[23]。グループ化の仕方に関する工夫が人それぞれに行われていることも参考になる。

(b) ところで、個々の規定に即して強行法か任意法かを判断する他はないのであれば、民法各編ごとに区切って検討する意義は一見無さそうにみえる。しかし、われわれは、共同作業の初期において、各担当者に複数回の報告を求めた。その成果が、連載〔３〕（本書10論文）・〔４〕（本書９論文）・〔５〕（本書11論文）・〔６〕（本書８論文）・〔７〕（本書12論文）・〔９〕（本書７論文）である。──当方の願望も込めて「判例・学説〜」と題することを希望したが、結果は

---

[23] 連載〔１〕→本書１論文12頁参照。

学説が主となってしまった。

　ドイツ文献でも問題提起諸稿で紹介したとおり、編別の整理が珍しいわけではない。ある程度の共通性が存するものの間での"括り"は、思考経済上有益であり、手がかりも得やすくなる。かつ、一定の約束を知った上で法規の"硬さ"と"柔らかさ"を考えることは、民法の研究において無視できない作業手法である。現状における強行法と任意法は、後者プロパーの記述を除いて、飾り映えしない片隅の置物でしかなく、埃を払って然るべき場所に出す工夫を検討してよい。われわれは、そのための共同研究をさらに重ねようと考えている。

(6) その他

　(a)　所感と問題提起はまだ残っていて、少し補足する。(ｱ)問題提起諸稿で一定程度は具体的に説明したテーマもある。例えば連載〔14〕（本書17論文）がそうであり、ここでは再説しない。(ｲ)紙数超過のため問題提起諸稿においてすでに題目だけの掲示にとどめたテーマもある。とりわけ強行法違反の"効果"が重要であり、梅の見解を別の箇所で簡単に紹介したが、おそらく深化テーマの1つとして後で検討することになろう。法規回避や脱判例、類推適用と強行法なども同様である。(ｳ)一書にまとめる共同作業であるので、連載〔12〕（本書5論文）および同〔9〕（既掲）のある部分は、位置付けと論評を控える。

　(b)　現行物権法の強行法理解のみならず近世ドイツ物権法の展開過程探求にもつながると考え、ある特殊研究を計画していたところ、前述のように引き受け手がはっきりしないため、一部を「研究版」にという予定は変更した。深化テーマにも顔出しせず、大学の紀要で誰かがという結果になるかもしれない。

　(c)　最後に、研究の1つの流れと絡めた事項を挙げておこう。椿が「公序良俗論の周辺」「法律行為の"無効"について」「法律行為論の課題一斑」「公序良俗違反の諸相」を書いた1992年に、4番目のものが掲載された同じ加藤古

---

24)　連載〔2〕→本書2論文39頁以下。
25)　前掲注24) 14頁参照。
26)　本書4論文67～68頁など参照。
27)　前掲注26) 76～77頁参照。
28)　出典については、椿古稀記念『現代取引法の基礎的課題』（有斐閣、1999年）718頁。

稀において、河上正二は「契約の法的性質決定と典型契約」という力作を発表した[29]。2人とも論考の表題には出てこないが、河上は任意法の機能を論じ、椿は強行法に触れた。

　それから20年足らず後、チウプカの『任意契約法』[30]を入手した。アメリカ法の新しい議論の存在は知っていたが、本文521頁という大著であるほか、刊行の前年に「任意法とはどういう内容の法か？」という共著論考の副題に"法の経済学的分析は答える"とあって[31]、とうてい直ちには手に負えないと予想してはいた。書肆の作成に係るのであろう宣伝文にも「法史・法理論・法哲なかんづく経済学的な探求方法を用いて」となっている。第2章「契約と契約法の機能」の中に"強行契約法"の文字をみつけたが、さっそくパターナリズム・分配（流通？）・効率という根拠が小見出しに登場してくる。これらは、もちろん私の手には負えない。

　そうこうしているうちに、中山知己が帰国して、最近のドイツでは強行法の研究が幾つも出ているとのこと。教えられて急遽何冊かを購入した。椿がこれまで手にしているのは、チウプカを除けばダイナートの『強行法』（2002年）が"新しい"研究書であり、手法で変わった感じは、体系書（例えばベムケら）や注釈書も含めて一般には（ノイナーは少し別）無かった。"強行契約法"と掲示するベク（ヒ？）トルトほかもう1冊は[32]、アメリカ留学者で、以下ベクトルトに限るが、ein rechtsökonomischer Beitragとある。彼は、強行法と任意法の両側から、その生じる範囲が文言または規定の解釈によることを明言し、問題場面も掲示する。これらについては前述したが、任意法規に傾斜するチウプカや彼に近い文献に比し[33]、両者の対置と境界線を解明しようとするわれわれにとっては理解しやすい。とはいえ、すでに重荷を背負っていて、新しい方法への接近は困難な仕事だから、塾の有志にこの限りでは問題を譲渡したい。

---

29) 加藤一郎先生古稀記念『現代社会と民法学の動向・下』（有斐閣、1992年）277頁以下。
30) Cziupka, Dispositives Vertragsrecht, 2010.
31) Unberath/ Cziupka, Dispositives Recht welchen Inhalts ?, AcP 209 S.37ff.
32) Bechtold, aaO. S. 13f.
33) 松田貴文「任意法規をめぐる自律と秩序(1)」民商法雑誌148巻1号（2013年）39頁注4参照。

●──初出一覧

　本書掲載の論文のうち以下のものは、法律時報連載「強行法と任意法」(84巻4号(2012年)～86巻8号(2014年))から、加筆の上で転載したものである(連載順)。

椿　寿夫「民法の規定と異なる合意・特約の効力序説」法律時報84巻4号
椿　寿夫「民法規定と異なる合意・特約の問題性および論点」法律時報84巻5号
芦野訓和「判例・学説における契約法の規定と強行法規性」法律時報84巻6号
椿久美子「判例・学説における債権総則の強行法規性」法律時報84巻8号
織田博子「学説・判例にみる法定債権規定の強行法規性」法律時報84巻9号
長谷川貞之「判例・学説における物権規定の強行法規性」84巻10号
前田　泰「学説・判例にみる親族編・相続編規定の強行法規性」法律時報84巻11号
芦野訓和・椿　寿夫・伊藤　進・島川　勝「債権法改正論議における法規の強行法規性」法律時報84巻12号
三林　宏「判例・学説にみる民法総則規定の強行法規性」法律時報85巻1号
椿　寿夫「強行法の観念をめぐる問題の所在・上」法律時報85巻2号
椿　寿夫「強行法の観念をめぐる問題の所在・下」法律時報85巻3号
伊藤　進「強行法規の役割、機能──「法律行為」法律時報以外の私法的生活関係の規律を中心に」法律時報85巻4号
川地宏行「公法上の取締規定の強行法規性」法律時報85巻5号
長坂　純「典型契約・冒頭規定の強行法規性」法律時報85巻7号
青木則幸「抵当権の実行方法の強行法性について」法律時報85巻8号
椿久美子「半強行法概念の生成とその機能」法律時報85巻9号
長谷川貞之「第三者のためにする契約の意義と民法537条2項の強行法規性」法律時報85巻10号
芦野訓和「民法635条ただし書の強行法規性」法律時報85巻11号
三林　宏「債権譲渡の対抗要件規定と強行法規性」法律時報85巻12号

藤原正則「本人の死後事務の委任と民法653条1号の強行法規性」法律時報86巻1号
前田　泰「親族編規定の強行法規性」法律時報86巻2号
有賀恵美子「民法550条の強行法規性」法律時報86巻3号
上河内千香子「買戻しの機能と民法579条の強行法規性」法律時報86巻4号
織田博子「法人法規定の強行法規性」法律時報86巻5号
稲田和也「定款自治と強行法規性」法律時報86巻6号
椿　寿夫「連載を終えて・上」法律時報86巻8号

　また、「書斎の窓」（有斐閣）から、以下のものを転載した。

椿　寿夫「民法学余滴　第2回　強行法と任意法」書斎の窓607号
椿　寿夫「民法学余滴　第4回　続・強行法と任意法」書斎の窓612号

●――編者・執筆者紹介（五十音順）

椿　寿夫（つばき・としお）　　　民法学者

青木則幸（あおき・のりゆき）　　早稲田大学教授
芦野訓和（あしの・のりかず）　　東洋大学教授
有賀恵美子（ありが・えみこ）　　明治大学准教授
伊藤　進（いとう・すすむ）　　　明治大学名誉教授・弁護士
稲田和也（いなだ・かずや）　　　山梨大学教授
大杉麻美（おおすぎ・まみ）　　　明海大学教授
織田博子（おりた・ひろこ）　　　駿河台大学教授
上河内千香子（かみごうち・ちかこ）　駿河台大学教授
川地宏行（かわち・ひろゆき）　　明治大学教授
木村　仁（きむら・ひとし）　　　関西学院大学教授
島川　勝（しまかわ・まさる）　　弁護士・元大阪市立大学教授
椿久美子（つばき・くみこ）　　　明治大学教授
長坂　純（ながさか・じゅん）　　明治大学教授
中山知己（なかやま・ともみ）　　明治大学教授
長谷川貞之（はせがわ・さだゆき）　日本大学教授
藤原正則（ふじわら・まさのり）　北海道大学教授
前田　泰（まえだ・やすし）　　　群馬大学教授
三林　宏（みつばやし・ひろし）　明治大学教授
吉井啓子（よしい・けいこ）　　　明治大学教授

民法における行為・代理論

2015 年 12 月 25 日　第 1 版第 1 刷発行

編著者／椿　寿夫
発行者／串崎　浩
発行所／株式会社　日本評論社
〒170-8474　東京都豊島区南大塚 3-12-4
電話　03-3987-8621（販売）、3987-8592（編集）
振替　00100-3-16
http://www.nippyo.co.jp/
印刷／平文社　製本／牧製本印刷　装幀／図工ファイブ

Ⓒ TSUBAKI Toshio　2015　Printed in Japan.
ISBN 978-4-535-52066-0

JCOPY 〈(社)出版者著作権管理機構　委託出版物〉

本書の無断複写は著作権法上での例外を除き禁じられています。複写される場合は、そのつど事前に、(社)出版者著作権管理機構（電話 03-3513-6969、FAX 03-3513-6979、e-mail: info@jcopy.or.jp）の許諾を得てください。また、本書を代行業者等の第三者に依頼してスキャニング等の行為によりデジタル化することは、個人の家庭内の利用であっても、一切認められておりません。

強行法・任意法であるか民法

桶本尭夫／編著

民法の規定を適用する範囲を私人が縮小した場合、その契約は認めるか。強行法の該当性が重要な問題であるが、その研究状況はどうか。民法上明確ではない。民法の諸概念を含め、ステップアップした考察の書。

A5判　362頁　本体 2,800円＋税
ISBN978-4-535-51940-4

多角的法律関係の研究

桶本尭夫・中舎寛樹／編

契約の態様として三者以上が関与する場合について、多角的法律関係という視点の有用性を検証する。

【目次】第一部　多角的法律関係の基礎理論／第二部　古典的な多角的法律関係をめぐる諸問題／第三部　現代的な多角的法律関係をめぐる諸問題／第四部　多角的法律関係の展開

A5判　532頁　本体 6,500円＋税
ISBN978-4-535-51825-4

代理の研究

桶本尭夫・伊藤進／編

代理に関するテーマを網羅的に扱う研究論集。従来の学説・判例の蓄積をふまえ、現代における代理制度がどうあるべきかを探求する。

【目次】第一部　序論／第二部　代理総論／第三部　代理行為・代理権／第四部　表見代理・無権代理／第五部　民商法以外

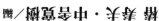

A5判　672頁　本体 8,000円＋税
ISBN978-4-535-51795-0

日本評論社
http://www.nippyo.co.jp/